本书为国家社会科学基金"十三五"规划2019年度教育学一般课题
《孤独症学生关键能力的构成及义务教育阶段培养目标研究》（BHA190143）
最终成果

孤独症学生关键能力

框架、指标与培养路径

GUDU ZHENG XUESHENG

GUANJIAN NENGLI

KUANGJIA ZHIBIAO YU PEIYANG LUJING

曹漱芹　金琦钦　著

ZHEJIANG UNIVERSITY PRESS
浙江大学出版社
·杭州·

图书在版编目（CIP）数据

孤独症学生关键能力：框架、指标与培养路径 / 曹漱芹，金琦钦著. —杭州：浙江大学出版社，2024.4
ISBN 978-7-308-24769-6

Ⅰ．①孤… Ⅱ．①曹… ②金… Ⅲ．①孤独症－儿童教育－特殊教育－研究 Ⅳ．①G766

中国国家版本馆CIP数据核字(2024)第060425号

孤独症学生关键能力：框架、指标与培养路径

曹漱芹　金琦钦　著

责任编辑	平　静	
责任校对	黄梦瑶	
封面设计	周　灵	
出版发行	浙江大学出版社	
	（杭州市天目山路148号　　邮政编码　310007）	
	（网址：http://www.zjupress.com）	
排　　版	杭州林智广告有限公司	
印　　刷	杭州钱江彩色印务有限公司	
开　　本	710mm×1000mm　1/16	
印　　张	25.75	
字　　数	389千	
版 印 次	2024年4月第1版　2024年4月第1次印刷	
书　　号	ISBN 978-7-308-24769-6	
定　　价	128.00元	

前　言

近年来，孤独症教育日益受到国家和社会各界的关注，国家不断出台相关的制度文件，一些大专院校纷纷开设孤独症教育方面的课程，各地一线学校也推出各种孤独症相关的校本课程，这些都表明孤独症教育开展及其质量提升的紧迫性。不过，孤独症教育的成功实施，首先要明确孤独症学生的教育目标问题，而这又离不开对他们关键能力为何的深度解析。本书将为一线孤独症教育的实施提供在教育目标方面的基本依据，亦能为开设了孤独症教育课程的大专院校提供孤独症学生课程实施方面的结构性参照。

本书具有三个特色：一是尽可能采取综合性的研究思路去科学、系统地建构孤独症学生关键能力框架，以汇集国际、国内的多元观点和教育需求，从理论上阐明孤独症学生关键能力框架的内涵、构成要素、价值取向和内部关联；二是尽量从横向的"目标领域"和纵向的"层级水平"的双重视角去具体撰写孤独症学生关键能力指标，并通过多次的专家检验来提升撰写质量，以突出这些指标的完整性和实用性；三是尽量通过一些实施案例的介绍来明晰关键能力指标的使用路径和可能产生的现实效益。当然，本书的一些观点有我们特定的立场和观点，读者如果在阅读过程中对其存有疑问，可以发展并形成自己的思考和观点。

本书主要包括十章，第一章概述了孤独症的特征及孤独症学生关键能力的内涵、建构价值和研究思路；第二章基于遴选的各个国家和地区颁布的有代表性的高质量孤独症临床实践指南的系统分析，揭示了这些国际指南对于孤独症学生的总体教育期望；第三章对近二十年来国内公开发表的孤独症学生教育干预论文进行分析，聚焦考察了这些教育干预研究中所涉及的目标领域；第四章从内容焦点和行为表现水平两个维度，详细阐释了国内有代表性的个别化教育计划（IEP）文本长期目标的内容焦点和表现水平分布；第五章采取了自下而上的研究思路，针对孤独症学生教师和孤独症学生家长分别开展较大样本的调查研究，析取出教师和家长普遍认同的指标和维度，以从现实需求中归纳孤独症学生关键能力指标；第六章基于前期的广泛调查和剖析，借鉴吸收哲学、社会学、心理学、教育学等不同学科的思想观点，尝试系统构建了涵盖三大领域、八大板块和二十一个要点的学龄期孤独症学生关键能力框架以及对应的分层系统；第七章、第八章和第九章具体阐述了孤独症学生在"健康生活""学习参与"和"社会融入"领域的关键能力指标及每个指标下的表现性水平，对相关的概念也进行了界定；第十章从应用理念、应用领域和应用案例三个方面，系统阐释了孤独症学生关键能力框架的应用转化问题。

本书主要作者金琦钦博士在浙江大学课程教学专业完成本科到博士研究生的专业学习，目前亦为浙江师范大学特殊教育学院的教师。她博览群书，深富批判能力和独到观点，在本书的撰写过程中贡献了很多精力和智慧，使我从中学到很多。本书的一些数据和指标条目部分由修读特殊教育的硕士研究生完成。郑佳妮、王以心、李国欣、杨晓芳、马晓彤、鲁悦、徐冰彦、许则人等硕士研究生都在各自的研究领域贡献了不同的想法和积极的成果，他们也为文稿的校对做出了很大的努力。

浙江大学出版社的平静老师为此书出版给予了热心且专业的指导及服务，我们十分感谢，在本书即将付梓前夕，特表敬意。

曹漱芹

2023 年 6 月

目 录

第一章

导 论

　　本书旨在构建适宜于我国国情的学龄段（6—18岁）孤独症学生关键能力体系，并提出相应的促进策略。近年来，孤独症教育日益受到国家重视，国家政策文件多次对孤独症教育发展提出专门要求，包括"研制孤独症儿童教育指南""推动孤独症学校建设"等。然而，要推进孤独症教育，首先需要解决孤独症教育目标缺失的核心问题。当前，关键能力已成为国际上界定教育目标的普遍话语，因此，研究孤独症学生关键能力可以厘清孤独症学生的教育目标和学习结果。作为衔接不同层次教育目标的中介环节，孤独症学生关键能力有望成为落实学生发展核心素养的有力抓手，为孤独症学生融合教育的实施和课程教学的改进指明方向。本章简要介绍孤独症学生的特征和我国孤独症教育的现状，阐述孤独症学生关键能力的概念内涵、研究价值及整个研究设计。

第一节　孤独症学生和孤独症教育概述

一、孤独症学生

（一）孤独症的概念

1943年，美国精神病学医生利奥·坎纳（Leo Kanner）发表了《情感接触的孤独障碍》（"Autistic Disturbances of Affective Contact"）一文，明确提出了"早期婴儿孤独症（early infantile autism）"的概念。自此，有关孤独症的研究日渐丰富，这些研究涉及基因、神经、心理行为、教育等多个层面，并逐步形成了一些共识。到现在，这一术语已经演化为"孤独症谱系障碍"（Autism Spectrum Disorder，ASD），指一种影响儿童社会互动、沟通和适应行为功能的神经发育障碍，包括了典型孤独症、阿斯伯格综合征、童年瓦解性障碍和待分类的广泛性发育障碍等多个类型。不过，为了描述方便，本书将使用"孤独症"[①] 作为"孤独症谱系障碍"的简称。此外，本书中的孤独症学生，是指经医院或专业医疗机构鉴定确诊为孤独症，并在特殊教育学校或普通学校随班就读的学龄段学生。

作为一种神经发育障碍，孤独症对儿童的发展具有极为深刻的影响，主要表现在社会互动、语言和非语言交流以及限制性兴趣和行为模式上。孤独症的症状通常在 3 岁前就开始出现，并持续整个生命周期。在婴幼儿时期，儿童就可能缺乏应有的眼神注视或微笑，随之表现为缺乏相应的假装游戏、兴趣分享等。渐渐长大之后，他们可能会表现出一些异常的口语形式和重复性行为模式，很难为人所理解。

2013 年，美国精神医学会（American Psychiatric Association，APA）发布了《精神障碍诊断与统计手册（第五版）》（*Diagnostic and Statistical Manual of Mental Disorders，5th Edition*），提出了孤独症的最新诊断标准，并根据症状的严重程度（轻度、中度和重度），将孤独症划分为三个支持水平（需要支持、需要较多支持和需要非常多的支持）[②]。

---

① "autism"这一术语存在"孤独症"和"自闭症"两种译名，且目前两种译名处于并存、混用状态。"孤独症"是我国学者自主翻译创立的本土译名，也是我国官方的规范术语译名。关于译名的探讨详见金琦钦和曹漱芹（2021）的《"孤独症"：基于"Autism"内涵流变证据的本土译名》一文。本书中，除一些政策文件、报告名称等按原文使用"自闭症"外，统一使用"孤独症"这一译名。

② APA, *Diagnostic and Statistical Manual of Mental Disorders, 5th Edition.* Washington: American Psychiatric Association, 2013: 50—59.

（二）孤独症的发病率

目前，国际上有迹象表明，孤独症的发病率可能正在上升，但目前还不清楚这种变化是由于发病率的实际增加，还是由于人们意识的提高，抑或是由于对诊断标准的解释发生了变化。美国国家疾病控制与预防中心（Centers for Disease Control and Prevention）的官方网站在 2023 年发布的最新数据显示，孤独症的发生率在 2020 年就已经达到了 1/36。近几年来，各国都对孤独症加强了认识和研究，相继开展了对孤独症的大规模流行病调查。随着对孤独症的深入了解和研究，孤独症发生率正在逐年升高，已经成为世界各国流行病学家的共识[①]。

我国虽然还没有大规模的全国性流行病学调查，但已有的局部调查数据（如海南省三亚市、浙江省宁波市等地）显示，我国的孤独症发生率低于西方国家，也有一些地区和城市的调查数据比较接近国外的数据[②③④]。近期在我国进行的规模较大的一次调查中，参与调查的儿童年龄在 6—12 岁，样本数为 142086，有效样本数为 125806，其中筛查出 867 例孤独症患者，发生率为 0.7%（95%CI：0.64%～0.74%），该数据接近一些西方发达国家的统计数据，并且男孩的发生率明显高于女孩[⑤]。

孤独症发生率的快速增加，对我国这样一个人口大国的影响不容忽视。在 2019 年发布的《中国自闭症教育康复行业发展状况报告（Ⅲ）》中，孤独症群体数量达到了 1000 万人。我国 2022 年出版的《中国孤独症教育康复行

[①] 五彩鹿孤独症研究院：《中国孤独症教育康复行业发展状况报告 4》，光明日报出版社，2022，第 46 页。

[②] 李玲、李小玲、吴维学等：《海南省 0—6 岁儿童孤独症谱系障碍的现况调查》，《中国儿童保健杂志》2018 年第 3 期。

[③] 程薇、吕兰秋、钱莹莹等：《宁波市 1—6 岁儿童孤独症谱系障碍调查》，《预防医学》2016 年第 11 期。

[④] 陈祥科、吉晓天、黄金波等：《三亚地区儿童自闭症发病率、临床特征及体育游戏在其康复中的应用》，《中国优生与遗传杂志》2019 年第 11 期。

[⑤] Hao Z, Xiu X, Weili Y, et al.. Prevalence of Autism Spectrum Disorder in China: A Nationwide Multi-center Population-Based Study Among Children Aged 6 to 12 Years. *Neurosci Bull*, 2020, 36(9): 961-971.

业发展状况报告（Ⅳ）》依据现有的调查数据估计，按照 1% 的孤独症发生率计算，每年将会增加 10 万名孤独症儿童[①]。尽管对孤独症发病率有各种各样的估计，但均表明有必要更早和更准确地确定孤独症的症状，以便提供干预服务。

（三）孤独症的成因和危险因素

迄今为止，关于孤独症的成因仍未形成一致定论。研究显示，孤独症的形成并非由不良的养育方式造成的，而更可能是由影响脑部发育的多种因素造成的，其与中枢神经系统失调有关。由于"孤独症"本身是对行为和特征的特定描述，而不同的原因可能导致相同的行为表现，因此，孤独症可能是不同的疾病或多种因素综合作用的结果。就基因而言，目前已经确认至少有 15 种基因可能与孤独症有关；就环境因素看，毒素、化学品、杀虫剂以及产前和产后的病毒都可能引发孤独症。这些因素可能作用于大脑，导致大脑的非典型发育。

（四）孤独症学生的特征

仅仅了解孤独症的诊断性特征是不够的。我们要看到，由于孤独症学生在身体上不存在明显的生理缺陷和残疾，外表如常，所以学校和社会对他们的理解通常是不够的，很容易产生误解，导致排斥、忽略甚至侮辱。因此，要努力加深对孤独症学生潜在特征的了解，深入地考虑这一群体身上令人困惑的行为和特征，并尽可能帮助这一群体与外部环境中的人建立关系。

以下主要阐述学龄阶段孤独症学生的核心特征和相关特征。

1. 核心特征

（1）交互作用有限

孤独症学生的主要缺陷之一是社会交互作用有限，包括非言语社会行

---

① 五彩鹿孤独症研究院：《中国孤独症教育康复行业发展状况报告 4》，光明日报出版社，2022，第 46 页。

为、人际互动等方面的困难。交互作用的缺陷可能导致学生陷于孤立、产生挑战性行为，及出现学业困难等严重问题。具体表现为：

·很少有眼神交流，缺乏手势指点行为。

·难以理解他人的面部表情和肢体动作等非口头语言。

·难以辨认他人的情绪与想法（心盲）。

·缺乏共同注意力，如难以与他人分享物品、兴趣和情感。

·难以与他人保持适当的距离。

·不能与其他儿童一起玩耍，或根据他/她特殊、刻板的兴趣和规则与他人玩耍。

·与同龄人相比，不擅长参与集体活动。

·难以结交朋友、维持友谊。

（2）言语理解与表达异常

孤独症学生在言语理解和表达方面存在独特的困难。一般来说，言语障碍会影响言语的使用，还会给学生的社交带来困难。具体表现为：

·言语发展迟缓或不发育，无口语或口语能力受限。

·言语理解能力受损，表现为对抽象词汇、语句理解困难，以及难以理解语义双关、幽默、讽刺或同义的句子。

·言语模式刻板，如鹦鹉学舌现象（如重复另一个人之前说过的语句），立即重复或者延迟重复他人说过的单词或短语。

·言语内容异常，表现为人称代词分辨不清和使用困难、语句缺乏联系、语法结构异常以及有时答非所问。

·言语音律特征障碍，表现为语调单一、发音不清晰或者韵律、节奏、音调异常。

·言语运用障碍，表现为很少主动用言语表达自己的情绪情感，有时会编造一些新词或者创造性地改变一些词语或短语的含义。

（3）狭隘的兴趣与重复刻板行为

孤独症学生在学习和生活中很容易产生固定、狭隘的兴趣和重复刻板的行为。具体表现为：

·刻板坚持遵循相同的规则和例程，强烈追求"同一性"，如坚持让父母选择同样的汽车线路回家，坚持物品不能移动等。

·在转换场所与活动时出现问题。

·非常执着地以某种方式做一件事情，如关门、穿同样的衣服等。

·重复刻板动作，如拍手、踱步、旋转、摇头、在眼睛前拨弄手指等。

·兴趣或游戏范围狭窄或不寻常，如对某些电影、地图、火车、体育统计、恐龙等事物的过度关注或极度迷恋；不同寻常地附着于或保持、囤积物品。

（4）感觉异常

孤独症学生对于环境中感知觉刺激的反应与众不同，容易表现为过度反应或反应迟钝。具体表现为：

·对于声音、气味或光线异常敏感，如当听到吸尘器、消防车、冲厕所、吹风机发出的声音或歌声时捂住耳朵或哭泣。

·极度迷恋旋转或重复出现的物品（如电扇、电视字幕）、灯光、闪亮表面、图案。

·异常使用感官触摸或摩擦周围物品，如用嘴舔、嗅或摩擦物体表面，反复检查靠近眼睛的物体或手指动作等。

·高耐受性，如受伤时不会哭泣或对疼痛刺激有不同寻常的回应方式（如完全不反应）。

值得注意的是，孤独症学生的感官问题也是高度个别化的。有些学生光觉敏感，但听觉感官方面没有问题，而有的学生可能对我们觉得悦耳的声音会产生消极的反应。正如天宝·格兰丁（Temple Grandin）所说，有些人的听力非常敏锐，就连普通的噪音都无法忍受，对一些人来说，雨声听着就像炮火，他们的世界充斥着大量的噪声[1]。

---

① 天宝·格兰丁：《用图像思考：与孤独症共生》，范玮译，华夏出版社，2014，第52页。

2.相关特征

（1）认知特征

孤独症学生可能有不同程度的认知能力，大部分学生可能伴随智力障碍，而有些学生可能有平均或高于平均水平的认知能力。但不管智力的总水平如何，智力分布不均匀是孤独症学生的一大特点。具体表现为：

·注意异常，包括共同注意发展延迟；容易出现过度的选择性注意，倾向把注意力集中于一个物体或人的部分特征；容易出现强迫性的注意，如集中玩玩具时，可能持续时间很长，不愿停下。

·记忆异常，可能机械记忆和视觉记忆较好，如对列车时刻表倒背如流、对图形记忆强，但回忆、再认和联想记忆弱。

·思维异常，可能有较强的形象感受能力，但形象思维所依赖的特征比较刻板单一，抽象思维出现比较晚、发展慢、水平较低。

·执行功能缺损，表现为高级计划能力、心理灵活性、工作记忆、优势反应抑制、自我监控等方面受损。

·认知灵活性不足，如倾向于按照首个分类原则进行分类，当需要从一个分类原则变换到另一个分类原则时，感到非常困难。

（2）情绪行为

孤独症学生不太容易感知他人的情绪变化，也很难正确表达和管理自己的情绪。孤独症学生较容易出现频繁的发脾气、愤怒和攻击性行为，甚至出现抑郁的症状。具体表现为：

·面部表情比较单一，对大多数人都不加区别地反应冷漠。

·难以觉察和理解自身和他人的情绪，较难与他人进行情绪交流与分享。

·情绪表达不符合情境，如他人伤心哭泣时，自己却无原因地大笑。

·情绪不稳定，可能出现毫无缘由的悲痛欲绝，也可能短时间内从号啕大哭转变为手舞足蹈。

·难以排解自己的焦虑或紧张情绪。

·有不同寻常的畏惧反应（如在面对危险时却没有表现出害怕的情绪）。

（3）癫痫、睡眠和喂养困难

孤独症学生可能还具有医学和其他行为的困难，如癫痫、睡眠和喂养困难等。大约有 1/3 的孤独症患者患有癫痫，这在女性患者和认知障碍程度较高的个体中更为常见[①]。孤独症学生的睡眠障碍会严重影响其学习和生活。此外，与普通学生相比，孤独症学生还经常表现出进食困难。具体表现为：

·睡眠困难，可能会有长时间的睡眠延迟、频繁夜间醒来、睡眠较少、难以入睡等情况。

·喂养困难，可能拒绝食物或选择食物范围窄，只选择某种食物。

上述列举了孤独症群体的常见特征。不过，孤独症学生之间差异极大，并非所有学生均具有上述症状，且学生也可能具有上述未列举的症状。即使是同一症状，学生也可能有不同程度的表现。

一般来说，低功能水平的孤独症学生可能综合表现为智力障碍、学业困难、言语发展延迟或几乎无口语、对社交不感兴趣、适应性技能差、中至重度的感觉敏感或异常、显著行为障碍（攻击、自伤等）和显著的睡眠或喂养困难等；中等功能水平的孤独症学生，可能综合表现为轻微智力缺陷和认知发展不平衡、学业困难和不平衡、有口语但形式和功能有限、部分的社交兴趣、适应技能低于预期、感觉敏感或异常、行为或精神问题（如焦虑、抑郁等）、睡眠或喂养困难等；而高功能的孤独症学生可能综合表现为认知水平高于年龄预期但发展不平衡、学业上轻度或无困难（尽管常常学业发展不平衡）、言语发展较好但质量部分受损（如语用困难）、有社交兴趣、适应技能不平衡、感觉敏感或异常、部分的行为或精神问题、部分的睡眠或喂养困难等。

---

① Danielsson S, Gillberg I C, Billstedt E, et al.. Epilepsy in Young Adults with Autism: A Prospective Population-Based Follow-up Study of 120 Individuals Diagnosed in Childhood, *Epilepsia*, 2005, 46(6): 918-923.

二、我国孤独症教育的发展现状

（一）我国孤独症教育的发展阶段

按照政策和社会关注度、研究深度等的不同，我国的孤独症教育大致可分为三个阶段：萌发阶段、积极尝试阶段和快速发展阶段。

1. 萌发阶段

1982 年，南京儿童心理卫生研究中心的陶国泰教授首先报告了 4 例孤独症患儿。此后，孤独症在国内引起关注。

20 世纪 90 年代以后，全国各地相继开办了一些公办和民办的孤独症儿童教育训练机构①。1993 年 3 月，田惠平女士创立了我国第一家专门为孤独症儿童及其家庭提供教育服务的民办机构。同年 12 月，中国第一个以改善孤独症儿童康复、教育、医疗环境为宗旨的社会团体——北京市孤独症儿童康复协会正式宣告成立，由杨晓玲教授担任会长。

1996 年，北京市第二届特教工作会议通过的"九五"规划明确指出"要继续进行对中重度智力残疾、孤独症、综合残疾儿童的教育训练实验及扩大推广工作"②。自此，全国各地纷纷展开了有关孤独症的教育研究工作。

2000 年以后，国内孤独症研究的规模显著扩大，水平不断提升，研究者逐渐开始关注实践领域的问题。此外，普通民众也开始对孤独症有所了解③。2004 年，作为我国创办的第一所特殊教育师范学校，南京特殊教育职业技术学院开设了孤独症教育专业④。

综上，从 20 世纪八九十年代到 21 世纪初，我国的孤独症教育处于一种

---

① 陈云英等：《中国特殊教育学基础》，教育科学出版社，2004，第 229-230 页。

② 《北京市人民政府办公厅关于转发北京市特殊教育事业"九五"发展规划的通知》，1997，http://www.beijing.gov.cn/zhengce/zfwj/zfwj/bgtwj/201905/t20190523_74388.html，访问日期：2022 年 4 月 7 日。

③ 刘艳虹、董鸣利、胡晓毅：《自闭症研究 70 年：基于国内外研究现状与前沿的可视化分析》，中国轻工业出版社，2016，第 202 页。

④ 魏轶兵：《特殊教育院校孤独症教育专业培养目标与课程体系的探析》，《中国特殊教育》2007 年第 4 期。

萌发的状态。这一时期，孤独症儿童教育康复组织经历了"摸着石头过河"的过程，一直在积极探索有效教育康复方法和模式，科学研究领域开始积极介入实践并开展更为深入的实验研究，社会公众对于孤独症也从完全陌生到逐渐了解。这些自下而上的探索也引发了行政部门的关注，孤独症教育成为公共政策领域中的一个议题。

2. 积极尝试阶段

2006 年之后，国内孤独症的研究与教育康复进入了空前活跃期[①]，对孤独症的关注更是提升到国家层面，这一点体现在国家出台的一系列政策法规中。2006 年，第二次全国残疾人抽样调查残疾标准中将孤独症纳入精神残疾范畴。《中国残疾人事业"十一五"发展纲要（2006—2010 年）》将孤独症康复纳入重点康复内容，指出要探索建立涵盖孤独症儿童早期筛查、早期诊断、早期康复的干预体系。2008 年，中共中央、国务院发布《关于促进残疾人事业发展的意见》，明确提出要逐步解决孤独症等残疾儿童少年的教育问题。2009 年发布的《关于进一步加快特殊教育事业发展的意见》将孤独症教育纳入义务教育，为孤独症儿童获得教育服务提供了政策保障。同年，中残联在全国 31 个城市开展孤独症儿童康复训练试点，并实施"贫困残疾儿童抢救性康复项目"。该项目由国家拨款 7.25 亿元，面向全国 5.88 万名 6 岁以下的残疾儿童，其中也包括 1200 名孤独症儿童。

3. 快速发展阶段

2010 年后，我国的孤独症教育进入快速发展阶段，并逐渐成为我国教育发展事业的一大关键议题。例如，2015 年我国第 25 个助残日将主题定为"关注孤独症儿童，走向美好未来"，这是我国首次聚焦孤独症儿童。2022 年，《国务院办公厅关于转发教育部等部门〈"十四五"特殊教育发展提升行动计划〉的通知》（国办发〔2021〕60 号），显现对孤独症儿童教育的特别关注，全文有 7 处专门提及"孤独症"。比如，探索孤独症儿童培养方式，研制孤独

---

① 王波：《中国内地孤独症研究 30 年回眸：发展、问题与对策》，《教育导刊》2013 年第 4 期。

症儿童教育指南，坚持融合教育为主，逐步建立陪读制度。总体上，这一阶段，我国孤独症教育的发展具有以下几个方面的特点。

（1）学生入学安置日益规范

当前，我国孤独症学生的入学安置主要分为专门安置和融合安置两种形式。重度的孤独症儿童一般安置于特殊教育学校（主要是培智学校）；轻中度的孤独症儿童则安置于普通学校的融合环境，采取随班就读的方式[①]。2011年，教育部发布的《残疾人随班就读工作管理办法》修订版明确将孤独症儿童纳入随班就读对象。2020年，教育部出台了《关于加强残疾儿童少年义务教育阶段随班就读工作的指导意见》，进一步规范了孤独症儿童的随班就读。教育部等部门2014年发布的《特殊教育提升计划（2014—2016年）》和2017年发布的《第二期特殊教育提升计划（2017—2020年）》则提出了探索"建设孤独症儿童少年特殊教育学校（部）"的要求。由此，孤独症学生的入学安置问题具有了政策保障和规范化发展的趋势。

（2）评估工具不断完善

评估是孤独症教育的核心依据。大多数孤独症儿童集言语、智力、情绪和社会化发展障碍于一身，给评估造成了非常大的挑战[②]。

在国际上，孤独症儿童的评估工具主要分为筛查评估工具、诊断评估工具和教育评估工具。我国认可度较高的、临床上应用较多的筛查评估工具主要包括《克氏孤独症行为量表》（Clancy Autism Behavior Scale，CABS）、《孤独症行为量表》（Autism Behavior Checklist，ABC）、《婴幼儿孤独症筛查量表》（Checklist for Autism in Toddlers，M. CHAT）、《儿童孤独症谱系测验量表》（Childhood Autism Spectrum Test，CAST）、《早期孤独症筛查量表》（Early Autism Screening Items，EASI），以及我国学者开发的《儿童孤独症筛查量表》。

诊断评估工具主要包括《儿童孤独症评定量表》（Childhood Autism Rating Scale，CARS）、《孤独症诊断观察量表》（Autism Diagnostic Observation

---

① 胡晓毅、刘艳虹：《孤独症谱系障碍儿童的教育》，北京师范大学出版社，2016，第30—36页。
② 周念丽：《自闭症谱系障碍儿童的发展与教育》，北京大学出版社，2011，第105页。

Schedule，ADOS）和《孤独症诊断访谈量表修订版》（Autism Diagnostic Interview-Revised，ADI-R）。其中，ADOS 和 ADI-R 被称为孤独症诊断的"黄金标准"。

教育评估工具包括《心理教育量表》（Psycho-Educational Profile，PEP）[1][2] 和《语言行为里程碑评估和安置程序》（Verbal Behavior Milestones Assessment and Placement Program，VB-MAPP）等，评估的核心项目包括适应性行为、言语沟通、社会交往、智力功能和发展评估，可选评估项目包括学业功能、运动技能、感觉处理、视觉加工等[3]。2017 年 4 月，胡晓毅、刘艳虹出版了《学龄孤独症儿童教育评估指南》一书，从感知觉、运动、情绪管理、常规执行、兴趣与行为、社会交往、言语沟通、认知与学业等八个方面探讨了孤独症儿童教育评估的问题[4]。该指南是我国针对学龄孤独症儿童教育评估的首个本土研究成果。

（3）教育干预方法多元发展

美国学者辛普森（Simpson）将孤独症教育干预方法划分为三种模式：教导主义模式、自然主义模式、发展主义模式。较为成熟的教导式教育策略包括回合式教学、应用行为分析等；自然式的教育策略有关键反应训练、结构化教学和社会故事法等；发展式的教育策略包括地板时光、早期介入丹佛模式以及情境教学等[5]。美国的循证实践报告也提及了大量的孤独症教育策略，能为我国的孤独症儿童教育提供借鉴，帮助孤独症教师在教育教学过程中选择与学生相适配的策略，满足孤独症儿童的个别化需求。近年来，我国的教育研究者围绕这些循证策略开展了大量的个案研究和实验研究，积累了不少

---

[1] 孙敦科、魏华忠、杨晓玲等：《心理教育评定量表中文版 C-PEP 修订报告》，《中国心理卫生杂志》2000 年第 4 期。

[2] 于松梅、孙敦科、杨晓玲：《PEP 量表的发展及其在中国的修订进展》，《中国特殊教育》2013 年第 7 期。

[3] 杨希洁：《对建设义务教育阶段随班就读孤独症学生教育评估工具库的思考》，《中国特殊教育》2017 年第 9 期。

[4] 胡晓毅、刘艳虹：《学龄孤独症儿童教育评估指南》，北京师范大学出版社，2017，第 2-3 页。

[5] 胡晓毅、刘艳虹：《孤独症谱系障碍儿童的教育》，北京师范大学出版社，2016，第 39-86 页。

经验，但在应用上也存在本土化不够、生态性不足等问题。

（4）专业师资渐进储备

2015 年，全国残疾人康复工作办公室发布了《全国孤独症和智力残疾儿童康复人员培训项目实施方案》，提出了加强孤独症教育专业人才建设的系列举措，主要包括：编制培训大纲和教材，统一培训内容和要求；开展逐级培训；强化培训考核等，要求教师统一培训上岗，培训考核合格者方能获得专业岗位证。2019 年和 2020 年，中国残疾人联合会开展了孤独症康复师培训和孤独症机构骨干教师培训项目，不断提升孤独症教育的服务质量与效果。此外，我国许多高校、企业、公益基金会、各地的特殊学校及随班就读指导中心等也积极创设孤独症教师专项奖励或培训计划，为巩固孤独症教育的专业人才基础贡献力量。

（5）相关研究大量涌现

21 世纪以来，随着各界对孤独症教育的重视，我国也逐渐开拓孤独症领域的相关研究。特别是 2010 年以后，国内孤独症研究规模显著扩大，孤独症研究发文量增幅较前十年要快，发文总量远超前十年 [①]（见图 1.1）。在主题分布上，多元化趋势显著，核心关键词和凸显关键词的规模也明显超过此前

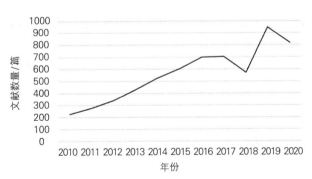

图 1.1　2010 年后我国历年孤独症教育研究文献数量
注：以"孤独症教育""自闭症教育"为关键词的搜索结果。
来源：CNKI 中国知网

[①]　刘礼兰：《近十年自闭症研究热点的可视化分析》，《绥化学院学报》2021 年第 1 期。

的每个阶段[1]。近十年，孤独症研究热点主要包括四个方面：孤独症儿童干预方法、孤独症儿童融合教育、孤独症儿童共同注意、孤独症儿童家长及家长参与[2]；并且，国内特殊教育专业以孤独症为选题的硕博学位论文整体呈逐渐增长态势[3]。综上，孤独症儿童的教育问题日益受我国研究者的关注，同时已有部分高校逐渐将这一问题纳入学科建设或研究生培养的考虑范围。

（二）我国孤独症教育面临的挑战

尽管不同社会群体呼吁为孤独症学生提供高质量教育，且国家和政府也做了大量努力，但当前孤独症教育的实际成效尚不尽如人意。

1. 安置质量不佳

我国一直在探索适合孤独症儿童的教育安置形式。目前，专门针对孤独症儿童开设的公办独立孤独症学校较少，全国范围内仅 2 所，国家正规的孤独症组织机构也较少，致使一些孤独症儿童可能无法及时获得合适的教育康复[4]。大多数孤独症教育机构存在年龄上限，大部分只能收到 12 岁、10 岁儿童[5]，甚至有的只为 2—7 岁的儿童开设[6]，这意味着部分义务教育阶段的孤独症学生无法得到机构的安置和服务。一些孤独症教育训练机构的干预费用非常昂贵，对普通家庭来说是不可承受之重。此外，将孤独症儿童安置于隔离环境还存在增加儿童挑战性行为、社会交往能力难以发展的风险[7]。

---

[1] 刘艳虹、董鸣利、胡晓毅：《自闭症研究 70 年：基于国内外研究现状与前沿的可视化分析》，中国轻工业出版社，2016，第 208 页。

[2] 刘礼兰：《近十年自闭症研究热点的可视化分析》，《绥化学院学报》2021 年第 1 期。

[3] 周哲成、葛琛：《关于"自闭症谱系障碍"的研究热点分析——基于 2010—2019 年特殊教育专业硕博学位论文选题的可视化分析》，《现代特殊教育》2021 年第 2 期。

[4] 张明平、江小英、李燕等：《重庆市孤独症儿童教育与康复机构现状调查研究》，《现代特殊教育》2015 年第 2 期。

[5] 张明平、江小英、李燕等：《重庆市孤独症儿童教育与康复机构现状调查研究》，《现代特殊教育》2015 年第 2 期。

[6] 吕丛超：《天津市孤独症儿童康复现状及干预实验研究》，硕士学位论文，天津医科大学，2008，第 33 页。

[7] Kaweski W, Making a Difference for Students with ASD, *Principal Leadership*, 2011(3):18—24.

然而，将孤独症儿童安置在普通学校亦存在较大的挑战。如，普通学校教师、学生和学生家长对孤独症儿童缺乏接纳；教师缺乏相应的专业技能；普通学校缺少孤独症儿童所需的教育康复器材设施[1]，等等。因而目前国内孤独症儿童融合教育质量并不理想。

从现实安置来看，由于特殊教育学校为学龄儿童提供了"零拒绝、全免费"的教育，很多孤独症儿童会被安置在特殊教育学校[2]。在特殊教育学校（主要是培智学校）的教育对象中，孤独症儿童的数量已经占到了总人数的1/3左右，有些学校甚至达到1/2[3]。然而，特殊教育学校内孤独症学生的编班方式以混合编班为主[4]，对孤独症儿童基本沿用了智障儿童的教育安置形式，教育支持不具有针对性。此外，也有一些孤独症儿童由于家庭难以支付费用、被学校拒收等，不得不被安置在家中。

2011年4月至2012年2月底，深圳市自闭症研究会组织开展了华南地区孤独症人士服务现状调查，在受调查的家长中，有72.66%的家长认为孩子的教育安置需要得到改善[5]。总体上，虽然政府出台了系列教育政策鼓励多样化的安置形式，但始终无法满足日益增多的孤独症儿童及其家长的需要，孤独症儿童的教育效果也没有得到显著改善。

2. 教育目标不清

教育目标具有目的性、方向性与指导性的作用[6]。我国于2007年出台了盲、聋和培智三类学生的培养目标，于2016年发布了盲、聋和培智三类特

① 周思佳：《广州市海珠区孤独症儿童普通小学随班就读问题及对策研究》，硕士学位论文，四川师范大学，2010，第17-19页。
② 宿淑华、赵航、刘巧云等：《特殊教育学校自闭症儿童教育康复现状调查》，《中国特殊教育》2017年第4期。
③ 王颖：《孤独症儿童特殊教育学校教育安置模式的思考》，《文教资料》2009年第34期。
④ 邓猛、黄伟、颜廷睿等：《孤独症儿童教育康复现状与思考》，《残疾人研究》2014年第2期。
⑤ 深圳市自闭症研究会：《中国自闭症人士服务现状调查 华南地区》，华夏出版社，2013，第9页。
⑥ 刘新阳：《教育目标系统变革视角下的核心素养》，《全球教育展望》2017年第10期。

殊教育学校义务教育课程标准，但至今未明确提出孤独症学生的教育目标。由于不知道"教什么""学什么"，孤独症学生的教育教学就显得随意、主观、低效且难以评价。一线教师在为孤独症学生设计课程教学目标时，主要是依据经验或参考教育部颁布的培智学校课程标准，因而教育目标往往缺乏针对性。如此一来，教师制订和实施孤独症学生个别化教育计划（IEP）的情况也就并不乐观 [1]。事实上，许多教师认为当前的课程目标对孤独症学生的适切性并不佳 [2]。

3. 课程资源不足

2010 年，我国卫生部颁布了《儿童孤独症诊疗康复指南》。但从教育角度来看，国内仍缺少针对孤独症儿童的课程指南或课程资源库。特殊教育学校提供的孤独症儿童教育适切性欠佳，在课程目标、课程内容、教学资源等方面，都存在着不足 [3][4]，如缺乏系统性的康复课程体系、缺乏符合孤独症特点的教学资源和专用的仪器设备等 [5]。

4. 师资力量薄弱

目前，我国孤独症儿童教育仍缺乏充足的专业师资，有经验的专业人才仍匮乏。《中国市场监管报》2020 年的一篇报道称，我国现有孤独症康复教师只能覆盖 1.3% 的孤独症人群，剩下 98.7% 的孤独症人群无法得到有效的康复训练。孤独症儿童康复机构的教师来自不同的专业，与孤独症儿童教育

---

① 李芳、张桂莹：《基于社会文化视角的中西方自闭症教育干预策略比较研究》，《绥化学院学报》2020 年第 10 期。
② 王梦杰：《培智学校面向孤独症学生的课程开发与实施现状的调查研究》，硕士学位论文，浙江师范大学，2019，第 77 页。
③ 郜玲亚：《培智学校自闭症儿童教育适切性的思考》，《教师博览（科研版）》2017 年第 5 期。
④ 王梦杰：《培智学校面向孤独症学生的课程开发与实施现状的调查研究》，硕士学位论文，浙江师范大学，2019，第 77 页。
⑤ 宿淑华、赵航、刘巧云等：《特殊教育学校自闭症儿童教育康复现状调查》，《中国特殊教育》2017 年第 4 期。

康复相关的专业较少[①]，康复教师的专业知识与能力良莠不齐[②]。大多数康复教师的学历偏低（中专与大专），掌握的康复训练方法也较为单一[③④]。邓猛等人2014年的一项调查指出，教师的新康复训练方法和技能使用率偏低，孤独症儿童康复训练效果也并不显著[⑤]。就特殊教育学校而言，当前特校教师关于孤独症的相关知识与技能较为薄弱，在课程设计与教学实施上的质量都有待提升[⑥]。相较于发达国家，我国目前开展的孤独症教师培训内容较为零散，缺乏统一的规范与指导，更缺乏对培训效果的持续追踪和评估[⑦]。

5. 本土系统研究缺乏

目前，我国仍缺乏本土的、整体性的、全参与的孤独症儿童教育系统研究。一是仍缺少国家相关行政部门的整体布局和规划研究，地方自发性的研究居多，因此存在各省市、各地区的研究不平衡的问题[⑧]。二是本土转化和本土生成仍有待加强，譬如，虽然美国的循证实践报告是孤独症教育教学策略的主要来源，但由于文化背景差异及理论与现实之间的张力，必须通过本土的研究与转化才能提高教学实践的有效性。三是孤独症儿童教育的研究参与度还不够。当前，我国从事孤独症儿童教育康复问题研究的主要力量是高校科研人员，一线学校、各类康复中心（机构）的参与度尚显不足。

[①] 张明平、江小英、李燕等：《重庆市孤独症儿童教育与康复机构现状调查研究》，《现代特殊教育》2015年第2期。

[②] 宿淑华、赵航、刘巧云等：《特殊教育学校自闭症儿童教育康复现状调查》，《中国特殊教育》2017年第4期。

[③] 宿淑华、赵航、刘巧云等：《特殊教育学校自闭症儿童教育康复现状调查》，《中国特殊教育》2017年第4期。

[④] 杨广学、郭德华、钱旭强：《自闭症康复机构教师职业现状调查与分析》，《中国特殊教育》2011年第11期。

[⑤] 邓猛、黄伟、颜廷睿等：《孤独症儿童教育康复现状与思考》，《残疾人研究》2014年第2期。

[⑥] 胡晓毅：《当前美国孤独症儿童教育面临的挑战及其对我国的启示》，《比较教育研究》2014年第9期。

[⑦] 梁琳、闫磊：《国外孤独症儿童教师技能培训的研究综述及启示》，《中国特殊教育》2020年第8期。

[⑧] 王辉：《近年中国孤独症儿童教育康复研究的整体情况与区域性比较》，《中国特殊教育》2011年第4期。

（三）对我国孤独症教育发展现状的总结和反思

不管采取何种安置形态，孤独症儿童的教育都需要建立适宜的支持系统 ①。研究表明，许多孤独症学生可以从学业、社会及行为支持中获益，如果没有足够的支持，孤独症学生可能会产生挫败感 ②。然而，我国孤独症教育起步较晚，尽管取得了不小的进展，却仍未建立全面的支持系统，与家长、孩子和教师的期望尚存在距离，亟待做出系统性的转变。

1. 从"宣传口号"转为"组织落实"

不可否认，近来社会对孤独症儿童的教育问题越发重视，社会关注度的提高导向了政策上的倾斜，一些机构组织对孤独症儿童及其家庭的帮助力度也有所加大。但很多时候社会的关注是间歇性的或者是媒体的片面宣传，从法律法规层面上看，形成以法律和政策作为坚强支持的整体局面仍任重道远。当前还亟须通过强有力的特教专项立法，保障孤独症儿童接受义务教育的权利，明确各级政府、儿童家长和教育机构的责任，从而推动孤独症教育从号召型向依法治教的模式转变。需以法律法规为依据，加大和落实对孤独症儿童教育的全方位支持，如加强对专业人员的培养、提高孤独症教育科学研究水平、建设适应不同类型与程度的孤独症儿童的教育环境等，不断提高孤独症教育质量。

2. 从"外围支持"转为"课堂支持"

目前，在培智学校接受教育是我国孤独症学生教育安置的主要方式 ③，班级集体授课是孤独症学生学习的主要途径，这一现实使得课堂内的"支持"变得十分急迫。从心理学视角来看，支持类似于最近发展区的概念，即为被支持者提供的一种程度不断递减的"协助过程"。从社会学视角来看，这一

---

① 胡晓毅：《当前美国孤独症儿童教育面临的挑战及其对我国的启示》，《比较教育研究》2014 年第 9 期。

② 沃特·卡维斯基：《自闭症儿童教育学：普通班级青春期自闭症学生教学策略》，贺荟中译，华东师范大学出版社，2019，第 2 页。

③ 五彩鹿自闭症研究院：《中国自闭症教育康复行业发展状况报告 2》，华夏出版社，2017，第 32 页。

"支持"又契合社群主义（Communitarianism）的主张，即通过声张他人权利以缓和个人主义的过度膨胀[①]。在过去，人们虽然认识到"支持"对于改善特殊儿童身心功能的巨大意义，但更多的是从更加宏观、外围、间接的角度来谈论支持，"支持"还未进入"课堂"这一最小的功能单元。现在，孤独症教育势必需要从聚焦学校或社区整体融合性文化氛围的创设，逐步转移到有组织、有计划地设计课堂的设施、资源、策略，以提升所有学生的成就水平[②]。在此过程中，通用学习设计、差异化教学等理念和实践都是值得关注的范例和样本。时至今日，课堂支持亟须成为孤独症融合教育、课堂教学研究的重要主题，不仅要对固有的课堂教学观念进行更新，还要在改革中探讨和创新课堂教学的实践形态。

3. 从"实验干预"转为"生态干预"

以科学研究为依据的循证实践是孤独症儿童干预的重要特征之一[③]。目前，已有许多实验干预研究为孤独症教育提供了许多理论支持，但是干预目标不能仅是消除症状或是避免消极结果，更重要的是促进积极适应和各领域能力的发展。实验干预研究具有高度控制环境的特点，与学校的真实情境存在明显的差异，这意味着实验干预结论不一定能够直接推广于真实复杂的教学情境之中。因此，以"假说—验证"的演绎为主的实验科学霸权需要被打破，现代主义的理性特征及科学主义的权威需要被超越。研究者需要走出实验室走进孤独症儿童的真实生活，从闭关自守的学术象牙塔走向现实生活世界，从实验室的控制环境走进自然的田野与特定情境，从单一研究模式走向

---

① Luckasson R, Borthwick D S, Buntinx W H, et al.. *Mental Retardation: Definition, Classification, and Systems of Supports*(10th ed).Washington: American Association on Mental Retardation, 2002:146−147.

② John M, Pam H. "Inclusive Education and Meaningful School Outcomes," in *Equity and full participation for individuals with severe disabilities: A vision for the future*. Baltimore: Paul H. Brookes, 2014:155−176.

③ Samuel L O, Lana C, Sally J R, et al.. Evidence−Based Practices in Interventions for Children and Youth with Autism Spectrum Disorders, *Preventing School Failure:Alternative Education for Children and Youth*, 2010, 54(4): 275−282.

多元研究范式[①]。概言之，孤独症教育干预领域亟须从"实验干预"转为"生态干预"，推动真实情境下的行动和实践，在行动中发现和解释现象规律，在实践中探索有效的教育干预方法[②]。

4. 从"简单借鉴"转为"本土发展"

从坎纳医生1943年发现第一例孤独症开始，西方研究孤独症儿童教育的历史至今也不过百年。不过因为西方国家先行一步，许多教育方法和技术都成为我们效仿的对象。但是，教育实践会因政治、经济、文化背景的不同而存在差异。因此，在借鉴和吸收西方孤独症儿童的教育干预方法时，应充分考虑我国的文化背景，而不是单纯地挪用[③]，应改变简单模仿、复制国外教育干预方法和实践的现状；同时，亟须从引进状态过渡到目标导向的整体设计和研究阶段，尽快建立适宜于我国本土特色和实际条件的孤独症教育目标、课程、教学、评价等。事实上，本书探讨的孤独症学生关键能力的构建，正是旨在回应上述问题，力求从源头上解决孤独症学生"应该教什么"的问题。

第二节　孤独症学生关键能力的内涵

一、关键能力的提出

关键能力一词，最初产生于职业教育领域。1974年，德国著名职业教育学家梅滕斯（Dieter Mertens）在其论文《关键能力——现代社会的教育使命》中提出了关键能力（Schlüsselqualifikationen，直译为"核心的钥匙"）的概念。

---

① 邓猛、颜廷睿：《特殊教育领域循证实践的批判性反思——以自闭症教育干预领域为例》，《中国特殊教育》2017年第4期。

② 邓猛、颜廷睿：《特殊教育领域循证实践的批判性反思——以自闭症教育干预领域为例》，《中国特殊教育》2017年第4期。

③ 李芳、张桂莹：《基于社会文化视角的中西方自闭症教育干预策略比较研究》，《绥化学院学报》2020年第10期。

关键能力的概念是基于这样的设想，即存在这样的能力，它们对人生历程的职业生涯、个性发展和社会存在等各个方面起关键性的作用[①]。这些能力可能与一定的专业实际技能不直接相关，却是在各种不同场合做出判断选择不可或缺的，能帮助人们应对人生生涯中不可预见的各种变化。梅滕斯提出了四种关键能力：批判、创造和交往等基础能力，劳动保护和技能提升意愿等职业拓展能力，信息选择和加工能力，融入全球化和社会等关联能力。梅滕斯的关键能力概念不仅影响了德国的职业教育，还传播到英国、美国等国家，引发了世界范围内以关键能力改革职业教育的浪潮。20世纪80年代，德国学者雷茨（Reetz）和劳尔·恩斯特（Laur Ernst）丰富了关键能力的内涵，将各种能力表现出的行动作为教育目标，使"关键能力"从抽象的理论成为具有实际表现的职业教育内容[②]。

职业教育领域关键能力研究和实践的成功，为普通教育改革提供了蓝本。从20世纪80年代末开始，关键能力的概念逐步延伸至普通教育领域，具有了"作为整体教育目标"的意涵。尤其是到了1997年，经合组织（OECD）开展"关键能力的界定与遴选：理论和概念基础"（Definition and selection of competencies: theoretical and conceptual foundations，DeSeCo）项目研究后，欧盟等国际组织与美国、英国、德国、日本等国家及我国的香港、台湾等地区，分别在职业胜任、终身学习、生活准备等价值追求下掀起了一场关于"关键能力"研究与实践的热潮[③]，产生了巨大影响，"关键能力"逐渐成为世界教育改革的潮流、国际上学力排名的指标和现代正统教育的思考方法[④]。

在OECD的定义中，关键能力指的是个人实现自我、终身发展、融入主

---

① Mertens D, Schlüsselqualifikationen. Thesen Zur Schulung Für Eine Moderne Gesellschaft. *Mitteilungen aus der Arbeitsmarktund Berufsforschung*, 1974,7(2):36–43.

② 王飞：《核心素养的历史变迁与启示》，《教育探索》2018年第5期。

③ 唐智松、徐竹君、杨士连：《"核心素养"概念的混沌与厘定》，《课程·教材·教法》2018年第8期。

④ 磯田文雄、沈晓敏、苏春鹏：《处于十字路口的日本课程行政——基于"关键能力"的教育改革》，《全球教育展望》2016年第2期。

流社会和充分就业所必需的知识、技能及态度之集合，它们是可迁移的且发挥着多样化的功能[①]。这个定义突出了关键能力的两个特点：一是关键能力涵盖知识、技能、态度、价值观等多方面因素；二是关键能力在学生培养中能够起到以点带面的作用，在更有效地促进学生自身发展的同时也推动社会发展，具有个体发展和社会发展的双重功效。

二、关键能力相关概念辨析

（一）关键能力与核心素养

近年来，随着核心素养成为教育领域的一个热词，学界对核心素养和关键能力的关系众说纷纭，莫衷一是。因此，审视关键能力的概念，首先要厘清关键能力和核心素养的关系。

一种观点认为，关键能力等同于核心素养，两者只是同个概念的不同表达。如褚宏启指出，核心素养与关键能力都对应英文词"key competencies"，两者实质上是一致的，无须在概念的使用上聚讼不休[②]；裴新宁等也认为关键能力和核心素养只是学界存在的两种不同的译法[③]；王俊民等将关键能力看作核心素养的"前身"，两者只存在范围上而不是内涵上的区别，从范围上，关键能力更侧重于职业教育领域，核心素养则同时纳入了普通教育领域，面向范围更广[④]。从这种意义上，关键能力与核心素养两个概念可以互换和替代。

另一种观点将关键能力视为隶属于核心素养的子集。最具代表性的是《中国学生发展核心素养》提出的定义，将核心素养界定为学生应具备的、能够适应终身发展和满足社会发展需要的"必备品格"和"关键能力"，只有在

① Dominique Simone Rychen 、Laura Hersh Salganik :《勾勒关键能力，打造优质生活——OECD 关键能力框架概述》，滕梅芳、盛群力编译，《远程教育杂志》2007 年第 5 期。

② 褚宏启：《再谈核心素养与关键能力》，《中小学管理》2017 年第 12 期。

③ 裴新宁、刘新阳：《为 21 世纪重建教育——欧盟 "核心素养" 框架的确立 》，《全球教育展望》2013 年第 12 期。

④ 王俊民、丁晨晨：《核心素养的概念与本质探析——兼析核心素养与基础素养、高阶素养和学科素养的关系》，《教育科学》2018 年第 1 期。

关键能力与必备品格双重因素的作用下，核心素养才具有综合效应。显然，关键能力被视为核心素养的一部分，而并未涵盖态度、情意的价值，换言之，"关键能力"是"非品格"的。还有一些研究者亦持类似的观点，如蔡清田等认为素养比能力更加宽广，素养是知识能力和态度的整合[①]；杨季冬和王后雄认为关键能力是核心素养的重要组成部分，但关键能力只代表了"核心素养"的"技能"部分，并与价值观、品格有所区别[②]。

　　然而，上述两种观点都存在一定的局限。一方面，视关键能力和核心素养相等同，某种程度上是将核心素养概念视为"舶来品"，而忽视了概念提出与生长的本土语境。有学者指出，核心素养作为具有中国特色的创造性词语，需要立足汉语言文字文化的习惯加以解释[③]。在汉语中，"素养"指的是"平日的修养"[④]，是指某个人在理论、知识、艺术、思想等方面达到的一定水平[⑤]，这意味着素养是一种长期的稳定状态。"能力"更侧重于指能胜任某项工作或做好某一事情的才能、力量或条件[⑥]。由此，从汉语的语言习惯来看，核心素养更抽象、更具内隐性，而关键能力更具体、更具外显性。

　　另一方面，将关键能力视为核心素养的一部分，存在将能力削减为"技能"的风险，容易导致"能力"内涵的窄化。从心理学上说，能力不同于技能。技能一般是指人们通过练习而获得的动作方式和动作系统，不涉及态度、情意层面。而能力的含义更广，指向个体灵活应用多种心理和社会资源，在特定的情境中应对和解决复杂问题的行动才能，这种才能必定超越了纯粹的知识和技能，关涉态度、情意等因素，否则人们将难以应对情境的复杂要求。正如有学者指出，能力不仅仅是知识和技能，也是价值、批判性思

---

① 蔡清田：《核心素养与课程设计》，北京师范大学出版社，2018，第 18—32 页。
② 杨季冬、王后雄：《高中化学关键能力的内涵及构成要素研究》，《化学教学》2019 年第 4 期。
③ 唐智松、徐竹君、杨士连：《"核心素养"概念的混沌与厘定》，《课程·教材·教法》2018 年第 8 期。
④ 中国社会科学院语言研究所词典编辑室：《现代汉语词典》（第 7 版），商务印书馆，2016，第 1248 页。
⑤ 林崇德：《21 世纪学生发展核心素养研究》，北京师范大学出版社，2017，第 25 页。
⑥ 莫衡等：《当代汉语词典》，上海辞书出版社，2001，第 652 页。

维、专业判断、态度形成等[①]。

值得注意的是，关键能力的概念在政策文本中也有着差异化的解释。如，2014年3月教育部发布的《关于全面深化课程改革 落实立德树人根本任务的意见》，要求"提出各学段学生发展核心素养体系，明确学生应具备的适应终身发展和社会发展需要的必备品格和关键能力"，似乎关键能力不涉及品格成分。然而，如果仔细审视2017年中共中央办公厅、国务院办公厅《关于深化教育体制机制改革的意见》中提出的四大关键能力，即认知能力、合作能力、创新能力和职业能力，我们不难发现，这些关键能力亦包含了态度、情意、价值观等品格成分，如其中提及的"终身学习的意识""创新人格""职业精神"等等。由此，或许我们对国家政策文件中提到的"核心素养""关键能力"等概念存在误读。强调必备品格，并不意味着关键能力就是"非品格"的，而在于突出诸如社会责任感、创新精神等品格在当下社会的必要性，凸显"立德树人"的重要性。

综上，我们认为，关键能力和核心素养既不是完全等同、彼此替代的关系，也不是局部和全体的包含关系。关键能力是核心素养的具象化表达。核心素养是基于人的全面发展的价值追求而建构的宏观教育目标体系，在某种程度上是"混沌"的，在英文上可能更接近于"core quality"[②]；关键能力则是相对聚焦和具体的，它指明了"重点发展什么"的问题，更可观察、更可操作、更易在实践中把握。不过，从根本上看，关键能力和核心素养是一致的：关键能力以核心素养为内在指向和归宿，核心素养通过关键能力而得以彰显，关键能力同样是知识、技能、态度等的整合。如果用隐喻来形容两者的关系，核心素养和关键能力就像一座冰山，关键能力是冰山表层可以看到的部分，素养是冰山下面内隐的部分，两者是一体的。

---

① Kennedy D, Hyland A, Ryan N. Learning Outcomes and Competencies. *Using learning outcomes: Best of the Bologna handbook*, 2009,33(1):59−76.

② 唐智松、徐竹君、杨士连：《"核心素养"概念的混沌与厘定》，《课程·教材·教法》2018年第8期。

（二）关键能力与教育目标

对特殊教育来说，关键能力产生意义的前提是能明确其与教育目标的联系，即澄清关键能力在教育教学里应处于怎样的位置。

教育目标回答的是教育培养人的质量标准问题，而教育培养人的质量标准问题是一个有机的整体，并非某一具体层次的目标，亦即教育目标是一个系统[①]。按照现实的教育实践，大致可分为国家教育总目标、培养目标、课程目标、教学目标等多个层次。具体而言，教育总目标是一定社会培养人的总要求，是根据不同社会的政治、经济等要求和受教育者身心发展的状况确定的，是各级各类学校须遵循的统一标准，也是教育工作的出发点和最终目标；培养目标是各级各类学校根据教育总目标和学校的性质及任务制定的要求；课程目标是每一门学科所承载的育人目标，是指导整个课程设计和开发的最为关键的准则；教学目标是课程目标的进一步具体化，是指导、实施和评价教学的基本依据[②]。这些目标层级之间可以形象地表示为一个从相当概括到非常具体的连续统[③]。

从党的教育方针、相关法律及国家宏观教育政策来看，当前我国教育的总目标是"培养德智体美劳全面发展的社会主义建设者和接班人"。当然，教育总目标在不同的学校教育类型或层次必然会有不同的体现，因此，培养目标和教育总目标没有实质性的区别，只是概括程度不同[④]。就特殊教育领域而言，我国 2017 年修订颁布的《残疾人教育条例》明确指出：残疾人教育应当贯彻国家的教育方针，并根据残疾人的身心特性和需要，全面提高其素质，为残疾人平等地参与社会生活创造条件[⑤]。由此可见，特殊教育的目标定位既

---

① 丁念金：《走出教育目的研究误区的途径》，《教育评论》1998 年第 6 期。

② 施良方：《课程理论：课程的基础、原理与问题》，教育科学出版社，1996，第 90—95 页。

③ 钟柏昌、李艺：《核心素养如何落地：从横向分类到水平分层的转向》，《华东师范大学学报（教育科学版）》2018 年第 1 期。

④ 施良方：《课程理论：课程的基础、原理与问题》，教育科学出版社，1996，第 90—95 页。

⑤ 国务院：《残疾人教育条例》，http://www.gov.cn/gongbao/content/2017/content_5178184.htm，访问日期：2021 年 12 月 1 日。

要以促进残疾学生的全面发展为着力点，又要坚持遵循残疾学生的身心特点和学习发展规律。根据 1998 年教育部颁布的《特殊教育学校暂行规程》，我国特殊教育的培养目标是培养学生：（1）初步具有爱祖国、爱人民、爱劳动、爱科学、爱社会主义的情感，具有良好的品德，养成文明、礼貌、遵纪守法的行为习惯；（2）掌握基础的文化科学知识和基本技能，初步具有运用所学知识分析问题、解决问题的能力；（3）掌握锻炼身体的基本方法，具有较好的个人卫生习惯，身体素质和健康水平得到提高；（4）具有健康的审美情趣；（5）掌握一定的日常生活、劳动、生产的知识和技能；（6）初步掌握补偿自身缺陷的基本方法，身心缺陷得到一定程度的康复；（7）初步树立自尊、自信、自强、自立的精神和维护自身合法权益的意识，形成适应社会的基本能力①。显然，这个培养目标实际上是在"全面发展 + 缺陷补偿"的思路下提出的。2016 年，教育部发布了盲校、聋校和培智学校三类特殊教育学校义务教育课程标准，为培养目标的落地提供了重要的抓手。

问题在于，宏观抽象的总目标、特殊教育培养目标和具体的课程教学目标之间仍存在着较大落差：一方面，从表述来看，特殊教育培养目标仍类似于一种"指导思想"，依然较为宏观、抽象，缺乏结构性和一定的操作性；另一方面，特殊儿童除学业学习需求外，在功能发展方面也存在独特的需求，如果不建构更具针对性的中层教育目标，将容易造成教育目标层级转化的困难、转化过程中目标信息的损耗，以及目标制定适切性的不足。在这种意义上，关键能力可以视为上接"教育总目标"和"培养目标"、下接"课程目标""教学目标"的中介和桥梁，既使宏观的培养目标得以具体化，又能作为课程标准的补充，为孤独症儿童课堂教学的设计与实施提供指导，以弥补教育目标层级结构中的"断层"问题，同时也有助于充分满足特殊儿童的多重需要。

---

① 教育部：《特殊教育学校暂行规程》，http://www.moe.gov.cn/srcsite/A02/s5911/moe_621/201511/t20151119_220011.html，访问日期：2021 年 12 月 2 日。

（三）关键能力与学习成果

从历史上看，"关键能力"与"学习成果"（learning outcomes）有着很深的渊源。这种渊源可追溯到 20 世纪 70 年代美国兴起的"能力本位教育"（Competency-Based Education，CBE）运动。尽管对何为能力本位教育还没有形成一个普遍的共同定义，但学界一般认为，能力本位教育的特点主要包括强调成果、强有力的教学法、跨学科资源的运用和对学生能力成就的评估[①]。"成果"通常被视为最核心的要素，有学者甚至直接用"学习成果"替代了"能力"一词，偏好运用"成果本位教育"（Outcome-Based Education，OBE）的概念[②]。80 年代以后，由于"学习成果"一词比较明确，不像能力一词那么含糊和争议颇多，逐步成为教育政策制定、修改的一个核心关键词。能力本位教育也就逐渐与成果本位教育混合使用[③]。

2016 年，格威斯（Gervais）在前人研究的基础上，提出了"能力本位教育"的操作性定义："CBE 被定义为一种基于成果的教育方法，它包含教学法和评估，并要求学生展示特定的知识、态度、价值观、技能和行为，以评估学生对学习的掌握程度。"[④] 显然，"能力"与"成果"之间有很强的相互指代性。奥利弗（Oliver）等明确指出了能力与学习成果之间的关系：学习成果能使能力得以细化，并为能力的学习和评估奠定基础，如果建构得当，"能力"和"学习成果"的精确表达将使我们清楚地知道学生应该学习什么、理解什么，学生应该做什么、做得有多好，以及学生将在哪些层级得到评估[⑤]。

肯尼迪（Kennedy）等人则发现，能力有时是用一般性陈述描述的（例如：

---

① Gervais J. The Operational Definition of Competency-based Education. *The Journal of Competency-Based Education*, 2016,1(2): 98-106.

② Spady W G. Competency Based Education: A Bandwagon in Search of a Definition. *Educational Researcher*, 1977, 6(1):9-14.

③ 张红峰：《基于创新核心素养的高校学习成果分类框架研究》，《教育学术月刊》2018 年第 10 期。

④ Gervais J. The Operational Definition of Competency-based Education. *The Journal of Competency-Based Education*, 2016, 1(2): 98-106.

⑤ Oliver R, Kersten H, Vinkka-Puhakka H, et al.. Curriculum Structure: Principles and Strategy. *European Journal of Dental Education*, 2008, 12(1):74-84.

展示对知识、概念和技能的理解），而有时就是以学习成果表述的（例如：能撰写教案）；不过，鉴于能力概念的混淆和模糊，他们主张，在使用"能力"这一术语时，为了确保涵义的明确性，最好使用学习成果的词汇来表述能力，即根据学生在完成特定课程或学习周期之后应达成的学习成果来表达能力[1]。换言之，能力框架可以通过学习成果来进行建构。事实上，对教师教学"能力"而言，最大的挑战恰恰是选择导向能力获得的学习成果，并据此开发具体的评价指标和有效的教学传递系统[2]。在这种意义上，本书所说的"关键能力"，可以理解为对学生预期达到的关键性学习成果的一种规定。

三、关键能力的相关属性

（一）关键能力的内容

1. 国际组织提出的关键能力

（1）OECD 关键能力框架

DeSeCo 项目组 2003 年发表《为了成功人生和健全社会的关键能力》（"Key Competencies for a Successful Life and Well-Functioning Society"）的报告，标志着 OECD 关键能力框架的完成。2005 年，经合组织发布了《关键能力的界定与遴选：行动纲要》（"The Definition and Selection of Key Competencies: Executive Summary"），以增强关键能力应用于教育实践的可操作性。DeSeCo 项目组从分析社会愿景和个人生活需求出发，经过广泛调研，集合多方观点，并对之进行分类后，形成一个包括三个维度的关键能力框架体系（见图 1.2），即交互地使用工具的能力、自主行动的能力和在异质群体中有效互动的能力[3]。

---

[1]　Kennedy D, Hyland A, Ryan N. Learning Outcomes and Competencies. *Using Learning Outcomes: Best of the Bologna Handbook*, 2009, 33(1): 59–76.

[2]　Kennedy D, Hyland A, Ryan N. Learning Outcomes and Competencies. *Using Learning Outcomes: Best of the Bologna Handbook*, 2009, 33(1): 59–76.

[3]　王飞：《核心素养的历史变迁与启示》，《教育探索》2018 年第 5 期。

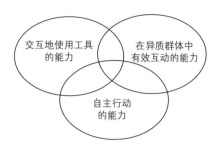

图 1.2　OECD 关键能力框架

资料来源：OECD,"The Defimition and Selection of Key Competencies: Executive Summary", 2005 年 5 月 27 日, https://www.oecd. org/pisa/35080367.pdf.

（2）UNESCO 惠普学习框架

2013 年，联合国教科文组织（UNESCO）发表了报告《走向普惠学习：孩子应该学习什么》("Toward Universal Learning: What Every Child Should Learn")[1]，旨在为国际提供通用的学习结果标准，推进全民的普惠学习。该报告提出了基础教育阶段七个领域的关键能力，即身体健康、社会情绪、文化艺术、文字沟通、主动学习与认知、数字与数学、科学技术[2]。

（3）欧盟参考框架

2006 年，欧盟发布"为了终身学习的关键能力：欧洲参考框架"（Key Competences for Lifelong Learning: A European Reference Framework），提出以"关键能力"取代传统的以"读、写、算"为核心的基本能力，作为总体教育目标与教育政策的参照框架，并列出了八大关键能力，即母语沟通能力、外语沟通能力、数学和科技基本能力、数字能力、学会学习能力、社会和公民

---

[1]　"Toward Universal Learning: What Every Child Should Learn," UNESCO, accessed July 19, 2021,http://uisunesco.org/sites/default/fles/documents/towards-universal-learning-what-every-child-should-learn~2013-en.pdf.

[2]　丁旭、盛群力、陈文吉：《普惠学习，标准为先——联合国教科文组织学习指标体系述要》,《现代远程教育研究》2018 年第 6 期。

能力、创新与企业家精神以及文化意识与表达能力 [①]。

2. 不同国家的关键能力框架

界定学生的关键能力，是世界各国近年来的普遍做法。美国 21 世纪技能联盟（Partnership for 21st Century Skills，P21）提出了"21 世纪学习框架"（Framework for 21st Century Learning），建构了三个维度的关键能力，包括"学习与创新技能"（创造力与创新、批判思维与问题解决、交流沟通与合作）、"信息、媒介与技术技能"和"生活与职业技能" [②]。新加坡教育部基于"培养自信的人、主动的学习者、积极的贡献者和热心的国民"的学生成果，构建了以核心价值（尊重、诚信、关爱、坚韧、和谐、负责）为中心的关键能力框架，具体包括核心价值、社会情绪能力及新 21 世纪技能 [③]。日本提出"旨在培养适应 21 世纪生活的日本人"的"基础能力、思维能力以及实践能力"等关键能力 [④]。

2016 年，我国《中国学生发展核心素养》总体框架发布，指出我国学生发展核心素养包括文化基础、自主发展、社会参与三个方面，综合表现为人文底蕴、科学精神、学会学习、健康生活、责任担当和实践创新六大素养。2017 年，《关于深化教育体制机制改革的意见》提出了学生四大关键能力：（1）认知能力，具体是指独立思考、逻辑推理、信息加工、学会学习、语言表达和文字写作的素养；（2）合作能力，具体是指学会自我管理，学会与他人合作，学会过集体生活，学会处理好个人与社会的关系，遵守、履行道德准则和行为规范；（3）创新能力，具体是指好奇心、想象力和创新思维，养

---

① "Key Competences for Lifelong Learning: A European Reference Framework," Office for Official Publications of the European Communities, accessed June 13, 2021, https://www. britishcouncil.orgsites/default/fles/youth–in–action–keycomp–en.pdf.

② "Framework for 21st Century Learning," Partnership for 21st century skills, accessed June 13, 2017, http://www.battelleforkids.org/networks/p21.

③ Singapore Ministry of Education, "21st Century Competencies，" last updated 18 October 2021, https://www.moe.gov.sg/education–in–sg/21st–century–competencies.

④ 左璜：《基础教育课程改革的国际趋势：走向核心素养为本》，《课程·教材·教法》2016 年第 2 期。

成创新人格，鼓励学生勇于探索、大胆尝试、创新创造；（4）职业能力，具体是指适应社会需求，树立爱岗敬业、精益求精的职业精神，践行知行合一，积极动手实践和解决实际问题。由于重点突出、指向具体，国内有学者将这四大关键能力看作《中国学生发展核心素养》的简约版、升级版①。

（二）关键能力的分类

从国内外的关键能力框架来看，关键能力的类别总体是一致的，但也有一些差异，体现了各自的民族与文化特色。其中，OECD 的分类，即"交互地使用工具的能力""自主行动的能力""在异质群体中有效互动的能力"具有较大的概括性和普遍性，基本上能够涵盖多个国家所提出的关键能力。每种能力既有其着重点，又相互联系，分别对应"人与自我""人与社会"和"人与工具"三方面。"人与自我"，是指个人需要管理自己的生活、适应社会生活，并可以自主地行动（act autonomously）；"人与社会"，是指在日益相互依赖的世界里，个人能在异质群体中协调沟通（interact in heterogeneous groups）；"人与工具"，是指个人能使用大量的工具来有效与环境互动（use tools interactively），包括信息技术等物理互动，以及语言等社会文化互动等②。上述分类方式与马克思主义人学理论将人的交往关系分为"人与自我""人与社会"和"人与自然"也不谋而合③。这样的分类方式为孤独症学生关键能力框架的构建提供了重要的参考和借鉴。

（三）关键能力的结构

1. 关键能力的成分

横向上，关键能力一般可分为知识（knowledge）、技能（skills）和态度（attitudes）三个维度。以欧盟提出的"母语沟通能力"为例，母语沟通是表

---

① 褚宏启：《解读关键能力》，《中小学管理》2017 年 11 期。

② Dominique Simone Rychen、Laura Hersh Salganik：《勾勒关键能力，打造优质生活——OECD 关键能力框架概述》，滕梅芳、盛群力编译，《远程教育杂志》2007 年第 5 期。

③ 王飞：《核心素养的历史变迁与启示》，《教育探索》2018 年第 5 期。

达个人思想、情感或事实的能力，包括口语与书写两种形式，以及在各种社会与文化脉络下以适当方式进行互动的能力，欧盟从"知识""技能""态度"三个维度展开了具体描述。

知识：

掌握适当的基本字词、文法和语言知识。

能认识不同形态的口语互动（会话、面试、辩论等）的主要特质及不同语境下语言沟通的多变性。

了解非口语沟通（声调、表情、手势与姿态）所传达的讯息。

理解不同形式文本（文学类的如神话、诗歌、戏剧、小说，及非文学类的如履历表、申请书、报告、社论、论文、演讲稿）的主要特质。

了解不同形式书面语言的主要特征（正式、非正式、科学性、报道性、俚俗）。

理解语言与沟通形式在不同历史阶段、地域、社会沟通情境下的变化。

技能：

拥有在各种不同沟通情境及目的下通过口语或书面语来理解他人以及使他人理解自己的能力。沟通包括倾听与理解，以及简洁明了的说话能力，也包括在不同脉络下成功调整所传达讯息，并展开、进行或结束对话的能力。

根据不同阅读目的（获取咨询、研究或休闲）采取适当策略，以理解各种文本。

能根据不同的目的书写不同形态的文本，并掌握写作过程（起草、检查、确认）。

收集与处理书面资料或观念的能力，并以系统方式组织。能区分重要与不重要的讯息。

以具有说服力的态度组织与表达论点，并能观照其他可能论点。

运用技巧（重点摘记、图表、地图等）呈现或理解复杂的文本（演讲、会谈、教学、面谈、辩论等）。

态度:

发展出对本国语的正面积极态度,认同它是个人或文化丰富性的潜在来源。

以开放的态度接受他人的意见与论点,并愿意进行批评且建设性的对话。

公开说话时有自信的态度。

愿意努力达到母语的美感品质。

发展对文学的喜好。

对跨文化沟通能具有积极的态度。

2.关键能力的水平

在纵向上,关键能力应可以分为不同的表现水平,这为关键能力的评价奠定了基础。例如,钟柏昌等将核心素养(可视为等同于关键能力)分为三个水平:双基水平、学科思维水平和问题解决水平[1]。"双基"层是外在的,主要是从学科的视角来刻画课程与教学的内容和要求;"学科思维"层是内在的,是从人的视角来界定课程与教学的内容和要求;"问题解决"层是由外在走向内在的中间环节。喻平系统阐述了关键能力的三种表现水平[2]。第一种水平对应知识理解,反映的是最基础的学科能力水平,具体表现为了解知识产生的缘由、理解知识形成的结果等。第二种水平对应的是知识的迁移应用,具体表现为将知识迁移到不同的情境中,理解知识之间的逻辑关系,解决需要多种知识、多种方法的复杂问题。第三种水平对应的是知识的创新,表现为灵活运用知识和方法解决探究性、开放性问题,对问题进行变式、拓展和推广,能够用学科的思维方式去观察和分析事物等。概言之,关键能力应是具有不同水平的能力体系。

---

① 钟柏昌、李艺:《核心素养如何落地:从横向分类到水平分层的转向》,《华东师范大学学报(教育科学版)》2018 年第 1 期。

② 喻平:《学科关键能力的生成与评价》,《教育学报》2018 年第 2 期。

四、孤独症学生关键能力的界定

综观世界各国的关键能力概念与体系，我们可以达成对关键能力的一些共识：（1）"关键能力"所指的实际上是一个"能力群"或"能力框架"，而不是某一个特定能力。这样的能力群，是一个由众多要素构成的、具有层次结构的体系，因此又可以称作"关键能力体系"。（2）关键能力既涉及基础能力，也关涉高阶能力，并非像一些研究所称的仅特指"高阶能力"。（3）关键能力涵盖了知识、技能和态度、情意，是人的整体能力而不是片段化的知识和技能。（4）关键能力是"关键、少数"能力，较核心素养更为具体、更可测量，具有以点带面促进学生发展的多重功能。

由此，本书中的孤独症学生关键能力定义为：孤独症学生在完成十二年教育时达到"最佳结果"所预期的行为。"最佳结果"是指孤独症个体在那些于他们而言至关重要的维度或领域中可能取得的最大进步[①]。这种行为是关键性知识、技能和态度的综合体，为应对社会文化环境的各种要求和挑战所必需，因而需要处理好"人与自我""人与社会""人与工具"三对关系。关键能力同时兼容基础能力和高阶能力，从而观照不同学生群体的差异化需要。其中，"关键性"体现的是"必要"和"重要"的意涵，不仅指向促进学生的学习效能，也指向进一步优化学校的教育功能，进而彰显"个人发展"与"社会发展"的双重功能导向。

第三节 探索孤独症学生关键能力的价值

如本章第一节所阐述，当前制约我国学龄段孤独症教育质量的一个关键因素便是缺乏针对性的教育目标。教育目标不清晰，势必导致课程制定缺乏方向、教学实施无法发展、教学成效难以评价。因此，如果要从根本上解决

---

① Georgiades S, Kasari C. Reframing Optimal Outcomes in Autism. *JAMA Pediatrics*, 2018, 172(8):716–717.

这个问题，一个重要的抓手便是从源头上研究清楚这一群体所需具备的关键能力。

一、孤独症学生关键能力是贯穿不同层次教育目标的中介和桥梁

上文已经提及，孤独症学生关键能力可以成为上接"教育总目标"和"培养目标"、下接"课程目标""教学目标"的中介和桥梁。换言之，宏观上，孤独症学生关键能力可以理解为对特殊教育目标的解读和落实，对国家课程标准的补充，对课堂教学目标的指引。建构孤独症学生的关键能力，在一定程度上，即是使特殊教育目标具体化的过程。具体而言，作为教育目标的关键能力是面向全体孤独症学生的各类教育教学活动的，因此在特殊教育的目标层级体系中居于较高层次，但同时关键能力在内容方面又是相对具体的，因此可以将孤独症学生关键能力定位为"国家特殊教育总目标在孤独症学生身上的具体体现"。正因为发挥着宏观的特殊教育目标与具体的课程教学之间的桥梁作用，孤独症学生关键能力将是孤独症教育期望与实践相贯通的必不可少的中介，对当前特殊教育的教育目标体系具有补充和完善的作用，对孤独症学生的随班就读也具有指导和补充的效能。

二、孤独症学生关键能力是落实学生发展核心素养的必然要求

2016 年颁布的《中国学生发展核心素养》为我国学生发展的总体方向提供了一个共同的蓝本。但是，核心素养反映的是所有的学生都需具备的普遍能力，却并没有响应和关照不同群体之间的差异。核心素养应用于特殊学生群体，势必要有一个具体化、针对性转化的过程。特殊学生的培养与普通学生的培养既有共同之处，又有明显的差异。如，特殊儿童的教育既要关注普通儿童培养所强调的"全面发展"，又要针对特殊儿童身心特点进行"缺陷补偿"与"潜能发挥"。再如，孤独症学生应该具备的"社交沟通""感觉管理""青春期健康""适应变化"等能力需要加以凸显；而核心素养"社会参与"维度下强调的发展学生的责任感和实践创新能力，对于孤独症学生而言

又可能过于复杂和抽象，因此需要考虑更为现实的能力，如乐于助人、爱护环境等亲社会能力。此外，虽然 2016 年我国盲、聋、培智三类特殊教育学校义务教育新课程标准的颁布为制定特殊儿童的教育目标提供了重要依据，但也使得特殊教育与普通教育之间形成了更为深刻的"双轨制"。从这一角度说，在学生核心素养大框架指导之下，形成特殊学生的关键能力，既可以避免核心素养的孤悬和落空，也将是打破双轨制，实现普特融合的重要途径。事实上，本书系统地研究并揭示孤独症学生的关键能力体系，正是出于回应这种现实需要的考虑。

三、孤独症学生关键能力是促进学生综合发展的重要抓手

我国的特殊教育历来强调缺陷补偿，在新中国成立后还建立了"缺陷补偿理论"并长时间影响着我国的特殊教育实践。这使得特殊学生在短时间内有了"补短板""减少差距"的机会，但也造成头痛医头、脚痛医脚的弊端，其结果就是忽略学生的综合发展和潜能开发。这种缺陷补偿的基调在当前的孤独症教育干预中体现得尤为明显。邓猛、颜廷睿曾经指出，当前孤独症教育中几乎以循证实践的个案式干预横扫整个领域，这很值得担忧，原因之一在于循证实践往往以"心理学—医学"的残疾范式为基础，关注孤独症的病理学根源、行为特点及矫正缺陷的方法，更多地停留在针对某一个方面进行干预和训练的层面，将整体性的儿童解构为一个个问题与缺陷。单纯迷恋循证实践的做法重步骤、轻变化，重程序、轻背景，重分解、轻整合，忽略了学生德智体美劳、知情意行等方面的全面发展[①]。

孤独症学生关键能力将突破单纯"知识"和"技能"的局限。作为一个系统的整体，关键能力所提倡的教育不仅仅是提升人的生存能力，还要帮助人提升生存智慧；所提倡的教育补偿，补偿的不是缺陷本身，而是缺陷滞留的

---

① 邓猛、颜廷睿：《特殊教育领域循证实践的批判性反思——以自闭症教育干预领域为例》，《中国特殊教育》2017 年第 4 期。

或后生成的意识性存在 ①。以关键能力为指导开展孤独症教育，将有利于弥补现有教育的不足，观照到现有学校中应该教而未教的"悬缺课程"，如潜能发掘、计划反思、自我管理、自我决策等；将有利于重视学校教育中学生的参与性和主体性，重视学生在学习过程中的实践、经历、感悟、精神和意义等；也将有利于促进孤独症学生在真实场景中反思自身的状态和价值，接纳自身，超越缺陷对生命的制约，乃至达到与环境的平衡共生。

四、孤独症学生关键能力是评价学生教育成效的重要标准

孤独症学生关键能力为孤独症学生教育评估体系的构建提供了可能性。长期以来，我国特殊教育领域，尤其是针对孤独症学生，普遍缺乏合理有效的评价机制 ②。从世界各国特殊教育政策改革的情况看，一个共同的趋势是从单纯地关注入学机会公平到强调提高受教育者的教育质量。美国联邦政府早在 1997 年就明确规定，残疾学生必须参加全州或学区的测验（可对测验计划进行个别化调整），并以此作为衡量州或学区残疾人教育质量的重要标准 ③。而在教育质量标准的构建中，关键能力日益成为重要的依据。例如，英国 2008 年基于关键能力将每个学科的成就目标依据特殊学生的表现水平划分为八个层次，以对特殊学生展开考核。芬兰的学业质量标准的建构，也是根据七大关键能力（成长为人、技术与个体等），按照学生身心发展阶段和学科的不同分别提出具体、细致的目标和要求 ④。因此，孤独症学生关键能力作为孤独症学生预期的学习结果，可以为评价孤独症学生教育成效提供重要标准，进而推动孤独症学生教育评估机制的建立和工具的开发。

① 王培峰：《残疾人教育补偿的哲学思考》，《中国特殊教育》2011 年第 7 期。

② 雷雨田：《美国替代性学业成就标准评估体系简介及启示》，《中国特殊教育》2011 年第 2 期。

③ 杨柳：《美国残疾人教育改革的政策分析——从入学公平到质量提高》，《比较教育研究》2014 年第 4 期。

④ 辛涛、姜宇、王烨辉：《基于学生核心素养的课程体系建构》，《北京师范大学学报（社会科学版）》2014 年第 1 期。

第四节　孤独症学生关键能力的研究设计

一、本研究的目的与问题

本研究旨在系统建构适宜于我国现有条件和情境的学龄孤独症学生关键能力体系，并提出可能的应用和转化策略。具体探索以下 4 个问题：

1.国际上关于孤独症学生关键能力的观点是什么？

2.国内对孤独症学生的期望是怎样的？

3.孤独症学生关键能力的领域和指标有哪些？

4.孤独症学生关键能力体系该如何在真实实践中转化应用？

上述问题中，问题 1 和问题 2 是关键能力建构研究的基础，问题 3 是研究的重点和难点，问题 4 是研究的拓展。

二、已有研究路径分析

从研究的路径看，目前探索孤独症学生关键能力的思路大致可分为"自上而下"和"自下而上"两条路径。"自上而下"的路径，主要是根据孤独症群体已有的理论研究和文献提炼出孤独症学生关键能力的要素，这种路径的好处是能通过文本快速聚焦，获得孤独症学生的关键能力的要素。"自下而上"的路径，则是通过广泛征求民众、专业人士的意见来提炼和建构孤独症学生的关键能力。这种研究路径更好地反映了孤独症学生相关利益群体的意见。

（一）"自上而下"的研究路径

1.从评估工具中进行提炼

评估工具能够更直观地体现孤独症学生与众不同的"核心缺陷"。目前，诊断评估工具和教育评估工具是两类应用较为广泛的孤独症儿童评估工具，不同的评估工具聚焦的领域彼此既有相同之处，又有所差异。（见表 1.1）

表1.1　孤独症儿童诊断和教育评估量工具的内容

类型	工具名称	评估内容
诊断评估工具	ADI-R	目光对视、社会性微笑、想象性游戏、同伴互动、引起别人注意、分享、自发性模仿、会话轮转、手势肢体等非言语沟通、刻板行为
	CARS	人际关系、模仿、情感反应、躯体运用能力、环境适应、感觉反应、语言和非语言交流、行为
	ADOS	模仿、假装游戏能力、注意、环境适应、想象创造、言语交流、刻板行为
教育评估工具	VB-MAPP	提要求、命名、对话、听者技能、仿说、模仿、阅读、抄写、听写、独立游戏、教室常规和集体能力、算术、语言结构
	PEP	情感、人际关系、物品喜好、感知、语言、模仿、知觉、精细动作、粗大动作、手眼协调、认知
	自闭症儿童发展本位行为评量系统	沟通、交互性语言、非语言沟通、人际互动、问题解决、游戏行为、认知、阅读理解、基本语文、逻辑推理、数学、命名、生活自理能力、自我管理、社区休闲、交通
	学龄孤独症教育评估系统	生理需求（感知觉、运动发展）、发展需求（情绪管理、生活自理、社会适应）和较高发展需求（社会交往、言语沟通、认知与学业）

从表1.1可以看出，各个评估工具都将社交、语言、情绪、行为等作为最能区分孤独症学生与普通学生的关键领域。诊断评估工具更聚焦于孤独症学生的社交、语言和行为等核心缺陷领域，相较而言，教育评估工具评估的能力领域范围较广泛，除核心缺陷领域外，还包括认知、生活自理能力、遵守常规的能力、社区休闲以及基本语文和数学能力等其他能力领域。然而，这些工具也带有一定的局限性：诊断评估工具更适用年龄在婴幼儿早期，而教育评估工具，如VB-MAPP量表，主要侧重于孤独症学生语言能力发展的评估，其他领域则未涉及。

2. 从有效干预方法中进行聚焦

一些研究则瞄准了有效干预方法。如，目前国际公认的《孤独症谱系障碍儿童、青少年及成人循证实践报告》中，研究者系统分析和总结了每一种循证干预方法所面向的孤独症学生的目标领域及成效（见表1.2）。[1]

表1.2　面向孤独症学生的循证干预方法所适用的目标领域及年龄范围

干预策略	实证支持/篇	沟通	社交	共同注意	游戏	认知	学习准备	学业/前学业	适应/自我求助	挑战/干扰行为	职业	动作	心理健康	自我决定	年龄范围/岁	频次
基于前因的干预	49	✓	✓		✓		✓	✓	✓	✓			✓		0—22	8
扩大替代性沟通系统	44	✓	✓	✓	✓			✓		✓		✓			0—18	7
行为动力干预	12	✓	✓		✓		✓	✓	✓	✓					3—18	7
认知行为干预	50	✓	✓			✓	✓	✓	✓	✓			✓	✓	6—22	9
区别强化	58	✓	✓	✓		✓	✓	✓	✓	✓		✓			0—22	9
直接指导	8	✓				✓	✓	✓							3—18	4
回合式教学	38	✓	✓	✓	✓	✓	✓	✓	✓	✓	✓				0—22	10
锻炼与运动	17	✓	✓		✓	✓	✓	✓	✓	✓		✓			3—18	9
消退	25	✓	✓	✓				✓	✓	✓					0—18	6
功能性行为评估	21	✓					✓	✓	✓	✓					0—22	5
功能性沟通训练	31	✓	✓		✓			✓	✓	✓					3—18	6
示范	28	✓	✓	✓	✓		✓	✓	✓	✓	✓	✓			0—22	10
音乐介入干预	7	✓	✓		✓		✓	✓	✓	✓					0—14	7

[1]　Steinbrenner J R, Hume K, Odom S L, et al.. "Evidence−based practices for children, youth, and young adults with Autism," The University of North Carolina at Chapel Hill, Frank Porter Graham Child Development Institute, National Clearinghouse on Autism Evidence and Practice Review Team, 2020, accessed June 13, 2021, https://ncaep.fpg.unc.edu/sites/ncaep.fpg.unc.edu/files/imce/documents/EBP%20 Report%202020.pdf.

干预策略	实证支持/篇	沟通	社交	共同注意	游戏	认知	学习准备	学业/前学业	适应/自我求助	挑战/干扰行为	职业	动作	心理健康	自我决定	年龄范围/岁	频次
自然干预	75	✓	✓	✓	✓	✓	✓	✓	✓	✓			✓	✓	0—22	11
父母实施干预	55	✓	✓	✓	✓	✓	✓	✓	✓				✓	✓	0—18	11
同伴介入干预	44	✓	✓	✓	✓		✓	✓		✓					3—18	9
提示	140	✓	✓	✓	✓	✓	✓	✓	✓	✓	✓	✓			0—22	10
强化	106	✓	✓	✓	✓	✓	✓	✓	✓	✓	✓	✓			0—22	11
反应中断/转移	29	✓	✓	✓	✓		✓	✓	✓	✓					3—22	8
自我管理	26	✓	✓	✓	✓	✓	✓	✓	✓					✓	3—22	9
感觉统合	3	✓	✓			✓		✓	✓			✓			3—14	7
社会故事	21	✓	✓	✓	✓		✓	✓	✓						3—18	8
社交技能训练	74	✓	✓	✓	✓	✓	✓	✓					✓	✓	0—22	9
任务分析	13	✓	✓	✓	✓	✓	✓	✓			✓	✓			3—22	8
技术辅助教学	40	✓	✓	✓	✓	✓	✓	✓	✓	✓			✓	✓	0—22	11
时间延迟	31	✓	✓	✓	✓	✓	✓	✓	✓	✓			✓		0—22	11
视频示范	97	✓	✓	✓	✓	✓	✓	✓	✓	✓			✓		0—22	11
视觉支持	65	✓	✓	✓	✓	✓	✓	✓	✓	✓			✓		0—22	11
共计	/	28	26	15	23	14	26	24	25	26	9	16	7	3	/	/

注：学习准备：指为成功掌握其他领域复杂的技能奠定基础，包括但不限于遵守指令、模仿、安坐和注意环境声音等技能。学业：指在阅读、写作、科学和历史等科目中必须习得的技能。

上述研究为确定孤独症学生的关键能力及干预的有效策略提供了重要依据。表1.2表明，孤独症循证实践干预策略侧重的目标领域有所差别，但总体都旨在提升孤独症学生沟通、社交、学习准备、适应/自我求助、学业/前学业、动作、共同注意、认知、职业、心理健康和自我决定等方面的能力，同时还包括降低挑战/干扰行为的影响。

3.从个别化教育计划的文本中进行分析

为了探寻孤独症学生的主要干预目标为何，以及教师和家长最关切孤独症学生的能力领域有哪些，一些研究者对孤独症学生的个别化教育计划（以下简称 IEP）的文本进行了分析。

例如，维尔钦斯基（Wilczynski）等为了探究 IEP 目标与孤独症学生教学的适切性，列举了孤独症学生表现出的广泛特征，并将这些特征与制定 IEP 目标时需要考虑的特定技能联系起来，详细阐述了孤独症学生不同领域应该具备哪些能力，如：请求、接受、对话、问候、语用和手势肢体等语言和非语言沟通能力；共同注意、社会游戏、假装游戏、观点采择、友谊、人际交往和社会参与等社交能力；情绪和行为管理；批判性思维、遵守课堂的规则、排序、匹配和分类等学业能力[①]。研究结果发现，当前孤独症学生的 IEP 目标主要集中在沟通互动、社会技巧、行为和情绪管理及学业学习四个领域。

库尔特（Kurth）和马斯特乔治（Mastergeorge）也随机抽取融合学校和特殊学校共 15 名 12—16 岁的孤独症学生和 5 名具有特殊教育背景的教师进行准实验研究设计，并收集被试幼儿园到小学四年级所有的 IEP 文本中的目标进行系统分析，发现这些被试的 IEP 目标主要分布于语言沟通、社会交往、自我帮助、运动能力、行为管理和学业成就六大领域。Kurth 和 Mastergeorge 得出结论，两组孤独症学生大多数的目标针对的是沟通和社交等核心症状，而不是学业能力的发展，且随着学生进入青春期，学生 IEP 的目标数量逐渐减少[②]。

布鲁尔（Ruble）和麦格鲁（McGrew）采用随机对照试验对 47 名孤独症儿童及其教师进行促进能力和成功的协作模式干预（Collaborative Model for Promoting Competence and Success），探究儿童目标达成度与儿童、教师、干

---

① Wilczynski S M, Menousek K, Hunter M, et al.. Individualized Education Programs for Youth with Autism Spectrum Disorders. *Psychology in the Schools*, 2007, 44(7):653−666.

② Kurth J, Mastergeorge A M. Individual Education Plan Goals and Services for Adolescents With Autism: Impact of Age and Educational Setting. *The Journal of Special Education*, 2010, 44(3):146−160.

预质量和实施质量的关系，结果发现干预质量中的 IEP 质量占据影响因素的1/4。研究还发现，当前孤独症学生的 IEP 目标主要涉及社交、沟通、自我管理、行为管理、感觉管理、独立学习和工作等能力方面，这些目标的设置和实施过程都会影响孤独症儿童缺陷的改善和潜能的开发[1]。

（二）"自下而上"的研究路径

1. 从日常经验和参照模仿中进行总结

一些研究者从日常对孤独症学生的观察和实际接触过程中，加上对国内外特定教育干预模式的参照，总结、归纳并确定孤独症学生的关键能力。这一点比较突出地体现在我国当前孤独症学生校本课程的建构之中。从 2007年开始，我国特殊教育学校便陆续开展了孤独症学生的校本课程探索。在方式上总体可以分为两种类型：完全开发型和部分调整型。

完全开发型，即在国家和课程政策的指导下，结合本校的办学理念、条件、课程资源以及孤独症学生特点整合课程资源，对其全部的课程进行重新设计和开发，比较有代表性的如陆雪萍、黄建行、王芳等人的研究（见表1.3）。

表 1.3　孤独症学生完全开发型的校本课程

省份	代表	课程概况	课程目标
浙江宁波	达敏特殊教育学校[2]	开设沟通、日常生活技能、社会性技能、运动与健康、问题解决技能、认知教育六大领域课程，采用校内集体教学、小组课、个别训练课和校外社区融合课等教学组织形式	基本文化知识、自我管理、安全、交往、沟通、生活适应、自我服务技能、情绪稳定等

[1]　Ruble L, Mcgrew J H. Teacher and Child Predictors of Achieving IEP Goals of Children with Autism. *Journal of Autism and Developmental Disorders*, 2013, 43(12):2748−2763.

[2]　陆雪萍：《培智学校自闭症学生课程的构建与实施》，《现代特殊教育》2016 年第 23 期。

[3]　黄建行、陆瑾、黄建中：《智障教育校本课程开发的探索与实践》，《中国特殊教育》2004 年第 9 期。

续表

省份	代表	课程概况	课程目标
广东深圳	元平特殊教育学校③	参照培智课程体系开设一般性课程、选择性课程（感知运动、艺术休闲、社会交往）与活动性课程（班会、团队活动、课外活动），进行课程资源的开发，如学科单元主题教学教材的编写以及学校、社区、家庭三方联动提供课程资源	学业学习、身心康复、思想道德修养、集体活动参与意识、职业能力等
福建泉州	晋江特殊教育学校①	开设生活类课程（生活语文、生活数学、劳动技能）、康复类课程（艺术、音乐、沟通、运动）、融合类课程（社会融合、快乐时光）。教材选择上根据智力水平选择培智、普小或聋校教材；提供结构化环境、教师以及融合资源的支持；采取多样的评价方式	学科技能、认知能力、运动能力、沟通能力、生活自理能力和社会自立能力，以及康复身体机能、感觉能力和开发艺术、音乐潜能等
北京	安华培智学校②	设置一般性课程（生活适应为核心课程）、辅助性课程（生活语文、生活数学、运动与保健、唱游与律动、绘画与手工等）和选择性课程（实践活动、康复训练和信息技术等），并以主题活动的方式实施	以生活适应为主要的目标，包括适应家庭、学校和社会生活
广东广州	广州康纳学校③	根据功能水平的不同开设课程，高功能参照普小课程，中低功能开展综合主题课程和生活技能训练课程，以及音体美和陶艺等康复训练课程	基于缺陷补偿和潜能开发取向，发挥学生优势能力，最后达到适应社会生活的目标
湖南湘潭	湘潭市特殊教育学校④	开展认知、康复和社会适应三类课程。认知课程针对中度孤独症学生，主要包括生活语文、数学；康复课针对重度孤独症学生，包括音乐、绘画、动作和感统等。社会适应课程主要包括生活自理、人际沟通、融合活动和社会实践等	基于缺陷补偿和潜能开发的理念，提高孤独学生认知、沟通、社交、感统、生活自理等方面能力

　　部分调整型，即根据孤独症学生特点，对培智课程中的部分课程进行调整，比较有代表性的如赵艳霞、苗兴中等人的研究（见表1.4）。在对这些校本课程的概况和课程目标进行整理后，可以发现这些课程均按照自身的理解来确定课程目标。①②③④

① 王芳：《自闭症儿童课程建设的本土化实践与探索》，《福建教育研究》2017年第10期。
② 梁吉利、傅王倩、李霞等：《培智学校义务教育综合课程改革探析——以北京市朝阳区安华学校为例》，《现代特殊教育》2019年7期。
③ 广州市康纳学校：《广州儿童孤独症康复研究中心介绍》，http://www.gzautism.cn/gzknxx/Index.shtml，访问日期：2022年4月9日。
④ 谷柳：《实施"六位一体"策略，优化自闭症教育教学》，《现代特殊教育》2016年第23期。

表1.4 孤独症学生部分调整型的校本课程

省份	代表学校	课程概况	课程目标
山东淄博	淄川区特殊教育中心①	调整生活数学、生活语文、律动及唱游、认知、感统、会话、手工、游戏、体育和劳动技术等课程。还开设运动、语言、心理康复等课程	以提高生活能力为目标，增强语言、认知、精细和粗大动作等能力
江苏南京	南京特师二附小②	在培智原有课程体系上创新，开展生活训练、语训、社会、音美体、健康教育和法律，以及康复训练课程	所有年段都重视沟通和心理健康与科学教育。低年级侧重感知，中年级重视社交，高年级侧重职业指导和社交
江苏连云港	海州区特殊教育学校③	开设个训课、集体课（精细、游戏、唱游、语训和感觉统合训练）、小组课和融合课	重视粗大和精细动作、知觉能力、认知、手眼协调、语言理解及表达、生活自理、社交、情绪情感、专注力、管理行为问题和感觉统合能力等培养
浙江杭州	杨绫子特殊教育学校④	1—3年级孤独症学生在一般性课程基础上，开展可视音乐治疗、感觉统合、模仿、认知、沟通、社交、情绪以及精细和粗大动作等小组康复训练课程	根据缺陷补偿、潜能开发的理念，提高基本的生活自理能力、学校学习生活能力以及生活适应、主动交往等能力

　　从校本课程目标来看，课程目标涵盖领域比较广泛，涉及运动、模仿、社会交往、感觉统合、言语沟通、认知、情绪、行为管理、学业学习和职业技能等多个领域，尤其强调社交、沟通、生活自理能力和生活适应等方面能力的培养，但不同年级段的校本课程所选择的课程目标并不相同，如低年级段的学生侧重于感知运动能力的培养，中年级侧重于社交能力的培养，而高年级则侧重于职业能力培养。不过，每个能力领域的具体内涵却未作阐述，如都提及需要提高社交能力，但对社交能力究竟包括哪些方面并未展开阐述。

2. 从调查和访谈中进行归纳

　　一些研究者通过对孤独症群体的家长和教师展开调查，希冀找出对这一

---

① 苗兴中：《淄川特殊教育中心孤独症教育康复工作的调研报告》，《新课程学习（下）》2015年4期。

② 赵艳霞：《培智学校开设孤独症儿童康复课程的初步探索》，《现代特殊教育》2010年第3期。

③ 开宜萍：《运用校本模式进行孤独症儿童康复训练的实践研究》，《现代特殊教育》2012年第12期。

④ 赵娟：《培智学校1—3年级自闭症儿童教育康复的实践研究》，《基础教育参考》2014年第1期。

群体关键能力的期望和需求。例如，土耳其研究者比尔金（Bilgin）和科莱特（Kucuk）曾对 43 位年龄与教育程度不同的孤独症儿童家长进行半结构化访谈，发现近一半的家长希冀其孩子在未来具有自我照顾的能力，部分家长则认为沟通能力、与他人社交的能力、阅读与书写的能力以及不良行为管理能力需要进一步提升[①]。美国研究者科莱特（Collette）等人通过在线调查和访谈，考察了美国东北部 21 个孤独症儿童家长和 20 个患有孤独症的青少年，发现这两个群体在生活、教育和工作需求三方面既有共性又有差异。相同的是，家长和患者本人都一致认为孤独症成年的结果是复杂的、综合的，而不是零散的、脱节的，都需要通过转衔、教育和就业等手段来保障其安全性和持续稳定的发展机会。不同的是家长认为孩子首先应该具备保证自身安全的能力，其次才是自我照顾的能力；而孤独症青少年则认为工作是独立的第一步，工作意味着能够独立生活。教育上，家长们强调了学校和服务机构的持续支持，帮助孩子顺利完成学业以及希望提升社交能力，发展与人交往的能力；而青少年更注重大学为其提供的便利，包括住宿条件和环境，以及驾驭新的社会关系的挑战，希望能与他人建立起友谊或进一步的恋爱关系。工作上，家长希望孩子能够参与社区活动和获得适合孩子能力、需求和偏好的工作机会，进而达到独立生活；而孤独症青少年认为工作环境提供住宿是重要的，以及希望提供工作培训的机会，使其能够通过面试成功就业[②]。

国内研究者也有类似的调查研究。例如，林云强等人曾经对重庆市 6 个康复机构中约 60 名孤独症儿童的家长进行问卷调查和访谈，发现家长对孩子在生活自理、语言、人际交往中存在较大的障碍表示明显的担忧，也希望孩子在这些缺陷领域得到相关资源支持与干预，以提升孩子在这些方面的能

① Bilgin H, Kucuk L. Raising an Autistic Child: Perspectives From Turkish Mothers. *Journal of Child and Adolescent Psychiatric Nursing*, 2010, 23(2):92–99.

② Collette S, Chloe S, Paul S. Parents' and young adults' perspectives on transition outcomes for young adults with autism. *Autism: the international journal of research and practice*, 2018, 22(1):29–39.

力①。陈琳对上海市三名孤独症儿童的家长进行深度访谈，发现家长希望孩子长大之后在政府帮助下能够具备"自食其力"的能力，还期望孩子能够具有处理青春期相关问题的能力②。徐胜等人采访孤独症学生的家长以挖掘其对孩子未来的期望，发现家长除对孩子生活自理能力、学习能力、交流能力的进步感到欣喜外，还希望孩子在其他领域也全面进步，进一步融入普通儿童群体③。

3. 从成人生活质量的追踪中进行反思

最后，还有一些研究者通过调查孤独症成人的生活质量及其影响因素，探讨他们面向成功生活需要哪些关键能力，进而回溯童年，确定学龄期的孤独症学生需要哪些关键能力。例如安德森（Anderson）等人调查了美国威斯康星州和田纳西州 31 名高中毕业的孤独症学生对其成年的期望，发现孤独症学生有广泛的职业和学业兴趣，他们对友谊和生活安排有不同的偏好。除传统的成年标准（学业、职业、友谊和独立生活）外，学生认为独立、成熟、个人责任感和遵守社会规则等性格品质也同样重要④。然而，尽管孤独症成人对自己的生活有一定的希冀，但现实中的生活质量却并不乐观。例如，比尔斯泰特（Billstedt）等人对处在不同年龄阶段的 120 名孤独症患者进行了 13—22 年的随访研究，并在他们的少年期/成年期进行重新评估，发现 78% 的孤独症成人生活质量差，只有 4 名孤独症成人可以独立生活，大部分孤独症

---

① 林云强、秦旻、张福娟：《重庆市康复机构中自闭症儿童家长需求的研究》，《中国特殊教育》2007 年第 12 期。

② 陈琳：《自闭症儿童家长的困难与愿望——对上海市三名自闭症儿童家长的社会支持需求情况的质的研究》，《文教资料》2011 年第 28 期。

③ 徐胜、王晶莹、蒲云欢：《自闭症儿童家长对教育成效的评估及期望》，《学前教育研究》2016 年第 9 期。

④ Anderson K A, McDonald T A, Edsall D, et al.. Post secondary Expectations of High-School Students With Autism Spectrum Disorders. *Focus on Autism and Other Developmental Disabilities*, 2016, 31(1):16-26.

患者都处于孤独的生活状态[①]。比尔斯泰特（Billstedt）等人在 2011 年继续对来自瑞典哥德堡区的 108 名孤独症患者进行生活质量的随访研究，发现大多数青春期后期和成年早期的孤独症患者在教育、居住和职业等方面仍然非常依赖父母或其他照顾者的支持，认为孤独症自我照顾能力、就业能力、定期医疗护理能力、自我休闲能力及发展和维持友谊关系能力，与生活质量高低密切相关[②]。我国研究者也有类似发现，朱竞伊等人对杭州孤独症成人进行调查，发现他们的生活质量低下，表现为行为能力差、自我生存能力欠缺和独立生活困难等[③]。可见，孤独症成人生活质量结果并不理想，与其所期待的成人应有的生活质量标准之间存在较大落差。

研究者进而对影响生活质量的因素进行了分析。例如，克林格（Klinger）等人一项中等规模的调查发现，儿童期和成年期的适应性行为（adaptive behavior）水平是预测孤独症成人时发展成果的关键指标，而症状的严重程度、智力、语言功能的贡献反而显得次要[④]。这提示独立生活、金融理财、社区参与、交通、自我决定等，对于孤独症群体仍是十分重要的教育目标。因此，有研究者总结出孤独症群体生命中最为重要的十项关键能力，包括理解世界、沟通、安全意识、自尊、追求兴趣、自我调节、独立、社会关系、自我倡导和谋生能力[⑤]。这十项能力的培养或许有利于孤独症成人改善生活质量，更自尊、自信地自立于社会。

① Billstedt E, Gillberg C, Gillberg C. Autism after Adolescence: Population-based 13- to 22-year Follow-up Study of 120 Individuals with Autism Diagnosed in Childhood. *Journal of Autism and Developmental Disorders*, 2005, 35(3):351-360.

② Billstedt E, Gillberg C, Gillberg C. Aspects of Quality of Life in Adults Diagnosed with Autism in Childhood: A Population-Based Study. *Autism*, 2011, 15(1):7-20.

③ 朱竞伊、李如蕙、谭佩璇等：《杭州成人自闭症的救助现状与自组织救助模式探索》，《产业与科技论坛》2018 年第 11 期。

④ Klinger L, Klinger M, Mussey J, et al.. "Correlates of Middle Adult Outcome: A Follow-up Study of Children Diagnosed with ASD from 1970-1999" (paper presented at the annual meeting for the International Society for Autism Research, State of Utah, Salt Lake City, May 15, 2015).

⑤ Chantal S K. *Autism Life Skills: From Communication and Safety to Self-Esteem and More—10 Essential Abilities Every Child Needs and Deserves to Learn*. USA: Penguin Group, 2008:1-155.

综上，不同群体对孤独症学生关键能力的期望和需求有少许差别。特殊教育学校主要基于缺陷补偿和潜能开发的价值取向，倾向于关注孤独症学生社会交往、言语沟通、行为情绪、认知和生活能力的教育，同时进行潜能的初步挖掘；家长则倾向于孤独症学生能够最大限度地融入群体，最终具备独立生活的技能，他们不再简单考虑补偿学生在社交沟通领域的核心缺陷，而是强调"自立生活"能力对于学生长远幸福的重要价值；而孤独症成人自身则又有不同的看法，除了学业、职业、友谊和独立生活之外，他们也不想忽视情感、个人责任感和社会归属感等较高层次的需求。

三、本研究的总体思路与内容

目前看，"自上而下"和"自下而上"这两种研究路径还未整合到一起，这在一定程度上造成孤独症学生关键能力的体系松散、支离破碎和内涵不一。因此，想要科学、系统地明确孤独症学生的关键能力体系，需要采用整合型的思路，把"自上而下"与"自下而上"两种思路整合，在开展理论研究的同时广泛征求不同社会群体的意见，最后将这两种路径下获得的结果进行整合。

由此，本研究将采取自上而下和自下而上相结合的整合型思路，运用定性研究和定量研究的方法，开展孤独症学生关键能力的系统研究。自上而下，主要是基于各国孤独症官方指南、孤独症教育干预文献等文本分析，初步提炼孤独症学生关键能力框架和指标。自下而上，则主要通过广泛调查教师、家长等群体对孤独症学生关键能力期望与需求，分析相关利益群体的意见。最后将两种路径下获得的结果进行批判性吸收和整合，形成最终的关键能力体系框架。总体研究思路如图 1.3 所示。

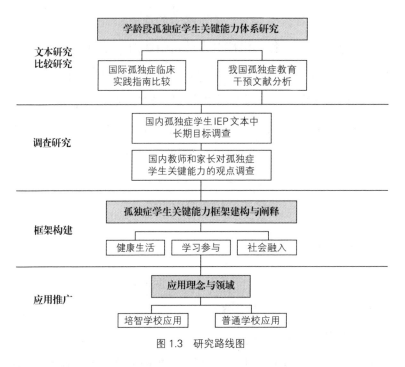

图 1.3　研究路线图

根据以上研究思路，本研究的具体内容包括以下六方面。

第一，国际孤独症临床实践指南的比较研究。要开展孤独症学生关键能力的研究，首先离不开学习和借鉴世界先进国家和地区的经验和做法。近年来，为了促进孤独症学生的发展和孤独症教育教学，世界各国逐步颁布了面向孤独症群体的临床实践指南（包括教育指南、实践指南、评估指南等），这些指南都集中体现了各国对于孤独症学生教育目标或学习成果的考量。因此，本部分旨在广泛遴选各个国家和地区颁布的高质量孤独症临床实践指南，通过系统的内容分析和比较分析来揭示其对于孤独症学生的总体教育期望，从中探寻孤独症学生的关键能力，试图为我国孤独症学生关键能力的建构提供参考。

第二，国内孤独症教育文献资料的分析研究。近 20 年来，我国孤独症研究规模显著扩大，积累了大量有价值的教育文献资料。对这些教育文献资料进行分析，能够揭示近十几年来我国学术领域和教育实践领域关于孤独症学生培养的独特教育思想，这对我们建构孤独症学生关键能力框架具有重要价值。具体而言，本部分将重点梳理近 20 年来我国孤独症教育干预文献中体现的教育目标结构和要素，了解国内教育领域对孤独症学生关键能力的期望和需求，为形成适合我国客观现实条件的关键能力体系奠定基础。

第三，国内孤独症学生 IEP 中长期目标的调查研究。我国业已在一些重要文件中规定要为特殊学生制定 IEP。例如，《培智学校义务教育课程设置实验方案》（2007）要求"学校应全面推进个别化教育，为每个智力残疾学生制订和实施个别化教育计划"。时至今日，IEP 已成为我国特殊教育的基石，也是特殊教育质量的重要保障。其中，长期目标是 IEP 最为重要的构成部分，体现着学生在一学年或某个较长时间段内预期达到的学习成果，是开展特殊学生课程教学的起点和归宿，因此，本部分旨在对我国孤独症学生 IEP 文本的长期目标展开内容分析，试图揭示现行 IEP 文本长期目标所体现的内容焦点和行为性质，为探寻孤独症学生关键能力的结构与要素提供参考。

第四，国内教师和家长对孤独症学生关键能力观点的调查研究。在初步提取和建构了我国孤独症学生关键能力指标条目之后，本部分将以调查问卷的形式对孤独症学生的教师和家长两大群体的观点进行调查，广泛了解他们对孤独症学生关键能力指标的认同度，归纳他们的共识，寻找他们的分歧，初步提炼关键能力的领域维度，为构建最终的孤独症学生关键能力体系框架奠定基础。

第五，孤独症学生关键能力框架的建构与阐释。在国内外调查的基础上，本部分将尝试构建孤独症学生关键能力框架。阐明关键能力所秉承的价值理念，厘清关键能力框架构建的价值取向；阐明关键能力的领域、板块与要点，及关键能力的水平。基于总体框架，分领域阐述关键能力的具体指标，包括指标内容和表现性水平。

第六，孤独症学生关键能力框架的转化应用探讨。如何将孤独症学生关键能力体系框架转化落实到具体的教育实践活动中去，进而真正发挥其育人功能和价值，是关键能力框架建构的重大问题。在本部分，将围绕关键能力框架可能的应用路径展开探讨，重点阐述该框架在孤独症学生 IEP 制定、课程教学调整及整个学校变革中的应用和推行，总结可能的实施方式，为广大教师和学校采取孤独症学生关键能力框架提供借鉴和启示。

第二章

从临床实践指南中探寻
孤独症学生关键能力

　　本章旨在从临床实践指南来探寻国际社会关注的孤独症学生关键能力指标。所谓临床实践指南（Clinical Practice Guidelines），是指"通过系统开发并经过实证评估，提供以证据为基础的建议，帮助从事教育的人员制定策略和行动计划的最优指导框架"[①]。作为一种综合性的概念，临床实践指南具体包括康复干预指南、资源手册、教育教学指南等多种形式。临床实践指南基于证据而制定，具有有效、可靠和准确的特性，对课程教学具有重要的指导作用。通过对不同国家和地区孤独症学生临床实践指南中提及的"教育目标""教育领域""干预目标"或"干预领域"展开分析，我们能清晰地了解世界各国和地区主要侧重于培养孤独症学生的哪些关键能力。

　　本章遴选各个国家和地区颁布的有代表性的高质量孤独症临床实践指南，通过系统的内容分析来揭示其对于孤独症学生的总体教育期望，进而探寻孤独症学生的关键能力。首先阐述从临床实践指南中探寻孤独症学生关键能力的思路和方法，之后详细介绍临床实践指南的具体关键能力指标，并对这些指标做出整合分析，最后对相关结果进行反思和总结。

---

① Penner M, Anagnostou E, Andoni L Y, et al.. Systematic Review of Clinical Guidance Documents for Autism Spectrum Disorder Diagnostic Assessment in Select Regions. *Autism*, 2018,22(5):517-527.

第一节　从临床实践指南中探寻关键能力的思路与方法

一、研究对象

以"Autism""Autism Spectrum Disorder""Guide、Handbook""Education"等词语及其组合为关键词，以2000—2020年为时间段，在各国、地区政府网站或与孤独症有关的专业协会网站库搜索各类孤独症临床实践指南文件，共搜索得到67份文件，排除重复性文件后得到59份文件，再进行初步的内容筛选，最终获得37份基本符合条件的指南文件。具体筛选流程如图2.1所示。

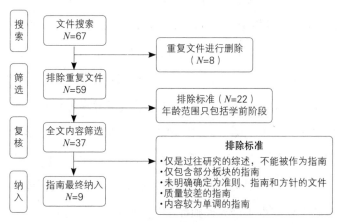

图 2.1　研究对象遴选过程

之后，将37份指南文件进行复核再筛，其入组标准为：（1）文件以英文或中文撰写；（2）文件名称中包含孤独症谱系群体和"教育"或"干预"；（3）适用对象涵盖6—15岁的孤独症学生；（4）内容翔实、清晰和适用，质量较高。为了计算这些指南文本的质量分数，邀请两位研究方向为孤独症儿童教育的研究生采用《指南质量评测第二版》（AGREE-Ⅱ）工具[①]对文件的质量进

[①]　AGREE-Ⅱ是一个国际公认的工具，用于评估实践准则的质量和报告。它有23个项目，分为6个领域：范围和目的、利益相关者参与、发展理念、演示清晰度、适用性和编辑独立性，以及2个全球评级等级。每个项目的得分等级为1（强烈反对）~7（强烈同意）。

行评估，最终确定 9 份指南文件作为本部分的分析对象，具体信息见表 2.1。

表 2.1　9 份孤独症临床实践指南的基本信息

编号	地域	指南名称	缩写	出版年份	作者	颁布部门	面向年龄	质量分数
1	美国华盛顿州	华盛顿州孤独症指南（Autism Guidebook for Washington State）	AGWS	2010	华盛顿孤独症患者关怀特别工作组	华盛顿立法机关	全年龄段	80.6
2	美国北达科他州	孤独症谱系障碍学生教育服务指南（Guidelines for Serving Students with Autism Spectrum Disorder in Educational Settings）	GSSAES	2014	Lynn Dodge, Gerry Teevens, etl.	特教计划办公室	3—21岁	73.7
3	美国弗吉尼亚州	孤独症谱系障碍学生教育指南（Guidelines for Educating Students with Autism Spectrum Disorders）	GESA（弗）	2010	特殊教育和学生服务办公室	弗吉尼亚州教育委员会	3—21岁	73.8
4	美国堪萨斯州	孤独症谱系障碍学生教育指南（Guide for Educating Students with Autism Spectrum Disorders）	GESA（堪）	2013	孤独症专业人员小组	堪萨斯州教育部	0—21岁	75.7
5	新西兰	新西兰孤独症谱系障碍指南（第二版）（New Zealand Autism Spectrum Disorder Guideline, 2nd）	NZAG	2016	孤独症专业人员小组	卫生部/教育部	全年龄段	87.2
6	英国苏格兰	孤独症谱系障碍诊断、评估和干预指南（Assessment, Diagnosis and Interventions for Autism Spectrum Disorders）	ADIA	2016	孤独症专业人员小组	网络学术联盟	全年龄段	82.5
7	英国	孤独症学生教育进步框架（Autism Education Trust Progression Framework）	AET	2019	Suzanne Farrell, Ruth Fidler, et al.	教育部	全年龄段	79.4
8	中国香港	特殊学校自闭症儿童辅导教学计划指引	港	2002	教育署	教育署	学龄阶段	69.4
9	中国台湾	自闭症学生辅导手册	台	2000	特殊教育小组	台南师范学院	3—21岁	56.8

二、研究方法

（一）内容分析法

采用内容分析法（content analysis）对 9 份文件展开分析。内容分析总体可分为定性分析和定量分析，这里主要采用定性分析。定性分析是对一系列相关文本进行比较、分析、综合，从中提炼出不同的特征，破解文本所包含的内在信息，以发现那些不能为普通阅读所把握的深层意义。因此，我们试图通过文件的质性分析来提炼出孤独症学生的关键能力指标。

（二）社会网络分析法

社会网络分析法是对关系进行量化的表征，从而揭示关系的结构。其意义在于，可以对各种关系进行精确的量化分析，从而为某种中层理论的构建和实证命题的检验提供量化工具，甚至可以建立"宏观"和"微观"之间的桥梁。

三、研究过程

（一）内容分析过程

首先，提取每一份指南文本中潜在的关键能力一级指标。从指南中"干预重点（focus of interventions）的目标领域（target areas）""IEP 目标的教学重点领域（instructional focus areas for IEP goals）""教育干预的重点领域（focus areas for educational intervention）""教授特定的课程领域（teaching specific curriculum areas）""主要学习领域（main areas）""儿童需要发展特定技能的领域（areas where we feel the child needs to develop particular skills）"等提取孤独症学生的关键能力一级指标。

接着，围绕一级指标对其子领域（即二级指标）的具体内容进行分析、界定和编码。例如，一级指标"沟通"中包括"理解和使用非言语沟通的能力"，将该能力编码为二级指标，以此类推，不断对一级指标中的具体内容进行二级指标的编码，直至完结。

9份指南中有7份指南都只涉及两个层级，只有英国AET和中国香港两份指南涉及三个层级，且香港指南中各个领域的层级划分还出现了不一致的情况，有的领域涉及两个层级，有的领域涉及三个层级。综合以上考虑，本章只分析一级指标和二级指标两个层级。

由两位熟悉该指南的研究生对9份指南的层级进行分析、编码和界定，最终形成基于临床实践指南的孤独症学生关键能力指标体系。具体编码过程如图2.2所示。

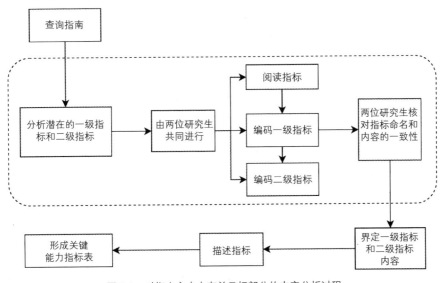

图2.2 对指南文本中有关目标部分的内容分析过程

（二）观察者一致性

为确保内容分析具有可信度，请两位有特殊教育专业背景的研究生对文本进行编码。随机抽取两份指南，对其同一指标下的二级指标数量采用编码同意百分比 [同意百分比 = 相互同意编码数量 /（相互同意的编码数量 + 相互不同意的编码数量）] 进行检验。

计算显示，两份指南中共95个编码，相互同意编码的数量为78个，不同意编码数量为17个，计算得出：同意百分比为82.1%。一般认为编码者一致性需要高于 70%[1] 即表明编码信度较好，因此本部分的编码具有较好的信度。

第二节 从临床实践指南中分析和提炼的关键能力

一、美国华盛顿州孤独症学生关键能力指标

美国《华盛顿州孤独症指南》（*Autism Guidebook for Washington State*）是由华盛顿"孤独症患者关怀特别工作组"（Autism Task Force，ATF）在 2010 年制定、2016 年修订的一份综合指南。该指南分别介绍了孤独症儿童的概念、医疗救助、学习、教学和资源、转衔、未来生活计划、孤独症意识（Autism Awareness）、社区培训、宣传 / 倡导（Advocacy）共九方面的内容，呈现了有效的教学策略和方法，其目的是为家庭、护理提供者、教育工作者、医疗专业人员及其他做出知情决定的人提供全方位的资源信息，故而被视为指导孤独症学生达到最高独立发展水平的"地图"。

这一文件单列了"干预重点"，详细列出了各大干预领域及其各自的干预要点，旨在将孤独症学生培养成为更有能力和独立的成年人。经过对"干预重点"部分的提炼、分析和归纳之后，形成了孤独症学生关键能力指标体系。

总体来看，《华盛顿州孤独症指南》认为需要重点培养孤独症学生注意、模仿、沟通、社交、认知、游戏 / 娱乐 / 休闲 / 体育锻炼、自我决定、基本生活能力、转衔、性健康和行为共 11 个领域的关键能力（见表 2.2）。

---

① 郭玉霞：《质性研究资料分析 NVivo8 活用宝典》，高等教育出版社，2009，第 231-234 页。

表2.2 《华盛顿州孤独症指南》呈现的关键能力指标

一级指标	二级指标
注意	关注外部世界；注意保持；选择性注意；共同注意；注意转移
模仿	有目的和独立地模仿学习；模仿动作、发声、言语和手势
沟通	理解并使用多种非口语交流方式；掌握词汇，能用简单句式结构交流；掌握语法；理解并使用多种交流方式；出于各种原因（请求、抗议、评论等）使用交流方式；使用回声语言；增加自发性语言；积累、理解和使用词汇；开发有效的方法来表达需求、欲望和情感
社交	发起和回应行为；会话轮转；与人互动；分享；提供帮助和接受帮助的能力；相互依赖；做出选择；理解他人的情绪和观点；归属感；发展一套预期的社会行为；与他人形成积极关系
认知	排序、匹配、分类、比较、问题解决、时空理解；理解因果关系；抽象思维；幽默感
游戏/娱乐/休闲/体育锻炼	有目的、有系统地介绍各种游戏和休闲技能；合作游戏；能利用爱好、兴趣和游戏等进行休闲活动；健康体育活动，如散步、远足
自我决定	有目的、有系统地做出选择和决策的能力，涉及食物、服装、活动、就业、住所、室友等不同方面
基本生活能力	日常活动间的过渡；饮食、着装、就寝、如厕等基本生活能力；安全性和说"不"的能力；卫生；粗细运动协调；管理感官刺激；目的地沟通；任务的效率；任务的灵活性；沟通；自我决定、自我倡导、自我选择；使用公共交通系统
转衔	能对技能和策略进行泛化；能对兴趣和自身优势进行探索；能选择社区选项，包括工作、住所等
性健康	获得有助于发展友谊的技能；保持个人健康与卫生；了解身体的变化以及如何管理这些变化；形成表达性的特定和适当的方式
行为	选择合理行为表达需求、愿望、欲望和情绪；发展能产生积极和可接受行为的能力

从二级指标的具体内容看，该指南还表现出以下特点：

1.注意领域包含注意的指向、保持、转移，还包括共同注意的培养。

2.模仿领域主要包括动作和语言的模仿，强调的是模仿的目的性和独立性。

3.沟通领域既强调非口语交流能力（肢体语言、注视、面部表情）的培养，也强调口语交流能力（词汇、句子和语言功能）的培养，还提出了强化学生自发性语言的要求。

4.社交领域涵盖了社交技能（发起、回应、轮转、分享、选择、帮助与被帮助）、社交情感（归属感）和社交规则（符合情境的社交行为）等内容。

5.认知领域包括基本思维活动（排序、匹配、分类、比较）、问题解决、时空概念、因果关系、抽象思维等能力的培养，还强调培养学生的幽默感。

6.游戏／娱乐／休闲／体育锻炼领域强调的是合作游戏，以及利用兴趣和游戏提升休闲活动和体育活动的质量。

7.自我决定领域着重强调个体有目的、有系统地做出选择和决策的能力。

8.基本生活能力领域强调生活活动的顺利过渡转换、基本生活自理能力、完成任务的能力以及使用公共交通系统的能力。

9.转衔领域强调学校所学技能的迁移泛化以及对成人生活和工作的规划等。

10.性健康领域注重性健康知识的学习以及性行为的管理。

11.行为领域强调情绪行为的管控以及替代性行为的培养。

可见，《华盛顿州孤独症指南》除了关注社交、沟通、行为领域的缺陷补偿外，还特别关注注意、模仿、生活、转衔、性健康等领域的综合培养，但对学业知识、感觉管理等方面并未做太多强调。

二、美国北达科他州孤独症学生关键能力指标

美国北达科他州的《孤独症谱系障碍学生教育服务指南》(*Guidelines for Serving Students with Autism Spectrum Disorder in Educational Settings*)是在参考美国《障碍者教育法》(*Individuals with Disabilities Education Act*，IDEA)和美国2003年出版的《指南：识别、服务和教育孤独症儿童和青少年》(*Guidelines: Identifying，Serving and Educating Children and Youth with Autism*)的基础上制定的，旨在为孤独症学生提供更高质量的教育服务。该指南试图使用适当的评价工具，为教育规划提供有用的资料，以及必要的支持和服务，从而指导教育工作者帮助3—21岁的孤独症学生。

该指南围绕概念界定、评估、个别化教育计划、培养目标和教育建议等五个模块进行阐述，在指南的附录部分提供了"IEP目标的教学重点领域"。经过对该部分内容的提炼、分析与归纳之后，形成了孤独症学生关键能力指

标体系（见表 2.3）。

表 2.3 北达科他州《孤独症谱系障碍学生教育服务指南》呈现的关键能力指标

一级指标	二级指标
认知	理解抽象概念；进行创造想象游戏而不是机械游戏；组织计划；适度泛化；区别"真实"和"假装"；区别重要信息，优先关注突出信息；使用符合学生预期认知能力水平的书面表达
注意	注意保持；选择性注意；注意转移
学业	阅读能力；数学能力；科学能力；社会学科知识
沟通	非语言沟通学生：了解因果关系；表现出沟通的意图；有一种沟通方式，如手势、身体语言等；用手势、眼神等沟通方式提出需求，通过哭泣、发脾气、拒绝等行为进行交流；重复单词或短语；自发地使用核心沟通功能，如请求、抗议、拒绝、停止、协助等；在无提示的情况下能自发地寻找他人沟通；理解并遵循口头和非口头的指示；表现出听觉处理延迟 语言沟通学生：在无提示的情况下能自发地寻找他人沟通；自发地使用核心沟通功能，如请求、抗议、拒绝、停止、协助等；相互交谈；能维持会话；能关注交流对象，如喊出名字、建立眼神交流等；观察并理解他人的非言语暗示；表现出非言语暗示，如肢体语言、语调、眼神等；对他人的需求、愿望表现出兴趣；表现出修复沟通障碍的意识和能力；提供足够的背景或参考信息来帮助合作伙伴理解和参与对话；有表达情绪的词汇基础；理解并遵循口头和非口头的指示；理解并使用比喻性语言；表现出听觉信息加工；回答问题；适当参与小组讨论
社交	共同注意；非言语互动；社会趋向；模仿；社会互利行为，如等待轮换；参与社交游戏；团体社交技能；社会认知
感知觉处理	应对技能；脱敏；自我管理技能；沟通感觉需求；主动或适当地寻求获得所需感官体验的方法
游戏与休闲	探索实物；平行游戏；能在有限的时间内完成任务；戏剧表演；社会故事表演；遵守游戏规则；使用游戏策略
行为管理	管理刻板性、仪式性、强迫性行为；顺利进行活动过渡；接受失败；不易陷入困境
生活能力	如厕、更衣、进食；保持清洁；完成日常例程；材料准备；组织规划；任务完成；独立进行学校、家庭、社区生活；安全意识；医疗保健；使用交通工具
性健康	了解自己的身体；爱护身体；合理表达性需求；保护自身隐私；保持一定的人际距离
自我决定	自我选择；获取资源；偏好选择；自我决定的能力；合理设置目标；时间管理；问题辨别与解决能力；提倡适应；自我意识；提高对个人需求的认识

　　如表 2.3 所示，北达科他州的《教育环境中的孤独症学生指南》关注认知、注意、学业、沟通、社交、感知觉处理、游戏与休闲、行为管理、生活能力、性健康和自我决定共 11 个领域关键能力的培养。从二级指标的具体

内容看，可以发现以下特点：

1.认知领域包含概念理解、创造性游戏、泛化、区别能力等。

2.注意领域强调发现目标刺激、注意的保持和转移。

3.学业领域涉及阅读、数学、科学和社会等学科。

4.沟通领域首先将学生分为使用非语言沟通方式的学生和使用语言方式沟通的学生，并具体列举了两类学生的关键能力指标。其中，语言沟通类学生的关键能力指标比非语言沟通类多。同时，这两部分学生的关键能力又有交叉，包括在无提示的情况下能自发地寻找他人沟通、自发地使用核心沟通功能、理解并遵循口头和非口头的指示等。

5.社交领域强调的是社会认知、社交意愿（社会趋向）和社交技能（模仿、社会互利行为、团体社交技能、共同注意）。

6.感知觉处理领域包括应对、脱敏、自我管理的技能，同时能够表达感官需求以及寻求满足感官需求的方法。

7.游戏与休闲领域包括不同社会性水平游戏技能（探索实物、平行游戏、戏剧表演、社会故事表演）和游戏规则的学习。

8.行为管理领域包括了刻板性、仪式性、强迫性行为的管理和活动过渡的适应等。

9.生活能力领域关注的是生活自理、清洁卫生、日常安排、转衔过渡、完成任务、使用工具和不同生活情境（家庭、社区、学校等）的适应等能力。

10.性健康领域关注的是性生理和心理知识、爱护身体、合理表达性需求、隐私保护、适当的人际距离等能力。

11.自我决定领域包含计划(设置目标、获取资源、时间管理)、选择(自我选择)和自我倡导（自我意识、自我决定）等能力的培养。

与其他指南相比，该指南同样强调社交、沟通、刻板行为和感觉领域的缺陷补偿，但增加了对学生的学业要求，也更凸显对学生自我决定能力和自身价值、优势的挖掘。

三、美国弗吉尼亚州孤独症学生关键能力指标

美国弗吉尼亚州的特殊教育和学生服务办公室在2010年10月制定了《孤独症谱系障碍学生教育指南》(*Guidelines for Educating Students with Autism Spectrum Disorders*)。颁布该指南的主要目的是为教育工作者提供资源，同时为家长、医疗专业人员和其他工作者在做出有关孤独症学生教育的知情选择时提供帮助。

该指南主要围绕基础能力、特殊教育进程、医疗干预、提供有效教育、教育规划中的重要考虑因素、专业合作、家庭参与、专业发展、技能、监护等方面进行阐述。

其中"医疗干预"部分包括"教育干预的重点领域"，列出了具体的关键能力指标。通过对该内容进行提炼、分析与归纳，形成了孤独症学生关键能力指标体系（见表2.4）。

表2.4　弗吉尼亚州《孤独症谱系障碍学生教育指南》所呈现的关键能力指标

一级指标	二级指标
自我决定	做出选择；获取资源；交流偏好；做出决定；设定可实现的目标；时间管理；发现问题和解决问题；提倡适应；自我意识；培养对个人需求的意识
注意	注意保持；选择性注意；注意转移
感觉加工	应对技能；脱敏；自我管理；自我意识；自我宣传，沟通感官需求；主动或适当寻求获得所需感官体验的方法的能力
日常生活活动	如厕；个人卫生；穿衣；饮食；日程安排；一日常规；材料准备；组织；任务完成；清洁；独立进行学校、家庭、社区生活；安全；医疗；交通相关技能
沟通	沟通动机；沟通功能；沟通方式；理解和使用非语言交流的能力；会话技巧；音质；语用技巧
社会发展和同伴互动	共同注意；非言语互动；模仿；同伴互动；轮流；分享；社会互惠；情感互惠；自我调节；团体互动/参与；自我意识；视角选择；社会规则；社会等级
运动技能	运动控制；姿势稳定性；肌肉张力；书写；着色；切割；操场活动技能；日常生活活动相关技能
游戏与休闲	实物游戏；平行游戏；任务时间；戏剧性游戏；社交游戏；遵循规则；使用策略
学业成绩	阅读；数学；科学；社会研究
性	了解自己的身体；适当的照顾；性表达的规则；隐私；社会接触
执行功能	目标设定；计划；任务完成；排序步骤；组织技能；启动；抑制；调整；自我监控；情绪调节

如表 2.4 所示，弗吉尼亚州孤独症学生的关键能力指标体系围绕自我决定、注意、感觉加工、日常生活活动、沟通、社会发展和同伴互动、运动技能、游戏与休闲、学业成绩、性、执行功能等 11 个领域展开。一级指标的总体领域和二级指标的内容较为全面。从二级指标的具体内容看，可以发现以下特点：

1. 自我决定领域涵盖资源获取、时间管理、问题解决、自我意识、抉择、适应等多种能力。

2. 注意领域包括注意的持续、转移和选择。

3. 感觉加工领域强调自我管理、自我宣传、应对技能、脱敏等。

4. 日常生活活动领域关注如厕、穿衣、饮食、卫生、医疗、交通等方面，强调独立能力。

5. 沟通领域包括沟通动机、沟通方式、沟通功能、沟通技巧。

6. 社会发展和同伴互动领域主要强调模仿、互惠行为、社会规则、同伴互动等内容。

7. 运动技能领域包括肢体的控制和稳定能力，还关注书写、着色、切割等技能。

8. 游戏与休闲领域涉及多种游戏类型，如实物游戏、平行游戏、社交游戏、戏剧性游戏，此外，还强调游戏规则的遵循和游戏策略的使用。

9. 学业成绩领域关注的是阅读、数学、科学、社会等方面的内容。

10. 性领域包括了解和照顾自己的身体、合理进行性表达与社会接触、保护隐私。

11. 执行功能领域强调目标的设定、任务的完成，还强调自我监控、自我调节。

与其他指南相比，该指南同样强调社交、沟通、行为和感觉领域的缺陷补偿，还包括学业、生活、游戏、性健康等关键能力的培养，表明对促进学生全面发展的重视。

四、美国堪萨斯州孤独症学生关键能力指标

美国堪萨斯州在为孤独症学生提供高质量的教育项目上有着悠久的历史。2009 年，堪萨斯州教育部门制定了《孤独症谱系障碍学生教育指南》(*Guide for Educating Students with Autism Spectrum Disorders*)，并在 2013 年重新进行修订。这份指南是由孤独症领域的 30 多名专家组成的小组的工作成果。该小组主要参考国家研究委员会《孤独症儿童教育》(*Educating Children with Autism*)(2001) 的研究结果，以及由加州发展服务部门 (2002)、康涅狄格州教育部 (2005)、北达科他州公共教育部 (2003) 制定的指导方针以及孤独症项目质量指标 (2001) 开展工作，旨在为家庭、教育者和服务提供者提供关于孤独症学生教育最佳实践的信息，并改善孤独症学生的教育成果。

本指南总体主要围绕对象界定、识别与评估、教育项目设计、高质量项目、转衔策略、教学框架、循证干预等七大方面进行阐述，从宏观的角度概述了孤独症学生的关键能力，但未明确各学段的不同能力标准，相关内容也比较零散。经过内容提炼、分析与归纳之后，形成了孤独症学生关键能力指标体系（见表 2.5）。

表 2.5　堪萨斯州《孤独症谱系障碍学生教育指南》所呈现的关键能力指标

一级指标	二级指标
生活能力	进食；穿衣；保持清洁；安全意识；自我决定；遵守一日常规；休闲娱乐
沟通	用非言语方式交流；使用典型的回应性语言代替重复的单词或短语；应名反应；表达想法；轮流对话；给物体贴上标签；理解和使用语言；维持话题
社交互动	与人交往；合作游戏；对他人表现兴趣；小组合作；维持亲密关系；等待轮换；愿意与同伴分享想象力游戏；主动发起社交互动
行为和情绪	在不同场所表达恰当情绪；控制脾气；控制强迫性、依恋性、仪式性行为；兴趣拓展；模仿
感觉处理	对感官刺激有适当反应；避免低敏或过敏；恰当输入、输出感觉刺激
学业	数学能力；科学能力；阅读能力；历史知识
就业	在他人辅导下进行职业规划；接受职业技能训练
身体发展	平衡发展粗细运动技能；适度的身体活动

如表 2.5 所示，堪萨斯州孤独症学生的关键能力围绕生活能力、沟通、

社交互动、行为和情绪、感觉处理、学业、就业和身体发展 8 个领域展开。从二级指标的具体内容看，可以发现以下特点：

1. 生活能力领域包括饮食、穿衣等基本生活自理能力，以及安全防护、休闲娱乐、自我管理能力。

2. 沟通领域强调非言语沟通技能、应名反应、轮流对话、维持话题的能力。

3. 社交互动领域强调社交接触、社交情感、社会关系维持、分享、合作等。

4. 行为和情绪领域强调不良情绪的控制和恰当情绪的表达，还强调强迫性、依恋性、仪式性行为的管理。

5. 感觉处理领域强调感觉反应和感觉问题的处理。

6. 学业领域强调掌握一定的数学、科学、阅读能力和历史知识。

7. 就业领域强调职业规划和职业技能。

8. 身体发展领域强调粗大和精细动作，还包括锻炼身体。

与其他指南相比，堪萨斯州的指南同样强调社交、沟通、刻板行为和感觉领域的缺陷补偿，但更加关注学生的身心健康、生活能力和职业能力的培养，而对性健康和认知能力的培养相对不那么重视。

五、新西兰孤独症学生关键能力指标

2016 年 7 月，新西兰卫生部（New Zealand Ministry of Health）在审视、更新和修订 2008 年 3 月发布的第一版指南基础上形成和发布了《新西兰孤独症谱系障碍指南（第二版）》（*New Zealand Autism Spectrum Disorder Guideline，2nd*）。该指南是世界上第一个观照孤独症个体整个生活，即从早期诊断干预到成人社区生活的生活指南。作为生活指南意味着需要定期更新研究主题。自 2009 年以来，新西兰卫生部每年都会确定一个新的主题，并对新证据进行严格审查，然后由一个小型咨询小组审议审查，以便为其修订和制定新建议提供信息。2016 年版指南包含了专家组更新的建议，以及孤独症患者，孤独症儿童家长，医疗、教育和社区服务提供者，政府机构以及新西兰和海外研究人员的意见，表明指南是一项利益相关者合作努力的产物。

该指南旨在为新西兰孤独症谱系障碍儿童和成人提供指导，适用于初级保健从业人员、教育专业人员、政策制定者、父母、护理人员、专家和其他任何能为孤独症个体提供服务的人员。它是基于证据的总结，涵盖了孤独症的识别和诊断，以及对孤独症患者进行评估，使其获得干预和服务。虽然指南不包含孤独症所有已知或尚未发现的内容，但称得上是一个优秀的入门的"一站式商店"，相关人员可以通过该指南获得较丰富的信息并加深对孤独症的理解。经过内容提炼、分析与归纳之后，形成了孤独症学生关键能力指标体系（见表2.6）。

表2.6 《新西兰孤独症谱系障碍指南（第二版）》所呈现的关键能力指标

一级指标	二级指标
社交互动	眼神接触；模仿；对他人有兴趣；与他人分享；结交朋友并维持友谊；象征性游戏；理解非言语沟通方式；理解社交规则；轮流活动；响应指示；遵守一日常规；发起社交互动
沟通	应名反应；使用非言语沟通方式；理解隐喻；回应他人；自发交流；共同注意；理解口头语言；理解沟通的社会目的；表达需求
行为情绪	控制不适宜行为；兴趣拓展；识别和理解情绪；控制情绪；自信
感知	避免低敏或过敏；应对听觉等刺激的输出和输入
运动	大肌肉动作；小肌肉动作；运动规划能力；保持身体平衡
认知	动机激发；自我决定；预测问题并创造性地解决问题；自我管理；理解单词的意义；将信息进行整合
环境适应	在活动间转换过渡；应对变化
生活	安全意识；自我保护意识

如表2.6所示，新西兰孤独症学生的关键能力指标体系涉及社交互动、沟通、行为情绪、感知、运动、认知、环境适应和生活8个领域。从二级指标的具体内容看，可以发现以下特点：

1.社交互动领域强调了眼神接触、模仿、社会趋向、分享、关系建立与维持、象征性游戏、社会规则等要点。

2.沟通领域强调了语言回应、语言表达、非言语沟通、理解隐喻、共同注意等要点。

3. 行为情绪领域强调不当情绪和行为的控制、兴趣的拓展等。

4. 感知领域强调对感觉刺激的恰当反应以及感觉异常时的管理。

5. 运动领域强调粗大、精细动作以及身体平衡性的发展。

6. 认知领域包括动机激发、问题解决、自我管理、自我决定、信息整合等与学习密切相关能力的培养。

7. 环境适应领域中包括对活动的过渡及应对变化。

8. 生活领域包括安全意识和自我保护意识。

与其他指南相比，新西兰的指南也强调社交、沟通、刻板行为和感觉领域的缺陷补偿，但更加强调学习动机、方法和泛化等学习品质的培养，相对忽略的是生活技能和学业知识的教育。

六、英国苏格兰孤独症学生关键能力指标

苏格兰《孤独症谱系障碍诊断、评估和干预指南》（*Assessment, Diagnosis and Interventions for Autism Spectrum Disorders*）是由苏格兰校际指南网络（Scottish Intercollegiate Guidelines Network，SIGN）于 2016 年 6 月编著和出版的反映整个年龄范围的一份临床指南。该指南是《SIGN 98：孤独症谱系障碍儿童和青少年的评估、诊断和临床干预》的升级版，以反映关于孤独症儿童和年轻人的最新证据，并纳入适用于成人和老年人的证据，其涉及的年龄范围基本包含了孤独症个体的一生，旨在为孤独症儿童、青少年、成人和老年人的评估、诊断和干预提供全方位的建议，改善为所有年龄段的 ASD 患者提供的服务。

在总体框架上，该指南主要围绕筛查和监测、诊断和评估、临床干预和服务提供，以及实施建议和证据基础等方面进行架构。通过对内容进行提炼、分析与归纳之后，形成了孤独症学生关键能力指标体系（见表 2.7）。

表 2.7　苏格兰《孤独症谱系障碍诊断、评估和干预指南》所呈现的关键能力指标

一级指标	二级指标
社交互动	与人分享；遵守规则；与人建立并维持关系；与人玩假装、想象游戏；对同伴表现出兴趣；等待轮换；发起社交活动；适应变化；模仿；同理心
沟通	眼神接触；会话轮转；使用非言语沟通方式；理解隐喻；使用功能性语言；共同注意；沟通动机
情绪行为	兴趣拓展；管理挑战性行为和重复行为；放松和调整心情
感知觉处理	对感官刺激有恰当的反应（避免低敏或过敏）；安全感
认知	自我监控
生活	食物摄入均衡；睡眠质量良好

如表 2.7 所示，英国苏格兰孤独症学生的关键能力围绕社交互动、沟通、情绪行为、感知觉处理、认知、生活 6 个领域展开。从二级指标的具体内容看，可以发现以下特点：

1. 社交互动领域强调了分享、遵守规则、人际关系的建立与维持、想象游戏、社交意愿、等待轮换、模仿、同理心等要点。

2. 沟通领域包括沟通动机、会话轮转、非言语沟通方式、功能性语言、理解隐喻、共同注意等方面。

3. 情绪行为领域包括兴趣的拓展、挑战性行为的控制以及情绪的调节。

4. 感知觉处理领域强调要对感官刺激有恰当反应。

5. 认知领域强调自我监控能力。

6. 生活领域着重关注的是饮食和睡眠方面。

与其他指南相比，英国苏格兰孤独症学生关键能力多集中于核心缺陷，而对于其他领域的关键能力较少提及，如运动、性健康等方面。

七、英国 AET 孤独症学生关键能力指标

2015 年，英国教育部委托孤独症教育信托基金（Autism Education Trust，AET）开发了一个专门针对孤独症儿童需求的"进步框架"（Autism Education Trust Progression Framework）。2016 年，AET 对"进步框架"的合理性进行调研，结果显示多方认定该框架是评量孤独症学生进步情况的重要而有效的工具。在证明框架合理性的基础上，2017、2018 年，AET 对该框架的使用效果进行

评估，并将评估的结果作为修订的参考。在进行大量文献梳理，以及吸收许多教育工作者、家长、孤独症学生和成人观点的基础上，AET 在 2019 年完成最终版本的"进步框架"，并投入使用。

AET 进步框架旨在支持教育工作人员确定孤独症群体（包括儿童、青少年和成人）学习的优先顺序以及测量他们在相关领域的进步情况，主要适用对象是在各种教育环境中与孤独症学生共处的教育工作者。其框架总体设计为沟通与互动、社交理解与关系、感知觉处理、兴趣与常规、情绪理解与自我意识、学习与参与、健康与生活、独立生活与社区参与八个板块，在框架中按照层级的高低依次对八个领域、每个领域下的子领域及每个子领域下的学习成果进行了详细的阐述。由于框架的内容较多，因此表 2.8 主要展示了八个领域（一级指标）和每个领域下的子领域（二级指标）的内容。

表 2.8　英国 AET 进步框架所呈现的关键能力指标

一级指标	二级指标
沟通与互动	与人互动；请求；表达想法、观点和情感；倾听和理解；问候；对话
社交理解与关系	与人共处；与人游戏；与成年人建立积极关系；与同伴建立积极关系；参与小组活动
感知觉处理	理解和表达感觉需求；适当的感觉反应；感觉刺激的耐受性；管理感官需求
兴趣与常规	应对变化；顺利过渡；特殊兴趣；解决问题
情绪理解与自我意识	理解和表达情绪；管理情绪和行为；理解他人的情绪；自我意识；自信和自尊
学习与参与	在游戏中学习；动机和参与；组织和独立能力；理解并遵守规则；自我评估
健康与生活	保持健康；个人护理；关系和性教育
独立生活与社区参与	独立生活；个人安全；道路安全和出行；休闲活动

如表 2.8 所示，英国 AET 孤独症学生关键能力围绕沟通与互动、社交理解与关系、感知觉处理、兴趣与常规、情绪理解与自我意识、学习与参与、健康与生活、独立生活与社区参与 8 个领域展开，其二级指标具体包含所指领域的关键能力。从二级指标的具体内容看，可以发现以下特点：

1. 沟通与互动领域强调非言语互动、倾听、表达等能力。

2. 社交理解与关系领域强调能与人共处、分享、社会关系的建立、团队活动的参与等能力。

3.感知觉处理领域强调感觉反应、刺激耐受、需求表达和感觉问题管理等能力。

4.兴趣与常规领域强调的是利用兴趣参与活动、应对变化、顺利过渡和解决问题等能力。

5.情绪理解与自我意识强调情绪理解、表达和管理，还强调自我接纳、自信和自尊的培养。

6.学习与参与领域强调学习动机（如动机和参与）和学习方法（如组织计划、独立学习、自我评估）的培养。

7.健康与生活领域强调的是了解健康知识、做出健康选择、养成健康习惯等能力，着重关注的是性健康方面。

8.独立生活与社区参与强调安全、休闲、使用交通工具等独立生活能力的培养。

与其他指南或文件相比，AET 的进步框架同样涵盖了核心缺陷和相关缺陷的补偿，不同的是强调了儿童自我意识、自尊、自信的培养，计划、评估和反思等学习方法的习得，以及独立生活能力的培养，但对儿童模仿能力、运动能力的培养有所忽略。

八、中国香港孤独症学生关键能力指标

香港于 20 世纪 70 年代开始逐渐重视孤独症学生的教育问题，将孤独症学生纳入弱智儿童学校接受教育。到 80 年代，开始试行《特殊学校自闭症儿童辅导教学计划》(Remedial Teaching Programme for Autistic Children in Special Schools)，为安置在特殊学校的典型孤独症儿童提供支援服务，同时在培智学校增设教师职位。从 90 年代起，香港教育署加强在特殊学校推行《自闭症儿童辅导教学计划》（简称《辅导计划》），为典型孤独症学生和具有部分孤独症症状的学生提供资源，以照顾两类学生的需要。2000 年以后，为配合孤独症学生教育的最新发展，教育署再次修订《辅导计划》，以更新资料，并汇集有

关的教育新理念，供学校参考。目前，香港有60余所特殊教育学校并推行这项辅导计划。

《辅导计划》指出，香港特殊教育的目的，是为有特殊教育需要的儿童提供适当的教育，充分发展特殊儿童的潜能，使他们成为社会上独立而有适应能力的人。在特殊学校就读的孤独症学生，原则上应与校内其他学生一样，学习相同的语文、英语、数学、科学、科技、艺术、体育，以及个人和社会及人文教育等八大领域课程，掌握协作、批判性思考、问题解决、沟通、运营资讯科技、自我管理、创造力、运算能力及研究等九大共通能力。然而，孤独症学生的学习特性与一般的智障学生有别，因此应结合孤独症学生学龄期的身心发展特点给予特殊考虑。在相关研究的基础上，《辅导计划》包括以下七个板块：自闭症的认识、辅导计划推行模式、自闭症学生的教育、沟通技巧训练、社交技巧训练、问题行为的处理方法、全体参与支援自闭症学生。

此外，《自闭症学生能力测量表》详细列出了对学生的教育期望。考虑到《自闭症学生能力测量表》中对能力的层级划分不统一，有的领域分为三个层级，而有的领域只有两个层级，因此统一将各领域中最高层级的能力作为一级指标，将最低层级的能力作为二级指标。经过内容整理之后，形成了孤独症学生关键能力指标体系（见表2.9）。

表2.9　中国香港《特殊学校自闭症儿童辅导教学计划》所呈现的关键能力指标

一级指标	二级指标
肌能	大肌肉动作：沿地上指示行走；双脚交替上下楼梯；运用大肌肉动作模仿；安全使用康乐设施；适当进行球类活动。小肌肉动作：把物件放入指定位置；完成手眼协调工作；开关按钮；能用剪刀；对折纸张；依界限着色；画简单线条画；正确执笔书写；使用简单工具
沟通	理解常用语句；理解简单字词；理解日用品的意义，并指出有用物品；理解别人的手势或说的话，服从简单指令；遵从较复杂的指示行事；理解抽象字词；模仿；重复别人说的单字或短句；使用非言语沟通方式来表达需要；说出简短而有意义的字词来表达需要；讲简单短句；适当复述别人的说话；看图回答问题；排列图片讲述故事；用短句回答问题；传口讯；讲述曾参与的话题；适当运用抽象字词

一级指标	二级指标
认知	配对；分类；分辨；掌握"是"与"不是"的概念；拼图；指认身体部位；把实物按序排列；认识物品用途；数字的认识及运算；认识日期；说出时间；看图指出事情发生的先后；看图指出事情发生的因果；由一件事物联想到其他事物以解决困难；写出名字；理解短句、指示、短文
社交	认出熟悉的人物或地方；说出熟悉的人物或地方的名字；说出个人资料；用"我"代表自己；分辨性别；懂得分辨物品的拥有权；把用完的物品放回原处；适当地独自玩耍；适当地与人玩耍；适当地参与课堂活动；参与团体游戏或外出活动时能服从规则；依指示完成课堂常务；服从课堂常规；主动与人打招呼或当别人与他打招呼时能有回应；适当发问并与人作简短交谈；遇到困难向人求助；遵守有竞争性游戏活动的规则；忍受干扰；用"开心、愤怒"等词语来形容别人的情绪；用"开心、愤怒"等词语来形容自己的情绪
自理和生活	饮食：能用匙羹、筷子、刀叉自行进食；懂得斟取饮品来喝；不争吃别人的东西；不偏食；接受和尝试新的食物；膳后懂得清理。如厕：懂得示意进行大小便；能表示衣物弄湿或弄脏；日间不会遗尿；自己懂得上厕所；懂得如厕时的礼貌；大小便时能正确处理衣物；大小便后能自行清理；懂得冲厕；如厕后知道洗手。清洁：洗手时懂得双手互擦；懂得用肥皂洗手；懂得用毛巾抹干；懂得自己洗脸；懂得自己刷牙；擤鼻后懂得抹干和清理鼻液；懂得用梳子梳头；懂得用指甲钳剪指甲；擤鼻或咳嗽时，懂得用手或纸巾掩着鼻子或嘴巴。衣着：别人替他穿衣时表现配合；能脱下简单的衣物；能穿上简单的衣物；能解开身上衣物的纽扣；能扣上身上衣服的纽扣；能穿脱皮带；穿鞋时懂得分辨左右；穿衣时懂得分辨前后和内外；能自己系鞋带
情绪行为	不会逃避与人接触；与人交谈时，不会逃避目光的接触；不会目光呆滞，亦不会对周围事物表现冷漠；不会有重复、自我刺激的动作；不会毫无意义地重复别人说的话；不会过分固执、拒绝接受转变；不会过分焦虑；不会过分活泼；不会过分行动或不能自制；不会攻击或伤害别人，亦不会毁坏物件；不会伤害自己；不会有危险的举动；不会无故大声尖叫、大哭或发出怪声；不会对别人的感受或情绪有不恰当或漠不关心的表现

如表 2.9 所示，中国香港孤独症学生的关键能力指标体系主要围绕肌能、沟通、认知、社交、自理和生活、情绪行为六个领域展开。从二级指标的具体内容看，可以发现以下特点：

1. 肌能领域强调大肌肉和小肌肉的发展。与其他指南不同的是，香港指南还分别对大肌肉动作和小肌肉动作提出了更进一步的能力要求，如对于大肌肉动作，孤独症儿童要能够进行球类运动，对于小肌肉动作，要能够完成手眼协调任务。这些具体的能力指标是其他指南未考虑到的。

2. 沟通领域主要包括理解和表达两大方面的内容，着重强调理解字词语句和非言语沟通方式、重复和模仿声音、看图回答、传口讯、表达需求等能力。

3. 认知领域强调配对、分类、分辨、指认、排列、联想等思维能力，强调对物品用途、数字、日期的认识，强调对短句、短文、指示的理解。

4. 社交领域主要包括自我介绍、与人玩耍、与人交谈、向人求助、遵守规则等方面的能力。

5. 自理和生活领域分为四大方面：饮食、如厕、清洁、衣着。不同于其他指南的是，香港指南分别对这四大方面的能力有着更进一步的具体阐述，如：在饮食方面，要求能用刀、筷、匙进食；在如厕方面，要求如厕后知道洗手；在清洁方面，要懂得用梳子梳头；在衣着方面，要能够解开纽扣。

6. 情绪行为领域强调眼神接触、对周围事物感兴趣、控制过激行为和情绪、理解他人的情绪和感受。

与其他指南相比，香港的《辅导计划》划分的层级更多，可以明显看出其所呈现的关键能力指标内容更为丰富和详尽。总的来说，所有指南都共同强调核心缺陷和相关缺陷的补偿，不同的是香港的《辅导计划》对关键能力的阐述更加具体和可操作，尤其是社交、沟通和认知领域，但它对学业、性健康、游戏、职业领域未作要求。

九、中国台湾孤独症学生关键能力指标

20 世纪 60 年代，在医生、家长和相关专业人员的推动下，中国台湾的孤独症儿童医疗、教育、福利等相关服务开始得以实施[①]。到 80、90 年代，中国台湾正式将孤独症列为身心障碍中的一类，并为孤独症儿童提供专门的特殊教育，在普通小学中开设孤独症学生资源班和巡回班。加之，在此期间相继公布特殊教育法实施细则、特殊教育课程教材教法实施办法、身心障碍学生升学辅导办法等，相关法规可以说已臻完备，后续需要加强的就是如何落实特殊教育的教学辅导工作。在此背景下，中国台湾教育主管部门的特殊

---

① 林宝贵、徐云：《台湾自闭症儿童教育》，《现代特殊教育》2016 年第 17 期。

教育小组委托10位教授分别负责编撰不同类型的特殊教育需要儿童辅导手册，其中孤独症儿童部分的编撰工作由宋维村教授负责。

该辅导手册重点围绕孤独症学生的诊断、病因、治疗、身心特质、身心需要以及干预方法进行介绍，并对各阶段孤独症学生的学习、生活、情绪、感情、人际关系、心理、职业及卫生保健等加以阐述，因此适用于各级学校孤独症学生的辅导，可供各类教育工作者及其他相关服务者参考。其中身心特质和身心需要部分体现出对孤独症学生应具备的关键能力的理解。经过内容提炼、分析与归纳之后，同样形成了孤独症学生关键能力指标体系（见表2.10）。

表2.10 中国台湾《自闭症学生辅导手册》所呈现的关键能力指标

一级指标	二级指标
学习	理解能力；抽象思维能力；在游戏中学习；学习动机；正确使用代词，如"我"
沟通	应名反应；使用非言语沟通方式；表达情绪；音调、语法正确；倾听；回答；会话轮转；表达要求、情绪；主动发起对话
情绪行为	控制挑战性行为；控制仪式性行为；模仿；整合社会行为、情绪和沟通行为；兴趣拓展；对外界事物感兴趣；对外界刺激做出适当的反应；同情心；控制情绪；自信心
社交	接触他人；使用肢体语言来调整社会互动；眼神接触；和同伴分享；依社会情境调整行为；自发性装扮游戏或者社会性模仿游戏；与人交往时有回报式社交反应；合作；团体游戏；自发开展创造性游戏、假装游戏
生活	安全意识；自我照顾；完成家务

如表2.10所示，中国台湾孤独症学生关键能力指标体系主要围绕学习、沟通、情绪行为、社交和生活五个领域展开。从二级指标的具体内容看，可以发现以下特点：

1. 学习领域强调理解能力、抽象思维能力、学习动机等。

2. 沟通领域强调应名反应、非言语沟通方式、情绪表达、正确的音调和语法、倾听和回答、会话轮转等。

3. 情绪行为领域强调挑战性行为和仪式性行为的控制、动作的模仿、行为的整合、兴趣的拓展、同情心、自信心、对情绪的控制等。

4. 社交领域强调社交互动、眼神接触、分享兴趣、社会性模仿游戏、创造性游戏、回报式社交反应、合作。

5. 生活领域强调安全意识、自我照顾和家务。

与其他指南相比，中国台湾的辅导手册也强调社交、沟通、行为的缺陷补偿，但对感知觉管理、性健康、运动等其他领域关注不多。

第三节 临床实践指南中的孤独症学生 关键能力指标整合

在文本分析基础上，本节主要采用高频词分析法和共现分析法（又称"共词分析法"），对美国华盛顿州、新西兰、英国等9个国家和地区的孤独症临床实践指南中的关键能力进行系统聚类分析和可视化图谱分析，具体流程如图2.3所示。

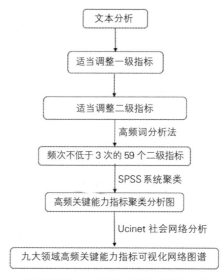

图2.3 临床实践指南中的孤独症学生关键能力指标整合

注: [1] SPSS（Statistical Package for the Social Sciences）是一个用于统计分析、数据操作和数据可视化的社会科学统计软件包，提供了系统聚类的功能，即通过根据对象的相似性迭代地合并或拆分对象组来创建聚类的层次结构，以识别对象之间的关系。

[2]Ucinet（University of California at Irvine NETwork）是一个专为社会网络分析而设计的软件包，其功能包括数据导入和管理、矩阵代数、网络可视化等，使研究人员能够探索社会网络、识别有影响力的节点，深入了解社会网络关系。

一、孤独症学生高频关键能力指标的确定

（一）孤独症学生关键能力的合并标准

在初步进行文本分析的过程中，发现临床指南中的关键能力指标有重叠和混乱的情况，如各国家或地区的指南对一级指标的命名和二级指标的阐述并不完全一致，表现为：内涵一致而名称不一致，或者逻辑层次划分不一致等。为了避免分析类目的重叠与混乱，本节将表述不同但内涵相同的指标或者属于同一范畴的指标进行合并，具体标准如表 2.11 和表 2.12 所示。

表 2.11　一级指标的合并标准

统一命名	原指南中的一级指标
生活	基本生活能力；生活能力；自我决定；日常生活活动；健康与生活；独立生活与社区参与；自理和生活；生活
认知	认知；环境适应；执行功能；兴趣与常规
感知觉	感知觉处理；感觉加工；感觉处理；感知
性健康	性；性健康
运动	运动技能；运动；身体发展；肌能
情绪行为	行为；行为管理；行为和情绪；行为情绪；情绪行为；情绪理解与自我意识
社交	社会发展和同伴互动；社交互动；社交理解与关系；社交
沟通	沟通与互动；沟通
游戏	游戏与休闲；游戏
职业	转衔；就业
学习	学业；学业成绩；学习；学习与参与

表 2.12　二级指标的合并标准（部分示例）

统一命名	原指南中的二级指标
控制不适宜行为	管理刻板性、仪式性、强迫性行为；控制强迫性、依恋性、仪式性行为；管理挑战性行为和重复行为；管理情绪和行为；不会有重复、自我刺激的动作；不会过分行动或不能自制；不会攻击或伤害别人，亦不会毁坏物件；不会伤害自己；不会有危险的举动；控制挑战性行为；控制仪式性行为
情绪表达	在不同场所表达恰当情绪；理解和表达情绪；用"开心、愤怒"等词语来形容别人的情绪；用"开心、愤怒"等词语来形容自己的情绪
情绪控制和调节	控制脾气；控制情绪；放松和调整心情；管理情绪和行为；不会过分焦虑；不会过分活泼
情绪辨识和理解	识别和理解情绪；理解和表达情绪；不会对别人的感受或情绪有不恰当或漠不关心的表现；理解他人的情绪和观点

需要说明的是，韦梅尔（Wehmeyer）认为自我决定是对生活做出选择和决定的能力[①]，是影响个体生活质量的重要因素，本节据此将"自我决定"一级指标归入"生活"；徐丹将认知灵活性定义为一种能够适应变化或者不可预测的环境的能力[②]，即环境适应能力，因此本节将"环境适应"归入"认知"；根据《幼儿心理学》中对执行功能的界定——一种复杂、高级的认知能力[③]，本文将"执行功能"归入"认知"。

（二）孤独症学生高频关键能力指标

高频词分析法是文献计量学中较常使用的一种分析方法，其以齐普夫定律为基本原理[④]。本节使用该方法分析关键能力的二级指标部分，首先统计二级指标的词频，考虑可视化图谱的绘制和共词分析的效果，本文将高频词频次阈值设置为3次，一共选取了59个高频指标。经计算，出现频次排列在前10的依次是非言语沟通、生活自理、安全、刺激反应、做出回应、与人互动、控制不适宜行为、情绪控制和调节、模仿、适应变化（见表2.13）。这10个高频指标在一定程度上反映了孤独症学生关键能力着重分布在沟通、情绪行为、社交、生活这些领域，与孤独症典型症状领域基本吻合。

表2.13 孤独症学生高频关键能力指标统计（前10）

序号	高频指标	出现频次	序号	高频指标	出现频次
1	非言语沟通	9	6	与人互动	7
2	生活自理	8	7	控制不适宜行为	7
3	安全	7	8	情绪控制和调节	7
4	刺激反应	7	9	模仿	7
5	做出回应	7	10	适应变化	6

---

① Wehmeyer M L, Beyond Self-Determination: Causal Agency Theory. *Journal Of Developmental and Physical Disabilities*, 2004,16(4):337-359.

② 徐丹：《积极情绪对3-5岁幼儿认知灵活性的影响》，硕士学位论文，浙江大学，2011，第1页。

③ 李红：《幼儿心理学》，人民教育出版社，2007，第182-183页。

④ 王芳：《我国图书情报领域可视化研究的文献计量分析》，硕士学位论文，山西财经大学，2021，第14页。

二、孤独症学生高频关键能力指标的聚类分析

使用 SPSS 软件沿着"分析—分类—系统聚类"的路径进行聚类分析，将最小聚类数和最大聚类数分别设置为 6 和 12，得到高频关键能力指标聚类分析图和聚类成员表格，结果如图 2.4 和表 2.14 所示。为了更好地显示聚类效果，通过对比分析结果，最终采用 9 个聚类的结果。

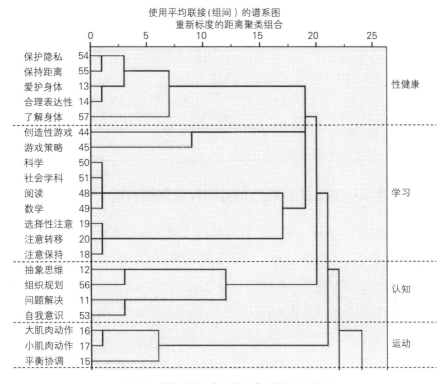

图 2.4　高频关键能力指标聚类分析图（示例）

根据上图聚类分析结果并参考 9 本指南原一级指标的统一命名，将孤独症学生关键能力领域分为以下 9 类，各领域及其包含的高频关键能力指标如表 2.14 所示。

表 2.14　孤独症学生关键能力领域与具体指标表

领域	高频关键能力指标	占比（%）
社交	发起社交行为；等待轮换；与人互动；分享；集体参与；人际关系；社交规则；社交兴趣；象征性游戏；模仿	16.9
沟通	共同注意；做出回应；发起会话；听从指示；眼神接触；非言语沟通；掌握词汇；会话轮转；沟通意图；表达需求、情感、想法	16.9
生活	适应变化；生活自理；日常例程；安全；交通技能；独立生活；自我决定；休闲娱乐；任务完成	15.3
学习	注意保持；注意转移；选择性注意；创造性游戏；游戏策略；科学；社会学科；阅读；数学	15.3
情绪行为	控制不适宜行为；情绪控制和调节；情绪表达；情绪辨识和理解；兴趣拓展；自信	10.2
性健康	爱护身体；合理表达性；保护隐私；保持距离；了解身体	8.5
认知	问题解决；抽象思维；自我意识；组织规划	6.8
感知觉	管理感官刺激或需求；需求表达；刺激反应	5.1
运动	大肌肉动作；小肌肉动作；平衡协调	5.1

三、孤独症学生高频关键能力指标的社会网络分析

社会网络是社会行动者及社会行动者之间关系的集合，社会行动者可以是个人、群体、组织、国家，也可以是文献中的关键词、框架中的指标；此外，关系也是多方面、多类型的。总之，社会网络分析可以看作一门对社会关系进行量化分析的艺术和技术①。Ucinet6.0 是常用的社会网络图谱分析工具。

因此，为进一步了解各领域高频关键能力指标之间的相互联系与特征，本节立足于社会网络分析视角，以 9 本指南内容以及聚类分析结果为依据得出高频关键能力指标共词矩阵，将共词矩阵导入 Ucinet6.0 软件中的 Netdraw，然后对各个领域的高频关键能力指标进行可视化分析，得出各领域的高频关键能力指标可视化网络图谱。其中方形节点表示高频关键能力指标，节点越大，说明该关键能力指标出现的频次越多，代表着该指标在网络图中的重要

---

① 刘军：《社会网络分析导论》，社会科学文献出版社，2004，第 8 页。

程度越高[①]；节点与节点间的连线代表各关键能力指标之间的共现关系，连线越粗，代表关键能力指标之间的共现关系越密切，两者共同出现的频率越大[②]。

（一）"社交"领域高频关键能力指标

从数量看，9个国家或地区在"社交"领域共同关注的关键能力指标数量最多。从内容看，"社交"领域包括10个高频关键能力指标，依次为发起社交行为、等待轮换、与人互动、分享、集体参与、人际关系、社交规则、社交兴趣、象征性游戏和模仿。对"社交"领域所涉及的高频关键能力指标进行可视化分析，其分布状况如图2.5所示。

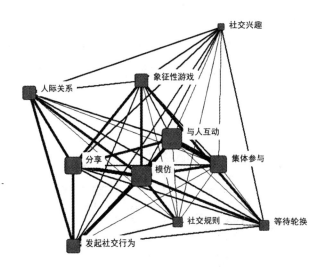

图2.5 "社交"领域高频关键能力指标的可视化网络图谱

图2.5表明，"社交"领域高频关键能力指标体现出以下特点：

第一，从节点的大小可以看出，这10个指标按由大到小的顺序依次为：模仿、与人互动、分享、集体参与、发起社交行为、人际关系、象征性游

---

①　洪秀敏、朱文婷、魏若玉：《国际托幼机构质量评估的价值取向与启示——基于六国评估指标体系的可视化图谱分析》，《教育研究》2019年第6期。

②　谢贤鑫、陈美球、田云等：《国内近20年土地生态研究热点及展望——基于Ucinet的知识图谱分析》，《中国土地科学》2018年第8期。

戏、等待轮换、社交规则、社交兴趣。其中，"模仿"和"与人互动"的节点是最大的，说明两者在指南中出现的次数最多，频次均为 7 次。

第二，从节点之间连线的粗细程度来看，"与人互动"和"集体参与"之间的连线最粗，说明"与人互动"与"集体参与"共同出现的频率最高，有着紧密的共现关系。

整体看，"与人互动"不仅是被提及次数最多的能力指标之一，同时与其他指标的共现关系也最强，可见"与人互动"是 9 个国家或地区对孤独症学生在社交方面最重视的一种能力。

（二）"沟通"领域高频关键能力指标

"沟通"领域包括 10 个高频关键能力指标，依次为共同注意、做出回应、发起会话、听从指示、眼神接触、非言语沟通、掌握词汇、会话轮转、沟通意图以及表达需求、情感、想法，对这些指标进行可视化分析，其结果如图 2.6 所示。

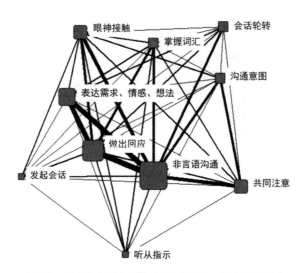

图 2.6 "沟通"领域高频关键能力指标的可视化网络图谱

图 2.6 表明，"沟通"领域高频关键能力指标呈现出以下特点：

第一，从节点的大小可以看出，这 10 个指标按由大到小的顺序依次为：

非言语沟通，做出回应，表达需求、情感、想法，共同注意，眼神接触，掌握词汇，会话轮转，沟通意图，听从指示，发起会话。其中"非言语沟通"的节点最大，代表它出现的次数最多，频次为9次，说明9份指南全都提及"非言语沟通"，可见这些国家或地区一致强调了非言语沟通能力的重要作用。

第二，从节点之间连线的粗细程度来看，"非言语沟通"与"做出回应"之间的连线最粗，说明两者在指南中共同出现的频率最高，有着较强的共现关系。

整体上看，无论是从节点大小来看，还是从连线粗细来看，"非言语沟通"都排列在前。这足以表明非言语沟通能力在沟通领域的重要地位。

（三）"生活"领域高频关键能力指标

"生活"领域包括适应变化、生活自理、日常例程、安全、交通技能、独立生活、自我决定、休闲娱乐、任务完成这9个关键能力指标，对"生活"领域所涉及的高频关键能力指标进行可视化分析，其分布状况如图2.7所示。

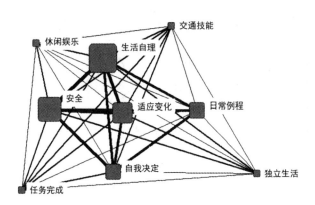

图 2.7　"生活"领域高频关键能力指标的可视化网络图谱

图2.7表明，"生活"领域高频关键能力指标呈现出以下特点：

第一，从节点的大小来看，按照由大到小的顺序依次为生活自理、安全、适应变化、日常例程、自我决定、任务完成、交通技能、独立生活、休闲娱乐。被提及次数最多的是"生活自理"，频次为8次；"交通技能""独立生活""休闲娱乐"的提及次数最少。

第二，从节点之间连线的粗细程度来看，"生活自理"与"安全"之间的连线最粗，说明这对关系共同出现的频率最高，有着紧密的共现关系。

因此，整体上"生活自理"不仅是被提及次数最多的能力指标，而且与其他指标的共现关系也最强，说明9个国家或地区在"生活"领域对孤独症学生"生活自理"方面都最为重视。

（四）"学习"领域高频关键能力指标

"学习"领域包括9个高频关键能力指标，依次为注意保持、注意转移、选择性注意、创造性游戏、游戏策略、科学、社会学科、阅读和数学，对"学习"领域所涉及的高频关键能力指标进行可视化分析，其分布状况如图2.8所示。

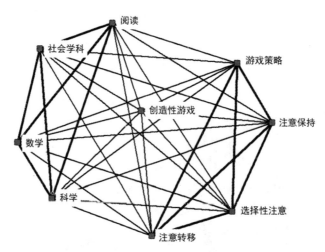

图 2.8 "学习"领域高频关键能力指标的可视化网络图谱

图 2.8 表明，"学习"领域高频关键能力指标具有以下特点：

第一，从节点的大小来看，9个指标的节点大小是相同的，说明这些指标在指南中出现的频次相同，即这些指标在9个不同的国家或地区受到同样的重视。

第二，从节点之间连线的粗细程度来看，"阅读""数学""科学""社会学科"这4个节点相互之间共同出现的频率相同，存在较强的共现关系，"注意转移""注意保持""选择性注意""游戏策略"这4个节点也存在着较强的共现关系，而"创造性游戏"与其他各节点的共现关系较弱。

因此，整体来看该网络图谱可以划分为三个部分：第一部分包括"阅读""数学""科学""社会学科"，第二部分包括"注意转移""注意保持""选择性注意""游戏策略"，第三部分是"创造性游戏"。第一部分更加侧重于学科学习，第二部分关注的是注意等学习品质[1]，第三部分侧重的是游戏等学习活动方面。三大方面既相互联系又各有侧重，是"学习"领域重要的组成部分。

（五）"情绪行为"领域高频关键能力指标

"情绪行为"领域包括6个高频关键能力指标：控制不适宜行为、情绪控制和调节、情绪表达、情绪辨识和理解、兴趣拓展、自信。可视化图谱如图2.9所示。

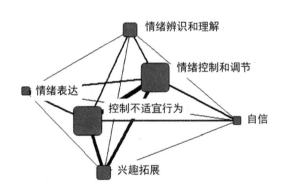

图 2.9　"情绪行为"领域高频关键能力指标的可视化网络图谱

图 2.9 表明，"情绪行为"领域高频关键能力指标具有以下特点：

第一，从节点的大小来看，按照由大到小的顺序依次为控制不适宜行为、情绪控制和调节、兴趣拓展、情绪辨识和理解、情绪表达、自信，其中前两个指标一样大，说明控制不适宜行为、情绪控制和调节在指南中提及的

———————————
[1]　鄢超云：《学习品质：美国儿童入学准备的一个新领域》，《学前教育研究》2009 年第 4 期。

次数最多。

第二，从节点之间连线的粗细程度来看，"控制不适宜行为"与"情绪控制和调节"共同出现的频率最高，代表两者有较强的共现关系；其次是"兴趣拓展"与"控制不适宜行为"、"兴趣拓展"与"情绪控制和调节"。

因此，从整体上来看，控制不适宜行为、情绪控制和调节这两个关键能力指标不仅被提及的频次较多，两者之间的共现关系也较强，说明各国或地区在"情绪行为"领域共同关注这两个关键能力，重视孤独症学生对情绪行为的控制和调节。

（六）"性健康"领域高频关键能力指标

"性健康"领域包括爱护身体、合理表达性、保护隐私、保持距离、了解身体这5个关键能力指标。对"性健康"领域所涉及的高频关键能力指标进行可视化分析，其分布状况如图2.10所示。

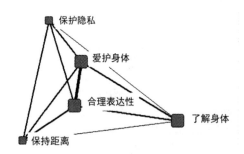

图 2.10 "性健康"领域高频关键能力指标的可视化网络图谱

图 2.10 表明，"性健康"领域高频关键能力指标具有以下特点：

第一，从节点的大小来看，按照由大到小的顺序依次为爱护身体、合理表达性、了解身体、保护隐私、保持距离。被提及次数最多的是"爱护身体""合理表达性""了解身体"；"保护隐私"和"保持距离"的提及次数最少。

第二，从节点之间连线的粗细程度来看，"合理表达性"与"爱护身体"之间的连线最粗，说明这对关系共同出现的频率最高，有着紧密的共现关系。

因此，从整体上来看，各国在"性健康"领域共同重视的5种能力之间都存在共现关系。其中，"爱护身体"和"合理表达性"不仅被提及次数最多，而且两者的共现关系也最强，可见各国或地区非常重视孤独症学生"爱护身体"和"合理表达性"的能力。

（七）"认知"领域高频关键能力指标

"认知"领域仅包括4个高频关键能力指标，分别是问题解决、抽象思维、自我意识、组织规划。对"认知"领域所涉及的高频关键能力指标进行可视化分析，其分布状况如图2.11所示。

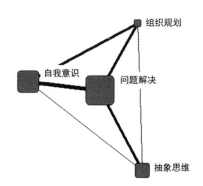

图 2.11　"认知"领域高频关键能力指标的可视化网络图谱

图2.11表明，"认知"领域高频关键能力指标具有以下特点：

第一，从节点的大小来看，按照由大到小的顺序依次为问题解决、自我意识、抽象思维、组织规划。被提及次数最多的是"问题解决"，频次为6次；"组织规划"的提及次数最少。

第二，从节点之间连线的粗细程度来看，4个节点之间都有连线，且连线的粗细程度相同，说明这4个节点之间两两共同出现的频率相同。

总体来看，"认知"领域的可视化网络图谱呈现出三角形的形状，"问题解决""自我意识""抽象思维""组织规划"4个指标之间都有着共现关系。其中，"问题解决"的提及次数最多，最受各国或地区重视。

（八）"感知觉"领域高频关键能力指标

"感知觉"领域包括 3 个高频关键能力指标：刺激反应、需求表达、管理感官刺激或需求。对"感知觉"领域所涉及的高频关键能力指标进行可视化分析，结果如图 2.12 所示。

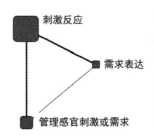

图 2.12 "感知觉"领域高频关键能力指标的可视化网络图谱

图 2.12 表明，"感知觉"领域高频关键能力指标具有以下特点：

第一，从节点的大小来看，按照由大到小的顺序依次为"刺激反应""管理感官刺激或需求""需求表达"。即"刺激反应"在指南中提及的次数最多，其次是"管理感官刺激或需求"，提及次数最少的是"需求表达"。由此可见，9 个国家或地区最重视的是孤独症学生在"刺激反应"方面的能力。

第二，从节点之间连线的粗细程度来看，"刺激反应"与"需求表达"、"刺激反应"与"管理感官刺激或需求"共同出现的频率相同，有着较强的共现关系；"需求表达"与"管理感官刺激或需求"之间的共现关系较弱。

因此，整体来看各国或地区在共同重点关注"感知觉"领域三方面的能力，即对感官刺激的反应、对感官需求的表达、对感官刺激或需求的管理。其中，"刺激反应"提及次数最多，与"感觉需求表达""管理感官刺激或需求"之间的共现关系较强，这一关键能力在"感知觉"领域最受重视。

（九）"运动"领域高频关键能力指标

综合查阅 9 份指南在运动领域的指标节点数量，发现这些指南中运动方面的能力指标数量都很少，因此是相较于其他领域节点数较少的领域。从具体内容看，"运动"领域包括平衡协调、小肌肉动作和大肌肉动作这 3 个关键能力指标。对"运动"领域所涉及的高频关键能力指标进行可视化分析，其分布状况如图 2.13 所示。

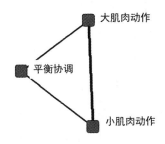

图 2.13　"运动"领域高频关键能力指标的可视化网络图谱

图 2.13 表明，"运动"领域的关键能力指标表现出以下特点：

第一，在节点的大小上，"大肌肉动作""小肌肉动作""平衡协调"3 个能力指标的节点大小相同。

第二，在连线的粗细上，可以明显看出"大肌肉动作"与"小肌肉动作"之间的连线最粗，说明两者共同出现的频率最高。

从整体上来看，"运动"领域的可视化网络图谱也呈现出三角形的形状，说明"大肌肉动作""小肌肉动作"和"平衡协调"三者之间都有着共现关系，尤其是"大肌肉动作"和"小肌肉动作"之间的共现关系最强，两者同时出现的次数最多。

第四节　对临床实践指南中关键能力指标的总结和反思

一、关键能力指标关照到孤独症群体的多元需求

（一）指标较多关注核心缺陷

美国《精神障碍诊断与统计手册（第五版）》（以下简称 DSM-V）中列出

了孤独症谱系障碍的核心缺陷——"社会沟通与交往障碍"以及"重复刻板行为、兴趣与活动"[①]。参照上节所划分的九大领域，可以理解为孤独症群体的核心缺陷表现在"社交""沟通"和"情绪行为"三大领域。从可视化分析图谱来看，"社交""沟通"和"情绪行为"也是各指南关注数量最多、内容最丰富、条目分布最详细的领域，表明 9 本指南对这三大领域的重视程度最高，这与 DSM-V 所提出的孤独症群体的核心缺陷领域相吻合。

具体到各领域而言，9 本指南对社交领域给予了极大关注。从数量上看，社交领域的指标数量占比最高。从内容上看，社交领域涵盖与人相处（如与人互动、发起和回应行为、理解他人的情绪和观点、与他人形成积极关系）、群体相处（如归属感、社会互利行为、团体社交技能）等能力，但不同的指南在社交方面的理解还是有所差异，如：美国北达科他州、美国堪萨斯州、新西兰、英国苏格兰、英国 AET、中国香港、中国台湾的指南都强调了社交游戏，而少数指南（美国华盛顿州、美国弗吉尼亚州）则没有提及社交游戏；美国弗吉尼亚州、新西兰、英国苏格兰、中国香港都关注社交规则，而美国华盛顿州、北达科他州、堪萨斯州以及英国 AET、中国台湾未提及社交方面的规则。

沟通领域也是各指南高度重视的领域。从数量上看，沟通领域的指标数量所占比例和社交领域一样，是占比最高的两个领域，高达 16.9%；从内容来看，各指南对沟通领域的理解总体比较一致，涵盖了非言语沟通、倾听理解、回应表达、对话等核心能力。但具体而言，不同的指南对沟通能力的理解存在着一些差异。例如，美国北达科他州在沟通领域将孤独症学生分为采用非言语方式沟通的学生（Pre-/Nonverbal Students）和采用语言方式沟通的学生（Verbal Students），并根据学生类型的不同对沟通能力进行了区分，而其他 8 本指南则是对所有类型的孤独症学生提出统一的能力要求。美国弗吉尼亚州的指南所列出的沟通能力较为宽泛，如"沟通动机""会话技巧""沟

[①] APA, *Diagnostic and Statistical Manual of Mental Disorders, 5th Edition*. Washington: American Psychiatric Publishing, 2013:50-59.

通方式",可操作性不强;而其他指南都进一步列出了具体的沟通能力,如"眼神接触""理解隐喻""共同注意""应名反应""维持话题"。

多数指南对情绪行为领域也给予了很大的重视,共有 8 本指南涉及情绪行为领域,其高频关键能力指标占比为 10.2%。从内容上看,"控制不适宜行为"和"情绪的控制和调节"在 7 本指南中都有提及,这两个指标在该领域的重要性不言而喻。此外,美国堪萨斯州、新西兰和英国苏格兰指南都关注兴趣拓展的能力,该能力与 DSM-V 中第二条核心缺陷所提到的"重复刻板的兴趣"[①] 相契合。

总体上,核心缺陷领域是现有指南重点关注的领域。尽管具体内容上有一些分歧,但都强调通过补偿学生在这些领域的缺陷而达到教育康复的目的。

(二)指标兼顾相关缺陷

从国际上关于孤独症学生的特征描述来看,除了核心缺陷,还涉及一些不容忽视的相关缺陷。例如,苏珊(Susan)指出,除了与核心缺陷相关的定义特征外,孤独症个体还常常面临着一些额外的问题,这些问题也严重干扰了他们取得进步,如学习困难、注意缺陷与多动障碍、慢性睡眠障碍、非典型的饮食模式、对感官刺激反应过度或反应不足、焦虑等情感上的困难[②]。和苏珊(Susan)持同样观点的迈尔斯(Myles)设计了由 8 个领域组成的基本特征检查表(The Underlying Characteristics Checklist,UCC),前 3 个领域与孤独症的核心缺陷相关,即社交、行为和沟通,接下来列举了 4 个相关缺陷领域,即感知觉、认知、运动和情感,最后一个领域是医疗和其他生物因素[③]。

---

① APA,*Diagnostic and Statistical Manual of Mental Disorders,5th Edition*. Washington: American Psychiatric Publishing, 2013:50-59.

② Wilczynski S M, Menousek K, Hunter M, et al.. Individualized Education Programs for Youth with Autism Spectrum Disorders. *Psychology in the Schools*, 2007, 44(7):653-666.

③ Myles S B, Grossman G B, Aspy R, et al..Planning a Comprehensive Program for Students with Autism Spectrum Disorders Using Evidence-Based Practices. *Education and Training in Developmental Disabilities*, 2007,42(4): 398-409.

　　通过上节对9本指南的高频关键能力指标进行聚类分析，发现各指南除了关注核心缺陷领域，在相关缺陷领域也给予了不少笔墨。

　　所有指南都关注了生活领域，基本涵盖了自我照料（如饮食、着装、就寝、如厕）、独立生活（如独立进行学校、家庭、社区生活；安全意识；自我决定）等能力，但不同的指南对生活能力的重视程度和侧重点有所差异。在9本指南中，新西兰、英国苏格兰和中国台湾的指南的生活能力指标数量较少，其中新西兰指南偏重安全方面，英国苏格兰指南偏重饮食和睡眠等基本生活能力方面，中国台湾指南兼顾安全和基本生活能力。此外，虽然中国香港指南的指标数量最多，可操作性强，但内容并不全面，仅围绕饮食、如厕、清洁、穿着四大基本生活能力提出了具体的能力要求。

　　关注认知领域的指南共有7本，该领域包括思维能力（如排序、配对、比较、分类、问题解决、抽象思维）、认知灵活性（如转换过渡、应对变化）等，但不同指南之间存在着些许差异，苏格兰的指南在认知领域的能力指标只有一个，内容较为单薄。

　　有6本指南涉及感知觉领域，该领域涵盖了刺激反应、刺激耐受、需求表达和感觉管理四大方面。从内容看，一些指南重点强调的是刺激反应和刺激耐受的能力，但也有一些指南（如美国北达科他州和英国AET指南）涵盖面更广，还涉及感觉表达、感觉管理的能力。

　　5本指南关注学习领域，主要包括学习内容（如阅读、数学、科学、社会学科）和学习品质（如学习动机、组织和独立、自我评估）。就具体指南而言，美国北达科他州、弗吉尼亚州、堪萨斯州注重阅读、数学、科学、社会学科这些学习内容，而英国AET和中国台湾指南注重学习品质的培养。

　　涉及运动领域的指南有4本，该领域包括基础动作（如大肌肉动作；小肌肉动作）、平衡协调、技巧动作（如书写、着色、切割、球类运动）、体能韧性（如肌肉张力）等能力。具体而言，美国堪萨斯州和新西兰指南的内容描述较为宽泛，可操作性不强，而美国弗吉尼亚州和中国香港指南的内容更为详尽，不仅提出要发展基础动作或技能动作，还指明了更为具体的动作要求，如沿地上指示行走、双脚交替上下楼梯。

有 3 本指南关注性健康领域，内容基本涵盖了解身体、爱护身体、保持距离等能力。将性健康单独列为一个领域的分别是美国华盛顿州、北达科他州、弗吉尼亚州的指南，此外，英国 AET 的进步框架也提及性健康，只不过它将其视为生活领域的二级指标。总之，可以大致推断出，美国和英国非常重视性教育。

综上表明，孤独症学生关键能力不仅仅定向于核心缺陷领域，也拓展了诸多相关缺陷领域。这转变了"头痛医头、脚痛治脚"的思维方式，使孤独症学生关键能力指标体系更具有系统性和结构性。

（三）指标体现出综合发展的取向

一方面，关键能力指标不仅涵盖了低阶能力（如生活自理、理解单词、分类配对、写出名字、大肌肉动作、小肌肉动作等学习事实性知识或完成简单任务的能力[1]），也涉及高阶能力（如自我决定、自我管理、自我评估、问题解决、组织规划、安全感、归属感、同理心、自信心、适度泛化、抽象思维、转衔过渡、兴趣拓展）。各国逐渐重视学生的高阶能力、不断开发其优势潜能，这既是对传统教育局限于低阶能力的一种超越，也是对知识时代特点和个人发展需求的回应[2]。目前，培养学生的高阶能力已经成为国际教育界的共识，21 世纪指向未来的学习框架无一例外地将高阶能力放置在核心位置[3]。再者，科学的潜能开发是使孤独症儿童痊愈的最佳方案[4]。因此，对高阶能力的重视、对优势潜能的发掘可以成为我国未来提升特殊教育质量的关键着力点。

另一方面，各国关注孤独症学生知、情、意的协调发展。9 本指南所关

---

① 钟志贤：《教学设计的宗旨：促进学习者高阶能力发展》，《电化教育研究》2004 年第 11 期。
② 钟志贤：《面向知识时代的教学设计框架》，博士学位论文，华东师范大学，2004，第 85 页。
③ 彭正梅、伍绍杨、邓莉：《如何培养高阶能力——哈蒂"可见的学习"的视角》，《教育研究》2019 年第 5 期。
④ 韩诚、尹凤霞、李慧容：《少儿潜能开发》，安徽师范大学出版社，2017，第 74 页。

注的关键能力指标虽然大部分体现在知识、技能的层面，但也未忽略孤独症学生情感等高层次的需求，如在"行为情绪"领域中涉及"情绪控制和调节""情绪表达""情绪辨识和理解"以及"自信"等内容。这提示，不能忽视孤独症学生发展高层次的心理需求。虽然在一定程度上，孤独症学生发展出情感、态度等能力相对复杂，难度较大，往往需要相关能力的铺垫才能进阶，但仍不能忽视对其自我接纳、自我认同、自信和自尊等情感的综合培养。尤其是对于一些高功能的孤独症学生而言，更要以"全人发展"的理念来培养其积极情绪、利他情感等。

最后，从领域（一级指标）来看，九大领域可以大致分为"自我""社会"和"工具"三大维度，具体而言，"自我"包括感知觉、生活、运动、认知、情绪行为和性健康领域，旨在发展孤独症学生的基本生活能力；"社会"包括沟通、社交领域，旨在发展孤独症学生的社会适应能力；"工具"包括学习领域，旨在发展孤独症学生的学习品质。这三大维度与 DeSeCo 跨国研究计划中的关键能力框架[1]不谋而合，该框架是迄今为止最为成熟的关键能力指标框架[2]。

二、临床实践指南关键能力指标"基于证据"的建构路径

"证据"最初是法律术语，《辞海》中将其定义为用来证明案件事实的材料[3]。近年来，证据不仅在法学、医学等领域得到广泛应用，在教育领域也受到了重视[4]。美国西部高校联盟评鉴委员会（Western Association of Schools and Colleges，WASC）提出优质的证据具有五个特征：相关性、真实性、典型性、

① "The Definition and Selection of Key Competencies:Executive Summary," OECD, accessed May 27, 2021, https://www.oecd.org/pisa/35070367.pdf.

② 张娜:《三大国际组织核心素养指标框架分析与启示》,《教育测量与评价》2017 年第 7 期。

③ 夏征农:《辞海》,上海辞书出版社，1999，第 1109 页。

④ 吴璠:《基于证据：继续教育政策制定的新趋势》,《当代继续教育》2021 年第 4 期。

可操作性和收集渠道多样性[①]。将优质证据引入教育领域中，可以使其有据可依、有证可循，促进教育研究与实践的科学化、规范化，实现从"基于经验"向"基于证据"转变[②]。

本章节所分析的临床指南也体现着"基于证据"理念，最具有代表性的是英国 AET 的"进步框架"和《新西兰孤独症谱系障碍指南（第二版）》。

英国 AET 是运用循证服务和实践推进孤独症教育的典型代表[③]。英国教育部委托 AET 开展的建构"进步框架"的项目分为三大阶段进行：第一阶段是对孤独症、教育规划和结果领域的研究和政策文件进行文献综述；第二阶段是对关键利益相关群体（孤独症患者、家长、教师和其他从业人员）进行在线调查[④]，共有 900 人勾选了建议纳入进步框架的领域；第三阶段是通过焦点小组和访谈进一步收集更详细的信息，有 35 位家长、4 位孤独症青少年、17 位孤独症成年人和 17 位从业人员参加了一系列深入的焦点小组，共进行了 46 次访谈。其中，孤独症青少年表达了他们当前生活的重要方面以及对未来的期望；孤独症成年人被问及他们想要实现的目标；孤独症患者的父母被问及他们对孩子短期和长期的期望；AET 还采访了服务提供者、委员、监管机构和学者，询问他们对孤独症患者的良好生活的看法[⑤]。通过对大量的文献进行梳理并结合多方利益相关群体的观点，最终建构出兼具科学性、操作性和

---

① 刘见芳、李越：《美国高等教育评鉴中的证据使用——美国西部学校联盟高校评鉴委员会对证据的开发使用》，《清华大学教育研究》2004 年第 1 期。

② 陈焕春：《基于证据的教育改革：内涵特征、运行机制与理性审视》，《教育学术月刊》2021 年第 7 期。

③ "Educational Provision and Outcomes for People on the Autism Spectrum Full Technical Report," Autism Education Trust, accessed May 16, 2022, https://research−management.mq.edu.au/ws/portalfiles/portal/83300152/82950984.pdf.

④ Reilly O C, An Evaluation of the Autism Education Trusts Progression Framework in Three Mainstream Primary Schools. *Good Autism Practice(GAP)*,2019,20(1):29−40.

⑤ "Educational Provision and Outcomes for People on the Autism Spectrum Full Technical Report," Autism Education Trust, accessed May 16, 2022, https://researchmanagement.mq.edu.au/ws/portalfiles/portal/83300152/82950984.pdf.

前沿性优势[①] 的"进步框架"。

　　同样"基于证据"进行总结的是《新西兰孤独症谱系障碍指南（第二版）》，不过，英国 AET 的循证结果是一个由关键能力构成的"进步框架"，而新西兰指南的循证结果是包括关键能力指标在内的一整本指南。就开发过程而言，新西兰指南也是分阶段进行开发，可分为以下三个流程。工作流程一由儿科协会（The Paediatric Society）领导，在根据国家孤独症儿童计划（the National Autism Plan for Children）[②] 并参考《孤独症谱系障碍筛查、诊断和评估最佳实践指南》[③] 的基础上，制定了新西兰指南的第一部分（关于诊断和评估）。此外，新西兰卫生技术评估（New Zealand Health Technology Assessment）通过文献研究，确定了孤独症儿童的药物和生物医学干预的益处和危害证据，从而为指南的第四部分提供信息。工作流程二由教育和特殊教育部（The Ministry of Education，Special Education）领导，主要通过文献检索和访谈专家等方式来寻找与孤独症儿童和青少年有关的有效实践、家庭、行为、过渡和融合的资料，从而制定了指南的第二部分和第三部分。工作流程三由卫生部残疾人服务局（The Disability Services Directorate in the Ministry of Health）组建的团队进行，主要通过对数据库、网站、政策文件、教科书、指南、报告等进行系统、多渠道搜索，制定了指南的第五部分（关于社区中自闭症患者的支持需求和成年过渡）[④]。值得注意的是，新西兰指南中的每一条建议都有经

[①]　"Evaluation of the Autism Education Trust programme2015−2016," Centre for Educational Development, Appraisal and Research (CEDAR), accessed Oct 2, 2019, https://warwick.ac.uk/fac/soc/cedar/research/aet15−16.

[②]　Couteur A L, *National Autism Plan for Children (NAPC): Plan for the Identification, Assessment, Diagnosis and Access to Early Interventions for Pre-school and Primary School Aged Children with Autism Spectrum Disorders (ASD)*. London: National Autistic Society, 2003:2−132.

[③]　"Autistic Spectrum Disorders Best Practice Guidelines for Screening, Diagnosis and Assessment," California Department of Developmental Services, accessed October 22, 2021, https://www.altaregional.org/sites/main/files/file−attachments/asd_best_practice2002.pdf?1425594203.

[④]　"New Zealand Autism Spectrum Disorder Guideline", The Ministry of Health, accessed August 19, 2021, https://www.health.govt.nz/system/files/documents/publications/nz−asd−guideline−aug16v2_0.pdf.

过严格评估的证据支持：每条建议后面都列上字母 A、B、C、I 或√表示"证据强度"，证据强度则反映了提供证据的研究的严格程度。此外，新西兰卫生部每年都会确定一个更新的主题，并对新的证据进行严格审查，然后由一个小型顾问小组进行审议，为其修订和制定新建议提供信息，以确保指南的时代性、科学性、可行性。

其他指南或多或少也有着"基于证据"的体现，例如美国《华盛顿州孤独症指南》是由孤独症患者关怀特别工作组制定的，该工作组由州长任命、由家长和专业人士组成，收集多方信息并咨询专家和孤独症患者的意见，以提供评估、治疗及护理的最佳实践建议，从而为该指南的制定提供重要信息。

三、对临床实践指南中关键能力指标的反思

（一）关键能力指标间的关系有待厘清

在提取 9 本指南中孤独症关键能力一级指标和二级指标的过程中，发现指标间的关系有待厘清，具体表现为：第一，部分指标在有的指南中为一级指标，而在其他指南中为二级指标，如"自我决定""模仿"。对于"自我决定"而言，美国华盛顿州北达科他州和弗吉尼亚州指南将其作为一级指标，堪萨斯州指南将其作为"生活"领域的二级指标，而新西兰指南中的"自我决定"属于"认知"领域的二级指标。迈克尔·韦梅尔（Michael L. Wehmeyer）指出自我决定是对生活质量做出选择和决定，是个体生活中的主要诱因[①]，为便于比较分析的同时又确保分析的客观性，本章根据韦梅尔（Wehmeyer）对自我决定的定义，将一级指标"自我决定"统一调整为"生活"领域的一种能力。

对于"模仿"，美国华盛顿州将"模仿"作为一级指标，美国堪萨斯州和中国台湾指南将"模仿"视为"情绪行为"领域的一种能力，美国北达科他州和弗吉尼亚州、新西兰、英国苏格兰指南中的"模仿"属于"社交"领域，中

---

① Wehmeyer M L, Beyond Self-Determination: Causal Agency Theory. *Journal Of Developmental and Physical Disabilities*, 2004,16(4):337-359.

国香港指南将"模仿"作为"沟通"领域的二级指标。考虑到不同指南对"模仿"的定位差异较大，因此并未在聚类前对其进行改动。通过聚类结果可以看出，"模仿"属于"社交"领域的二级指标，同时也有研究明确指出模仿是社会交往的一种方式，模仿能力受损是孤独症儿童社会缺陷的一项重要特征[①]，这为聚类结果提供了支撑。

第二，部分二级指标在不同指南中所属领域不一致，这一点也正是第三节进行聚类的原因和解决的问题，如"适应变化"（有 3 本指南将其归为"生活"领域，2 本指南归为"认知"，1 本指南归为"社交"）、"共同注意"（2 本指南归为"沟通"，2 本指南归为"社交"，1 本指南归为"注意"）、"眼神接触"（2 本指南归为"社交"、2 本指南归为"沟通"，1 本指南归为"情绪行为"）等。聚类分析的结果显示，"适应变化"属于"生活"领域，"共同注意"和"眼神接触"属于"沟通"领域。

第三，有些二级指标之间存在包含关系。例如，新西兰指南中的二级指标包括非言语沟通、共同注意、眼神接触等，而杨治良在《简明心理学辞典》中将"非言语沟通"界定为一种运用面部表情、注视、目光接触、躯体动作等非语词符号所进行的交流[②]，即共同注意、眼神接触属于非言语沟通，三者并不是并列关系。再者，"眼神接触"和"共同注意"也不是并列关系。早期社会沟通量表（Early Social Communication Scales，ESCS）是一个典型的共同注意测量工具[③]，它根据引发注意的主体将共同注意分为主动性共同注意（Initiating joint attention，IJA）和应答性共同注意（Responding joint attention，RJA），其中主动性共同注意是指儿童使用眼神接触、手指指示和展示等方式

---

① 魏予昕、王志丹、周睿等：《自闭症儿童与普通儿童模仿能力的比较研究》，《中国特殊教育》2019 年第 10 期。

② Myles S B, Grossman G B, Aspy R, et al..Planning a Comprehensive Program for Students with Autism Spectrum Disorders Using Evidence-Based Practices. *Education and Training in Developmental Disabilities*, 2007,42(4): 398-409.

③ 沙鹏、王志强：《国外孤独症儿童共同注意干预研究综述》，《中国特殊教育》2020 年第 4 期。

去引发他人对物体或时间的注意①。基于此，"眼神接触"是"共同注意"的一种方式，两者是包含关系。

（二）关键能力一级指标的必要性问题

通过对 9 本指南的关键能力指标体系进行对比分析，发现并不是所有指南都关注了九大关键能力领域，这就需要对较少被关注的领域（指南数量≤5）进行讨论，分析其必要性，为我国建构孤独症关键能力指标体系提供借鉴。

对于"学习"领域，OECD 发布的《国际早期学习和儿童幸福研究评估框架》指出，学习领域关键能力的良好发展有利于其他领域技能的掌握②，这解决了是否有必要将"学习"领域纳入关键能力指标体系的问题。值得注意的是，不同指南在"学习"领域的侧重点有所不同，如美国北达科他州、弗吉尼亚州、堪萨斯州都强调阅读、数学、科学等学业能力，而英国 AET 和中国台湾基于对相关课程标准的补充并从学生的学习需求出发，着重关注的是组织规划、动机参与、自我评估等学习品质的培养。此外，也有一些研究重视对孤独症学生学习需求的满足，例如 IDEA 将学业需求纳入制定 IEP 的考虑因素中③，帕特洛（Partlo）认为通过满足孤独症儿童的学习需求可以增加他们过上有价值生活的机会，从而带来积极的社会变化④。考虑到我国国情，教育部在 2016 年颁布了《培智学校义务教育课程标准》，因此我国在确立"学习"领域的关键能力指标时，应以满足学生的学习需求为出发点，将其作为课程标准的补充。

---

① Mundy P, Delgado C, Jessica Block, ed al..A Manual for the Early Social Communication Scales (ESCS), in *Encyclopedia of Autism Spectrum Disorders*, ed. Fred R.Volkmar. New York: Springer, 2003:16−18.

② "International early learning and child well−being study assessment framework," accessed February 10, 2021, https://www.oecd−ilibrary.org/education/international−early−learning−and−child−well−being−study−assessment−framework_af403e1e−en.

③ "Individuals with Disabilities Education Act (IDEA 2004)," National Center for Learning Disabilities, accessed July 19, 2021, https://files.eric.ed.gov/fulltext/ED495879.pdf.

④ Partlo S, "Meeting Learning Needs of Children With Autism Spectrum Disorder in Elementary Education" (MA diss., Walden University, 2018).

在"性健康"方面，对于孤独症患者来说，青春期的问题尤为困难。关于性教育的必要性，科勒（Koller）指出，适当的性教育对一个人积极自尊的发展至关重要。问题不再是是否应该提供性教育，而是如何提供性教育[1]。沙利文（Sullivan）和卡特里诺（Caterino）认为不适当的性行为是一个值得关注的领域，应当对孤独症患者进行包括自我护理、隐私问题等主题的性教育[2]。所以，"性健康"作为一项重要的关键能力指标是有必要的。

对于"运动"而言，孤独症儿童除典型特征外，还表现出不同程度的运动技能缺陷，运动障碍或缺陷已成为 ASD 儿童重要表现特征之一[3]。一些学者认为，运动技能的发展与社交技能[4]、适应行为[5]、语言[6]和认知技能[7]有关。实验进一步证明，对运动领域的干预可以显著改善孤独症儿童的社交沟通以及 ASD 其他症状。由此可见，运动方面的能力对孤独症患者意义重大。

（三）关键能力指标的可操作性问题

关键能力指标的可操作性可以通过指标层级来体现，在 9 本指南中，有 7 本指南都只涉及 2 个层级，而英国 AET 和中国香港指南涉及了 3 个层级，层级自上而下逐级细化、具体化、可操作化。究其原因可能在于英国 AET 的

---

[1]　Koller R, Sexuality and Adolescents with Autism. *Sexuality and Disability*, 2000,18(2) :125−135.

[2]　Sullivan A, Caterino L C. Addressing the Sexuality and Sex Education of Individuals with Autism Spectrum Disorders. *Education and Treatment of Children*, 2008,31(3): 381−394.

[3]　陈为玮、朱小烽、张虹雷：《自闭症谱系障碍儿童运动功能评估与干预研究进展》，《中国体育科技》2021 年第 6 期。

[4]　MacDonald M, Lord C, Ulrich A Dale. The Relationship of Motor Skills and Social Communicative Skills in School−Aged Children With Autism Spectrum Disorder. *Adapted Physical Activity Quarterly*, 2013,30(3): 271−282.

[5]　MacDonald M, Lord C, Ulrich D. The Relationship of Motor Skills and Adaptive Behavior Skills in Young Children with Autism Spectrum Disorders. *Research in Autism Spectrum Disorder*, 2013,7(11): 1383−1390.

[6]　Bedford R, Pickles A, Lord C. Early Gross Motor Skills Predict the Subsequent Development of Language in Children with Autism Spectrum Disorder. *Autism Research*, 2016,9(9): 993−1001.

[7]　Hanley A C, Tureck K, Schneiderman L R. Autism and Exergaming: Effects on Repetitive Behaviors and Cognition. *Psychology Research and Behavior Management*, 2011,4:129−137.

能力框架和中国香港指南的《自闭症学生能力测量表》都旨在测量孤独症学生的能力发展情况，而其他指南的主要目的是为教育工作者提供资源信息，因此，相较于其他指南而言，这两本指南对能力指标的可操作性要求更高。

具体而言，在中国香港地区，由于《特殊学校自闭症儿童辅导教学计划》直接在特殊教育学校推行和实施，再加上关键能力指标主要是从指南的《自闭症学生能力测量表》中提取，所以该指南的关键能力指标非常详尽、具体、可操作，部分领域不仅有一级指标、二级指标，还包括三级指标，例如在"运动"领域，其他指南只是简单提出"大肌肉动作"，而中国香港指南在"大肌肉动作"这一要求中还进一步细化了具体的动作要求，如"沿地上指示行走""双脚交替上下楼梯"等，为孤独症学生在运动方面的关键能力培养指出了明确的方向。

英国 AET 进步框架旨在为教育工作人员确定孤独症群体能力培养的优先顺序以及测量孤独症学生的进步情况提供支持，因而关键能力指标的严谨性和可操作性较高。例如在"感知觉"领域，其他指南只是概括化地提出了"管理感官需求"等二级指标，而 AET 进一步将"管理感官需求"细化为"接受支持来管理自己的感官需求""请求他人帮助管理自己的感官需求""采取行动来管理自己的感官需求""对感官需求和行为的反思"等指标，这就为教师的教学工作提供了极大的便利。

第三章

从教育干预文献中凝练
孤独症学生关键能力

本章旨在通过分析孤独症教育干预文献来提炼孤独症学生的关键能力。近 20 年，我国公开发表的孤独症学生教育干预类论文逐年上升。这些干预研究一般都经过比较严格的实验设计，需要花费较多的时间和精力来展开。个案研究一般需要持续 3—6 个月时间，实验研究则需涉及 10 名以上的研究对象，也至少需要 3 个月的时间，因而选择的往往是学生最亟须干预而又最能产生综合效益的领域。这些领域能较好地代表当前研究和实践领域对孤独症学生关键能力的期望和需求。本章对 20 年来国内公开发表的孤独症学生教育干预论文进行分析，聚焦考察干预所涉及的目标领域，以揭示对孤独症学生的期望和需求。

第一节　从教育干预文献中凝练关键能力的
思路与方法

一、研究对象

以"孤独症""自闭症""课程""教学""干预"等为相关检索词，在中国知网数据库进行文献的系统检索，检索年限为 1999—2021 年（截止到 2021 年 8 月），初步检索出文献 1708 篇。随后，对文献标题、摘要、关键词以及内容进行核对筛选，筛选的标准为：（1）研究的对象为孤独症学生；
（2）文献的类型必须符合同行审批，排除新闻报纸和硕博论文等文献；
（3）纳入的文献均为中文文献；（4）删除综述、现象调查和非教育干预类文
献①；（5）删除没有明确教育/干预目标的文献。遵循这5项筛选原则，完成
文献筛选，具体流程如图 3.1 所示，最终纳入符合要求的文献为 386 篇。

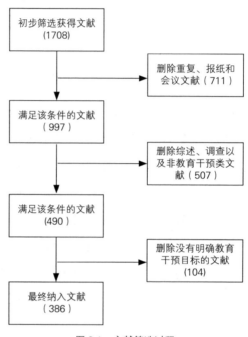

图 3.1　文献筛选过程

（一）期刊分布状况

386 篇文献中，共涉及期刊 100 多种，发刊数量在 2 篇以上的如表 3.1
所示。其文章大部分来源于《现代特殊教育》（38.08%）、《中国特殊教育》
（11.14%）以及《绥化学院学报》（11.14%）等期刊。

---

① 教育干预是相对于医学干预而言，主要采取感觉统合训练、语言训练和音乐治疗等教育手段，
对学生的障碍实施干预的过程的总称。

表 3.1　期刊分布状况（＞ 2 篇）

序号	期刊名	篇数	占比	序号	期刊名	篇数	占比
1	现代特殊教育	147	38.08%	9	教育教学论坛	4	1.04%
2	中国特殊教育	43	11.14%	10	学前教育研究	3	0.78%
3	绥化学院学报	43	11.14%	11	天津体育学院学报	3	0.78%
4	教育现代化	5	1.30%	12	重庆师范大学学报	3	0.78%
5	贵州工程应用技术学院学报	5	1.30%	13	科教导刊	3	0.78%
6	科学咨询	5	1.30%	14	乐山师范学院学报	3	0.78%
7	北方音乐	5	1.30%	15	杭州师范大学学报	3	0.78%
8	才智	4	1.04%				

（二）文献数量的变化趋势

以年份为横坐标，统计从 1999—2020 年期刊论文数量的变化，结果如图 3.2 所示。

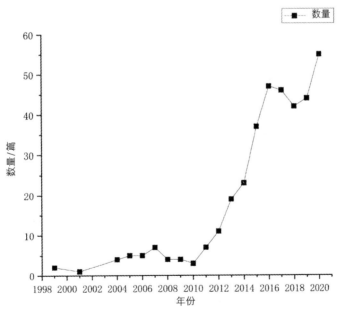

图 3.2　国内文献年度分布情况

从图 3.2 可知，近 20 多年来，国内涉及孤独症学生教育干预类的期刊文献数量呈逐步上升的趋势。其中，1999—2011 年间发表的期刊文献数量较少，维持在每年 10 篇以下；2012—2020 年间发刊数量整体呈上升趋势，最高峰达到 55 篇。这一数据变化表明了国内各界对孤独症学生教育或者干预愈发重视的趋势。

（三）研究机构的性质

386 篇论文中，第一作者主要涉及高校教师和一线教师（见表 3.2）。高校教师按照研究领域划分为教育、体育、艺术、心理、文学、计算机六大领域，其中教育领域高校研究者的文献数量最多，共计 161 篇。一线教师根据工作场所划分为特殊教育教师和普通教育教师，其中特殊教育教师发表 140 篇，普通教育教师发表 19 篇。

表 3.2　国内发布文献的研究者分布情况

研究者		数量 / 篇	总计 / 篇
高校教师	教育	161	215
	体育	21	
	艺术	16	
	心理	11	
	文学	4	
	计算机	2	
一线教师	普通教育教师	19	159
	特殊教育教师	140	
其他		12	12

注："其他"是指高校和一线教师合作发布以及医学等其他主体发布的文献。

（四）文献指向的孤独症学生特征

分别统计 386 篇文献所关注的孤独症学生的年龄段、功能水平和安置类型，结果如表 3.3 所示。共涉及学龄前、学龄期和成年期三个年龄段，其中学龄期又可划分为低年段（1—3 年级）、中年段（4—6 年级）以及高年段（7—12 年级）；研究者对学龄期的孤独症学生关注较多，其次为学龄前，对成年期关注最少；从学生的功能水平看，文献重点关注低功能孤独症学生，较少涉及高功能孤独症学生；文献主要研究的是在特殊教育学校中的孤独症学生，相对较少研究普通学校和特殊教育机构中的孤独症学生。

表 3.3　文献关注的孤独症学生特征

特点	分布		数量 / 人
年龄段	学龄前		125
	学龄期	低年段	169
		中年段	50
		高年段	18
	成年期		5
	其他		19
功能水平	低功能		360
	高功能		26
安置环境	特殊教育学校		236
	普通教育学校		86
	特殊教育机构		60
	其他		4

注："普通教育学校"包括随班就读和普通学校的特教班两种安置环境，"其他"指文献中涉及多个年龄段或安置环境。

二、研究方法

本部分基于扎根理论，以质性分析软件 NVivo11.0 为分析工具，对相关文献的教育 / 干预目标进行挖掘和可视化分析，以形成不同层次的概念范畴与类属关系，探寻孤独症学生教育 / 干预目标的要素和结构关系，以建构出当下人们在现实中所关注的孤独症学生关键能力指标。扎根理论最初由巴尼·格拉泽（Barney Glaser）和安塞尔姆·斯特劳斯（Anselm Strauss）提出，是一种通过实际观察，从原始资料中归纳出概念与范畴，然后上升到理论，进而建构理论框架的质性分析法[1]。一般而言，扎根理论的实施过程包括开放编码、主轴编码和选择编码三个编码过程。

NVivo11.0 软件是由澳洲 QSR 公司开发设计的一款计算机辅助分析软件，

---

[1]　杨建新、王雅琪：《教师科研发展的生态机制——基于 H 大学的个案分析》，《教育学术月刊》2020 年第 12 期。

能有效分析多种不同的数据，如文字稿、影像图形、声音等，主要适用于纵向研究、行为研究、内容分析、人类学、文学回顾，以及上述多种方法混合使用的质性研究数据，是当下质性研究中较为优质的分析工具[①]。

三、研究过程

基于NVivo11.0软件对相关文献进行编码，基本步骤如下：（1）检索、筛选符合条件的文献中的"描述性语句"。（2）将"描述性语句"导入NVivo11.0。（3）进行开放编码。首先基于扎根理论的"本土概念"原则，对描述性语句中所包含的孤独症学生的教育或干预目标进行逐份、逐句提取。接着，将原始材料逐步进行概念化和范畴化，基本程序为：定义现象（概念化）—挖掘范畴—为范畴命名。（4）主轴编码和选择编码。此时采取人工编码聚类的方式，将含义相近、重复出现的副范畴进行分类、整合和组织，形成主范畴；再对主、副范畴进行系统分析、凝练，经过更深层次的概括、提取、重组与整合，最终归纳形成核心范畴。（5）研究小组讨论初步建立起的编码体系，并进一步调整完善得到最终结果。

（一）开放式编码

开放式编码是将资料分解、比较、概念化和范畴化的过程，也就是一个将资料打散，赋予概念，然后再以新的方式重新组合起来的操作化过程[②]。本部分研究中，研究者反复阅读、推敲和分析有关孤独症学生的教育干预类文献，对文献中所提及的教育或干预目标逐行、逐句编码，形成原始材料，再将原始材料分解、比较和整合，最终建立概念和副范畴。该阶段主要包括两个过程：（1）概念化，即从文献中提取原始材料，对相似材料分析、精简、概括形成概念化定义，如"能熟练使用筷子"和"能用勺子吃饭"都属于使用餐具，故可对其进行合并、聚类，形成"使用餐具"的概念；（2）范畴化，即

---

① 刘世闵、曾世丰、钟明伦：《NVivo11与网络质性研究方法论》，五南图书出版公司，2017，第3-9页。

② 陈向明：《质的研究方法与社会科学研究》，教育科学出版社，2009，第332页。

对概念化结果进行分析,剔除互相矛盾的概念,将相似的概念抽离出更具有概括水平的范畴,如"发声训练""气息训练""呼吸训练""唇舌训练"同属于言语训练中的内容,因此将这些合并为"言语准备"副范畴。

按照上述过程,对386篇文献的教育或干预目标进行编码工作,初步提取出1299个原始材料节点和209个概念。之后,对209个概念进行聚类,主要有两类依据:(1)同义聚类,即将同属某一范畴的内涵和外延的概念,进行合并聚类。如"人际关系"是指人与人在相互交往过程中形成和发展的心理关系,它反映了个人或群体满足其社会需要的心理状况,其外延很广,主要包括亲子关系、同伴关系和师生关系等[①],因此将"成人关系""他人关系""同伴关系"三个概念归结为"人际关系"范畴。同样地,"刺激辨别""注意力""功能性沟通""独自游戏"等范畴也是依据同义聚类而形成。(2)同类合并,即将关注同一能力或方面的概念合并。如"问题回应""指令回应""问候回应""呼名回应"都关注到回应的能力,故合并为"回应他人"范畴。同样地,还有"模仿""饮食""如厕""归属责任""学会倾听"等范畴也是依据同类合并而形成。最终,209个概念归结为68个副范畴,分别为功能性沟通、意向性沟通、语音语调、仿说、表达、辅助技巧、会话维持、回应他人、理解他人、学会倾听、言语准备、语言准备、情绪理解、情绪表达、情绪调节、行为不当、行为不足、行为过度、人际关系、社交技巧、活动参与、归属责任、独立游戏、模仿、社会游戏、游戏规则、洞察力、概念、问题解决、逻辑、想象、记忆力、注意力、其他认知、指认与命名、自我决定、社会参与、居家生活、青春期行为管理、性知识、穿衣打扮、如厕、身体清洁、睡眠、饮食、唱游与律动、绘画与手工、数学、休闲娱乐、英语、语文、运动保健、学业转衔、自主学习、学习动机与参与、课堂规则、粗大动作、精细动作、平衡协调、力量素质、韧性素质、全身体能、刺激辨别、刺激反应、刺激记忆、刺激注意、反应不足和反应过度。开放编码

---

① 郑全全、俞国良:《人际关系心理学》,人民教育出版社,2011,第2页。

的具体示例如表 3.4 所示。

表 3.4　开放编码示例

原始材料	概念	副范畴	参考点
引导学生开口说话；强化语言发音和咬字；会大声歌唱练习气息改善发音……	发声训练（a1）	言语准备（A1）	13
气息训练，强调时长及力度，能够吹气 2 秒钟；运用气息训练，提高学生的言语能力	气息训练（a2）		
提升口部开合度，在老师语言提示下，能够张开嘴巴	唇舌训练（a3）		
……	……	……	
学会在音乐中释放不良情绪；缓解学生负面情绪；通过运动训练，缓解学生社交焦虑……	释放宣泄（a42）	情绪调节（A15）	8
能调节自我不良情绪；调节孤独症学生的情绪；加强情绪自控能力……	调节控制（a43）		
教导学生合理发泄方式；教给学生宣泄情绪的正确方式；能够运用不同的情绪控制策略……	调控策略（a44）		
……	……	……	
用筷子夹弹珠；串珠子、堆积木、使用插棍板；连续拍球 100 次……	手眼协调（a177）	精细动作（A57）	25
增进手的抓、握、捏、拧以及提携物体的技能；搭积木（搭房子）；手指灵活操作……	手部操作（a178）		
掌握使用直尺、剪刀的技能；工具操作（包括刀、蜡笔等的使用）能力	使用工具（a179）		
……	……	……	
计 1299 个原始材料	计 209 个概念	计 68 个副范畴	/

注：参考点即等同于节点，如言语准备的参考点数为 13，则指言语准备的这个副范畴共计 13 个节点。

（二）主轴式编码

主轴编码又称二级编码，主要指研究者在完成开放编码的类属分析的过程中，发现和建立概念之间的各种关系，以表现资料中各个部分之间的有机关联的过程①。该编码阶段，通过删除、新增、搬移和复制以及理顺范畴的层

---

① 安瑟姆·施特劳斯、朱丽叶·科尔宾：《质性研究的基础：形成扎根理论的程序与方法》，朱光明译，重庆大学出版社，2015，第 222—265 页。

次关系，逐步精炼为更具有意义和概念化的主范畴。例如，《特殊教育辞典》中引用美国心理学家马丁（G. Martin）和皮尔（J.Pear）的观点，将问题行为分为行为不足、行为过度和行为不当[1]，因此，将副范畴"行为不足"、"行为过度"和"行为不当"聚类为"问题行为管理"；"群体共处"是指个体在群体环境中与人共处、互动的能力，就我国社会主义文化视角来看，群体共处主要涉及集体活动参与和社会责任感与社会归属感的培养。因此，将"参与活动""归属责任"两个副范畴归纳为"群体共处"；发声、气息、呼吸、唇舌等的言语产生训练和以词汇、句子为内容的语言获得训练都是具备一定沟通能力的先备技能，即"前沟通技能"，因此"前沟通技能"由"言语准备"和"语言准备"两个副范畴构成（见表3.5）。

最终，开放编码阶段形成的68个副范畴归纳形成21个主范畴，分别为沟通表达、会话交流、倾听回应、前沟通技能、情绪管理、问题行为管理、人际互动、群体共处、游戏、思维、注意与记忆、经验与表征、独立生活、性健康、生活自理、学业发展、学习品质、动作技能、运动素质、刺激感知和感觉异常管理。

（三）选择式编码

选择式编码是指选择核心范畴，将它系统地和其他范畴建立联系，验证其间的关系，并把概念化尚未发展完备的范畴补充完整的过程[2]。该阶段事先利用 NVivo 软件聚类，但发现各领域划分界限不够清晰，于是采取人工聚类的编码方式形成能力指标框架。在此阶段，对开放式编码和主轴编码阶段提取的概念和范畴进行全面的分析、整合和聚类，最终归纳为8个核心范畴，分别为沟通、情绪行为、社交、认知、生活、学习、动作和感觉（见表3.5）。

---

[1]　朴永馨:《特殊教育辞典 第3版》，华夏出版社，2014，第401页。

[2]　安瑟姆·施特劳斯、朱丽叶·科尔宾:《质性研究的基础:形成扎根理论的程序与方法》，朱光明译，重庆大学出版社，2015，第222-265页。

表 3.5　主轴和选择编码建立的范畴情况

概念	副范畴	主范畴	核心范畴	概念	副范畴	主范畴	核心范畴
a1–a4	言语准备	前沟通技能		a118–a120	穿衣打扮	生活自理	生活
a5–a7	语言准备			a121–a124	如厕		
a8–a9	学会倾听	倾听回应		a125–a126	身体清洁		
a10–a11	理解他人			a127–a128	睡眠		
a12–a15	回应他人			a129–a133	饮食		
a16–a17	意向性沟通	沟通表达	沟通	a134–a136	居家生活	独立生活	
a18–a19	仿说			a137–a139	社会参与		
a20–a21	表达			a140–a143	自我决定		
a22–a27	功能性沟通			a144–a145	性知识	性健康	
a28–a29	语音语调			a146–a147	青春期行为管理		
a30–a32	会话维持	会话交流		a148–a150	语文	学业发展	学习
a33–a36	辅助技巧			a151–a153	数学		
a37–a39	情绪理解	情绪管理	情绪行为	a154–a155	英语		
a40–a41	情绪表达			a156–a158	唱游与律动		
a42–a44	情绪调节			a159–a160	绘画与手工		
a45–a53	行为不当	问题行为管理		a161–a163	运动保健		
a54–a56	行为不足			a164–a165	休闲娱乐		
a57–a58	行为过度			a166–a167	学业转衔		
a59–a61	模仿	游戏	社交	a168–a169	学习动机与参与	学习品质	
a62–a63	游戏规则			a170–a173	课堂规则		
a64–a65	独自游戏			a174–a176	自主学习		
a66–a68	社会游戏			a177–a180	精细动作	动作技能	动作
a69–a71	活动参与	群体共处		a181–a183	粗大动作		
a72–a73	归属责任			a184–a185	平衡协调		
a74–a76	人际关系	人际互动		a186–a187	力量素质	运动素质	
a77–a82	社交技巧			a188	韧性素质		
a83–a84	指认与命名	经验与表征	认知	a189	全身体能		
a85–a88	其他认知			a190–a192	刺激反应	刺激感知	感觉
a89–a91	记忆力	注意与记忆		a193–a194	刺激注意		
a92–a98	注意力			a195–a199	刺激辨别		
a99–a104	概念	思维		a200–a202	刺激记忆		
a105–a107	想象			a203–a204	反应不足	感觉异常管理	
a108–a112	逻辑			a205–a209	反应过度		
a113–a115	洞察力						
a116–a117	问题解决						

对其形成的过程，以下进行逐一阐释：

沟通。将前沟通技能、倾听回应、沟通表达和会话交流聚类为"沟通"。其中，前沟通技能是指个体在达到与人交互沟通之前所具备的言语和语言能力，是沟通与交往训练的一部分；倾听回应和沟通表达指的是对他人的言语或者非言语互动倾听理解、给予反应和表达的过程；会话交流指的是在人际交往中交互式对话的能力，包括会话能力和沟通技巧。

情绪行为。将情绪管理与问题行为管理聚类为"情绪行为"。其中，情绪是个体的生理或物质性需要是否获得满足而产生的强烈的、具有情境的体验和反应。问题行为是学生发展过程中的一种常见现象，主要表现为攻击反抗、违纪越轨、焦虑抑郁、孤僻退缩以及各种身体不适等方面[①]。

社交。人际互动、游戏和群体共处的重点都在于发展学生的社会互动能力，因此将其归纳为"社交"。其中，人际互动关注的是与人建立和维持社会关系的能力；游戏强调的是能通过模仿等形式参与到活动中，进而达到与同伴的团结互助；群体共处是指在群体环境中与人相处、互动的能力。

认知。将注意与记忆、思维、经验与表征抽象为"认知"核心范畴。其中，认知被定义为人脑中的知觉和认识活动，即人的意识、感知、记忆、思维想象和问题解决等过程[②]，因此"注意与记忆"以及"思维"两个范畴都涵盖在认知领域内。经验与表征是指通过听、摸、尝、闻来认识事物，并将图片以及模型与真实场景和事物联系起来的能力[③]，它是后续认知领域发展的基础。

生活。生活自理、独立生活和性健康都与生活密切相关，因此将其合并为"生活"核心范畴。其中，生活自理指的是人们在生活中照料自己衣食起居的一种能力。独立生活是比生活自理更高层次的适应能力，除了自我

---

① 吕勤、陈会昌、王莉：《儿童问题行为及其相关父母教养因素研究综述》，《心理科学》2003 年第 1 期。

② 梁宁建：《当代认知心理学》，上海教育出版社，2014，第 2 页。

③ 王忠民：《幼儿教育辞典》，中国大百科全书出版社，2004，第 108 页。

照料，还要求掌握烹饪、家务劳动等居家技能和购物、过马路等社会适应技能，还要求具有自我意识、自我选择与决定等能力。性健康是指学生应该达到的性生理、性心理、性道德和性保护等方面的健康发展。

学习。将学业发展和学习品质提炼为"学习"核心范畴。其中，学业发展指学生在教师的指导下，通过课业的学习所获得的发展，具体包括知识的掌握及知识掌握过程中智能的提高等[1]。学习品质反映的是学生自己以多种方式进行学习的倾向、性情、态度、习惯、风格等。

动作。动作技能和运动素质这两个副范畴都与动作密切相关，因此将其合并为"动作"核心范畴。其中，动作技能又称操作技能，是指一系列的外部动作以合理顺序组成的操作活动方式[2]，一般分为粗大动作、精细动作和平衡协调能力。运动素质主要指机体在活动时表现出来的各种基本运动能力，通常包括力量、耐力、速度、柔韧性等。

感觉。将刺激感知和感觉异常管理归纳为"感觉"。其中，刺激感知指的是对视觉、听觉、触觉等刺激的感知能力，包括刺激反应、注意、辨别和记忆。而感觉异常的管理是指对自身感觉异常现象的认识、调节和控制能力。

（四）编码的饱和度和信度检验

为保证研究的真实性和可靠性，进行饱和度和信度检验。

饱和度检验，是通过检查原始资料编码的自由节点是否已编辑丰富，以及各节点之间是否存在新关系，达到检验研究是否有效的目的。一般可以利用 NVivo 随机编码 2/3 的文献，另外 1/3 的文献留作饱和度检验，若后续的 1/3 文献体现的节点关系与前面 2/3 的文献一致，则说明上述形成的关键能力指标体系具有科学性和合理性。否则，还需要进一步研究论证与分析。经检验，本部分研究中，前 2/3 的文献形成的节点关系与后续 1/3 的文献一致，表明建构的关键能力指标体系通过了编码效度检验并达到饱和状态。

---

[1] 吴全华：《确保学业发展公平的教学原则》，《教育科学研究》2009 第 12 期。

[2] 李跃文：《儿童教育心理学》，重庆出版社，2015，第 187 页。

由于研究涉及大量的编码工作，易受到主观因素的影响而产生偏差，采取编码者一致性的信度检验。研究者和一位同专业的研究生（熟悉编码程序），随机抽取 30% 的论文同时进行编码，之后采用编码同意百分比 [同意百分比 = 相互同意编码数量 /（相互同意的编码数量 + 相互不同意的编码数量）] 进行检验。计算显示，116 篇论文中，共 524 个编码，相互同意编码的数量为 485 个，不同意编码数量为 39 个，可得同意百分比为 92.6%，高于一般要求的 70%[①]，说明编码信度较好。

第二节　教育干预文献中的孤独症学生关键能力

一、关键能力指标的分布状况

对国内文献进行三级编码后共得 8 个核心范畴，即沟通、情绪行为、社交、认知、生活、学习、动作和感觉（依顺序排列），具体参考节点数如表 3.6 所示。

表 3.6　孤独症学生关键能力指标分布情况

核心范畴	占总参考点百分比（%）	主范畴	占总核心范畴参考点百分比（%）	副范畴
沟通（304）	24.74	前沟通技能（28）	9.21	言语准备（13）; 语言准备（15）
		倾听回应（55）	18.09	学会倾听（4）; 理解他人（17）; 回应他人（34）
		沟通表达（170）	55.92	意向性沟通（27）; 仿说（9）; 表达（39）; 功能性沟通（91）; 语音语调（4）
		会话交流（51）	16.78	会话维持（28）; 辅助技巧（23）
情绪行为（254）	20.67	情绪管理（87）	34.25	情绪理解（37）; 情绪表达（22）; 情绪调节（28）
		问题行为管理（167）	65.75	行为不当（124）; 行为不足（8）; 行为过度（35）

---

① 　郭玉霞：《质性研究资料分析 NVivo8 活用宝典》，高等教育出版社，2009，第 231-234 页。

续表

核心范畴	占总参考点百分比（%）	主范畴	占总核心范畴参考点百分比（%）	副范畴
社交（201）	16.35	游戏（32）	15.92	模仿（8）；游戏规则（5）；独自游戏（11）；社交游戏（8）
		群体共处（56）	27.86	活动参与（49）；归属责任（7）
		人际互动（113）	56.22	人际关系（61）；社交技巧（52）
认知（115）	9.36	经验与表征（18）	15.65	指认与命名（14）；其他认知（4）
		注意与记忆（32）	27.83	记忆力（8）；注意力（24）
		思维（65）	56.52	概念（20）；想象（10）；逻辑（27）；洞察力（2）；问题解决（6）
生活（106）	8.62	生活自理（51）	48.11	穿衣打扮（14）；如厕（13）；身体清洁（5）；睡眠（3）；饮食（16）
		独立生活（50）	47.17	居家生活（7）；社会参与（9）；自我决定（34）
		性健康（5）	4.72	性知识（3）；青春期行为管理（2）
学习（96）	7.81	学业发展（63）	65.63	语文（15）；数学（6）；英语（4）；唱游与律动（17）；绘画与手工（5）；运动保健（4）；休闲娱乐（3）；学业转衔（9）
		学习品质（33）	34.38	学习动机与参与（14）；课堂规则（10）；自主学习（9）
动作（95）	7.73	动作技能（88）	92.63	精细动作（25）；粗大动作（30）；平衡协调（33）
		运动素质（7）	7.37	力量素质（5）；韧性素质（2）
感觉（58）	4.72	刺激感知（38）	65.52	刺激反应（7）；刺激注意（9）；刺激辨别（16）；刺激记忆（6）
		感觉异常管理（20）	34.48	反应不足（12）；反应过度（8）

（一）沟通领域关键能力指标分布状况

沟通是人类生存发展的基本能力之一，是人与人之间思想与情感的反馈的过程。此次编码中，沟通领域节点数占比最多（在各领域间排第一），约为24.74%，可见国内各界极重视孤独症学生沟通能力的培养与提升。在具体分布上，沟通领域主要涉及沟通表达、倾听回应、会话交流和前沟通技能四个子领域，指标占比情况如图 3.3 所示。

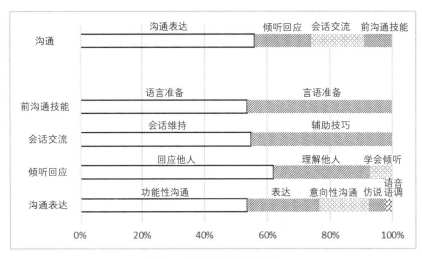

图 3.3　沟通领域指标占比情况

1. 沟通表达

沟通表达，是指将心中所期望之事通过言语或非言语等方式传达给他人的过程。此次编码中，沟通表达节点数为 170，在"沟通"领域中排第一，占该核心范畴节点的 55.92%。具体地，沟通表达又包括功能性沟通、表达、意向性沟通、仿说、语音语调五类能力目标。

（1）功能性沟通

功能性沟通，是指发起具有一定目的性和功能性的沟通行为，包括表达需求、请求帮忙、表达拒接、寻求信息等。由表 3.6 可知，功能性沟通指标的节点数为 91，占沟通表达子领域的一半以上。这一状况可能与孤独症学生常常难以将语言作为社会沟通工具的实际发展特点有关。

（2）表达

表达，是将思维所得的成果用言语、书写或手势等方式反映出来的一种行为。此次编码中，表达的节点数为 39，占沟通表达子领域的 22.94%，具体包含言语和非言语表达两部分内容。

（3）意向性沟通

意向性沟通，指的是一种信号行为，其发出者能预期这一信号对听者将

117

会产生怎样的影响和结果，并且持续发出这种信号直到看到预期的结果或是失败[1]。孤独症学生往往缺乏沟通动机，无法通过吸引他人注意的方式达到沟通的效果。因此，激发孤独症学生的沟通欲望被视为沟通表达的一项重要目标，此次编码中，该能力指标所占节点数为27，在沟通表达中约占15.88%。

（4）仿说

仿说，是对说者进行一对一声音回应的行为，要求回应者使用与他人相同的表达方式，重复他人发出的语音，即对他人的声音进行模仿。研究认为，仿说能力是言语学习的基础，只有具备言语的模仿能力，避免鹦鹉学舌或自言自语，才能进一步发展出表达和交流能力。此次编码中，仿说节点数为9，占沟通表达子领域的5.29%。

（5）语音语调

语音语调，指的是说话的音量、音调以及语速等。孤独症学生的语音比较清晰，但在重音及声调发声方面[2]，以及根据适时场景变换语调上存在显著问题。此次编码中，涉及语音语调的能力指标共有4个节点，占沟通表达子领域的2.35%。

2. 倾听回应

倾听回应，指的是孤独症学生对他人的言语或非言语互动进行倾听、理解并做出反应的过程。此次编码中，倾听回应节点数为55，占该核心范畴参考点的18.09%，在沟通领域排序第二，主要包括学会倾听、理解他人和回应他人三类能力指标。

（1）回应他人

回应他人，指的是对他人的言语或非言语互动做出反应的过程，具体包括回应他人的问题、指令、问候和呼名。此次编码中，回应他人占据的节点数为34，占倾听回应子领域的61.82%，在倾听回应中所占节点最多。

---

[1] Elizabeth B, *The Emergence of Symbols:Communication and Cognition in Infancy*, New York:Academic Press, 1979: 33-68.

[2] 逯秀丽：《自闭症儿童的重音研究》，《文教资料》2011年第36期。

（2）理解他人

缺乏理解能力会导致无法与他人进行恰当的沟通互动和回应他人，从而影响建立社会关系，影响人的社会化发展。此次编码中，理解他人占据的节点数为 17，占倾听回应子领域的 30.91%，具体包括理解言语和理解非言语两部分。

（3）学会倾听

学会倾听，指的是学生听到并理解接收到的信息，记忆并在头脑中将语言转化成意义的能力[①]。倾听是理解他人话语、做出回应的基础能力，甚至可能影响社会交流能力发展。此次编码中，倾听回应子领域中，涉及学会倾听的总节点数为 4，占倾听回应子领域的 7.27%，比例并不高。

3. 会话交流

会话交流，指的是在人际交往中交互式对话的能力，包括会话能力和沟通技巧。此次编码中，会话交流的节点数为 51，占沟通领域总节点数的 16.78%，排位第三。

（1）会话维持

会话又称为互动中的说话，是指人们在生活情境中一来一往的口语信息交流，是日常生活中一般人最常使用的沟通方式[②]，主要包括主动发起、回应和互动维持。此次编码中，会话维持在会话交流中节点数最多，共涉及的节点数为 28，占会话交流子领域的 54.90%。

（2）辅助技巧

辅助技巧，指的是沟通互动过程中为了提高双方交流质量而采取的辅助方法，其中包括轮话技巧和沟通礼仪（如看着对方，不打断对方说话）等。此次编码中，辅助技巧的关键能力指标共涉及 23 个节点，占会话交流子领域的 45.10%。

---

① 王海澜:《开发幼儿语言运用能力的实践探索》，安徽师范大学出版社，2018，第13-14页。

② 陈冠杏、杨希洁:《自闭症儿童会话能力探究》，《中国特殊教育》2014年第11期。

4. 前沟通技能

前沟通技能，是指在掌握沟通技能之前的准备阶段，孤独症学生所具备的与沟通相关的能力，具体包括言语准备和语言准备两方面。此次编码中，前沟通技能的节点数为28，占沟通领域总节点数的9.21%，在该领域中排最后。

（1）语言准备

语言准备，主要指的是词汇、句子等语言符号系统的获得、理解和应用。语言的准备状况将直接影响学生词汇量、言语沟通，也与其认知、思维等的发展密切相关，因此在教学或干预中也得到较多关注。此次编码中，共涉及15个节点，在前沟通技能子领域中节点数最高，占53.57%。

（2）言语准备

言语，是神经肌肉发出声音的活动。在言语活动中，发声的肌肉通过与大脑合作，产生语言中的声音[①]。言语的产生是一个复杂的过程，从语言中枢发出指令到正常言语的产生要通过呼吸、发声、共鸣与构音机制才能够实现[②]。此次编码中，言语准备的相关目标共涉及13个节点，占前沟通技能的46.43%。

（二）情绪行为领域关键能力指标分布状况

情绪行为障碍，是指学生的情绪行为与其所处的社会环境及社会评价相违背，显著地异于常态，且妨碍个人对正常社会生活的适应。情绪行为与个体的生活、学习息息相关，也深刻地影响着学生社会融合和社会技能的习得[③]，因此也往往被视为教育和康复的重点、难点。从表3.6中可知，此次编码中，情绪行为领域节点数为254，节点数占比仅小于沟通领域，为

[①] Kuder S J, *Teaching Students with Language and Communication Disabilities*.2nd Ed. NewYork:Pearson, 2003:59.

[②] 陈小娟、张婷：《特殊儿童语言与言语治疗》，南京师范大学出版社，2015，第48页。

[③] Lu M, Yang G, Skora E, et al.. Self esteem,Social Support and Life Satisfaction in Chinese Parents of Children with Autism Spectrum Disorder, *Research in Autism Spectrum Disorder*, 2015, 17:70−77.

20.67%，在各领域间排第二，说明该领域亦受到教育领域的广泛关注。具体看，共涉及问题行为管理和情绪管理两个子领域，占比情况如图 3.4 所示。

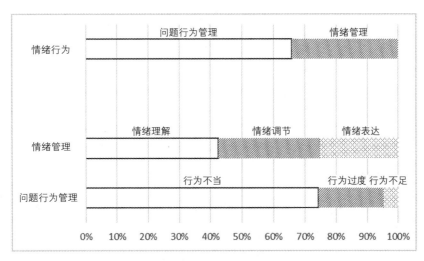

图 3.4　情绪行为领域指标占比情况

1. 问题行为管理

问题行为又称不良行为或行为问题，指无效或影响自己与他人学习和生活的行为，包括行为不当、行为过度和行为不足。问题行为的发生会阻碍学生的社会适应以及身心的充分发展[①]。此次编码中，问题行为的节点数为 167，占情绪行为领域节点数的 65.75%，表明该领域为最亟须解决的问题。

（1）行为不当

行为不当，是指学生做出了不符合自己身份或不适合当时场景的行为，如攻击性行为、反社会性行为、对抗性行为、多动、社会性退缩、自伤行为、情绪不稳定以及古怪的行为等[②]。此次编码中，行为不当涉及节点数为 124，占问题行为管理子领域目标的 74.25%，表明孤独症学生的不当行为表现突出，可能严重地影响了学生的日常生活和学习。

① 朴永馨：《特殊教育辞典（第 3 版）》，华夏出版社，2014，第 401 页。

② 加里·马丁、约瑟夫·皮尔：《行为矫正：有效的心理疗法》，林殷沪译，科学出版社，1991，第 4-7 页。

（2）行为过度

行为过度，是指与一般学生相比，孤独症学生在某些行为上表现得过多的现象[1]，如刻板行为和自我刺激行为。此次编码中，涉及行为过度的节点数为 35，占问题行为管理子领域的 20.96%。

（3）行为不足

行为不足，指与一般学生相比，孤独症学生在某种行为上表现得过少的现象[2]，如缺乏眼神对视、缺乏言语沟通、无法理解指令等。从表 3.6 可知，行为不足参考节点数为 8，占问题行为管理子领域的 4.79%，排序相对靠后。

2. 情绪管理

情绪，是个体的生理或物质性需要是否获得满足而产生的强烈的、具有情境的体验和反应。此次编码中，与情绪管理有关的节点数为 87，占情绪行为领域所有节点的 34.25%，具体包括情绪理解、情绪调节以及情绪表达三项指标。

（1）情绪理解

情绪理解，指的是依靠情绪线索知识、情境和情绪表现之间关系的知识以及情绪自我调控策略，对自己和他人情绪过程形成认知和推理，对个体所面临的情绪线索和情境信息进行解释的能力。此次编码中，该能力指标涉及的节点数为 37，在情绪管理子领域中排第一，占 42.53%，具体包括情绪识别、情绪体验及情绪理解能力。

（2）情绪调节

情绪调节，指的是通过改变自身情绪体验的强度、持续时间和品质等来改变情绪反应，并采取合适的策略调控情绪的能力。此次编码中，情绪调节控制共涉及 28 个节点，占情绪管理子领域的 32.18%，包括宣泄情绪、掌握调控策略等。

---

[1] 加里·马丁、约瑟夫·皮尔：《行为矫正：有效的心理疗法》，林殷沪译，科学出版社，1991，第 4—7 页。
[2] 加里·马丁、约瑟夫·皮尔：《行为矫正：有效的心理疗法》，林殷沪译，科学出版社，1991，第 4—7 页。

（3）情绪表达

情绪表达，指的是通过面部表情、音调或语言、非言语线索（动作）来表达情绪和对他人情绪做出合理反应的能力。此次编码中，与情绪表达回应相关的节点数为 22，占情绪管理子领域的 25.29%。

（三）社交领域关键能力指标分布状况

人生活在各种关系联系、交织的世界中，其中最为重要的是人与人之间的关系[①]，而这种关系的建立和维持需要社会交往技能。社会交往（简称社交），是指个人与个人之间、个人与团体之间以及团体与团体之间，为了满足某种需求或达到某种目的而进行交互活动的能力。此次编码中，社交涉及的总节点数为 201，占所有节点数的 16.35%，在各领域间排第三，也是整个关键能力指标中占比较高的领域，具体可分为人际互动、群体共处和游戏三个子领域，节点占比情况如图 3.5 所示。

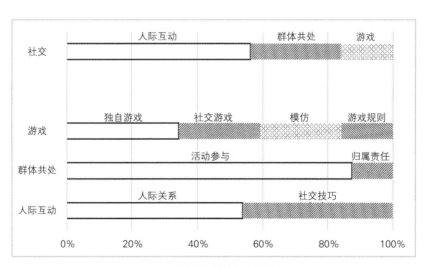

图 3.5　社交领域指标占比情况

1. 人际互动

人际互动，即人际相互作用，指人们在心理和行为方面的交往、交流[②]。

①　理查德·谢弗：《社会学与生活》，赵旭东等译，世界图书出版公司北京公司，2014，第 115 页。
②　张锐：《大学生心理健康教育》，黑龙江朝鲜民族出版社，2009，第 197 页。

人际互动是人际交往的基本内容，在人际互动的基础上可以进一步发展人际沟通、人际合作、利他、冲突等各种人际交往行为，同时也包括人际关系和社交技巧。从表 3.6 中可知，此次编码中，人际互动涉及的节点数为 113，占社交领域所有节点数的 56.22%，体现了国内对该能力领域的高度关注。

（1）人际关系

人际关系，指个体发展出的各种亲密关系，如与父母、亲密朋友、配偶等之间的关系[①]，其发展对自我意识、社会交往以及健康生活都有重要的影响。此次编码中，人际关系涉及的节点数为 61，在人际互动子领域中排第一，约占 53.98%，主要涉及孤独症学生与同伴、与父母和教师以及与其他人三种关系模式。

（2）社交技巧

社交技巧，指的是在社会交往过程中为了发展与他人之间的互动关系以及提高社交质量而采取的策略方法，包括共同注意、分享行为、化解冲突、推测能力等。此次编码中，社交技巧共包括 52 个节点，占人际互动子领域的 46.02%。

2. 群体共处

群体共处，指的是在群体环境中与人共处、互动的能力。此次编码中，群体共处的节点数为 56，在社交领域中排第二，占该领域总节点的 27.86%，具体分为参与集体活动和养成集体归属感、责任感两类能力指标。

（1）活动参与

活动参与，指的是能作为活动中的一员而积极主动地融入活动，能动地为活动的开展而引起资源的投入，并产生相应的行为、思维和情感。此次编码中，活动参与涉及的节点数为 49，在群体共处子领域中节点数占比最多，达到 87.50%。

---

① 王英春、邹泓、屈智勇：《人际关系能力问卷（ICQ）在初中生中的初步修订》，《中国心理卫生杂志》2006 年第 5 期。

（2）归属责任

归属责任即社会归属和责任。其中，社会归属感指的是能认同群体、融入群体、依靠群体并在群体中发挥作用，并能把该群体利益作为自己行动的出发点和归结点，从而产生属于群体的内在情感体验 [1]；社会责任指的是孤独症学生能在特定条件下承担社会职责、任务以及使命，并履行各种义务的自律意识和人格素质 [2]。此次编码中，归属责任的能力指标涉及的节点数为 7，占群体共处子领域的 12.50%，相对于活动参与来说占比较少。

3. 游戏

游戏既是学习的过程，也是社会化和情感发展的过程，在孤独症学生发展过程中具有重要作用。此次所选文献中，涉及游戏的节点数为 32，约占社交领域所有节点的 15.92%，主要涉及独自游戏、社交游戏、模仿和游戏规则四项能力指标。

（1）独自游戏

独自游戏亦称单人游戏，是儿童游戏发展的初级阶段。独自游戏本质上是自发性的、探索性的，其特点是没有具体的规则，游戏中的自我探索是高度个人化的 [3]。处于这一游戏阶段的儿童喜欢一个人玩，专心于自己的活动，不注意同伴的活动，不参加别人的游戏 [4]。此次编码中，孤独症学生的独自游戏包括功能游戏和假装游戏两类能力指标，两者的节点数共为 11，占游戏子领域的 34.38%。

（2）社交游戏

社交游戏是一种与他人交互的游戏。按照学生在游戏中的社会参与行为表现，可将社交游戏划分为互动游戏、联合游戏和合作游戏等。此次编码中，社交游戏的节点数为 8，占游戏子领域的 25.00%，主要涉及联合游戏、

---

① 刘云光：《和谐社会视阈下的社会归属感》，《中共天津市委党校学报》2008 年第 5 期。

② 曹文泽：《全球化背景下大学生社会责任教育的路径探析》，《中国高等教育》2012 年第 8 期。

③ 凯思琳·安·奎尔：《做·看·听·说——孤独症儿童社会性和沟通能力干预指南》，何正平译，华夏出版社，2015，第 11 页。

④ 顾明远：《教育大辞典 第 2 卷》，上海教育出版社，1990，第 224 页。

合作游戏和互动游戏三类指标。

（3）模仿

模仿，是指个体自觉或不自觉地重复他人行为的过程。此次编码中，涉及模仿能力的指标主要包括语言模仿、肢体模仿等，共有 8 个节点，占游戏子领域的 25.00%。

（4）游戏规则

游戏规则，指的是儿童游戏过程中所要遵守的原则，是指导或禁止儿童游戏中的行为、动作的具体要求。此次编码中，游戏规则涉及的节点数为 5，占游戏子领域的 15.63%。

（四）认知领域关键能力指标分布状况

认知，是指通过思想、经验和感官获得知识和理解的心理行为或过程。作为人的最基本的心理过程，认知包括感觉、知觉、记忆、思维、想象和语言等。大多数孤独症学生的认知能力发展存在缺陷，无法对周围事物进行合理的分析、综合、归纳和整理。此次所选文献中，涉及认知领域的节点数为 115，占所有节点的 9.36%，在各领域间排第四，具体分为思维、注意与记忆、经验与表征三个子领域，占比情况如图 3.6 所示。

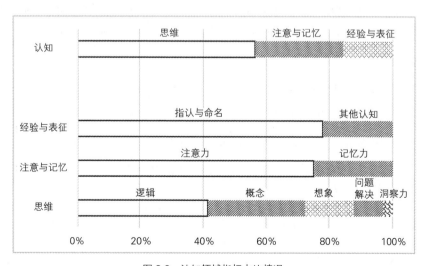

图 3.6 认知领域指标占比情况

1. 思维

思维，是人脑对客观现实概括的和间接的反映，它反映的是事物的本质和内在的规律性，是人类认识的高级阶段[①]。此次编码中，思维类的节点数为65，占认知领域所有节点的56.52%，排第一，主要包括逻辑、概念、想象、问题解决和洞察力五项能力指标。

（1）逻辑

逻辑，指的是思维的规律和规则。此次编码中，逻辑主要涉及分类配对、顺序排列、区辨和图形推理等能力，共有节点数为27，在思维子领域中排第一，占总节点数的41.54%。

（2）概念

概念，是人脑反映事物共同的本质特征的思维形式[②]，根据反映事物的不同可分为量的概念、图形概念、数的概念、方位概念、数前概念、颜色概念等。此次编码中，概念的节点数共为20，占思维子领域的30.77%。

（3）想象

想象，指的是人脑在已有表象基础上进行加工改造，形成新形象的心理过程[③]。此次编码中，涉及想象的节点数为10，占思维子领域的15.38%。

（4）问题解决

问题解决，指的是能发现问题并尝试解决，并通过反思评价为以后解决问题选择更优的策略。此次编码中，涉及的主要有解决问题和迁移应用的能力，共提取到6个节点，占思维子领域的9.23%。

（5）洞察力

洞察力，是理解客观事物真实性的能力，主要体现出个体的认知、情感及行为动机与相互关系的分析能力。不过，此次编码中，涉及洞察力的节点数仅为2，占思维子领域的3.08%。

[①]　刘佳、陈克宏：《普通心理学》，西安交通大学出版社，2014，第83页。

[②]　刘佳、陈克宏：《普通心理学》，西安交通大学出版社，2014，第92页。

[③]　刘佳、陈克宏：《普通心理学》，西安交通大学出版社，2014，第111页。

2. 注意与记忆

注意与记忆，包括注意力和记忆力两方面的能力，都是认知的基本心理过程。此次编码中，注意与记忆在文献中涉及的节点数为 32，占认知领域总节点数的 27.83%，在该领域中排第二。

（1）注意力

注意是心理活动或意识对一定对象的指向和集中[①]。研究表明，存在注意力缺陷的孤独症学生占 30%～60%。此次编码中，提取的相关指标主要包括有意注意、注意分配、注意持续、注意稳定、注意转移、注意选择、注意广度，共涉及 24 个节点，占注意与记忆子领域的 75.00%。

（2）记忆力

记忆，指的是识记、保持、再认识和重现客观事物所反映的内容和经验，根据记忆感官通路的不同可划分视觉记忆、听觉记忆、嗅觉记忆等能力。此次编码中，提及的记忆类指标主要包括视觉记忆和听觉记忆两类，节点总数为 8，占注意与记忆子领域的 25.00%。

3. 经验与表征

经验与表征，指的是通过听、摸、尝、闻来认识事物，并将图片以及模型与真实场景和事物联系起来的能力[②]。此次编码中，经验与表征的总节点数为 18，占认知领域总节点数的 15.65%，主要涉及指认与命名以及分辨关系、事物联系等指标。

（1）指认与命名

指认与命名，指的是对日常生活中的物品进行分辨、认识以及给予名称的能力。此次编码中，涉及的节点数为 14，占经验与表征子领域的 77.78%。

（2）其他认知

其他认知能力包括分辨关系、明确事物联系以及使用工具的能力。此次编码中，涉及的节点数为 4，占经验与表征子领域的 22.22%。

① 彭聃龄:《普通心理学》，北京师范大学出版社，2019，第 198 页。
② 王忠民:《幼儿教育辞典》，中国大百科全书出版社，2004，第 108 页。

（五）生活领域关键能力指标分布状况

生活是个体为了生存和发展而进行的各种活动的总和[①]。孤独症患者不仅需要在社会互动能力方面获得提升，还需要通过生活技能的习得与养成，提高自我效能，树立生活信心[②]。此次编码中，生活领域节点数为106，占所有节点数的8.62%，在各领域间排第五，主要包括生活自理、独立生活和性健康三个子领域，占比情况如图3.7所示。

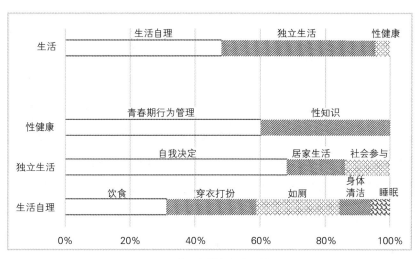

图 3.7　生活领域指标占比情况

1. 生活自理

生活自理，是指基本的自我照料技能，包括个人卫生、仪容整洁、饮食等。生活自理是个体独立生活的基础，该能力的获得直接影响学生在家庭和社区中的参与。此次编码中，生活自理方面的节点数共计51，占生活领域节点数的48.11%，在该领域排第一，具体包含饮食、穿衣打扮、如厕、身体清洁和睡眠等能力指标。

[①]　向葵花：《中小学学生学习行为研究》，博士学位论文，华中师范大学，2014，第23页。
[②]　郭梦之、曹漱芹、顾未青等：《社会故事提升自闭症幼儿生活技能的个案研究》，《中国特殊教育》2013年第12期。

（1）饮食

孤独症学生除了出现诊断标准中描述的几个核心症状外，在其成长各阶段还容易出现各种不良饮食行为问题，如极端偏食、拒绝食物、消化不良等，并由此引发很多继发问题和父母养育困扰[1]。此次编码中，饮食涉及的节点数为 16，占生活自理子领域的 31.37%，主要涉及个体进行餐前准备、餐后收拾、正确使用餐具、独立进食以及养成良好饮食习惯等。

（2）穿衣打扮

穿衣打扮主要包括学生掌握穿脱衣物、配饰以及系鞋带等技能。此次编码中，穿衣打扮在文献中涉及的节点数为 14，占生活自理子领域的 27.45%。

（3）如厕

如厕，指的是个体独立上厕所的能力。独立如厕在个体的发展史上具有里程碑意义，掌握良好的如厕技能不仅有利于提高学生的自我服务能力，培养健康的生活习惯，更有助于促进学生参与社区活动，对促进学生独立性和自信心的形成都具有非常重要的作用[2]。此次编码中，涉及如厕的节点数为13，占生活自理子领域的 25.49%，包括辨别男女厕所、表达便意、学会便后处理和独立排便等指标。

（4）身体清洁

身体清洁，主要指对自我手、脸、脚、口腔等身体部分按照一定步骤进行污垢清理，从而保持身体干净和整洁的技能。此次编码中，涉及的节点数为 5，占生活自理子领域的 9.80%，主要涉及口腔清洁和手脸清洁。

（5）睡眠

睡眠问题是家长报告中孤独症患者常见的症状之一，对孤独症学生的影响较正常学生严重，也会给其家庭带来压力。此次编码中，涉及睡眠的节点数为 3，占生活自理子领域的 5.88%。

---

[1]　静进：《孤独症谱系障碍儿童饮食行为特点及与营养关联问题》，《教育生物学杂志》2017 年第 2 期。

[2]　柴丽慧、廖婷、徐芳：《自闭症儿童如厕训练的研究综述》，《绥化学院学报》2016 年第 4 期。

2. 独立生活

独立生活领域包括个人（即美容、进食、个人卫生）、家庭（即烹饪、清洁）和社区（即时间管理、资金管理、工作技能）三方面[①]。此次编码中，独立生活的节点数为 50，占生活领域总节点数的 47.17%，涉及的具体指标包括自我决定、社会参与、居家生活等。

（1）自我决定

自我决定，是指个体通过了解自己的优缺点，基于生活需要，按自己的精神和意志去行动以保持或提高生活质量的行为[②]，一般由自我意识、自我拥护、目标设置与问题解决、自我效能和积极归因五个要素构成。从表 3.6 中可知，此次编码中，自我决定能力是独立生活子领域中受到关注最多的能力指标，其涉及的节点数为 34，独立生活子领域的 68.00%。

（2）社会参与

社会参与，指孤独症学生能以适当方式参与政治生活、经济生活、社会生活、文化生活和社区的公共事务。此次编码中，涉及该能力的节点数为 9，占独立生活子领域的 18.00%，涵盖孤独症学生参与社区活动的多种能力，包括过街、购物和点餐技能等。

（3）居家生活

居家生活，是指掌握一定的技能以使自己能够独立在家庭环境中进行日常生活活动。此次编码中，居家生活的节点数为 7，占独立生活子领域的 14.00%，包括能进行简单的卫生清洁、能使用烹饪工具以及具备居家安全技能等。

3. 性健康

性健康，是指学生应该达到的性生理、性心理、性道德和性保护等方面

[①]　Sparrow S S, Cicchetti D V.*The Vineland Adaptive Behavior Scales*. Needham Heights: Allyn and Bacon, 1989:199-231.

[②]　Wehmeyer M L,Beyond Self-Determination: Causal Agency *Theory.Journal Of Developmental and Physical Disabilities,* 2004,16(4):337-359.

的健康发展。此次编码中，涉及性健康的指标主要包括性知识和青春期行为管理两方面，共有节点数为 5，占生活领域总节点数的 4.72%。

（1）性知识

从表中可知，性知识涉及的节点数为 3，占性健康子领域的 60.00%，具体涉及掌握青春期有关知识（如认识和理解性别、身体部位及功能、身体发育和变化、青春期）和正确的交往方式两方面。

（2）青春期行为管理

与普通学生一样，孤独症学生也有性冲动和性需求。由于自身社会道德认知缺陷和自制力较差，孤独症学生往往在公众场合表现不恰当行为，如自慰、脱裤子等。此次编码中，涉及青春期行为管理的节点数为 2（占性健康子领域的 40.00%）。

（六）学习领域相关能力指标分布状况

学习，指的是通过阅读、听讲、思考、研究、实践等途径获得知识和技能的过程。此次编码中，学习领域共包含学业发展和学习品质两个子领域，节点数共计 96，占所有节点数的 7.81%，在各领域间排第六，具体占比情况如图 3.8 所示。

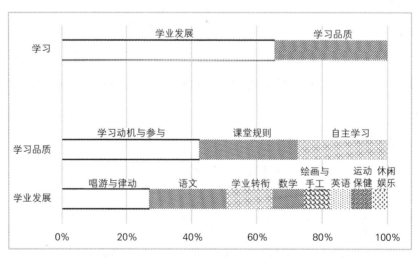

图 3.8　学习领域指标占比情况

1. 学业发展

学业发展，是学生在教师的指导下，通过课业的学习所获得的发展，具体包括知识的掌握及知识掌握过程中智能的提高等[①]。此次编码中，学业发展的节点数为 63，占学习领域总节点数的 65.63%，具体涉及语文、数学、英语、唱游与律动、绘画与手工、运动保健、休闲娱乐和学业转衔八个类别。

（1）唱游与律动

唱游与律动，是通过将音乐律动与舞蹈、游戏相结合，培养和发展学生的听觉、节奏感和音乐感受能力的一类学科。此次编码中，该学科下的目标主要涉及学生的节奏感知、审美情趣以及音乐兴趣三项，节点数共计 17，占学业发展子领域的 26.98%。

（2）语文

语文学科是学习语言文字运用的综合性、实践性课程。此次编码中，能力指标主要涉及听、说、读、写等基本能力，共 15 个节点，占学业发展子领域的 23.81%。

（3）学业转衔

学业转衔，是指在转衔阶段给障碍儿童提供有关的教育措施，以帮助其达成学业顺利衔接的目的[②]，一般包括学前、义务教育和义务教育后三个阶段的学业转衔。此次编码中，学业转衔的节点数一共为 9，占学业发展的14.29%，主要涉及学龄段幼小转衔和职业段转衔两个时段的相关指标。

（4）数学

数学学科重在使学生获得适应未来社会生活所应具备的重要数学知识、思维方式和应用技能。此次编码中，数学的节点数共为 6，占学业发展子领域的 9.52%，涉及数概念、运算能力和解题能力三项指标。

（5）绘画与手工

绘画与手工学科旨在通过绘画和手工技能的教学和训练，培养和发展学

---

① 吴全华:《确保学业发展公平的教学原则》,《教育科学研究》2009 第 12 期。

② 许家成:《特殊儿童生涯发展与转衔教育》,南京师范大学出版社,2015,第 110 页。

生的视觉、观察、绘画、手工制作能力，以及提高学生审美能力。此次编码中，绘画与手工学科下主要涉及工具操作以及艺术创作两项指标，节点数共计为 5，占学业发展子领域的 7.94%。

（6）英语

英语是一门基础性和应用性很强的学科。此次编码中，与英语学科有关的能力指标节点数为 4，占学业发展子领域的 6.35%，主要涉及英语学习兴趣和听说能力两项指标。

（7）运动保健

运动保健，旨在通过体育运动和基础卫生保健知识的教学，提高学生的运动能力，增强学生的身体素质。此次编码中，相关的能力指标节点数为 4，占学业发展子领域的 6.35%，主要涉及运动兴趣、体育活动能力和身体素质三项指标。

（8）休闲娱乐

休闲娱乐，旨在通过文艺、体育、游戏等多种休闲方式的教学，培养学生的休闲能力，陶冶其生活情趣和提高其生活品位，进而提高其生活质量。此次编码中，该学科下的相关指标节点数为 3，占学业发展子领域的 4.76%，主要涉及音乐鉴赏和娱乐能力两项指标。

2. 学习品质

学习品质反映的是学生进行学习的方式倾向、性情、态度、习惯、风格等。它指向的是学生如何获得知识，而非知识技能本身。此次编码中，与学习品质有关的能力指标涉及学习动机与参与、课堂规则和独立学习三类，共计 33 个节点，占学习领域总节点数的 34.38%，排第二。

（1）学习动机与参与

学习动机，指的是引发并维持学习活动的倾向，是直接推动人们学习的动力[1]。学习参与，指的是学生积极主动地参与教学活动的能力。此次编码中，学习动机与参与涉及的节点数共为 14，占学习品质子领域的 42.42%。

---

[1]　张宏如、沈烈敏：《学习动机、元认知对学业成就的影响》，《心理科学》2005 年第 1 期。

（2）课堂规则

课堂规则，指学生在课堂教学中遵守班级规定的能力。课堂规则意识的养成有利于学生参与课堂，进而形成良好的同伴、师生关系。此次编码中，遵守课堂规则的节点数为 10，占学习品质子领域的 30.30%，包括安坐、等待、轮流等。

（3）自主学习

自主学习，指学习者自行控制整个学习活动过程并开展学习的能力。此次编码发现，孤独症学生的自主学习能力也受到关注，共有 9 个节点，占学习品质子领域的 27.27%，主要包括养成自主学习的习惯和独立完成任务两类指标。

（七）动作领域关键能力指标分布状况

动作是在脑的多水平调控下，个体对环境的"躯体—心理"反应，它是个体和环境进行有效互动的基本手段，也是观察、检测个体身心发展的重要窗口[①]。此次编码中，涉及动作的节点数共计 95，占 386 篇文献总节点数的 7.73%，在各领域间排第七，主要包括动作技能和运动素质两个子领域，占比情况如图 3.9 所示。

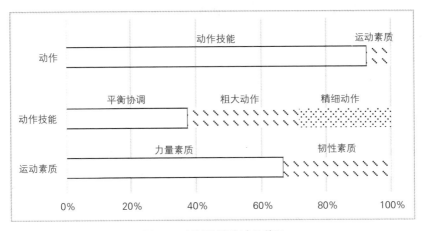

图 3.9　动作领域指标占比情况

---

① 董奇、陶沙：《动作与心理发展》，北京师范大学出版社，2004，第 7—15 页。

1. 动作技能

此次编码中，动作技能下共涉及粗大动作、精细动作和平衡协调三项技能指标，节点数共计 88，占动作领域总节点数的 92.63%。

（1）平衡协调

平衡协调，指的是学生在认识和控制身体与身体各部位的基础上，协调两种或两种以上知觉能力或动作的能力。此次编码中，平衡协调涉及的节点数最多，共计 33 个节点，占动作技能子领域的 37.50%，包括平衡和协调两项指标。

（2）粗大动作

粗大动作，指的是身体和四肢的动作，主要包括由头颈部肌肉群、躯干部肌肉群以及四肢肌肉群参与控制的抬头、抬胸、翻身、坐、爬、站、走、跑、跳、钻、攀登、下蹲等动作[1]。此次编码中，涉及粗大动作的节点数共计 30，占动作技能子领域的 34.09%，包括位移能力和物体控制两项指标。

（3）精细动作

精细动作，是个体主要凭借手和手指等部位的小肌肉或小肌肉群所产生的运动，也是在感知觉、注意等心理活动的配合下完成特定任务的动作能力[2]。此次编码中，与精细动作有关的节点数为 25，占动作技能子领域的 28.41%，主要涉及手眼协调、手部操作和使用工具三项能力指标。

2. 运动素质

运动能力一般被划分为三个维度，即动作认知、动作技能和体能[3]。其中体能即运动素质，主要是机体在活动时表现出来的各种基本运动能力，通常包括力量、耐力、速度、柔韧性等。此次编码中，涉及运动素养的节点数为 7，占动作领域节点数的 7.37%，具体包括力量素质和韧性素质。

---

[1] 周念丽：《0—3 岁儿童心理发展》，复旦大学出版社，2017，第 47 页。

[2] 周念丽：《0—3 岁儿童心理发展》，复旦大学出版社，2017，第 56 页。

[3] 汪晓赞：《落实体育与健康课程标准　实现高质量课堂教学——走近 KDL 体育与健康课程》，《中国学校体育》2019 年第 4 期。

（1）力量素质

力量素质，是指肌肉在人体运动活动中克服内部和外部阻力的能力[1]。人类的任何活动都离不开力量，力量素养是体能中的首要素质。此次编码过程中，力量素质涉及的节点数为 5，占运动素质子领域的 71.43%，主要包括爆发力和耐力。

（2）韧性素质

韧性素质，是指人体关节在不同方向上的运动能力以及肌肉、韧带等软组织的伸展能力。韧性素质是掌握运动技术的重要条件[2]。此次编码中，共涉及 2 个节点，占运动素质子领域的 28.57%，包括坐位体前屈等指标。

（八）感觉领域关键能力指标分布状况

感觉是人脑对直接作用于感觉器官的客观事物个别属性的反应，是人认识过程的初级阶段[3]。感觉是知觉、记忆、思维等复杂的认识活动的基础。此次编码中，感觉涉及的节点数为 58，占所有节点数的 4.72%，在各领域间排第八，主要包括刺激感知和感觉异常管理两个子领域，占比情况如图 3.10 所示。

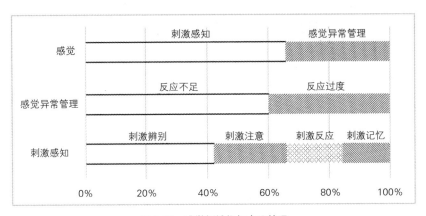

图 3.10　感觉领域指标占比情况

①　顾长海：《现代运动训练理论与实践研究》，同济大学出版社，2018，第 44 页。

②　吕少华、田质全、李涛：《体育与健康》，中国海洋大学出版社，2014，第 29—30 页。

③　梁宁建：《当代认知心理学》，上海教育出版社，2014，第 2 页。

1. 刺激感知

刺激感知，指的是感觉器官对声音、光线、气味、材质等各种感觉刺激的觉察、感觉、注意和知觉的一系列过程。此次编码中，涉及刺激感知的节点数为 38，占感觉领域所有节点数的 65.52%，包括刺激反应、刺激注意、刺激辨别和刺激记忆四类指标。

（1）刺激辨别

刺激辨别亦称刺激分化，指对相似的刺激做出不同的反应，与刺激泛化相对。此次编码中，刺激辨别主要包括听觉辨别、视觉辨别、嗅觉辨别、触觉辨别和味觉辨别，节点数共计 16，占刺激感知子领域的 42.11%。

（2）刺激注意

刺激注意，指的是在感受刺激过程中主体心理过程表现出的指向和集中。此次编码中，共涉及 9 个节点，占刺激感知子领域的 23.68%，主要包括视觉注意和听觉注意。

（3）刺激反应

刺激反应，指的是个体在面对外界通常的各类刺激输入时产生反应的过程。此次编码中，刺激反应主要涉及听觉反应、视觉反应和触觉反应三项指标，节点数为 7，占刺激感知子领域的 18.42%。

（4）刺激记忆

刺激记忆即感觉记忆，是记忆系统中的一种，是指刺激作用于感觉器官所引起的短暂记忆。此次编码中，相关的节点数为 6，占刺激感知子领域的 15.79%，包括听觉记忆、视觉记忆和触觉记忆三项指标。

2. 感觉异常管理

感觉异常，指的是学生在感觉信息的调节、整合、组织或辨别等方面存在问题，以至于无法对外界环境做出恰当反应[1]。研究发现，孤独症学生感觉

---

[1] Ayelet B, Liat H, Ronen F, et al.. A Meta-Analysis of Sensory Modulation Symptoms in Individuals with Autism Spectrum Disorders. *Journal of Autism and Developmental Disorders*, 2009, 39(1):1-11.

异常的发生率为 69%～95%[1]。此次编码中，共涉及的相关节点数为 20，占感觉领域所有节点数的 34.48%，可分为反应不足、反应过度两类指标。

（1）反应不足

反应不足，指的是对感觉刺激缺乏或不充分的反应，例如，对疼痛的反应降低[2]。此次编码中，旨在改善反应不足的指标节点数为 12，占感觉异常管理子领域的 60.00%，主要涉及改善前庭觉不足和本体觉不足两项指标。

（2）反应过度

反应过度，指的是对感觉刺激表现出一种夸张的行为反应模式[3]，经常表现为感觉过敏或感觉防御。此次编码中，改善反应过度所涉及的指标节点数为 8，占感觉异常管理子领域的 40.00%，主要包括降低触觉过度、听觉过度、嗅觉过度和前庭过度四项指标。

二、不同变量条件下对关键能力指标关注度的差异

（一）不同年份对关键能力关注的差异

图 3.11 呈现了自 1999 年至 2020 年的不同年份文献提取的关键能力指标的数量及分布。由图 3.11 可知，不同年份的关键能力指标数量和分布存在差异。从关键能力指标所涉及的领域来看，年份越近，所涉及的领域越多。1999—2010 年，国内教育界关注的关键能力总体分布于上述八大领域，但并不全面，而 2011—2020 年几乎涉及所有领域。从关键能力指标的具体领域来看，"沟通""情绪行为"领域在各年份都被提及，但感觉、动作、学习等领域近些年才受到学者的关注。

---

[1] Scott D T, Winnie D. Sensory Processing in Children with and without Autism:A Comparative Study Using Short Sensory Profile. *American Journal of Occupational Therapy*, 2007, 61(2):190−200.

[2] Roberto M, Carmela B, Carmelinda F, et al.. Pain Reactivity in Children with Autistic Disorder. *The Journal of Headache and Pain*, 2000, (1):53−56.

[3] Grace T B, Brian A B, Michele D P,et al.. Hyperresponsive Sensory Patterns in Young Children with Autism,Developmental Delay,and Typical Development. *AmericanJournal on Mental Retardation*, 2007, 112(4):233−245.

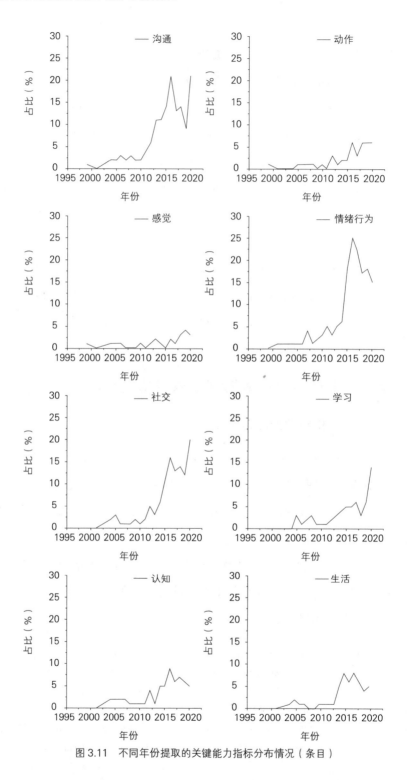

图 3.11　不同年份提取的关键能力指标分布情况（条目）

从各领域关键能力指标条目的数量来看，1999—2010年，沟通和情绪行为条目最多，表明这段时间国内始终高度重视孤独症学生沟通和情绪行为能力的发展；2011—2020年，社交、生活、认知、动作等领域的受关注度逐年提升，尽管沟通和情绪行为受关注度仍然最高，但逐步形成能力指标分布更加均衡、更加多元的格局。

（二）不同类型研究者对关键能力关注的差异

图3.12呈现的是不同类型研究者所关注的关键能力指标的分布状况。由图3.12可知，高校教师、一线普通教育教师及一线特殊教育教师关注的领域涉及面较广，都涉及所有领域，并且都对沟通、情绪行为和社交这三个领域表现出较高的关注度。

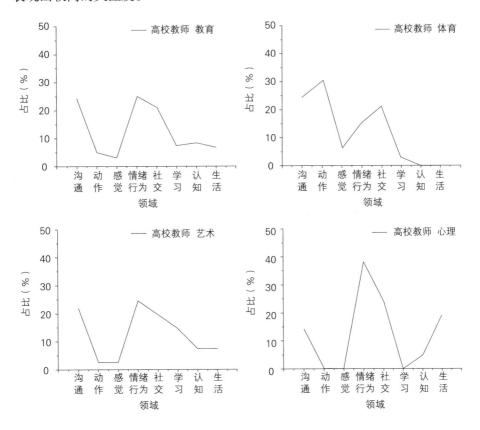

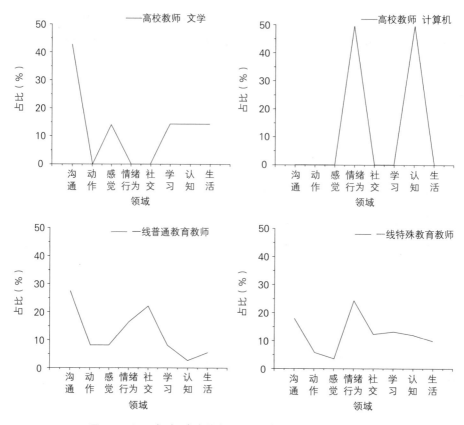

图 3.12　不同类型研究者关注的关键能力指标分布情况（占比）

不过，不同类型研究者关注的关键能力领域也呈现出差异（见图 3.13）。

（1）一线特殊教育教师与普通教师之间的差异。特殊教育教师对情绪行为、认知和生活等领域的关注度明显更高，而普通教师更关注孤独症学生沟通和社交领域的能力发展。

（2）一线教师与高校教师之间的差异。一线教师更关注学生学习、认知和生活等能力的发展，而高校教师更多关注学生沟通和社交领域等能力发展。

（3）不同专业背景教师之间的差异。在高校研究者群体中，研究者关注的能力指标大多与自身研究领域有关，如心理专业教师较多地关注学生的情绪行为、社交等领域，体育专业教师更加关注动作领域，文学专业教师更多关注"语言的理解和表达"等沟通领域，计算机专业教师则关注利用现代化计算机技术，如通过虚拟现实、人工智能及人机交互技术等，改善学生的情绪行为问题。

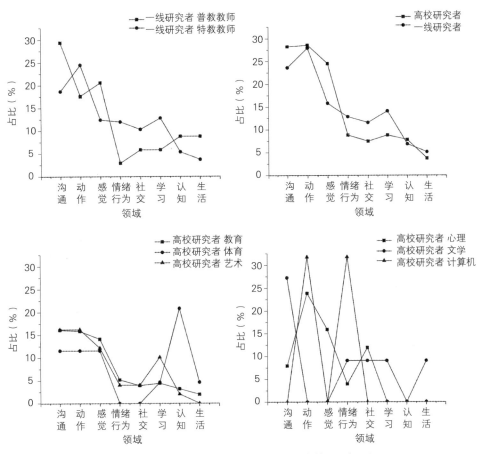

图 3.13　不同类型研究者关注的关键能力分布差异（占比）

（三）不同年龄段学生关键能力分布的差异

图 3.14 呈现的是不同年龄段孤独症学生关键能力指标的分布状况。

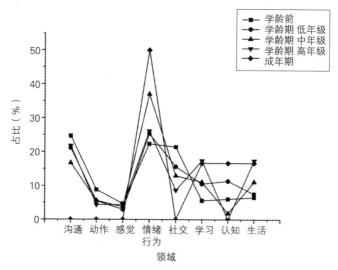

图 3.14　不同年龄段学生关键能力指标的分布情况（占比）

1. 从关键能力指标的数量看，总体呈现出年龄越大指标数量越少的状态。在学龄前和学龄期低段，学生的关键能力指标数量最多；但到了学龄中段，指标数量急剧下降；到了学龄期，高段进一步明显下降；到了成年期，能力指标数量总体已经非常少。这表明，当前国内重点关注的是"学龄低段"以及"学龄前"孤独症学生的教育干预，对大龄孤独症学生的关注有所不足。

2. 从关键能力指标涉及的领域看，总体的特点是各年段对多个领域的能力指标均有所涉及，而情绪行为始终是高度关注的领域。学龄前阶段在沟通（24.65%）、情绪行为（22.33%）以及社交（21.40%）等领域设置的目标数量占比较多，表明国内对学龄前儿童核心缺陷补偿较为关注；到了学龄低段，除了仍然对上述领域保持高度关注外，最大的变化是更加关注学生认知（11.39%）和学习（10.55%）等领域的发展；到学龄中段后，除了关注情绪行为、沟通、社交、学习之外，生活领域的能力指标占比开始有所提升（11.11%），这种趋势一直保持到学龄高段；在成年段，则不再那么关注学生沟通领域的发展，而是在情绪行为（50.00%）、学习（16.67%）、认知（16.67%）和生活（16.67%）领域设置了较多目标。

（四）不同功能水平学生关键能力分布的差异

图 3.15 呈现的是不同障碍程度的孤独症学生关键能力指标的分布状况。

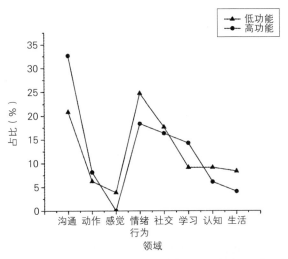

图 3.15　不同功能水平学生关键能力指标的分布情况（占比）

由图 3.15 可知，当前的研究更多关注低功能孤独症学生的教育干预，同时不同障碍程度学生的关键能力指向领域存在差异。尽管研究对情绪行为、沟通和社交等领域的发展都较为关注，但就其他领域，对于低功能学生，明显更加重视认知（9.15%）和生活（8.35%），而对于高功能孤独症学生，学习（14.29%）领域关键能力指标的比重变得更大，这种状况可能与不同功能水平学生的身心特点有关。

（五）不同安置环境下学生关键能力分布的差异

图 3.16 呈现的是不同安置环境下孤独症学生关键能力指标的分布情况。

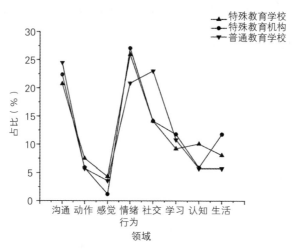

图 3.16　不同安置环境的学生关键能力指标的分布情况（占比）

由图 3.16 可知，对不同安置环境的学生，人们关注的能力指标涉及所有领域。同时，沟通、情绪行为和社交三个领域的关注度都较高。但不同安置环境下，孤独症学生教育目标在各领域所涉及的比重还是存在差异。

（1）特殊教育机构和特殊教育学校的差异。特殊教育机构更关注学生生活（11.76%）、情绪行为（27.06%）等领域的发展，而特殊教育学校对感觉（4.32%）、认知（10.09%）等领域的关注度明显更高。

（2）特殊教育环境与普通教育环境的差异。安置于特殊教育环境的孤独症学生在情绪行为（26.16%）、认知（9.26%）、生活（8.80%）和动作（7.18%）四个领域的能力指标占比较高，而安置在普通教育环境的学生在沟通（24.46%）、社交（23.02%）和学习（10.79%）等领域的能力指标的占比明显较高。

第三节　对干预文献中凝练的关键能力指标的总结和反思

一、对文献中凝练出的关键能力指标的总结

（一）横向上，关键能力指标共涵盖八大领域，但侧重不同

1. 始终高度关注沟通、情绪行为和社交三大领域

从关键能力指标的占比情况来看，国内研究者集中地关注了孤独症学生的沟通、情绪行为和社交三方面，这既与孤独症学生的核心缺陷[1]相呼应，也反映了"缺陷补偿"的基本设想，即通过各种途径在不同程度和范围调动机体潜能弥补、代偿损伤组织和器官的功能[2]，换言之，"缺什么，补什么"。这一倾向与世界各国的做法基本一致。从前一章孤独症国际临床实践指南提炼的关键能力指标来看，其在沟通、情绪行为和社交领域涉及的条目数量同样较多，表明针对孤独症学生展开缺陷补偿是孤独症教育领域的普遍共识。对这三大领域的指标分布可总结如下：

沟通领域，是所有参考点中占比最多的领域，主要涉及言语准备、语言准备、学会倾听、理解他人、回应他人、意向性沟通、仿说、表达、功能性沟通、语音语调、会话维持和辅助技巧共十二项能力指标。其中，功能性沟通受重视程度最高，而语音语调受关注最少，这可能是由于功能性沟通能力的培养不仅能帮助学生提高沟通水平，也利于减少学生的问题行为，而语速、语调和音量的纠正不仅对学生的要求较高，其本身对沟通的功能达成也并不那么重要。

情绪行为领域，在所有节点中占比排名第二，主要包括辨别理解、表达回应、调节控制、行为不当、行为不足和行为过度六项能力指标。其中，行

---

[1]　APA, *Diagnostic and Statistical Manual of Mental Disorders,5th Edition*. Washington: American Psychiatric Publishing, 2013:50−59.

[2]　朴永馨:《特殊教育辞典（第3版）》，华夏出版社，2014，第9页。

为不当受到最高的关注，而行为不足最不受重视。这可能是因为，行为不当常常会打破现有环境平衡，造成特定后果，而行为不足尽管会影响学生个体发展，却对环境的现有秩序影响不大，因此易被忽略。

社交领域，在所有节点中占比第三，表明这也是我国研究者较为关注的孤独症学生关键能力领域。从具体内容看，社交领域主要包括模仿、游戏规则、独自游戏、社交游戏、活动参与、归属责任、人际关系和社交技巧八项能力指标。其中，人际关系最受重视，而游戏相关指标被关注度最低。这在侧面上反映了人们关注的重点，即对于学龄段的学生，人们更多地看重他们如何与他人相处，而不是他们如何参与游戏活动。按照传统的理解，游戏更多的是学龄前儿童的基本活动形式，学龄后"游戏"应逐渐让位于"学习"。

2.逐步重视感觉、运动等其他缺陷领域

近年来，随着研究的深入，研究者开始关注除了核心缺陷领域以外的其他领域，包括认知、生活、学习、动作和感觉五个领域。这是因为人们逐步认识到各领域的重要性。例如，动作的发展贯彻人的整个生命周期，对个体的认知、语言、情绪情感和社会性产生影响；同样地，感觉能力对社会沟通性障碍[1]、重复刻板行为[2]以及情绪行为[3]等有预测作用。各领域的指标分布总结如下：

认知领域，在所有节点中占比第四，主要包括逻辑、注意力、概念、指认与命名、想象、记忆力、问题解决、其他认知和洞察力九项能力指标。其中逻辑受重视程度最高，而洞察力受关注最少。这反映了研究者更加重视学生基本思维逻辑方面的潜能开发，而容易忽视洞察力等更高阶认知能力的培养。

---

[1] Caroline E R, Simon B. Sensory Perception in Autism. *Nature Reviews Neuroscience*, 2017, 18(11):671−684.

[2] Yu H C, Jacqui R, Helen M.Restricted and Repetitive Behaviours,Sensory Processing and Cognitive Style in Children with Autism Spectrum Disorder. *Journal of Autism and Developmental Disorders*, 2009, 39(4): 635−642.

[3] 鲁明辉、雷浩、宿淑华等：《自闭症谱系障碍儿童感觉异常与情绪行为问题的关系研究》，《中国特殊教育》2018 年第 4 期。

　　生活领域，在所有节点中占比第五，主要包括自我决定、饮食、穿衣打扮、如厕、社会参与、居家生活、身体清洁、睡眠、青春期行为管理和性知识十项能力指标。其中，自我决定受到最高的关注，而对性健康相关指标的重视程度较低。这可能是因为，自我决定能力的获得是心理变化的一个重要方面，与学生获得健全人格、良好自我意识及高品质的生活质量密切相关；而性健康虽然是青春期学生的突出问题，但由于性健康自身的晦涩性，人们很难对性问题给予研究和干预。

　　学习领域，在所有节点中占比第六，主要包括唱游与律动、语文、学习动机与参与、课堂规则、自主学习、转衔适应、数学、绘画与手工、运动保健、英语和休闲娱乐十一项能力指标。其中，唱游与律动最受重视，而对休闲娱乐关注最少。这可能与我国的文化背景相关，人们普遍认为休闲娱乐对学业的发展并不重要，故容易被忽视。

　　动作领域，在所有节点中占比第七，主要包括平衡协调、粗大动作、精细动作、力量素质和韧性素质五项能力指标。其中，平衡协调受到高度重视，而与运动素质相关的指标受到的关注最少。这可能是因为，平衡协调能力直接影响学生行走的便捷性，进而影响学生的生活质量，是运动领域迫切需要解决的问题，而运动素质更多被误认为是体育教育者的责任，很少在教育干预中开展此类训练。

　　感觉领域，是所有节点中占比最少的领域，主要包括刺激辨别、反应不足、刺激注意、反应过度、刺激反应和刺激记忆六项能力指标。其中，对刺激辨别的重视程度最高，而对刺激记忆的关注最少。这是因为相对于其他能力来说，刺激记忆需要结合儿童的信息加工系统，其教育难度较大，而刺激辨别是学生能够或需要达到的能力水平。

（二）纵向上，关键能力指标呈现出层次差异，具有弹性属性

1. 能力水平上的层次差异

　　此次分析的八大领域能力指标涉及不同的内容层次，既有基础的生活适应能力，也涉及高阶的潜能开发。"低阶能力"主要是指自我照料、语言表达等基本生活适应能力，而高阶能力一般是指创新、决策、批判性思维、信息素养、团队协作、兼容、获取隐性知识、自我管理和可持续发展能力[①]。此次分析中，研究者关注的低阶能力主要体现在饮食、如厕、清洁等基本能力指标上，而高阶能力主要体现在自我意识、自我管理、选择与决定、问题解决、自主学习、迁移等能力指标上。这表明，国内看待孤独症学生的能力培养，已经逐步超越"生活适应"的简单范畴，而指向更丰富、更复杂的人性多元发展，特别是强调让学生能认识自己、接纳自己，乃至达到自立、自主的目标。出现这一发展变化的主要原因是人们对孤独症儿童认识的改变，基于神经多样性视角，主张每个个体都有成功的机会，应当被给予高期待，进而提升孤独症群体的主观生活质量和幸福感[②]。同时，21世纪技能导向的教育改革运动，即从重视知识性和基础性读写算的"3R"技能转向技能性和高阶性的批判性思维和问题解决、沟通、合作及创造创新的"4C"技能[③]，也是转变的一个重要原因。

2. 抽象程度上的层次差异

从抽象程度看，此次分析的关键能力指标中折射出教育目标的分层思想。从本研究的"原始材料概念化、范畴化—主轴编码—选择编码—形成框架体系"的编码思路看，关键能力指标具有不同的抽象概括程度，可以形成"具体目标—要点目标—维度目标—领域目标"的多层次框架。例如，在生活领域中，可形成"使用餐具—饮食—生活自理—生活"的层次框架。这样的分层，对于理清关键能力指标之间的关系，形成一个逻辑合理、层次分明、体系完整的指标体系具有重要意义。

---

① 钟志贤：《教学设计的宗旨：促进学习者高阶能力发展》，《电化教育研究》2004年第11期。

② 金琦钦、曹漱芹：《"孤独症"：基于"Autism"内涵流变证据的本土译名》，《现代特殊教育》2021年第16期。

③ 彭正梅、邓莉：《迈向教育改革的核心：培养作为21世纪技能核心的批判性思维技能》，《教育发展研究》2017年第24期。

（三）影响因素上，关键能力指标的关注度受学生特质影响

1. 受学生学习年段的影响

此次分析表明，人们对关键能力指标的关注度首先受到学生年龄段的影响：

在学龄前阶段，人们更注重培养孤独症学生的沟通、情绪行为和社交能力的发展（占比分别为 24.65%、22.33%、21.40%），而对认知、学习、感觉等领域的关注较少（占比分别为 6.05%、5.58%、4.65%）。这体现了人们主要采取的是"及早补救"的思想，希望能抓住学龄前儿童语言发展等关键期，尽可能让儿童"恢复"如常。

到了学龄阶段，人们的关注度逐渐发生变化。在低年段，排在前三位的分别是情绪行为、沟通和社交领域（占比分别为 25.32%、21.10%、15.61%），而生活、学习和认知三个领域占比情况较学龄前阶段有所增高（占比分别为 7.59%、10.55%、11.39%），这表明情绪行为能力的重要性开始凸显，同时也表明生活、学习和认知能力也变得愈发重要。到了学龄段中期，情绪行为领域的节点占比已经达到 37.04%，相对而言，沟通和社交领域的占比有所下降（占比分别为 16.67%、12.96%），生活和学习领域的占比继续上升（占比都为 11.11%），这表明情绪行为的挑战可能变得更加艰巨，以及来自学习和生活方面的压力也变得更大了。在学龄期的高年段，排在前三位的仍然是情绪行为、沟通和社交领域（占比分别为 26.09%、21.74%、17.37%），但此时生活领域的受重视程度进一步提高（占比达 17.37%），表明除了情绪和社交沟通，学生的生活能力也逐步成为发展的重点。

上述分析再次表明，情绪行为问题是研究者始终关注的重点。并且，越是早期，人们越是关注儿童社交沟通等的补偿干预，而随着学生年龄的增长，人们开始"接受现实"，逐渐将重点转移到学习、认知以及生活能力的培养上，以促使学生达到生活适应、学习适应等环境适应性目标。

2.受学生功能水平和安置情境的影响

此次分析表明，无论学生功能水平如何，沟通、情绪行为和社交三大领域的受关注度明显都是最高的（低功能学生这三个领域的占比分别为20.87%、24.72%、17.66%，高功能学生的占比分别为32.65%、18.37%、16.33%）。然而，其他领域的受关注度还是显示出了差异。总体上，低功能学生的能力指标更多涉及认知（9.15%）、生活（8.35%）和感觉（3.85%）领域，而高功能学生的能力指标更多涉及学习（14.29%）领域。这一差异与学生的功能水平和安置情境是比较一致的。低功能学生一般伴随智力障碍，安置于特殊学校，需要秉持以生活为核心的理念，着眼于学生未来的成功生活；而高功能学生一般智力达到中、高水平，安置于普通学校，除了缺陷补偿外，需要在学习上取得更多进展，力求跟上普通的"大多数"学生。

二、对关键能力指标构建的反思

（一）关键能力指标应兼顾核心缺陷和相关缺陷

从此次分析看，国内对孤独症学生的能力培养涉及多个领域、多个层次，体现出一种"综合育人"的思想。生活、学习、动作以及感觉等领域存在的问题尽管不是孤独症学生的核心缺陷，却与学生的发展密切相关。如，生活技能直接关系到孤独症患者的生活质量及社会融入，也是增加其自我效能，树立生活信心的重要基础。这表明构建孤独症学生关键能力指标时，应当既注重对核心缺陷进行补偿，又要避免过分聚焦于"核心缺陷"的机械训练，即关键能力不应该仅局限于沟通、情绪行为和社交核心缺陷，也要关注动作、学习、感觉等领域的发展。

（二）关键能力指标应体现出不同的层次水平

在能力水平上，关键能力指标既要涵盖低阶目标，又要涵盖高阶目标。就如同英国教育部颁布的P-scale学业目标评估系统，通过概述有特殊需要学生可能表现出来的一般情况，形成了从P1到P8水平层级渐进发展的"连续统一体"①，表明儿童的发展能力水平具有层次性。对于孤独症学生来说，低阶能力满足其生活适应的需要，而高阶能力发展利于学生的自我价值和完满生活的实现。若一味地强调低阶能力的学习，必然不利于学生应对复杂社会带来的挑战。因而，教育干预应当是低阶目标和高阶目标共存，逐步实现学生从低阶能力向高阶能力转化的过程，即学生素质或潜能不断开发和完善的过程。

在抽象程度上，关键能力指标既要有统一的框架，又要凸显可选择性等弹性需求。孤独症群体最显著的特点是异质性，因此关键能力的构建应从人成长发展的一般规律出发，从终生发展的视角，深入揭示孤独症学生关键能力的水平特点及内在机制②，满足学生的不同学习需要，促进每个学生最大限度地发展③。由此，一个可行的方法是构建一个层次分明、覆盖全面的"可供选择的目标库"，既要有统一的架构，又要体现出不同的表现性水平，具有一定的弹性，以应对学生处于不同功能水平和不同学段而产生的不同需求。

（三）关键能力指标应具有不同场景的适用性

本研究显示，安置环境和研究者的身份背景对关键能力指标的分布具有影响。例如，人们更关注特殊教育学校中孤独症学生的"生活""认知"等能力培养，而更关注随班就读孤独症学生的"学习"能力培养。又如，一线学校的教师更关注"生活""学习"等能力的培养，而高校教师更关注"社交"等能力的培养。因此，关键能力指标的构建应当面向各类安置场景，适应不同功能水平的孤独症学生群体，从而能对各类学校教师的孤独症教学实践产生指导意义。此外，已有的干预研究对大龄孤独症学生的关注较少，因此关键能力指标应充分考虑学龄期中段和高段孤独症学生的各方面能力需求。

---

① 　盛永进：《多重障碍学生的学业评价——英国"P Scales"述评》，《现代特殊教育》2019 年第 5 期。

② 　辛涛、姜宇、刘霞：《我国义务教育阶段学生核心素养模型的构建》，《北京师范大学学报（社会科学版）》2013 年第 1 期。

③ 　华国栋：《差异教学论》，教育科学出版社，2001，第 24 页。

第四章

从个别化教育计划中聚焦
孤独症学生关键能力

本章旨在分析全国范围内孤独症学生个别化教育计划（IEP）的"长期目标"样本，以聚焦一线学校和教师普遍关注的孤独症学生关键能力领域。众所周知，IEP 是特殊教育的基石，它既是教师教学的方向与指南，也是教学成效评量的重要依据。长期目标则是 IEP 最为重要的构成部分，决定着 IEP 的运行，也是学生课程教学、支持方案实施的起点和归宿。长期目标是一个窗口，使我们能更清晰地了解孤独症学生最为紧迫的发展需求。因此，关注和研究孤独症学生 IEP 文本中的长期目标，对于关键能力的提炼有着不可忽视的价值。本章首先阐述从 IEP 文本中聚焦孤独症学生关键能力的思路和方法，之后从内容焦点和行为表现水平两个维度详细阐释 IEP 长期目标的状况，最后对 IEP 长期目标内容焦点和表现水平分布状况进行讨论和反思。

第一节　从 IEP 中聚焦关键能力的思路和方法

一、研究问题

IEP 是为每一位身心障碍学生制定的文件，旨在根据学生的学习特质与学习需求，提供最适当的教育服务[①]。IEP 为学生提供了在学校及其他重要环境中系统的、综合性的教育服务总计划，以及教授和支持的蓝图。人们普遍

[①] 钮文英:《迈向优质、个别化的特殊教育服务》，心理出版社，2013，第 39 页。

认为，有额外支持需求的学生从实施个性化、有目的和有计划的干预措施中受益匪浅[1]。因此，IEP 自提出伊始便一直作为保障特殊教育需求儿童接受个别化服务的重要载体而被广泛应用在各个国家。我国业已在一些重要文件中规定要为特殊学生制定 IEP。如《培智学校义务教育课程设置实验方案》（2007）要求"学校应全面推进个别化教育，为每个智力残疾学生制定和实施个别化教育计划"。目前，我国大部分的特殊教育需要学生拥有 IEP。

不过，中国迄今尚未形成统一而具体的 IEP 制定指导指南，IEP 的制定和实施通常以学校或者省份为单位[2]，从而各自形成不同的模式。如上海市特殊学校中要求根据《上海市辅读学校九年义务教育课程辅导方案》制定 IEP，浙江省的教师主要依靠专门的信息平台进行 IEP 的撰写与实施等。这种不一致性一方面虽然尊重了地区之间的差异及不同地区和学校的特定背景，但另一方面也容易导致 IEP 制定和实施质量参差不齐，以及对于保障特殊需要学生教学质量的作用有限。此外，在 IEP 的制定主体上，尽管政府强调 IEP 的制定需要家长、学生本人的系统参与，但事实上，IEP 文本主要由学生的教师制定。

在 IEP 文本中，长期目标是最为重要的构成部分[3]。长期目标体现着学生在一学年或某个较长的时间段内预期达到的学习成果，表明了学生学习的方向以及重点所在。换言之，在 IEP 文本中，长期目标最能体现教育者对学生优先需求的理解和对学生的关键期望，可以成为研制我国孤独症学生关键能力指标体系的重要参考。但从实践中来看，由于缺乏 IEP 制定的指导指南，我国教师在制定长期目标时大多时候只能依赖于个人的主观经验[4]、智障学生

① Farquharson K, Tambyraja S R, Justice L M, et al.. IEP Goals for School-Age Children with Speech Sound Disorders. *Journal of Communication Disorders*, 2014,52: 184-195.

② 肖非:《关于个别化教育计划几个问题的思考》,《中国特殊教育》2005 年第 2 期。

③ Etscheidt S, An Analysis of Legal Hearings and Cases Related to Individualized Education Programs for Children with Autism. *Research and Practice for Persons with Severe Disabilities*, 2003,28(2): 51-69.

④ 于天傲:《关于我国 IEP 实施中特教教师问题的思考》,《经济研究导刊》2019 年第 15 期。

的课程标准 ①，或特定的孤独症评估量表（如 VB–MAPP）②。因而推测起来，国内长期目标的内容指向很可能呈现出不同于他国的特点。迄今为止，还未有研究对此予以系统的关注和探讨，因而也就不清楚这些内容指向的特点到底为何。为此，本研究首次在中国不同地区收集孤独症学生的 IEP 文本，试图对文本中的长期目标展开系统分析，以明确其主要的内容指向、焦点分布和行为性质的特点。本章将着重探讨以下两大问题：

1. 我国孤独症学生 IEP 长期目标的内容指向如何？即：我国孤独症学生 IEP 中的长期目标总体指向哪些能力领域？这在不同地区、性别和年段的学生身上是否存在差异？

2. 我国 IEP 长期目标的行为性质如何？即：我国孤独症学生 IEP 长期目标在行为性质上呈现出怎样的层级水平特点？

二、研究方法

（一）分析框架

拉尔夫·泰勒（Ralph W. Tyler）曾提出，教育目标既关涉培养学生的哪种行为，又关涉行为运用的领域或内容 ③。或者说，有效的教育目标陈述必须包含"内容"和"行为"两个要素，这一观点至今仍有借鉴意义。"内容"指向了学生应当学什么，或应在哪些方面发生变化，如不同组织或机构提出的关键能力框架，常见的认知、技能、情感的领域划分等，便是在"内容"维度上定义教育目标。"行为"则指向学习的水平或发生变化的性质，两者共同构成了完整的教育目标概念。然而，正如施良方指出，"内容"通常是所有教育工作者最为关注的方面，"行为"则往往被忽视 ④。综观孤独症学生教育目标或

---

① Fu W, Lu S, Xiao F, et al.. A Social–Cultural Analysis of the IEP Practice in Special Education Schools in China. *International Journal of Developmental Disabilities*, 2018, 66(1): 54–66.

② 韦小满、蔡雅娟：《特殊儿童心理评估（第 2 版）》，华夏出版社，2016，第 239–246 页。

③ 泰勒：《课程与教学的基本原理》，罗康、张阅译，中国轻工业出版社，2020，第 47 页。

④ 施良方：《简论课程目标的三种取向》，《课程·教材·教法》，1995 年第 6 期。

学习成果的已有研究，亦主要集中在目标的"内容"方面，对"行为"方面关注颇少。这提醒我们要完整地分析 IEP 长期目标，需要既关注长期目标涉及的内容维度，又关注目标所涉的行为性质或目标行为的不同水平。本章正是采取"内容—行为"的双重视角，对收集到的孤独症学生 IEP 长期目标展开分析。

为更好地展现和揭示国内孤独症学生教育目标自身的特色，我们还选择了国外的孤独症学生教育目标体系作为参照。从目前世界各国和地区的经验看，最有代表性的孤独症学生教育目标体系当属英国的孤独症学生能力进步框架（AET 框架，见第二章）。目前最新的 AET 框架是由英国孤独症教育基金会联合英国教育部在 2015 年的首版框架上发展而来，历经 2 年的实践评估才得以颁布，旨在"提供合适的工具来衡量对孤独症谱系障碍学生来说重要的领域的进步"[1]。有研究表明，AET 框架是被证明有价值且值得推广的教育目标体系，由于质量高，在科学性、操作性、前沿性方面都存在优势[2]，现已广泛应用于各国[3]，作为孤独症学生 IEP 制定的重要依据。

AET 框架共由 8 个能力领域、37 个子领域、165 个条目构成，其结构、范畴和关系都比较清晰。其中，"交流与互动"是指具有日常所需的倾听理解、问候、会话、表达意见和与人互动等技能；"社交理解与关系"是指能与他人和群体共处并建立人际关系的能力；"感觉处理"是指能对感觉刺激做出适当反应，正确理解、表达和管理自己的感觉偏好与需求；"特殊兴趣与问题解决"涉及在不同环境中过渡、应对变化以及处理自身特殊兴趣和问题解决的能力；"情绪理解与自我意识"是指理解、调节与控制情绪的能力，还包括

---

① "Autism Progression Framework," Department of Education, accessed Oct 2, 2019, https://www.autism education trust.org.uk/.

② "Evaluation of the Autism Education Trust programme2015–2016," Centre for Educational Development, Appraisal and Research (CEDAR), accessed Oct 2, 2019, https://warwick.ac.uk/fac/soc/cedar/research/ aet15–16.

③ "Transform autism education–final report," Transform Autism Education, accessed Oct 2, 2019, http://www.transformautismeducation.org /wp–content /uploads/ 2017 /11 /IO Seven TAE Final Report NoBudget 8Nov new. pdf.

自我意识和自尊自信的养成；"学习参与"是指参与学习过程并能利用计划、组织、排序和反思等学习方法促进学习；"健康生活"是指维持自身健康、自我照料并维护自身安全的能力；"独立生活与社区参与"是指具备适当的独立生活技能且参加休闲娱乐的能力。（见图 4.1）

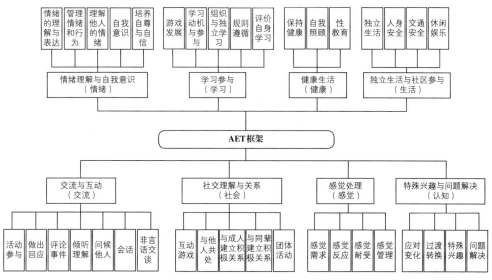

图 4.1　英国 AET 框架结构图

在长期目标"行为"维度的分析中，则参照泰勒示例的一些行为性质描述，如"理解重要事实与原理""解释材料的能力""应用原理的能力""广泛而成熟的兴趣""社会态度"等，再结合孤独症学生的能力特质，建立六个层次的目标行为性质类别，包括"做出反应""理解内容""解释材料""应用能力""反思总结""兴趣态度"，作为行为的分析框架。

（二）研究样本

2020 年，我们依托教育部的委托课题，对全国范围内义务阶段孤独症学生的 IEP 文本进行了征集。样本征集采取二次抽样法。第一次采用非概率抽样确定抽样的区域与省份。根据初期的调查反馈，确定样本需涵盖东、中、西和北部的 18 个省份（东部 8 个、西部 3 个、北部 2 个、中部 5 个）。第二次采取分层随机抽样，向每个省份的特殊教育指导中心[①] 发放 IEP 征集邀请，依据各个省份 IEP 回收数量确定每省孤独症学生 IEP 样本。入组标准：学生具有三甲以上医院"孤独症 / 自闭症"的确诊证明；学生处于小学或者初中阶段。为确保 IEP 的真实性和质量，以正式文件的形式下征集通知，再通过指定邮箱回收 IEP 文本。共回收 556 份 IEP 样本，剔除内容不清晰、IEP 不完整的文本，最终 15 个省份、48 个学校共 500 份孤独症 IEP 文本入组。

（三）研究工具

本部分采用内容分析法进行文本分析。内容分析就是根据明确的规则对消息做出有效、可复制和客观的推断。采用 NVivo11.0 进行内容分析。前文已经提及，NVivo11.0 作为一款质性研究软件，具有强大的定性数据分析功能，不仅能快速查询文本中的特定词汇，进行词频统计，还能执行多种定性数据编码程序，实现研究结果的可视化。因此，本部分将利用该软件进行文本内容的挖掘和可视化分析。

三、研究过程

（一）编码过程

1. 领域和子领域编码

参考 AET 框架中的 8 个能力领域、37 个子领域，运用 NVivo11.0 质性分析软件分别展开一级和二级文本的编码。具体步骤为：（1）将 500 份 IEP 中共 6593 条长期目标批量导入 NVivo.11 中；（2）参照 AET 框架的 8 个主领域和 37 个子领域建立节点框架；（3）仔细阅读每条长期目标，根据其内容分别对应 8 个主领域进行一级节点编码；（4）仔细分析已编入一级节点的内容，按类别细分并进行二级节点的编码；（5）将无法编入一级节点的长期目标编为自由节点，如"提升抓放能力"不能简单归入 8 个领域，因此生成自由节

[①] 省特殊教育指导中心指的是具有协助制订区域特教资源规划、组织实施教育诊断与评估、指导普通学校实施个别化教育、开展区域特殊教育管理和研究、培训师资等多重功能的教育实体性机构。

点。经反复分析协商，两位编码者将自由节点中近似的内容分为运动、学业和行为三类。

2. 行为性质编码

按照做出反应、理解内容、解释材料、应用能力、反思总结以及兴趣态度的行为性质分类，建立目标行为性质评价表，对长期目标进行编码（见表4.1）。

表4.1　目标行为性质评价表的解释与例证

目标的内容维度		目标的行为性质维度					
		1. 做出反应（能对刺激做出反应）	2. 理解内容（能理解重要事实、概念和原理）	3. 解释材料（能对材料进行合理解释）	4. 应用能力（能将知识与技能进行应用）	5. 反思总结（能对自身的学习进行反思和总结）	6. 兴趣态度（能表达兴趣，具有特定社会态度）
感觉反应	1. 表达感官上的喜欢与不喜欢						√
	2. 理解自我的感官需求		√				

3. 编码具体举例

参照 AET 的内容框架和自定的行为层级分类框架，分别对6593条长期目标的内容与行为性质进行编码，表4.2提供了8条目标的示例。如，"原始目标1：能主动对音乐做出反应"，首先按照原 IEP 文档里已有的领域"休闲娱乐"将其归类到一级编码"独立生活与社区参与"以及二级编码"休闲娱乐"中；之后，提取目标中动词"主动……做出反应"将其归类到"做出反应"的第一级行为性质维度中。"原始目标2：体会听音乐的乐趣"，首先根据其内容主要涉及娱乐能力，将其归类编码到一级编码"独立生活与社区参与"及二级编码"休闲娱乐"中；其次根据其目标中动词"体会……的乐趣"，将其归类编码到"兴趣态度"的第六级行为性质维度中。"原始目标3：理解触觉感受（痛、烫、热、凉）"，先根据其内容将其归类编码到一级编码"感觉处理"以及二级编码"感觉需求"中。再提取目标中动词"理解"，按照行为性质将其归类到"理解内容"的第二级行为性质维度中。其他 IEP 长期目标编码方式与此同。

表 4.2　IEP 长期目标内容与行为性质归类编码举例

目标的内容维度		目标的行为性质维度					
		做出反应	理解内容	解释材料	应用能力	反思总结	兴趣态度
独立生活与社区参与	休闲娱乐	1. 能主动对音乐做出反应					2. 体会听音乐的乐趣
	独立生活						
感觉处理	感觉反应						
	感觉需求		3. 理解触觉感受（痛、烫、热、凉）				
健康生活	保持健康			5. 能够理解并解释早晚刷牙，饭前便后洗手的含义			
	自我照料				6. 能脱圆领套衫		
特殊兴趣与问题解决	问题解决					7. 初步运用已有的知识经验解决简单的实际问题，增强应用意识	
	过渡转换		8. 回忆刚刚经历过的事件				

（二）编码结果

表 4.3、表 4.4 呈现了编码之后长期目标条目对应的内容领域和行为性质的数量。

表 4.3　500 份 IEP 的 6593 条长期目标条目内容领域的编码结果

一级节点	编码次数	二级节点	编码次数	一级节点	编码次数	二级节点	编码次数
交流	1077	做出回应	274	情绪	266	理解他人的情绪	28
		问候他人	32			情绪的理解与表达	67
		倾听理解	256			管理情绪与行为	108
		评论事件	307			自我意识	63
		活动参与	29			培养自尊与自信	0
		会话	60	学习	350	规则遵循	149
		非言语交谈	119			学习动机与参与	53
社会	232	与同辈建立积极关系	42			游戏发展	58
		与成人建立积极关系	35			组织与独立学习	76
		与他人共处	64			学习反思	14
		团体活动	59	认知	316	过渡转换	5
		互动游戏	32			特殊兴趣	12
感觉	227	感觉反应	210			问题解决	298
		感觉管理	13			应对变化	1
		感觉需求	4	生活	1278	独立生活	1007
		感觉耐受	0			交通安全	38
健康	537	性教育	37			人身安全	95
		保持健康	56			休闲娱乐	138
		自我照料	444				
自由节点（运动）	608			自由节点（学业）	1702		

表 4.4　500 份 IEP 的 6593 条长期目标条目行为性质的编码结果

内容领域	做出反应	理解内容	解释材料	应用能力	反思总结	兴趣态度	未列入
交流	55	211	5	732	0	42	0
社会	0	16	23	114	0	38	0
感觉	35	1	9	93	0	0	86
健康	0	43	0	410	0	14	0
情绪	0	62	9	173	0	3	0
学习	0	39	7	218	0	47	0
认知	0	53	120	101	0	7	0
生活	0	271	7	469	0	83	0

（三）编码信度与饱和度检验

编码结束后，为了检验编码的信度，邀请同专业硕士研究生（熟悉编码程序和 AET 能力框架）对其中 30% 的原始文件按已建立的节点系统进行重新编码，之后采用编码同意百分比进行检验。

$$同意百分比（信度）＝ \frac{相互同意的编码数量}{相互同意的编码数量＋相互不同意的编码数量}$$

计算显示，150 份 IEP 共 1604 个条目中，内容编码部分，相互同意的编码数量为 1471 个，相互不同意的编码数量为 133 个，可得同意百分比为 91.7%；行为性质编码部分，相互同意的 1339 个，相互不同意的 265 个，可得同意百分比为 83.5%。两者均高于一般要求的 70%[1]，说明编码信度较好[2]。

理论饱和度是指不能得到可以进一步发展某一范畴的特征的数据时，理论趋于饱和[3]。为了进一步检验编码的效度，采用第三者复核法进行检验。研究者邀请特殊教育专业领域的 2 位专家对编码的框架、节点和涉及的概念内涵进行了审查，经反馈，专家基本认同本研究的编码，认为编码比较符合原材料的内容，效度较好，通过检验。

此外，在初步编码结束尾声，还运用了 CQR（共识性）编码法，邀请另一编码者随机抽取最后剩余的 10 份样本对原始文本进行编码，对其中的能力领域进行提炼，发现并未出现新的自由节点与概念。经过检验证明，编码本文所建立的理论编码节点与框架在理论上已经达到饱和。

---

[1] NVivo 编码时，两位研究者间的信度须达到等于或高于 70% 的标准。

[2] 郭玉霞：《质量研究资料分析 NVivo8 活用宝典》，高等教育出版社，2009，第 231–234 页。

[3] Pandit N R, The Creation of Theory: A Recent Application of the Grounded Theory Method. *The Qualitative Report*, 1996,2(4): 4–7.

第二节 IEP 长期目标的内容焦点和行为表现水平状况

一、参与者总体状况

（一）性别比例

500 份 IEP 中，性别比例为男性 71.4%，女性 28.6%。这与文献报道的中国孤独症群体的男女比例为 7.7 ： 1[①] 基本一致。

（二）安置环境

本次抽样中，来自特殊教育学校的 IEP 样本占了 98% 以上，而融合教育环境下的样本仅有 7 份，占 1.4%。造成上述状况的原因，一方面是从数量上说，中、低功能学生本身占比较高；另一方面，在数据收集过程中，各个省份的特殊教育指导中心更倾向于提供由处于特殊教育学校中更专业、熟练的特殊教育老师所撰写的比较规范的 IEP 文本。以上几点，最终造成此次收集的 IEP 样本主要对象是安置在特殊教育学校的中、低功能孤独症学生。

（三）年级分布

此次抽样过程中，参加的学校被要求提供尽可能同等数量的低（1—3 年级）、中（4—6 年级）、高（7—9 年级）年级的 IEP 样本。从最后的样本看，三个年段的 IEP 数量分别占了 35.2%、36.8% 和 28.0%，能满足研究的需要。

（四）地区分布

500 份样本中，东部、中部、西部和北部的分别占 54.0%、24.0%、13.4% 和 8.6%，与这些地区的总人口分布比例基本一致。其中，东部地区选取了北京、上海、江苏、浙江、广东等 7 个省份或地区，中部地区选取了河北、河南、山西、安徽 4 个省份，西部地区选取了广西、云南、贵州、重庆

[①] 邓红珠、邹小兵、唐春等:《儿童孤独症的脑功能影像学改变及其与行为表现关系分析》,《中国儿童保健杂志》2001 年第 3 期。

和甘肃 5 个省份或地区，北部地区则涵盖黑龙江和吉林 2 个省份。这 18 个省份中，经济发达的占 54.0%，经济水平一般的占 32.6%，经济水平相对落后的占 13.4%，总体分布平衡，因此这些参与者基本能代表全国的基本状况。

（五）目标制定模式

IEP 的目标制定模式一般分为能力本位和课程本位[1]。能力本位，是指根据一般人的身心发展及在各年龄层需具备的能力设计长短期教育目标；课程本位，是指根据现有的特定课程单元设计长短期教育目标。不过，美国《障碍者教育法》（IDEA）中明确表示 IEP 应当"既满足因残疾而产生的需求，还要使儿童能够参与普通教育课程并取得进步"，这意味着对于障碍程度较高的儿童来说，IEP 中应当既包含能力本位的目标，又包含课程本位的目标[2]。因此在国外多个国家的 IEP 中经常出现"课程 + 能力"的双重目标设置模式，即同时制定两种目标作为学生的长期目标。

按照上述分类，本研究的 IEP 中，单纯能力本位的目标占 44.6%，单纯课程本位目标占 35.8%，而"能力 + 课程"本位的目标仅占 19.6%。这与美国等发达国家 IEP 长期目标普遍采用"能力 + 课程"本位的目标制定模式不大一致。

二、长期目标的内容领域分析

（一）长期目标条目在内容领域的总体分布状况

1. 目标条目的数量排序

图 4.2 展现了 500 份 IEP 文本中各内容领域长期目标的绝对数量。按照数量多少，领域目标的排序依次是学业、生活、交流、运动、健康、学习、

---

[1] Capizzi A M. From Assessment to Annual Goal: Engaging a Decision-Making Process in Writing Measurable IEPs. *Teaching Exceptional Children*, 2008,41(1): 18–25.

[2] Dietz L, "The Impact of Professional Learning: Writing High-Quality Individualized Education Program(IEP) Goals" (PhD diss., Wilmington University, 2021).

认知、情绪、社会和感觉。其中，学业和运动两类目标为我国所独有，AET框架并未涉及（虚线部分），其余的目标则可分别归属于 AET 框架之下的不同领域。

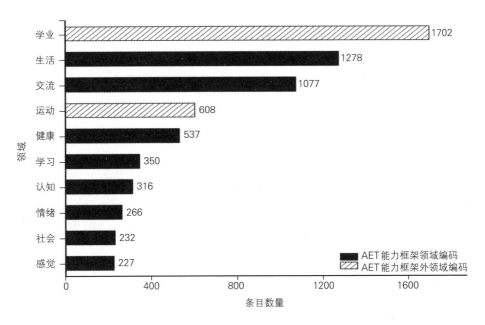

图 4.2　500 份 IEP 文本长期目标在内容领域的总体分布

就数量而言，各领域目标数量差异较大。在 6000 多条目标中，仅学业、生活和交流三大领域的目标已达 4000 多条，其余领域目标多为 200—300 条，表明大部分教师在确定长期目标时更多考虑学生的学业能力、生活能力和沟通能力的发展，而较少考虑感觉问题处理、特殊兴趣发展、学习参与等其他对于孤独症群体同样至关重要的领域。

随后，对特定领域目标的 IEP 份数占总份数的比例做进一步统计。结果发现，500 份 IEP 中，一半以上列举了学业、交流、生活领域的目标，而涉及感觉领域目标的 IEP 份数最少，仅占总数的 23%。列举了情绪、认知以及社会领域相关目标的 IEP 数量也不多，仅占 30%～35%。

2. AET 框架并未涉及的两个内容领域

如图 4.2 所示，学业和运动领域在 AET 中并没有涉及，但我国的教师却针对这两个领域制定了数量较多的目标，分别占 25.8% 和 9.2%。

3. 目标条目的年级差异

以年级水平为自变量，以目标数量为因变量进行单因素方差分析，检验年级水平对 IEP 目标制定的影响（见图 4.3）。结果表明，不同年级的长期目标数量在学业（$F=6.365$，$p < 0.05$）、生活（$F=7.295$，$p < 0.05$）和交流（$F=6.214$，$p < 0.05$）领域存在显著差异，表明教师对不同年段孤独症学生的关注点各有不同。对于低年段学生，教师显然更关注交流互动这一核心缺陷的补偿，同时在感觉、认知领域设置了更多的目标；而随着年龄的发展，教师更关注中年段学生的学业知识、情绪调节与自我意识等的发展；而到了高年级，教师则在独立生活和学业领域设置了更多的目标。

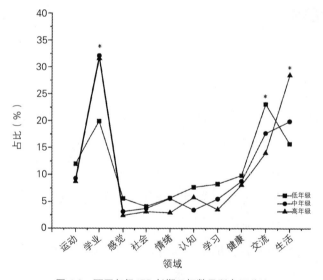

图 4.3　不同年级 IEP 长期目标数量所占百分比

4. 目标条目的性别差异

同样，采用单因素方差分析，检验不同性别条件下长期目标的数量是否存在显著差异（见图 4.4）。结果发现，就性别变量看，女性孤独症学生在大部分领域的目标数量比例均低于男性，而在"健康"和"认知"两个领域的目标数量占比略高于男性。表明教师和家长可能更重视女性学生性教育、自我生活照料等生活能力以及问题解决能力的培养。但总体看，男、女性在各领域下的长期目标数量没有显著差异。

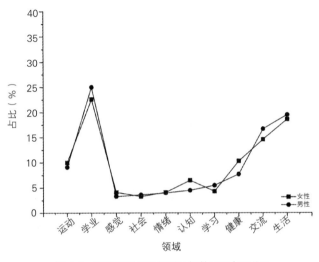

图 4.4　不同性别 IEP 长期目标数量所占百分比

5. 目标条目的地区差异

就地区变量看，不同地区 IEP 长期目标所指向的领域既有相同点也有差异（见图 4.5）。总体来看，在感觉、社会、情绪、认知、学习及运动六个领域中，各地区的目标数量相对来说都比较少（占比 < 12%），但其中学习（$F=7.669, p < 0.05$）、认知（$F=5.995, p < 0.05$）两个领域显示出了地区差异。在另外的领域，如健康（$F=10.841, p < 0.05$）、交流（$F=4.734, p < 0.05$）、生活（$F=7.669, p < 0.05$）以及学业（$F=52.237, p < 0.05$）四个领域中 IEP 长期目标数量占比都较大，且均显示出地区的显著差异，有很大的波动。具体表现为：东部和中部地区更关注学生的学业知识目标，长期目标占比分别达到 34.5% 与 26.8%，其次为生活领域相关目标，数量也达到 22.4% 与 22.9%；而西部地区与北部地区更加关注学生生活目标的设置，对学业目标关注较少。

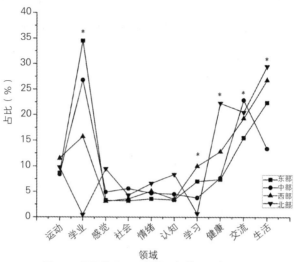

图 4.5　不同地区 IEP 长期目标数量所占百分比

（二）长期目标条目在子领域的分布状况

之后，统计八大领域下的 IEP 长期目标占各自领域总体目标数量的百分比，结果如图 4.6 所示。

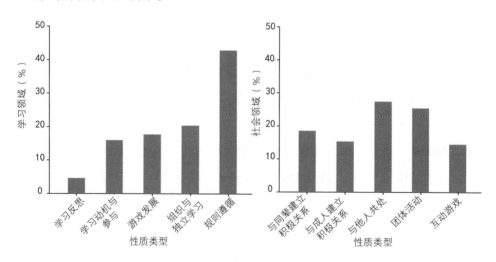

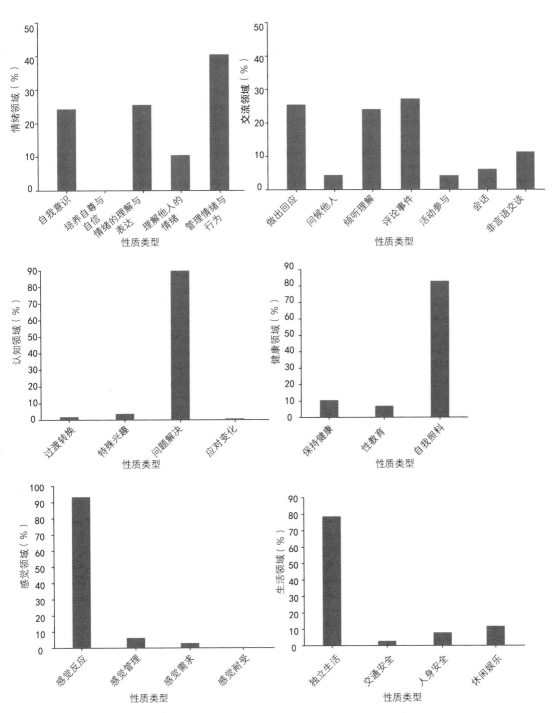

图 4.6 500 份 IEP 中不同子领域下长期目标数量的占比情况

图 4.6 表明，在感觉、生活、健康和认知四个领域中，我国的 IEP 长期目标与 AET 框架强调的目标领域差异比较明显。在感觉领域，我国主要关注的是学生感觉反应能力的培养，但对感觉管理、感觉需求、感觉耐受的关注较少；在健康领域，我国比较关注学生自我照料能力的培养，但在保持健康和性教育领域的目标相对较少；在生活领域，我国特别关注独立生活能力（居家、社区等生活）的培养，但对比 AET 框架中所提到的休闲娱乐和交通安全方面，目标数量明显较少；在认知领域，我国主要关注问题解决能力的培养，却较少针对学生刻板的认知行为模式而开展过渡转换、应对变化等能力的培养，同样较少针对学生的优势潜能进行因势利导。

另外的四个领域的长期目标总体分布则相对均匀，但还是能看到一些具体维度上的差异。图 4.6 表明，在社会领域，我国关注的领域与 AET 框架比较一致，都涉及与他人建立关系、与他人共处、团体活动、游戏等能力领域；在情绪领域，我国同样关注了学生的情绪理解与表达、情绪管理能力、自我意识，但对理解他人情绪，尤其是自尊自信的培养明显不足；在学习领域，我国特别注重培养学生的遵守规则的能力，但相对忽略学习动机、学习组织和管理能力等的培养，特别忽略学习反思能力的培养；在交流领域，我国比较注重培养学生倾听他人、回应他人、评论等基础沟通能力，但同样比较忽略非言语沟通、问候他人、参与活动、会话等相对灵活、更加情境化的较高层次沟通能力的培养。

三、长期目标的行为性质分析

对 500 份 IEP 的所有目标依照 6 个行为性质类别进行分类后，具体分布如图 4.7 所示。结果表明，我国教师为孤独症学生设置的 IEP 长期目标在行为性质上更偏重应用能力的培养，特别是在学习、感觉、健康、交流以及情绪这五个领域中应用性质的目标占比较高，分别占 83%、67%、88%、70% 与 70%。其次，我国孤独症学生 IEP 长期目标也重视对学生兴趣态度的培养。例如，我国在健康以及情绪等领域的目标都涉及了培养学生广泛的兴趣、习惯和社会态度方面。但相较于 AET 框架的目标，我国 IEP 长期目标中较少关注学生理解能力及反思总结能力的培养，这表明孤独症教师可能比较忽略学生学习过程的完整性。因此，从目标行为性质看，孤独症学生应用能力的培养是 AET 框架与我国孤独症教师都着重培养的能力，但我国可能更加集中于实用知识和技能学习结果的达成，而不像 AET 框架那样重视知识技能的获得过程以及学习者学习思维和能力的养成。

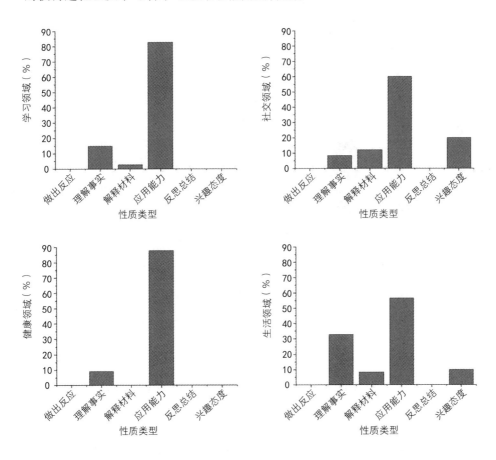

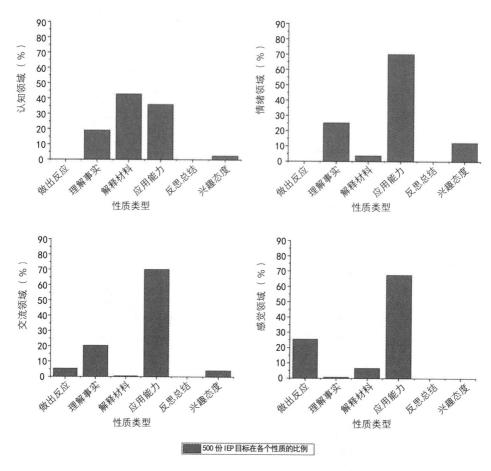

图 4.7　500 份 IEP 文本长期目标在不同行为性质的分布状况

第三节　对孤独症学生 IEP 长期目标的讨论和反思

一、我国当前孤独症学生 IEP 长期目标的内容偏向和特点

（一）高度重视孤独症学生生存能力的培养

　　一般来说，社交、情绪、行为和交流需求被视为对孤独症群体而言最重要的领域。然而，从我国的孤独症学生 IEP 来看，我国教师首先对学生的自

我照料、独立生活等生存能力给予了极大的关注，条目数量占比极高。而社会发展和人际关系、感觉处理、转换过渡、会话、性健康等关键缺陷领域的目标数量总体较少，体现出我国教师对于孤独症学生核心或相关缺陷的关注不够。这反映出当前我国教师对于孤独症学生教育需求的理解与学生的实际需求存在较大差别。

究其原因，这一现象首先可能与我国近年来的特殊教育发展政策有关。2016 年，我国编制了盲生、聋生和智障学生三类学生的课程标准，但并未在孤独症领域制定特定的教育标准。很多教师可能没有接受过有关孤独症的任何培训，对孤独症缺乏了解，只能按照主观的经验，或者按照其他类型儿童（如智障学生）的课程目标设置长期目标，因而很容易忽略这些目标对于孤独症学生的适切性。

其次，这可能与中国的文化传统也有关联。从历史上看，中国历来重视残疾儿童"生存能力"的培养，希望他们能够自食其力，减轻家庭以及社会的负担。调查发现，能独立生存下去是教师和家长首先想要解决的问题。因此，近年来我国特殊教育领域广泛兴起"以生活为中心"的功能性教育，特别强化某一特长的职业能力训练等，教育内容大部分停留在基本的衣食住行层面[1]。这种教育观念的结果有其积极意义，但也有一定的局限，一方面，重视生存技能的培养可以提升学生生活适应的功能性能力，但另一方面，过于技能化的训练，也可能造成学生更丰富的人性发展，如自我意识、自我接纳、自信心、自我管理等情、意等更高层次的心理发展需求受到限制。

（二）重视孤独症学生学业知识与技能的习得

本研究中，高达 52% 的 IEP 将学业性知识和技能视为学生首要的个别化目标，但 AET 却并没有包含学业领域。AET 没有列举学业领域，并非说学生不需要这些学科目标，而可能是 AET 采用的是一种"补充"的思想，即补充现有课程目标里所没有提及却十分重要的功能性目标。AET 编写组曾在框架

---

[1]　邓猛、景时、李芳：《关于培智学校课程改革的思考》，《中国特殊教育》2014 年第 12 期。

研究过程中提交的报告中提到，框架所建议的 IEP 的领域应该与学生的需求密切相关，其重点应当是消除学生学习过程中的障碍，而非支持具体的课程目标[①]。因此，AET 可能适用于制定 IEP 方案中的能力本位的功能性目标，而非课程本位的学业目标。

理想中完整的 IEP 方案应该既包含学业目标，也包含功能性目标[②]。但本研究中，36% 的教师简单地以学业目标指代所有的长期目标就显得有所偏颇。这一偏向可能导致孤独症学生 IEP 实践的诸多问题。过多的学业目标，往往照顾到了学科知识的系统性，却没有考虑到教学内容与学生能力的关系，很可能导致教起来很难、学后无用的状况。朴永馨曾指出，特殊教育要更多地适合教育对象的特点，不能以学科或变相以学科为本[③]。对孤独症学生长期目标的设置应有所考虑，学业目标及非学术领域的功能性目标应兼顾，不能偏颇。未来我国孤独症学生 IEP 目标的设定，应进一步强化"能力目标 + 课程目标"的双目标结构。

（三）关注孤独症学生运动技能的培养

除学业外，运动领域是我国 IEP 长期目标特有的领域。AET 框架没有包含运动领域，但在我国的 IEP 文本中，运动领域占比不少。目前对于运动领域是否是孤独症群体高需求的领域，研究存在一定的争议。例如，尽管有证据表明患有孤独症障碍的儿童存在运动缺陷，并且这些挑战在生命早期很明显，但早期干预通常侧重于提高社交技能，很少实施运动技能干预措施[④]。但在近几年的研究中，有关孤独症学生的运动发展与干预的实证研究逐渐增

---

① "The Development of a Progression Framework for Children and Young People with Autism Literature Review and Consultation," Autism Associates, accessed Nov 12, 2021, https://www.autismeducationtrust.org.uk/sites/default/files/2021-11/PF-report-Literature-Review-and-Consultation.pdf.

② "Individuals with Disabilities Education Act (IDEA 2004)," National Center for Learning Disabilities, accessed July 19, 2021, https://files.eric.ed.gov/fulltext/ED495879.pdf.

③ 朴永馨：《特殊教育课程与教学》，辽宁师范大学出版社，2002，第 375-377 页。

④ MacDonald M, Esposito P, Hauck J, et al.. Bicycle Training for Youth with Down Syndrome and Autism Spectrum Disorder. *Focus on Autism and Other Developmental Disabilities*, 2012, 12(1): 12-21.

多。很多学者开始逐渐重视孤独症学生运动的发展。他们认为，运动技能的发展影响高阶运动领域，甚至与社交技能[1]和适应性行为[2]以及语言和认知技能[3]之间存在联系，且多数实验也证明了对运动技能进行干预能够显著改善社交沟通以及孤独症儿童的其他症状[4]。显然，AET框架认为运动领域并不是高需求领域，而我国教师选择了另一种观点。不过，我国教师重视动作的发展，可能并非重视动作本身的技巧水平，只是更重视隐藏在动作发展背后的"纠正"功能。例如，近20年，在政府部门的支持下，我国在很多学校建立了"感觉运动干预室"（或称"感觉统合训练室"）[5]并对教师展开了大量的运动康复技能的培训[6]。教师们相信，运动干预的成效比较容易"看得见"，也能促进学生全面的进步[7]。

（四）提倡目标的个性化设置，但又具有随意性

本研究还表明，我国的教师会根据不同的条件因素（包括性别、年段和地区条件）设置不同的长期目标，表明了我国教师对于个别化教育的较好理解和落实。总体看，教师认为：女性学生应更加重视青春期卫生以及问题解决能力的培养；低段时应更侧重于沟通、社会等核心缺陷的补偿，中段时应更关注学业发展和情绪调整，以期学生能顺利地在学校生活和学习，而高段

[1] MacDonald M, Lord C, Ulrich A D. The Relationship of Motor Skills and Social Communicative Skills in School-Aged Children With Autism Spectrum Disorder. *Adapted Physical Activity Quarterly*.2013,30(3): 271-282.

[2] MacDonald M, Lord C, Ulrich D. The Relationship of Motor Skills and Adaptive Behavior Skills in Young Children with Autism Spectrum Disorders. *Research in Autism Spectrum Disorders*, 2013, 7(11): 1383-1390.

[3] Bedford R, Pickles A, Lord C. Early Gross Motor Skills Predict the Subsequent Development of Language in Children with Autism Spectrum Disorder. *Autism Research*,2016,9(9): 993-1001.

[4] 陈为玮、朱小烽、张虹雷：《自闭症谱系障碍儿童运动功能评估与干预研究进展》，《中国体育科技》2021年第6期。

[5] 董箫欢、吴璟：《特殊教育学校感觉统合教室设计要点的研究》，《建筑与文化》2016年第12期。

[6] 李倩、袁茵：《对培智学校教师教育康复技能提升的几点思考》，《绥化学院学报》2019年第1期。

[7] 孙朝斌：《自闭症儿童体育项目设置与实施的探究》，《时代教育》2016年第12期。

时应更重视独立生活和社区适应能力的培养，以期学生能发展能力以适应未来的生活与工作。本研究还发现长期目标呈现出地方差异，这可能与地区的经济文化水平、对教师的相关专业知识培训力度以及孤独症教育本身的推行力度有关。不过，尽管已经深谙个别化教育的理念，但教师在设置长期目标时由于缺乏参照标准也显示出主观、随意的特点。研究发现，有的 IEP 设置的长期目标领域比较多，而有的又非常少；有的 IEP 仅仅侧重于生活能力的培养，而有的 IEP 又仅关注学生特定缺陷的补偿，呈现出缺乏对学生多方面教育需求的综合、系统考量的特点。

此外，从目标条目行为性质的分析分布看，我国的目标主要集中于"应用""理解"层次，且大多采用一种比较模糊的用语（部分目标仅用词组表达，未完全表述出目标的含义，如用"擦桌子"作为学生生活领域的目标；部分目标缺少应有的成分，如"整理学习用品"这一目标缺少达成度以及完成时间导致很难测量），表明教师在制定孤独症学生 IEP 长期目标时，对学生目标达成的梯度或层次缺乏充分的考虑。这很难满足孤独症学生差异化的需要。譬如，对于大多数中、低功能孤独症学生，强调初步接纳、关注或跟随的"反应"层级，恰恰是他们学习的起点，是不容忽视的一个层次，仅仅从"理解"和"应用"制定目标并展开教育，可能导致教学效率降低，甚至无法达到预期目标。

二、对孤独症学生关键能力体系构建的反思

（一）孤独症关键能力体系的构建应体现综合性

结合我国 IEP 长期目标所强调的要点和 AET 框架，我们看到对于孤独症学生来说，重要的能力领域至少包括生活、社会、健康、运动、转换过渡、感觉处理、游戏等，这些能力都可视为影响孤独症学生发展的关键能力。当前我国个别化教育目标过度拘泥于"自我照顾"、培养生活能力以及培养语言

表达等生活适应技能的学习。教育内容大部分停留在基本的衣食住行层面[①]，而对于学生的自我意识、自我接纳、自信心的培养明显不足，对学生的优势潜能发掘重视不够，对自我管理能力的培养更是欠缺，表明我们比较容易忽视学生情、意等更高层次的心理发展需求。因此，孤独症学生关键能力指标体系的设计，既要注重对他们社会领域的核心缺陷进行补偿，又要避免过分聚焦于"核心缺陷"的机械训练。对孤独症学生而言，核心缺陷是首先要解决的问题。社会能力、行为控制能力都是十分重要的关键能力。与此同时，相关缺陷也必须要加以考虑。有研究表明，除了核心的社会沟通能力外，独立生活、社区参与、交通、自我决定、学习等适应能力的培养对该群体的未来生活质量具有关键性的预测作用[②]。结合本章的分析结果，在类别上，孤独症学生的关键能力至少要包含生存能力、社会能力和学习能力三类，而这些能力应既涉及基础的自我照料、健康维护等基本能力，又要兼顾高层次的学习规划、反思和管理能力。

（二）孤独症学生关键能力体系应是有弹性且结构化的多层级体系

孤独症学生关键能力体系应具有一定的弹性，要适用于高、低不同功能水平的学生，还要适用于不同性别、不同年段学生以及我国不同地区的经济发展条件。当然，为了方便教师选择，参考 AET 架构的做法，还应遵循由低层次向高层次的递进脉络，形成纵向层级体系。例如，可按照"领域目标—维度目标—要点目标—具体目标"等结构进行逐层构建。教师可以在多元评估和综合评判之后，尝试将特定的目标领域视为学生教育活动开展的起点。不过各项能力目标也并非一个固定的发展层级，长期目标应是高度个人化且整合化的。

[①]　邓猛、景时、李芳：《关于培智学校课程改革的思考》，《中国特殊教育》2014 年第 12 期。

[②]　Klinger L, Klinger M, Mussey J, et al.. "Correlates of Middle Adult Outcome: A Follow-up Study of Children Diagnosed with ASD from 1970-1999" (paper presented at the annual meeting for the International Society for Autism Research, State of Utah, Salt Lake City, May 15, 2015).

（三）孤独症学生关键能力指标条目需结合内容和行为两方面撰写

为使关键能力更明确、可测量、可评价，关键能力指标条目的撰写应既考虑目标所指向的内容领域，也要考虑目标的行为性质或行为水平，以获得一份足够清晰的具体说明。此外，除了从这两方面进行界定外，还需要详述每一项行为目标所要采用的具体材料和情景。这种目标的描述方式将使得关键能力指标条目足够严密和具体，可以作为 IEP 目标使用，也将为后续教师制定教学目标提供具体参照，而不会成为无用的目标或长时间无法达成的目标。

本章在一定程度上揭示了我国孤独症学生长期目标所重点强调的需求，也揭示了目标制定中存在的指向不清晰，缺乏层级水平的考量，制定随意、含糊等问题，从而展示了制约当前我国孤独症学生个别化教育的一个重要困扰。因此，需进一步纳入学习成果分类学或教育目标分类学的相关研究成果，建构更具可操作性、层次性的孤独症学生关键能力体系，这也将对孤独症学生 IEP 目标的制定产生重要的指导意义。尽管孤独症学生成因复杂、谱系多样，我们仍可希望从纷繁的现象中抽取出有价值的共性，从学习成果的视角形成长期目标制定的结构性参照和"源头上"的借鉴。正如泰勒所说："我们若想系统地、明智地研究某个教育计划，首先须明确要达到的教育目标。"①

---

① 拉夫尔·泰勒：《课程与教学的基本原理》，罗康、张阅译，中国轻工业出版社，2020，第3—4页。

第五章

从教师和家长观点中探索
孤独症学生关键能力

"没有调查就没有发言权。"本章试图从教师和家长的视角来探讨孤独症学生的关键能力，作为对前面文本分析的补充，同时起到互相印证的作用，为系统构建孤独症学生关键能力体系框架提供重要的实证基础。对孤独症学生而言，教师和家长是最重要的两大利益相关群体，他们对孤独症学生的身心特点和教育需求较为了解，因此，理解和把握他们对孤独症学生关键能力的看法至关重要，这关乎关键能力框架构建的科学性和合理性。当然，由于身份不同、面对的情境不同，教师和家长很可能形成差异化的观点，如何处理这样的差异，也是关键能力体系构建需要考虑的一个重要问题。本章采取了自下而上的研究思路，针对孤独症学生教师和家长分别开展较大样本的调查研究，展开探索性因素分析，析取出他们普遍认同的指标和维度，并探索这两类群体的观点差异，以从现实需求中归纳孤独症学生关键能力指标。

第一节　从教师和家长观点中探索关键能力的
思路与方法

一、调查对象

采用分层抽样和随机抽样相结合的方法，通过全国 30 个省、自治区和直辖市的特殊教育指导中心或相关行政部门，向所在地区发放编制好的《学龄期孤独症学生关键能力指标认同度调查问卷》，征集符合要求的教师和家长参与调查。调查对象的入组标准为：（1）须是经由正规医院确诊的孤独症学生的教师或者家长；（2）学生年龄介于6—18周岁。最后共收回问卷4446份，经整理，排除问卷填写时间低于150秒的问卷等无效问卷，得到有效问卷4048份，问卷回收率为91.05%，其中教师问卷1618份，家长问卷2430份。具体信息见表5.1和表5.2。

表5.1 受调查教师的基本信息（N=1618）

基本变量	具体维度	人数（人）	占总人数的百分比
学校类型	特殊教育学校	1438	88.88%
	普通学校	180	11.12%
服务地区	东部地区	706	43.63%
	中部地区	487	30.10%
	西部地区	323	19.96%
	东北地区	102	6.30%
性别	男	299	18.48%
	女	1319	81.52%
年龄	20-25岁	249	15.39%
	26-30岁	324	20.02%
	31-35岁	311	19.22%
	36-40岁	227	14.03%
	41-45岁	209	12.92%
	45-50岁	177	10.94%
	50岁以上	121	7.48%
教龄	1-5年	535	33.07%
	6-10年	311	19.22%
	11-15年	168	10.38%
	16-20年	153	9.46%
	21-25年	185	11.43%
	26-30年	145	8.96%
	30年以上	121	7.48%
任教年段	低段1-3年级	750	46.35%
	中段4-6年级	472	29.17%
	高段7-9年级	344	21.26%
	职高段	52	3.21%

表 5.2 受调查孤独症学生家长及孩子基本信息（N=2430）

	基本变量	具体维度	人数	百分比
孤独症学生家长	所处城市	东部地区	1029	42.35%
		中部地区	589	24.24%
		西部地区	676	27.82%
		东北地区	136	5.60%
	受教育水平	小学及以下	227	9.34%
		初中	974	40.08%
		高中或中专	581	23.91%
		大学（本科或专科）	606	24.94%
		硕士及以上	42	1.73%
	职业	无业、失业、下岗	526	21.65%
		农民	571	23.50%
		个体户	216	8.89%
		商业与服务业一般职工	223	9.18%
		生产与制造业一般职工	180	7.41%
		技术工人（包括司机）	106	4.36%
		教师、工程师、医生、律师	179	7.37%
		企业公司中高级管理人员	64	2.63%
		国家机关事业单位领导与工作人员	55	2.26%
		其他	310	12.76%
	月收入	2000 元及以下	771	31.73%
		2000—5000 元	1029	42.35%
		5000—10000 元	439	18.07%
		10000 元及以上	191	7.86%
孤独症学生	年龄	6—9 岁	951	39.14%
		10—12 岁	873	35.93%
		13—15 岁	408	16.79%
		16—18 岁	198	8.15%
	就读学校类型	特殊教育学校	1461	60.12%
		普通学校	969	39.88%
	性别	男	1631	67.12%
		女	799	32.88%
	学习年段	低段 1—3 年级	1238	50.95%
		中段 4—6 年级	889	36.58%
		高段 7—9 年级	271	11.15%
		职高段	32	1.32%
	智商水平	边缘状态（IQ>70）	695	28.60%
		轻度智力障碍（IQ：70—55）	298	12.26%

续表

	基本变量	具体维度	人数	百分比
孤独症学生	智商水平	中度（IQ：55—40）智力障碍	587	24.16%
		重度智力障碍（IQ:25—40）	421	17.33%
		极重度智力障碍（IQ:25以下）	79	3.25%
		正常水平（IQ>90）	350	14.40%

二、调查工具

根据之前的文本研究，编制形成《学龄期孤独症学生关键能力指标认同度调查问卷》。问卷分为"基本信息"和"指标评价"两部分。第一部分是填写教师或家长的基本信息。教师问卷主要包括任职学校类型、年龄、性别、任教年段和教龄等；家长问卷主要包括所处城市、受教育水平、职业、收入和孩子的基本信息等。第二部分主要是对76项关键能力指标的重要程度进行评价和勾选。指标评价采用5点式计分，分别赋予1—5分，关键能力指标对学生的重要性程度越高，其分数就越高。问卷节选如下（见表5.3）。

表5.3　孤独症学生关键能力指标评分表（例举）

题项	十分重要	比较重要	一般	不重要	十分不重要
1.对外界输入的感觉刺激(如触、嗅、视、味、听、身体动觉等)有适当反应					
2.对感觉刺激（如触、嗅、视、味、听、身体动觉等）有适当的耐受度					
3.能表达感觉偏好或其他感觉需求（如调整灯光、温度等）					
4.出现感觉不适问题时，能采用恰当方法进行管理					
5.能完成基本的粗大动作（如跑、爬、跳等）					
6.能完成基本手部操作动作（如握、抓、夹等）					
7.身体能保持平衡协调					
8.表现出具有一定的体能和韧性（包括力量、耐力、敏捷性、熟练度和灵巧性等）					
9.能展示出适应新情境的技巧动作（如拍球、踢球）					
10.能按照意图展现和创造动作（如通过动作表达意图）					

表5.3是关于孤独症学生关键能力指标评分表的部分内容。采用5点等

级评分，各个数值所代表的意义为：1=十分不重要；2=不重要；3=一般；4=比较重要；5=十分重要。请您对孤独症学生关键能力的重要性进行排序，并在合适的选项上打钩。

三、数据分析

采用 SPSS 23.0 对问卷数据进行分析。分别对教师和家长的全部数据进行条目分析、探索性因素分析和内部一致性分析。探索性因素分析可以将杂乱无章的变量重新排列组合，理出头绪，从而得出教师和家长眼中孤独症学生关键能力的应有指标和维度。

第二节　教师和家长对孤独症学生关键能力的观点

一、项目分析

分别对教师和家长数据根据总分进行高低分组（各 27%），结果各条目在高分、低分组间差异均有统计学意义（均 $p < 0.001$），说明各条目区分度良好。教师和家长问卷各条目与总分显著相关，相关系数均在 0.4 以上。

二、孤独症学生关键能力的因素探索

探索性因素分析旨在探讨孤独症学生关键能力的基本结构。本研究采用主成分分析法和最优斜交法旋转抽取初始因子，分别对教师和家长对孤独症学生关键能力的认识进行探索，条目排除标准为：（1）排除因素负荷小于 0.4的项目；（2）排除同时与几个公共因子高负荷相关的项目（因子负荷插值大于 0.2）。

（一）教师视角下孤独症学生关键能力的结构效度

对 76 个条目进行探索性因素分析，KMO 值为 0.987，Bartlett's 球形检验值为 137162.630，df=2850，$p < 0.001$，说明适合进行因子分析，共得到 9 个

特征根＞1的因子，累计方差贡献率为 75.178，其中有 13 个条目需要排除。对剩余的 63 个条目进行第 2 次因素分析，KMO 值为 0.985，Bartlett's 球形检验值为 11066.038，df = 1953，$p < 0.001$，说明适合进行因子分析，分析得到 8 个特征根＞1的因子，累计方差贡献率为 75.108%。具体看，这 8 个因素的内容分别为：因素 1 "社交"，包括 18 个项目，都与沟通、社交和参与群体活动的能力有关；因素 2 "学习"，包括 8 个项目，其中有 7 项学业技能和 1 项学习反思和评价能力（与学习品质有关）；因素 3 "生活"，包括 9 个项目，包含与居家生活、社区生活、健康管理、休闲娱乐和自我决定相关的能力；因素 4 "游戏"，包括 8 个项目，涉及模仿、个人游戏（如玩具探索、组合游戏、因果游戏、功能游戏、象征游戏等）和社会性游戏（平行游戏、联合游戏等）等能力；因素 5 "认知"，包括 7 个项目，涉及注意、思维、问题解决、泛化、兴趣拓展、环节过渡、应对变化等能力；因素 6 "动作"，包括 4 个项目，涉及粗大、精细、平衡协调和体能韧性等；因素 7 "情绪"，包括 5 个项目，涉及情绪理解、表达、调节控制以及问题行为管理等；因素 8 "感觉"，包括 4 个项目，涉及感觉反应、感觉耐受、感觉表达和感觉管理等能力。各因子得分与总分的相关系数在 0.600—0.941 之间，各因子得分间的相关系数在 0.343—0.835 之间，均 $p < 0.001$。

63 个条目的教师问卷的 Cronbach's alpha 系数（α）为 0.986，各条目因子载荷和各维度因子的 Cronbach's alpha 系数见表 5.4。

表 5.4　教师问卷探索性因素分析结果

题项	因子载荷								
	F1 社交	F2 学习	F3 生活	F4 游戏	F5 认知	F6 动作	F7 情绪	F8 感觉	h²
能表达需求、态度、事件、想法和评论	**0.877**	−0.029	0.001	−0.062	0.043	−0.023	0.009	0.038	0.742
能与他人在熟悉或公共环境共处一段时间	**0.868**	−0.020	−0.001	0.048	−0.012	0.021	0.002	−0.027	0.772

续表

题项	因子载荷								
	F1 社交	F2 学习	F3 生活	F4 游戏	F5 认知	F6 动作	F7 情绪	F8 感觉	h^2
能回应他人（如唤名、问候、道谢、指令等）	**0.861**	−0.204	−0.014	0.071	0.009	0.180	−0.061	0.023	0.72
能理解和遵守群体规则（如排队、集体教学、交通、活动等规则）	**0.855**	−0.035	−0.032	0.024	0.011	0.061	−0.010	−0.002	0.73
能在交互式对话中运用辅助技巧（如使用手势、身体姿势辅助表达）	**0.844**	0.002	−0.010	−0.010	0.056	−0.079	0.023	−0.003	0.738
能与他人建立并维持稳定的关系	**0.842**	0.041	−0.019	−0.001	0.014	−0.038	0.057	−0.038	0.766
能进行社交控制（如通过眼神、行为和肢体提出要求）	**0.836**	−0.093	−0.043	0.060	0.060	0.001	0.066	−0.007	0.775
具有劳动实践能力（如做家务、参加公益活动、生产劳动），养成良好的劳动习惯	**0.833**	0.210	0.090	−0.078	−0.131	0.000	−0.061	0.001	0.735
能通过眼神、行为或玩具等维持与他人的互动	**0.825**	−0.028	−0.072	0.085	0.039	−0.050	0.073	−0.001	0.777
能参与群体活动，愿意为集体做事	**0.820**	0.106	0.106	0.052	−0.138	0.021	−0.099	−0.003	0.721
具有社会归属感（如热爱自己的家庭、社区、学校、国家等）	**0.813**	0.253	0.096	−0.098	−0.119	0.001	−0.101	0.001	0.716
能进行社交关注（如回应他人肢体接触、互动邀请等）	**0.803**	−0.104	−0.055	0.135	0.034	0.048	0.045	−0.018	0.76

续表

题项	因子载荷								h²
	F1 社交	F2 学习	F3 生活	F4 游戏	F5 认知	F6 动作	F7 情绪	F8 感觉	
能获取信息（如时间、地点、原因、动作等信息）	**0.799**	−0.012	0.017	0.000	0.052	0.058	−0.040	0.033	0.736
具有一定的职业准备技能（如学习烘焙、园艺、手工等技能）	**0.781**	0.134	0.082	−0.091	−0.044	0.018	−0.023	−0.032	0.666
能与他人分享共同注意，分享关注焦点	**0.760**	0.005	−0.034	0.096	0.040	−0.067	0.096	−0.015	0.769
能发起并推进对话	**0.744**	0.108	0.105	−0.022	−0.021	−0.093	0.000	0.018	0.706
能辨识、关注和倾听环境中的声音	**0.733**	−0.078	−0.020	0.159	0.022	0.117	−0.055	0.050	0.726
能理解和推断他人的想法、意图和感受	**0.729**	0.090	−0.004	−0.006	0.057	−0.118	0.115	−0.014	0.742
具有一定的习作能力	−0.002	**0.941**	0.002	−0.036	−0.039	−0.015	0.024	−0.014	0.809
具有一定的图形几何能力	−0.052	**0.938**	−0.084	0.100	−0.015	0.048	−0.045	0.004	0.804
具有一定的艺术能力（艺术欣赏、创作）	−0.064	**0.895**	0.032	0.100	−0.084	−0.007	−0.032	0.009	0.752
具有一定的信息技术能力	0.067	**0.870**	−0.002	−0.021	−0.006	0.004	−0.030	0.005	0.781
具有一定的数与运算能力	0.035	**0.860**	−0.098	0.031	0.034	0.081	−0.010	0.016	0.784
具有一定的阅读能力	0.150	**0.610**	−0.006	0.014	0.122	0.090	−0.005	−0.010	0.705
能认识、理解和书写常用汉字	0.161	**0.571**	−0.036	−0.016	0.173	0.167	−0.026	−0.005	0.691
能反思和评价自己的学习活动（如评价和改进自身学习状况）	0.171	**0.561**	0.081	−0.065	0.192	−0.067	0.029	−0.022	0.717

续表

题项	因子载荷								
	F1 社交	F2 学习	F3 生活	F4 游戏	F5 认知	F6 动作	F7 情绪	F8 感觉	h^2
能进行适当的居家休闲活动（如看电视、听音乐等）	-0.058	-0.144	**0.893**	0.204	-0.060	0.116	-0.151	0.021	0.669
能管理居家物品和财务	-0.047	0.100	**0.883**	-0.065	-0.036	-0.017	0.038	-0.015	0.755
能选择和参与购物、文娱、运动、度假等休闲活动	0.021	-0.064	**0.881**	0.081	0.045	-0.008	-0.127	0.007	0.729
能保持居家环境的整洁（如打扫、整理等）	-0.005	0.032	**0.878**	0.038	-0.163	0.090	0.028	-0.011	0.737
能使用社区的公共场所、设施和服务	0.041	-0.009	**0.776**	0.067	0.129	0.033	-0.143	-0.002	0.733
具有社区活动的安全知识和意识（如能保持交通、财务和信息安全等）	0.102	0.015	**0.658**	-0.060	0.133	0.002	0.054	-0.019	0.703
能维持住家安全	0.210	-0.120	**0.629**	-0.141	0.065	0.042	0.150	-0.024	0.639
能进行健康管理（如养成健康的作息和锻炼习惯，能进行医疗预约、知道常见药物作用和风险等）	0.077	-0.016	**0.612**	-0.049	-0.007	-0.067	0.252	0.021	0.634
具有自我决策能力（如规划个人生活、反思个人优势和困难、进行自我倡导、寻求帮助等）	0.027	0.158	**0.575**	-0.067	0.161	-0.167	0.146	0.018	0.723
能进行象征游戏（假想出特定角色，如游戏中把椅子假想成汽车）	0.090	0.196	0.091	**0.629**	-0.043	-0.164	0.117	0.003	0.783

续表

题项	因子载荷								
	F1 社交	F2 学习	F3 生活	F4 游戏	F5 认知	F6 动作	F7 情绪	F8 感觉	h^2
能进行组合游戏（如搭积木）	0.055	0.069	0.051	**0.829**	−0.060	0.071	−0.076	0.006	0.798
能进行功能游戏（按照玩具的游戏方法进行，如推小汽车，而不是砸汽车）	0.136	0.019	0.000	**0.749**	0.011	0.015	0.004	0.017	0.792
能进行因果游戏（通过触动A，引起B的反应，如乐器类玩具）	0.076	0.101	0.030	**0.727**	0.014	−0.068	0.059	0.010	0.802
能进行玩具探索（如通过触摸、嗅、投掷等方式探索玩具或材料）	0.153	−0.050	0.000	**0.707**	0.082	0.064	−0.001	−0.009	0.771
能进行肢体或语言模仿	0.197	−0.106	−0.032	**0.699**	0.061	0.126	−0.004	−0.033	0.732
能进行平行游戏（与他人用熟悉的材料或玩具各玩各的，但关注到对方）	0.152	0.137	0.005	**0.619**	0.031	−0.142	0.105	0.017	0.783
能进行联合游戏（能与他人共玩游戏或玩具，但彼此间不协作完成）	0.209	0.105	0.035	**0.597**	0.036	−0.095	0.028	0.018	0.771
能应用泛化所学知识和技能（如泛化到不同人物、时间和场景）	0.074	0.000	−0.049	0.002	**0.864**	0.011	0.026	−0.008	0.823
能灵活进行人、物、情境和活动的注意切换	0.071	0.039	−0.045	−0.004	**0.838**	−0.038	0.051	0.006	0.828

题项	因子载荷								
	F1 社交	F2 学习	F3 生活	F4 游戏	F5 认知	F6 动作	F7 情绪	F8 感觉	h^2
能解决问题（能发现并采取行动解决）	0.043	0.054	0.056	−0.048	**0.830**	0.011	−0.015	−0.014	0.805
能在不同环节之间顺利转移、过渡	0.119	−0.029	0.042	0.026	**0.799**	−0.021	−0.021	0.004	0.813
能积极发展排序、配对、比较、归类、计划、预测、推理等思维能力	−0.072	0.081	0.071	0.060	**0.798**	0.052	−0.050	−0.010	0.767
能适应环境中新的变化	0.223	−0.054	−0.020	−0.006	**0.762**	0.069	−0.045	0.021	0.805
能参与特殊兴趣之外的其他活动	−0.003	0.058	0.090	0.121	**0.691**	−0.039	−0.031	0.002	0.718
能完成基本手部操作动作，如握、抓、夹等	0.052	0.023	−0.015	−0.019	0.009	**0.870**	0.025	0.026	0.838
能完成基本的粗大动作，如跑、爬、跳等	0.017	0.040	0.011	0.018	−0.028	**0.862**	0.009	0.034	0.813
身体能保持平衡协调	0.012	0.023	0.059	−0.017	0.036	**0.804**	0.094	−0.028	0.797
表现出具有一定的体能和韧性（包括力量、耐力、敏捷性、熟练度和灵巧性等）	−0.094	0.113	0.116	−0.025	0.040	**0.601**	0.228	0.013	0.677
能调节和控制情绪（如采纳并回应他人的情绪安抚策略，包括接受他人拥抱）	0.076	−0.074	−0.044	0.014	0.016	0.038	**0.876**	−0.008	0.809
能管理自身的挑战性行为	0.050	−0.016	0.026	−0.025	0.012	−0.034	**0.843**	0.002	0.748

续表

题项	因子载荷								h²
	F1 社交	F2 学习	F3 生活	F4 游戏	F5 认知	F6 动作	F7 情绪	F8 感觉	
能辨识和理解情绪（如识别自己或他人面部表情）	0.024	−0.024	−0.012	0.001	0.010	0.091	**<u>0.837</u>**	−0.002	0.794
能用语言、表情、身体动作适当表达和回应他人的情绪	0.089	−0.036	−0.069	−0.003	−0.006	0.084	**<u>0.835</u>**	0.042	0.811
能按照意图展现和创造动作（如通过动作表达意图）	−0.138	0.066	0.083	0.150	−0.114	0.151	**<u>0.763</u>**	−0.049	0.7
对感觉刺激（如触、嗅、视、味、听、身体动觉等）有适当的耐受度	−0.009	−0.036	0.021	0.027	0.013	0.021	−0.044	**<u>0.876</u>**	0.766
对外界输入的感觉刺激（如触、嗅、视、味、听、身体动觉等）有适当反应	0.009	0.010	−0.058	0.050	−0.037	0.102	−0.120	<u>0.876</u>	0.732
能表达感觉偏好或其他感觉需求（如调整灯光、温度等）	−0.014	−0.007	−0.011	0.014	0.006	−0.031	0.058	**<u>0.847</u>**	0.741
出现感觉不适问题时，能采用恰当方法进行管理	0.022	0.065	0.096	−0.134	0.024	−0.084	0.226	**<u>0.646</u>**	0.638
Eigenvalues	34 056	3 989	2 453	1 795	1 358	1 323	1 295	1 049	
variance explained(%)	54.057	6.332	3.893	2.849	2.156	2.101	2.055	1.665	
Kaiser−Meyer−Olkin (KMO) measure of sampling adequacy	0.985								
Bartlett's test of sphericity	$p < 0.001$								
Cronbach's alpha	0.977	0.950	0.940	0.957	0.956	0.912	0.927	0.855	

注：同时出现在家长和教师维度的条目用加黑表示。

（二）家长视角下孤独症学生关键能力的结构效度

对 76 个条目进行探索性因素分析，KMO 值为 0.989，Bartlett's 球形检验值为 210464.156，df =2850，$p < 0.001$，说明适合进行因子分析，共得到 7 个特征根＞1 的因子，累计方差贡献率为 73.227，其中有 14 个条目需要排除。对剩余的 62 个条目进行第二次因素分析，KMO 值为 0.986，Bartlett's 球形检验值为 167954.267，df= 1891，$p < 0.001$，说明适合进行因子分析；分析得到 7 个特征根＞1 的因子，累计方差贡献率为 74.775%。因此，从家长调查结果中，一共探索出 7 个因素，62 个条目。从具体内容看：因素 1 "学习"，共 13 个条目，涉及 7 项学业技能和 6 项与学习品质相关的条目；因素 2 "社交"，共包括 15 个条目，涉及沟通、人际和群体参与等能力；因素 3 "生活"，共包括 14 个条目，涉及生活自理、居家生活、社区社会、安全管理、休闲娱乐、自我决定、健康管理、青春期健康等；因素 4 "游戏"，共 9 个条目，涉及模仿、个人游戏能力（如玩具探索、组合游戏、因果游戏、功能游戏、象征游戏等）和社会游戏能力（平行游戏、联合游戏、合作游戏等）；因素 5 "动作"，包括 3 个条目，分别是粗大动作、精细动作和平衡协调能力；因素 6 "情绪"，包括 5 个条目，包括情绪理解、表达、调节控制以及问题行为管理，还涉及创意动作；因素 7 "感觉"，包括 3 个条目，分别涉及感觉反应、感觉表达和感觉耐受等能力。

各因子得分与总分的相关系数在 0.504—0.940 之间，各因子得分间的相关系数在 0.279—0.940 之间，均 $p < 0.001$。

62 个条目的家长问卷的 Cronbach's alpha 系数（α）为 0.986，均显示出良好的内部一致性。各维度因子的 Cronbach's alpha 系数见表 5.5。

表5.5　家长问卷探索性因素分析结果

题项	因子载荷							
	F1 学习	F2 社交	F3 生活	F4 游戏	F5 动作	F6 情绪	F7 感觉	h²
具有一定的图形几何能力	**0.981**	−0.102	−0.092	0.146	0.055	−0.099	0.05	0.791
具有一定的习作能力	**0.975**	−0.028	−0.017	0.011	0.038	−0.072	0.026	0.829
具有一定的数与运算能力	**0.963**	−0.043	−0.051	0.057	0.074	−0.043	0.031	0.832
具有一定的信息技术能力	**0.939**	−0.044	−0.021	0.043	−0.054	−0.055	0.050	0.821
具有一定的阅读能力	**0.913**	0.041	−0.014	0.021	0.090	−0.086	0.003	0.792
具有一定的艺术能力（艺术欣赏、创作）	**0.895**	−0.072	−0.085	0.176	−0.019	−0.099	0.044	0.729
能认识、理解和书写常用汉字	**0.84**	0.089	0.046	0.001	0.159	−0.094	−0.010	0.772
能反思和评价自己的学习活动（如评价和改进自身学习状况）	**0.777**	0.062	0.089	−0.037	−0.074	0.042	0.010	0.820
能在学习活动过程中坚持完成任务（如在规定时间内完成任务）	**0.766**	0.074	0.108	−0.054	0.133	0.023	−0.072	0.742
能激发和维持学习动机	**0.743**	0.032	0.061	−0.020	0.058	0.098	−0.008	0.747
能组织安排自己的学习活动（如整理物品、制定学习计划）	**0.710**	0.093	0.182	−0.040	−0.041	0.006	−0.029	0.792
学习过程中能保持适当的专注	**0.691**	0.133	0.115	−0.098	0.095	0.082	−0.057	0.743
能参与协商学习任务（如提出要求增加或减少学习任务）	**0.650**	0.124	0.114	−0.011	−0.048	0.091	−0.025	0.784
能回应他人（如唤名、问候、道谢、指令等）	−0.090	**0.932**	0.071	−0.003	0.259	−0.157	−0.028	0.751
能与他人在熟悉或公共环境共处一段时间	−0.121	**0.857**	−0.010	0.105	0.042	−0.028	0.062	0.733

续表

题项	因子载荷							
	F1 学习	F2 社交	F3 生活	F4 游戏	F5 动作	F6 情绪	F7 感觉	h²
能辨识、关注和倾听环境中的声音	0.003	**0.835**	0.005	0.076	0.126	−0.163	0.097	0.729
能表达需求、态度、事件、想法和评论	0.158	**0.797**	0.027	−0.034	−0.019	−0.037	−0.007	0.784
能与他人建立并维持稳定的关系	0.073	**0.778**	−0.004	0.038	−0.069	0.034	0.027	0.796
能获取信息（如时间、地点、原因、动作等信息）	0.161	**0.759**	0.037	0.007	0.021	−0.045	−0.020	0.773
能在交互式对话中运用辅助技巧（如使用手势、身体姿势辅助表达）	0.132	**0.739**	−0.058	0.044	−0.060	0.047	0.020	0.761
能进行社交控制（如通过眼神、行为和肢体提出要求）	0.026	**0.714**	0.006	0.080	−0.073	0.108	0.008	0.771
能通过眼神、行为或玩具等维持与他人的互动	0.035	**0.704**	0.002	0.106	−0.115	0.094	0.040	0.804
能进行社交关注（如回应他人肢体接触、互动邀请等）	0.034	**0.701**	0.012	0.074	−0.05	0.092	0.019	0.747
能理解和推断他人的想法、意图和感受	0.159	**0.679**	−0.042	−0.002	−0.125	0.151	0.007	0.796
能发起并推进对话	0.255	**0.663**	−0.029	0.005	−0.099	0.030	0.001	0.768
能与他人分享共同注意，分享关注焦点	0.142	**0.641**	−0.014	0.062	−0.146	0.119	0.034	0.801
能理解和遵守群体规则（如排队、集体教学、交通、活动等规则）	0.211	**0.625**	0.139	0.023	0.078	−0.063	−0.078	0.720
能参与群体活动，愿意为集体做事	0.281	**0.569**	0.060	0.051	0.053	−0.037	−0.058	0.699
能保持居家环境的整洁（如打扫、整理等）	0.184	−0.072	**0.852**	0.000	−0.006	−0.072	−0.048	0.739

续表

题项	因子载荷							
	F1 学习	F2 社交	F3 生活	F4 游戏	F5 动作	F6 情绪	F7 感觉	h^2
能料理衣物（如能更换、收拾、清洁衣物等）	0.031	0.043	**0.841**	−0.040	0.165	−0.008	−0.124	0.739
能保持仪容卫生（如能进行洗手、洗脸、如厕等清洁活动）	−0.035	0.095	**0.818**	−0.032	0.328	−0.097	−0.070	0.769
能进行饮食管理（如使用和收拾餐具、养成良好的饮食习惯等）	−0.016	0.118	**0.750**	−0.068	0.308	−0.020	−0.104	0.710
能维持住家安全	0.180	0.012	**0.735**	−0.097	−0.042	0.005	0.035	0.702
能管理居家物品和财务	0.249	−0.051	**0.708**	−0.021	−0.162	0.031	0.006	0.747
能使用社区的公共场所、设施和服务	−0.149	−0.081	**0.689**	0.297	−0.063	0.044	0.110	0.648
能进行适当的居家休闲活动（如看电视、听音乐等）	−0.202	−0.053	**0.685**	0.357	0.138	−0.194	0.110	0.552
能选择和参与购物、文娱、运动、度假等休闲活动	−0.146	−0.092	**0.673**	0.341	−0.076	0.006	0.121	0.627
能进行健康管理（如养成健康的作息和锻炼习惯，能进行医疗预约、知道常见药物作用和风险等）	0.214	−0.017	**0.668**	−0.083	−0.076	0.139	−0.017	0.741
具有社区活动的安全知识和意识（如能保持交通、财务和信息安全等）	0.175	−0.007	**0.643**	−0.026	−0.155	0.133	0.053	0.761
能应对和处理青春期的变化和挑战（如个人卫生、月经、梦遗等）	0.179	0.096	**0.623**	−0.099	−0.123	0.093	0.028	0.726

续表

题项	因子载荷							h²
	F1 学习	F2 社交	F3 生活	F4 游戏	F5 动作	F6 情绪	F7 感觉	
能在青春期保持适当人际距离（如合理地打招呼和触摸）	0.103	0.153	**0.618**	−0.071	−0.109	0.109	0.028	0.739
具有人际觉知的能力（如能辨识身体部位、功能，能接受人与人之间的差异等）	0.109	0.094	**0.499**	0.019	−0.058	0.145	0.090	0.677
能进行组合游戏（如搭积木）	0.056	−0.034	0.025	**0.863**	0.173	−0.064	−0.067	0.743
能进行功能游戏（按照玩具的游戏方法进行，如推小汽车，而不是砸汽车）	−0.040	0.092	0.013	**0.846**	0.105	−0.096	0.031	0.767
能进行玩具探索（如通过触摸、嗅、投掷等方式探索玩具或材料）	0.023	0.042	0.038	**0.832**	0.135	−0.055	−0.061	0.754
能进行因果游戏（通过触动A，引起B的反应，如乐器类玩具）	0.161	−0.063	0.030	**0.783**	−0.018	0.021	−0.021	0.744
能进行肢体或语言模仿	−0.05	0.177	0.028	**0.733**	0.208	−0.072	−0.079	0.687
能进行象征游戏（假想出特定角色，如游戏中把椅子假想成汽车）	0.150	0.003	−0.042	**0.729**	−0.120	0.119	−0.002	0.772
能进行平行游戏（与他人用熟悉的材料或玩具各玩各的，但关注到对方）	0.072	0.136	−0.028	**0.706**	−0.093	0.076	0.006	0.784
能进行联合游戏（能与他人共玩游戏或玩具，但彼此间不协作完成）	0.118	0.114	−0.021	**0.645**	−0.128	0.132	−0.027	0.763

续表

题项	因子载荷							h²
	F1 学习	F2 社交	F3 生活	F4 游戏	F5 动作	F6 情绪	F7 感觉	
能进行合作游戏（如与他人搭档共同完成某一游戏）	0.165	0.129	0.006	**0.578**	−0.131	0.147	−0.050	0.772
能完成基本手部操作动作，如握、抓、夹等	0.056	−0.025	−0.001	0.092	**0.770**	0.214	0.086	0.786
能完成基本的粗大动作，如跑、爬、跳等	0.064	−0.031	−0.027	0.081	**0.755**	0.184	0.132	0.750
身体能保持平衡协调	0.113	−0.058	0.009	0.044	**0.712**	0.314	0.066	0.741
能用语言、表情、身体动作适当表达和回应他人的情绪	−0.068	0.096	−0.004	−0.035	0.237	**0.856**	−0.046	0.788
能调节和控制情绪（如采纳并回应他人的情绪安抚策略，包括接受他人拥抱）	−0.145	0.056	0.099	0.000	0.192	**0.826**	−0.048	0.751
能辨识和理解情绪（如识别自己或他人面部表情）	−0.110	0.107	−0.015	−0.019	0.327	**0.774**	0.002	0.739
能按照意图展现和创造动作（如通过动作表达意图）	0.080	−0.074	0.160	−0.027	0.052	**0.737**	0.012	0.661
能管理自身的挑战性行为	0.096	−0.128	−0.010	0.082	0.268	**0.731**	0.002	0.735
对外界输入的感觉刺激（如触、嗅、视、味、听、身体动觉等）有适当反应	0.053	0.004	0.017	−0.095	0.163	−0.093	**0.864**	0.747
对感觉刺激（如触、嗅、视、味、听、身体动觉等）有适当的耐受度	0.026	0.086	−0.006	−0.075	0.095	−0.036	**0.839**	0.747
能表达感觉偏好或其他感觉需求（如调整灯光、温度等）	0.008	0.072	0.005	−0.020	0.088	0.053	**0.703**	0.626
Eigenvalues	33.804	4.254	2.878	1.623	1.579	1.199	1.023	

题项	因子载荷							h²
	F1 学习	F2 社交	F3 生活	F4 游戏	F5 动作	F6 情绪	F7 感觉	
variance explained(%)	54.523	6.862	4.641	2.617	2.547	1.934	1.650	
Kaiser–Meyer–Olkin (KMO) measure of sampling adequacy	0.986							
Bartlett's test of sphericity	$p < 0.001$							
Cronbach's alpha	0.975	0.961	0.975	0.953	0.908	0.911	0.805	

注：同时出现在家长和教师维度的条目用加黑表示。

（三）两种视角下的调查结果对比

教师和家长对孤独症学生关键能力的认识都有一定的结构，分别包含8个、7个因子，且各条目指标分析及内部一致性均达到了心理测量学要求（见表5.6和表5.7）。对比发现，虽然"认知能力"因子仅存在于教师角度下的孤独症学生关键能力结构，但教师和家长两个群体视角下的关键能力结构均包括"社交能力""学习能力""生活能力""游戏能力""动作能力""情绪能力""感觉能力"7个因子，且前3个因子更重要。初始的76个条目指标中有50个同时出现在教师和家长的最终结构中，并且在每个因子中分布相同，表明条目及其对应的因子具有较高的一致性，也表明教师和家长视角下的关键能力指标略有不同，差异主要体现在生活能力、学习能力、社交能力的条目上。

表5.6　教师和家长探索性因素对比

因素	教师		家长	
	方差解释率（%）	条目	方差解释率（%）	条目
社交	54.057	59—76	6.862	59—73
学习	6.332	42—49	54.523	37—49
生活	3.893	18—26	4.641	15—25，27—29
游戏	2.849	50—57	2.617	50—58
认知	2.156	30—36		

续表

因素	教师		家长	
	方差解释率（%）	条目	方差解释率（%）	条目
动作	2.101	5～8	2.547	5～7
情绪	2.055	10～14	1.934	10～14
感觉	1.665	1～4	1.650	1～3

表5.7　教师和家长视角下的孤独症学生关键能力因子及条目

序号	条目	教师数据探索因子	家长数据探索因子
1	对外界输入的感觉刺激（如触、嗅、视、味、听、身体动觉等）有适当反应	感觉	感觉
2	对感觉刺激（如触、嗅、视、味、听、身体动觉等）有适当的耐受度	感觉	感觉
3	能表达感觉偏好或其他感觉需求（如调整灯光、温度等）	感觉	感觉
4	出现感觉不适问题时，能采用恰当方法进行管理	感觉	/
5	能完成基本的粗大动作（如跑、爬、跳等）	动作	动作
6	能完成基本手部操作动作（如握、抓、夹等）	动作	动作
7	身体能保持平衡协调	动作	动作
8	表现出具有一定的体能和韧性（包括力量、耐力、敏捷性、熟练度和灵巧性等）	动作	/
9	能展示出适应新情境的技巧动作（如拍球、踢球）	/	/
10	能按照意图展现和创造动作（如通过动作表达意图）	情绪	情绪
11	能辨识和理解情绪（如识别自己或他人面部表情）	情绪	情绪
12	能用语言、表情、身体动作适当表达和回应他人的情绪	情绪	情绪
13	能调节和控制情绪（如采纳并回应他人的情绪安抚策略，包括接受拥抱、唱歌）	情绪	情绪
14	能管理自身的挑战性行为	情绪	情绪
15	能进行饮食管理（如使用和收拾餐具等）	/	生活
16	能料理衣物（如能更换、收拾、清洁衣物等）	/	生活
17	能保持仪容卫生（如进行洗手、洗脸、如厕等清洁活动）	/	生活
18	能进行健康管理（如养成健康的作息和锻炼习惯等）	生活	生活
19	能保持居家环境的整洁（如打扫、整理）	生活	生活
20	能管理居家物品和财务	生活	生活
21	能维持住家安全	生活	生活
22	能进行适当的家庭休闲活动，如看电视、听音乐等	生活	生活
23	能选择和参与购物、文娱、运动、度假等休闲活动	生活	生活
24	能使用社区的公共场所、设施和服务	生活	生活

续表

序号	条目	教师数据探索因子	家长数据探索因子
25	具有社区活动的安全知识和意识（如交通、财务和信息安全等）	生活	生活
26	具有自我决策能力（如规划个人生活、反思个人优势和困难、进行自我倡导、寻求帮助等）	生活	/
27	能觉知身体性征（如认识身体部位、接受人与人之间的差异）	/	生活
28	能在青春期保持适当人际距离（如合理地打招呼和触摸）	/	生活
29	能应对和处理青春期的变化和挑战（如个人卫生、月经、梦遗等）	/	生活
30	能积极发展排序、配对、比较、归类、计划、预测、推理等思维能力	认知	/
31	能解决问题（能发现问题并采取行动解决）	认知	/
32	能应用泛化所学知识和技能	认知	/
33	能灵活进行人、物、情境和活动的注意切换	认知	/
34	能适应环境中新的变化	认知	/
35	能在不同环节之间顺利转移、过渡	认知	/
36	能参与特殊兴趣之外的活动	认知	/
37	能激发和维持学习动机	/	学习
38	学习过程中能保持适当的专注	/	学习
39	能在学习活动过程中坚持完成任务（如在规定时间内完成任务）	/	学习
40	能参与协商学习任务（如提出要求增加或减少学习任务）		学习
41	能组织安排自己的学习活动（如整理物品、制定学习计划）	/	学习
42	能反思和评价自己的学习活动（如评价和改进自身学习状况）	学习	学习
43	能认识、理解和书写常用汉字	学习	学习
44	具有一定的阅读能力	学习	学习
45	具有一定的习作能力	学习	学习
46	具有一定的信息技术能力	学习	学习
47	具有一定的数与运算能力	学习	学习
48	具有一定的图形几何能力	学习	学习
49	具有一定的艺术能力	学习	学习
50	能进行肢体或语言模仿	游戏	游戏
51	能进行玩具探索	游戏	游戏
52	能进行组合游戏（如搭积木）	游戏	游戏
53	能进行因果游戏（通过触动 A，引起 B 的反应）	游戏	游戏
54	能进行功能游戏（按照玩具的游戏方法进行，如推小汽车，而不是砸小汽车）	游戏	游戏
55	能进行象征游戏（假想出特定角色，如游戏中把椅子假想成汽车）	游戏	游戏

续表

序号	条目	教师数据探索因子	家长数据探索因子
56	能进行平行游戏（与他人用熟悉的材料或玩具各玩各的，但关注到对方）	游戏	游戏
57	能进行联合游戏（能与他人共玩游戏或玩具，但彼此间不协作完成）	游戏	游戏
58	能进行合作游戏（如与他人搭档共同完成某一游戏）	/	游戏
59	能进行社交关注（如回应他人肢体接触、互动邀请等）	社交	社交
60	能进行社交控制（如通过眼神、行为和肢体提出要求）	社交	社交
61	能与他人分享共同注意，分享关注焦点	社交	社交
62	能通过眼神、行为或玩具等维持与他人的互动	社交	社交
63	能理解和推断他人的想法、意图和感受	社交	社交
64	能与他人在熟悉或公共环境共处一段时间	社交	社交
65	能与他人建立并维持稳定的关系	社交	社交
66	能辨识、关注和倾听环境中的声音	社交	社交
67	能回应他人（如唤名、问候、道谢、指令等）	社交	社交
68	能获取信息（如时间、地点、原因、动作等信息）	社交	社交
69	能表达需求、态度、事件、想法和评论	社交	社交
70	能发起并推进对话	社交	社交
71	能在交互式对话中运用辅助技巧（如使用手势、身体姿势辅助表达）	社交	社交
72	能参与群体活动，愿意为集体做事	社交	社交
73	能理解和遵守群体规则（如排队、集体教学、交通、活动等规则）	社交	社交
74	具有劳动实践能力（如做家务、参加公益活动、生产劳动），养成良好的劳动习惯	社交	/
75	热爱自己的社区、家乡、祖国等，有一定的社会归属感	社交	/
76	具有一定的职业准备技能（如接受技能的培养）	社交	/

第三节　对调查结果的分析和讨论

一、教师和家长对孤独症学生关键能力具有共识

　　比较分析两种视角下孤独症学生关键能力的共同因子可以发现，教师和家长对孤独症学生多元关键能力的需求具有共同的关切。

　　首先，家长和教师都认为社交能力是孤独症学生需培养的关键能力之一，非常强调重视"社会性缺陷"的补偿。教师和家长聚类结果所得的"社交能力"因子都与沟通、社交和群处的能力有关。社交是家长最为关注的领域，父母认为孩子成年后生活中的首要任务是建立良好的社会关系[①]。同时，教师也对社交领域表现出和家长同样的关注和重视[②]。库尔特（Kurth）收集 IEP 文本目标进行系统分析，发现大部分 IEP 目标针对沟通、社交等核心症状[③]。维尔钦斯基（Wilczynski）等人也得出类似的结论[④]。

　　其次，家长和教师对孤独症学生的学业能力都有一定的期望和要求。从世界范围看，美国北达科他州、美国弗吉尼亚州、美国堪萨斯州、英国 AET、中国台湾在孤独症教育指南中，也将孤独症学生学业能力的发展视为重要的目标。此外，有研究也提示，习得关键的学业技能，如学习读和写，对一些成年孤独症患者是有益的[⑤]。

　　再者，强调支持孤独症学生"生存"方面的关键能力。"生活能力"关涉能独立生活（包括能恰当处理居家生活问题、进行适当的休闲活动、参与社区生活、进行自我决策等），这与比尔金（Bilgin）[⑥]、科莱特（Collette）[⑦]、布林

①　"Educational Provision and Outcomes for People on the Autism Spectrum Full Technical Report," Autism Education Trust, accessed May 16, 2022, https://researchmanagement.mq.edu.au/ws/portalfiles/portal/83300152/82950984.pdf.

②　Azad G, Mandell D S. Concerns of Parents and Teachers of Children with Autism in Elementary School. *Autism the International Journal of Research & Practice*, 2016,20(4): 435.

③　Kurth J, Mastergeorge A M. Individual Education Plan Goals and Services for Adolescents With Autism: Impact of Age and Educational Setting. *The Journal of Special Education*, 2010, 44(3):146−160.

④　Wilczynski S M, Menousek K, Hunter M, et al.. Individualized Education Programs for youth with Autism Spectrum Disorders. *Psychology in the Schools*, 2007, 44(7):653−666.

⑤　"Educational Provision and Outcomes for People on the Autism Spectrum Full Technical Report," Autism Education Trust, accessed May 16, 2022, https://researchmanagement.mq.edu.au/ws/portalfiles/portal/83300152/82950984.pdf.

⑥　Bilgin H, Kucuk L. Raising an Autistic Child: Perspectives From Turkish Mothers. *Journal of Child and Adolescent Psychiatric Nursing*, 2010, 23(2):92−99.

⑦　Collette S, Chloe S, Paul S. Parents' and Young Adults' Perspectives on Transition Outcomes for Young Adults with Autism. *Autism: the International Journal of Research and Practice*, 2018, 22(1):29−39.

达（Brinda）^① 等强调要首先培养孤独症学生自我照料的能力或者是独立生活的能力一致。生活能力关乎孤独症学生成年后独立生活、继续教育和参与就业所需的关键能力，所以备受家长和教师重视。

此外，教师和家长对其他相关缺陷领域也予以相似的关注，认为孤独症学生的关键能力还应涵盖动作能力、情绪能力、感觉能力和游戏能力。具体而言，"动作能力"因子涉及粗大动作、精细动作、平衡协调和体能韧性。有研究显示，孤独症儿童与典型的发育儿童相比，可能有运动技能迟缓和运动困难等风险^②，需要重视。"情绪能力"因子涉及情绪理解、表达、调节控制及问题行为管理。对于孤独症学生，情绪问题行为的存在不仅不利于其自身的发展，还干扰老师的教学、同伴的学习，也应作为孤独症学生需重点改善的领域。"感觉能力"因子涉及感觉反应、感觉耐受、感觉表达和感觉管理等能力。DSM-V 将感觉能力异常作为诊断性指标之一。在前文提及的英、美等国家和地区的 9 本孤独症临床实践指南中，有 6 本指南涉及感知觉领域，足见其重要性。"游戏能力"因子涉及模仿、个人游戏（如玩具探索、组合游戏、因果游戏、功能游戏、象征游戏等）和社会性游戏（平行游戏、联合游戏等）等能力。游戏能力可作为孤独症学生提升的抓手，在游戏的过程中，儿童能够整合调节、象征性能力、情感发展和学习准备等能力。即便是学龄期的孤独症儿童，进行游戏学习被认为比进行成人指导的活动学习更有用^③。

总体上看，本研究从教师和家长群体共同得到的 7 个能力维度既回应了孤独症学生的社交等核心缺陷，同时也关注到生活、感觉等相关缺陷领域。

---

① Brinda J, Peggy J, Susan A F. Autism From a Religious Perspective: A Study of Parental Beliefs in South Asian Muslim Immigrant Families. *Focus on Autism & Other Developmental Disabilities*, 2010, 25(2):98-109.

② Ting L, Casey M B. Fine and Gross Motor Performance of the MABC-2 by Children with Autism Spectrum Disorder and Typically Developing Children. *Research in Autism Spectrum Disorders*, 2013, 7:1244-1249.

③ Sima G. Embracing the Potential of Play for Children on the Autism Spectrum. *Topics in Language Disorders*, 2017, 37(3): 229-240.

相关研究也表明，孤独症相关利益群体认为关键的社交技能、学习技能 、生活技能等对孤独症成年后更好地生活非常重要 [1]。

二、教师和家长关于孤独症学生关键能力的观点具有差异

从调查结果看，在孤独症学生应具备的关键能力上，教师和家长的观点存在一定差异。总体上，尽管教师和家长最关心的三个关键能力领域，均为社交能力、生活能力和学习能力，但教师最关注的是社交能力（方差贡献率为 54.06%），其次是学习能力（方差贡献率为 6.33%）和生活能力（方差贡献率为 3.89%），而家长最关注的是学习能力（方差贡献率为 54.52%），其次是社交能力（方差贡献率为 6.86%）和生活能力（方差贡献率为 4.64%），这反映出两个群体对孤独症学生的认识和期待不同。在学校中，教师更易发现学生在社交上的缺陷，更重视社交能力的培养，而家长可能面对的只有自己的孩子，对其社交问题更有耐受力，所以更愿意提升孩子的学习能力。已有研究也表明，在看待孤独症的问题上，家长和教师的观点不总是相同 [2][3]。同时，在三大能力领域的具体关注点上，教师和家长的看法也不同。

在学习能力上，孤独症儿童家长比教师更为关注"学习品质"（条目 37—41 ）。一方面，本研究中，大部分的教师（88.88%）处于特殊教育学校，面对的是同时患有孤独症和智力障碍的儿童，可能由此降低了对其学习品质的期望。另一方面，这也可能是教师和家长所处情境不同导致的结果。教师

---

[1]　"Educational provision and outcomes for people on the autism spectrum Full technical report," Autism Education Trust, accessed May 16, 2022, https://research-management.mq.edu.au/ws/portalfiles/portal/83300152/82950984.pdf.

[2]　Barnhill G P, Hagiwara T, Myles B S, et al.. Parent, teacher, and self-report of problem and adaptive Behaviors in children and adolescents with Asperger Syndrome. *Assessment for Effective Intervention*, 2000, 25(2):147-167.

[3]　Azad G, Mandell D S. Concerns of Parents and Teachers of Children with Autism in Elementary School. *Autism the International Journal of Research & Practice*, 2016, 20(4):435.

的工作情境会影响甚至限制教师的教学选择[①]。在年级—班级制结构中，一般1位融合教育教师至少要同时面对40个学生。而在特殊学校，一般1位教师也要同时面对12个左右的特殊教育需要学生（包括智力障碍和孤独症学生等）。教师需要在规定时间内完成相应的教学任务，保证课堂的有序运作对教师至关重要。而孤独症学生由于自身的特征，很容易在集体课堂上表现出挑战性行为，对课堂秩序产生冲击。因此，从教师角度来看，培养"学习的专注力、反思力、总结力"等这种更高阶的学习品质，并非其核心关注点。而家长并不处于这种情境之中。

这或许也解释了，为何教师强调孤独症学生的认知能力，而家长对此并不关注。认知能力包括一定的认知灵活性（能灵活进行人、物、情境和活动的注意切换；能从刻板兴趣中拓展；能适应环境的变化或转换）和思维能力（如能比较、归类、推理等）。这些能力通常对参与集体课堂是极其重要的，而诸如刻板兴趣与行为等对课堂具有破坏性，因此，认知能力被教师视为需要高度关注的能力。家长则可能已经习惯了学生在家里的这些行为[②]，且认知能力可能对家长来说相对抽象，不太为家长所理解。

在生活能力上，家长关注孤独症学生"自我照料"（条目15—17）、"青春期问题处理"（条目27—29）等与日常生活相关的能力，而教师较少关注。家长对青春期问题处理与自我照料能力极为重视的结果，与前人研究相一致。已有研究表明，孤独症儿童家长认为，孩子独立和幸福的实现取决于接受一定程度的教育和自理技能等基本技能的获得[③]。家长希望孩子长大之后在政府帮助下能够具备"自食其力"的能力，还期望孩子能够具有处理青春期

① Cuban L. Inside the Black Box of Classroom Practice:Change Without Reform in American Education. Cambridge:Harvard Education Press, 2013:170.

② Azad G, Mandell D S. Concerns of Parents and Teachers of Children with Autism in Elementary School. *Autism：the International Journal of Research & Practice*, 2016, 20(4): 435.

③ Starr E M, Foy J B. In Parents' Voices: The Education of Children With Autism Spectrum Disorders. *Remedial & Special Education*, 2012, 33(4):207−216.

相关问题的能力^①。相关研究也提示，孤独症青年往往对性知识了解较少，表现出更多不恰当的性行为^{② ③}。

　　有趣的是，在社交能力上，教师认为孤独症学生应具备"社会责任感""社会归属感""职业准备技能"等，而家长认为这些领域的能力不重要。显然，两个身份群体对孤独症学生的发展与培养存在不同的价值取向：教师更多地从集体性的视角来期望学生，强调学生对班级、学校乃至社会的参与和作用，重视孤独症学生的社会化；而家长更多地从个体性的角度提出需求，更重视孩子个体的生活适应与生活质量。

三、小结："互补"视角下的孤独症学生关键能力

　　本章采用"汇聚式"的研究思路，从教师、家长两个群体的观念对比中来寻找共识，反思最重要的两大利益相关群体对孤独症学生关键能力的主要关切。在中国乃至世界范围，家庭、学校协同育人越来被强调。如英国AET、美国北达科他州、美国堪萨斯州、美国华盛顿州、新西兰的指南都在不同程度上强调家长和教师的合作。

　　然而，建立有效的家庭—学校伙伴关系的一个重要前提，是家长和教师共享他们的关切，并就优先处理和解决的领域达成共识^{④ ⑤}。尽管家长和教师对孤独症学生的理解和期望具有差异，但良好的合作并不是要消灭差异，而是在了解各个群体需要的基础上寻找共识与合力。由于孤独症最显著的一大

---

① 　陈琳：《自闭症儿童家长的困难与愿望——对上海市三名自闭症儿童家长的社会支持需求情况的质的研究》，《文教资料》2011 第 28 期。

② 　Ray F, Marks C, Bray-Garretson H. Challenges to Treating Adolescents with Asperger's Syndrome Who Are Sexually Abusive. *Sexual Addiction & Compulsivity*, 2004, 11:265-285.

③ 　Stokes M, Kaur A. High-functioning Autism and Sexuality: A Parental Perspective. *Autism* 9, 2005, 9(3):266-289.

④ 　Esquivel S L, Ryan C S, Bonner M. Involved Parents' Perceptions of Their Experiences in School-based Team Meetings. *Journal of Educational and Psychological Consultation*, 2008, 18:234-258.

⑤ 　Jivanjee P, Kruzich J M, Friesen B J, et al.. Family Perceptions of Participation in Educational Planning for Children Receiving Mental Health Services. *School Social Work Journal*, 2007, 32(1):75-92.

特征是异质性，建构孤独症学生关键能力框架并非要探寻出一个封闭、固定的能力系统，而是要尊重差异性，设法构建包含"最大公约数"的能力菜单。

因此，孤独症学生关键能力框架的构建要纳入不同的观点，使之更加完备与全面。教师和家长由于站在不同的教育情境，有不同的视角，但把他们结合在一起，互相补足，就会产生对关键能力更具凝聚性、功能性并且更全面的理解。在两种视角"互补"的前提下，孤独症学生关键能力涵盖了"感觉能力""动作能力""情绪能力""生活能力""认知能力""学习能力""游戏能力""社交能力"八大维度，共74个条目（由于条目9"能展示出适应新情境的技巧动作"未被聚类至任何维度，故剔除；条目10"能按照意图展现和创造动作"依照条目意义应当属于"动作"维度，但探索性因子聚类结果将其归类至"情绪"维度，不符合条目本意，故剔除）。这些指标条目总体关涉了"社会融入""健康生活""学习参与"三大领域，也基本涵盖了教育实践领域目前对于孤独症学生培养的基本诉求和重点关切。

第六章

孤独症学生关键能力框架
的系统建构

基于对国内外孤独症学生教育目标或教育期望的广泛调查和剖析，本章试图借鉴吸收哲学、社会学、心理学、教育学等不同学科的思想观点，系统构建我国学龄期孤独症学生的关键能力框架。本章将首先阐明孤独症学生关键能力框架构建的价值取向，为框架构建定下基调。从价值取向上看，框架的构建遵循"全人教育"的理念，以实现孤独症学生"最佳结果"为追求，根本指向个人幸福与社会发展的统一。接着阐述孤独症学生关键能力框架的结构内容，基于对孤独症学生关键能力及其教育的理解，批判性地吸收教师和家长的观点，明晰关键能力框架的领域、板块、要点与指标，整体上涵盖三大领域、八大板块和二十一个要点。进一步，描述孤独症学生关键能力的水平设计，以增强框架的精准性和可实践性。借鉴教育目标分类学的已有成果，将关键能力划分为反应、了解、理解、应用和泛化五个水平，形成孤独症学生关键能力行为性质的分层系统。

第一节　孤独症学生关键能力框架构建的价值取向

构建孤独症学生关键能力框架首先需要明确其价值取向，以指明框架构建的重要意义与总体方向。在育人理念上，框架的构建遵循了"全人教育"的理念；在核心目标上，框架的构建以孤独症学生"最佳结果"（optimal outcomes）的达成为追求；在根本指向上，框架的构建旨在实现个人幸福与社会发展的统一。

一、育人理念：从缺陷补偿向全人教育转变

孤独症学生关键能力框架的构建强调人的全面发展。根据马克思关于人的全面发展学说，人的全面发展首先是指人的完整发展，同时也指人的和谐发展、多方面发展和自由发展[①]。一言以蔽之，人的全面发展即是要培养"完整的人"。作为一种教育理念，培养完整的人并非什么新鲜事物。

1996 年，UNESCO 的报告《学会生存》提出了"培养完人"的教育目的，要求"把一个人在体力、智力、情绪、伦理各方面的因素综合起来，使他成为一个完善的人"[②]。即便是 OECD 这一以经济社会发展为主要关注点的组织，也开始采用审视教育的人文视角，主张教育要培养"完人"，而不能再单纯强调学业成就[③]。

2019 年，美国阿斯彭研究所（Aspen Institute）发布了《从危险之中的国家到充满希望的国家》的报告，指出美国基础教育应重新确立培育"完整儿童"（the whole child）的目标，即要促进孩子社会、情感和认知能力的持续与和谐发展，而不只是关注学业成绩——当把孩子作为"人"来对待时，他们可以学得最好[④]。

我国基础教育政策亦是始终追求实现学生的全面发展，在倡导立德树人和核心素养的当下，培养完整的人更是成为重中之重。2010 年，《国家中长期教育改革和发展规划纲要（2010—2020 年）》提出了"德育为先、能力为重、全面发展"的战略主题。2012 年，党的十八大提出将立德树人作为教育的根

---

① 扈中平：《"人的全面发展"内涵新析》，《教育研究》2005 年第 5 期。
② 联合国教科文组织：《学会生存——教育世界的今天和明天》，教育科学出版社，1996，第 195 页。
③ 舒越、盛群力：《聚焦核心素养 创造幸福生活——OECD 学习框架 2030 研究述要》，《中国电化教育》2019 年第 3 期。
④ 李政云、孙明星：《培育"整全人"：美国基础教育发展新导向——基于〈从处于危险中的国家到充满希望的国家〉解读》，《教师教育学报》2020 年第 5 期。

本任务，明确要培养德智体美全面发展的社会主义建设者和接班人。2018年，习近平总书记在全国教育大会上强调，要坚持中国特色社会主义教育发展道路，培养德智体美劳全面发展的社会主义建设者和接班人。[①]由此，培养全面发展的人的内涵不断得以丰富和拓展。

　　然而，在特殊教育领域，长期以来存在着育人观念和实践上的片面性，主要表现为对残疾人的能力认识不足、过于注重缺陷补偿、片面强调生存之"技"的培养等[②]。这种片面性深受残疾的医学模式（medical model）的影响。在医学模式下，残疾被理解为由疾病、创伤或其他健康状况直接造成的个人问题，残疾仅仅定位为一种"缺陷"，残疾人的教育问题主要是围绕最小化缺陷展开，集中关注矫正补偿的方法[③]。这时，人们看到的首先是"残疾"，之后才是"人"[④]。

　　随着人本主义和建构主义思潮的兴起，社会模式（social model）和生物心理社会模式（biopsychosocial model）在20世纪70、80年代开始盛行。这两大模式的总体观点是，残疾引发的主要问题在于个人与社会的低融合，残疾人之所以是"残疾"的，不是因为他们的残疾本身，而是因为社会和外部环境未能满足他们的需求，残疾是社会的建构物，是社会机制缺陷的产物[⑤]。如1982年联合国《关于残疾人的世界行动纲领》指出："社会对残疾人的态度可能是残疾人参与社会和取得平等权益的最大障碍。"[⑥]人们应该着重看到残疾人的能力，而不是聚焦在他们的残疾本身。（见表6.1）

---

① 　《习近平在全国教育大会上强调　坚持中国特色社会主义教育发展道路　培养德智体美劳全面发展的社会主义建设者和接班人》，《人民日报》2018年9月11日。

② 　丁勇：《关于办好特殊教育、提高教育质量的思考——基于中国学生发展核心素养的视角》，《中国特殊教育》2017年第8期。

③ 　Brussino O, *Mapping Policy Approaches and Practices for the Inclusion of Students with Special Education Needs*. Paris: OECD Publising,2020: 9.

④ 　朱图陵、王保华：《更新残疾观改变残疾状态》，《残疾人研究》2017年第1期。

⑤ 　邓猛、颜廷睿：《西方特殊教育研究进展述评》，《教育研究》2016年第1期。

⑥ 　江小英：《对联合国重要国际文件"残疾观"演变的思考》，《现代特殊教育》2015年第10期。

表 6.1　残疾的医学、社会和生物心理社会模式 [1]

残疾模式	定义	目标	方法
医学模式	残疾由创伤或健康状况直接造成	个体变化	医疗服务
社会模式	残疾是个体在社会/环境中的不完全融入	包容性的环境创设无障碍的社会环境	社会行动
生物心理社会模式	残疾是个体或群体的能力与所处环境要求之间的不匹配	分析并调整环境，使之更适合个体的残疾	多维方法

　　作为中国学生发展核心素养的具象化表达，孤独症学生关键能力框架的构建，首先要坚持以马克思主义为指导，实现从缺陷补偿向全人教育的育人理念转变，尽可能促进孤独症学生的全面发展和个性发展。这意味着，我们先要看到"人"这一第一特征，再看到"残疾"或"功能障碍"的第二特征，超越纯粹的缺陷补偿，将潜能开发与缺陷补偿相统一，正如维果茨基指出的，特殊儿童教育的目标不是缺陷本身，而是受累于缺陷的儿童，有缺陷的儿童不一定是缺陷儿童，其缺陷或正常的程度取决于整体个性培养的最终结果 [2]。从教育学观点看，特殊儿童并非一定不能达到与正常儿童同样的目标，只是为达到这样的目的，必须采取特殊的方法。因此，教育学应建立在创造性发展原则的基础上，帮助有缺陷的儿童尽可能参与社会生活。事实上，我国 2017 年修订颁布的《残疾人教育条例》业已明确指出：残疾人教育应当贯彻国家的教育方针，并根据残疾人的身心特性和需要，全面提高其素质，为残疾人平等地参与社会生活创造条件。在全人教育的理念下，关键能力框架指向培养孤独症学生成为能独立生活的自立之人、能持续学习的自主之人和能与世界沟通的共生之人。

---

① Brussino O, *Mapping Policy Approaches and Practices for the Inclusion of Students with Special Education Needs*. Paris: OECD Publising,2020: 9.

② 列·谢·维果茨基：《缺陷儿童心理学研究》，刘华山、张豫鄂、李德祥译，安徽教育出版社，2016，第 14 页。

二、核心目标：追求孤独症学生最佳结果的达成

孤独症学生关键能力框架的构建以达成最佳结果为核心目标。费恩（Fein）等人曾将最佳结果视为这样一种状况，即少数孤独症群体经过一定时间的发展，不再符合孤独症的诊断标准，且智力水平达到了正常范围[①]。换言之，最佳结果表现为能从孤独症中"恢复"。然而，这样的理解实际上是采用了一种静态的观点来看待最佳结果，把其视为一种绝对的标准，忽略了孤独症学生个体自身的增值性发展以及动态的发展史。同时，这一理解仅仅用孤独症症状和智力水平来衡量学生是否达到最佳标准，过分简化了他们的综合发展成果。例如，有的学生可能具有高的智商分数，但很可能难以建立起良好的人际关系，生活中也鲜有愉悦感和幸福感。显然，很难说这样的学生获得了理想的发展结果。因此，后来的研究者重新阐释了最佳结果的内涵。科斯特洛（Costello）和毛恩（Maughan）等认为，最佳结果包含三层互相关联的意义：在最好的环境下为个体设想的最好结果；在现有资源下整个群体预期能达成的最好结果；考虑到个体自身的历史或环境，个体所能达成的最好结果[②]。格鲁吉亚（Georgiades）等沿袭了这种理解，强调最佳结果应当运用儿童自身的历史来审视其成长，并聚焦孤独症儿童在某些目标和领域上的进步——这些目标和领域对他们自身或家庭来说通常是至关重要的[③]。这意味着，对孤独症个体而言，最佳结果应是一种相对标准。

最佳结果内涵的变化也传递出对孤独症及孤独症儿童的新理解：第一，将孤独症更多视为一种"神经多样性"（neurodiversity）。几十年来，孤独症一直被描述为一种儿童神经发育障碍，但现在，孤独症被理解为大脑功能和发

---

① Fein D, Barton M, Eigsti I M,et al.. Optimal Outcome in Individuals with a History of Autism. *Journal of Child Psychology and Psychiatry*, 2013,54(2): 195－205.

② Costello E J, Maughan B. Annual Research Review: Optimal Outcomes of Child andAdolescent Mental Illness. *Journal of Child Psychology and Psychiatry, and Allied Disciplines*,2015,56(3):324－341.

③ Georgiades S, Kasari C. Reframing Optimal Outcomes in Autism. *JAMA Pediatrics*, 2018,172(8): 716－717.

育的差异化，这种差异是自然发生的，大脑不存在正常与否的说法，尽管大脑可能有"典型"的联结方式，但并非只有一种方式，大脑联结的方式是多元的，因而不同的孤独症个体在一生中可达成的最佳结果也是多样化的，正如生物多样性极其重要，这种多样性同样具有内在的价值。第二，强调用成长心态（growth mindset）对待孤独症儿童的发展。成长心态和固定心态（fixed mindset）相对，固定心态认为，人的才智和能力是固有和无法改变的，成长心态则认为，人的能力可以通过学习和努力得以改变与增强[①]，孤独症儿童的最佳结果并不是一个绝对的水平和节点，而是可以不断接近、不断超越的目标。第三，凸显孤独症儿童的主体地位。追求最佳结果不是为满足外部评估者制定的标准，而是追求孤独症儿童自身的最大可能的进步，这种进步并不为少数高功能的孤独症儿童所专属，而是面向该群体的所有人。

三、根本指向：实现个人幸福与社会发展的统一

无论是倡导"全人教育"的理念，还是追求"最佳结果"的达成，孤独症学生关键能力框架的构建根本指向个人幸福与社会发展的统一。一方面，学生的幸福成长是学校教育的价值本体[②]。正如美国教育哲学家诺丁斯（Noddings）指出的，"一种好教育就应该极大地促进个人和集体的幸福"[③]。尽管幸福不是教育的唯一目的，但一定是核心目的。近年来，OECD 也将人的"幸福生活"置于发展核心位置，主张个人幸福与社会福祉之间的相互统一和相互促进[④]。然而，尽管学生幸福是个备受关注的议题，但对孤独症学生幸福的关注却极少[⑤]。当然，幸福的定义是开放性的，幸福生活也不存在模板，不

① Dweck C. Carol Dweck Revisits the Growth Mindset. *Education Week*, 2015, 35(5): 20–24.

② 刘若谷：《幸福成长：教育价值的本体回归》，《教育研究》2016 年第 5 期。

③ Noddings N, *Happiness and Education*. Cambridge: Cambridge University Press, 2003:1.

④ 舒越、盛群力：《聚焦核心素养 创造幸福生活——OECD 学习框架 2030 研究述要》，《中国电化教育》2019 年第 3 期。

⑤ Danker J, Strnadová I, Cumming T M. "They Don't Have a Good Life if We Keep Thinking that They're Doing It on Purpose!" Teachers' Perspectives on the Well-Being of Students with Autism. *Journal of Autism and Developmental Disorders*, 2019, 49:2923–2934.

过，从相关的研究来看，学生幸福一般会关涉人际关系、胜任感和成就感、积极的情绪以及自我和内心这些领域[1]。显然，为促进孤独症学生的幸福，关键能力框架的构建必然要超越过去残疾人教育中强调的"培养一技之长"的价值，亦即超越学生培养的工具性价值，指向更广阔的生活领域，重视生命价值本身的意义。

另一方面，从教育的功能而言，虽然仅凭教育不能解决所有的社会发展问题，但教育理应也可以发挥自身的社会功能，助力形成新的社会发展模式。这就需要一种以人为本、全纳、公平、珍视多样性的人文主义教育范式，促使经济增长和社会发展服从于人们对正义、包容等的关注[2]。然而，基础教育领域的不平等状况限制了教育的这种社会功能，其中一大不平等，即是残疾儿童，尤其是残疾风险较高儿童的受教育权利往往被忽视[3]。由此，构建孤独症学生关键能力框架，正是致力于让孤独症儿童这一群体在教育中变得更为"可见"，通过促进孤独症儿童的幸福和价值实现，导向一个更健全的社会。

第二节　孤独症学生关键能力框架的结构与内容

一、孤独症学生关键能力框架的结构

孤独症学生关键能力框架的构建，是立足本土、批判吸收的过程，一方面广泛借鉴国际上关于孤独症学生教育目标、教育期望等的观点（见第二章），另一方面通过文献研究、IEP 文本分析、教师和家长调查等多种途径，

---

[1]　Danker J, Strnadová I, Cumming T M. School Experiences of Students With Autism Spectrum Disorder Within the Context of Student Wellbeing: A Review and Analysis of the Literature. *Australasian Journal of Special Education*, 2016,40(1):59−78.

[2]　联合国教科文组织:《反思教育: 向 "全球共同利益" 的理念转变？》，联合国教科文组织总部中文科译，教育科学出版社，2017，第 37−42 页。

[3]　联合国教科文组织:《反思教育: 向 "全球共同利益" 的理念转变？》，联合国教科文组织总部中文科译，教育科学出版社，2017，第 43 页。

充分了解国内不同利益相关群体对孤独症学生关键能力的看法（第三至五章）。因此，孤独症学生关键能力框架结构模型的构建，亦是综合考虑及统筹不同视角和观念的过程，同时也必然蕴含着本研究自身对这些多元观念、对孤独症学生关键能力，及对孤独症教育教学的理解与诠释。

从对不同国家和地区制定的孤独症临床实践指南的分析来看，国际上关于孤独症学生必备的能力已形成了相当的共识（见表6.2）。从能力维度上，大都涵盖生活健康、情绪行为、沟通交往、认知学习等方面，呈现出条目综合分布的特点，表明"全人教育"正是世界孤独症教育的重要趋势；从功效层次上，兼容基础性能力与高阶性能力，既关注生活自理、健康管理、沟通能力等基本能力的培养，也关涉学会学习、问题解决、自我决定等高阶能力的培养，体现出兼顾障碍和潜能、兼顾基本生存和个人长远幸福的原则。如果参照OECD划分的"人与社会""人与自我""人与工具"三大关键能力领域，这些孤独症学生的能力维度总体上可归为"社会融入""健康生活""学习参与"三大领域范畴，指向社会能力、生存能力和学习能力的培养。

表6.2　不同国家（地区）对孤独症学生关键能力厘定的异同

地域	指南	孤独症学生能力维度		
		高一致性（≥7）	中等一致性（4—6）	低一致性（≤3）
美洲	美国华盛顿州指南（AGWS） 美国堪萨斯州指南（GESA） 美国北达科他州指南（GSSAES） 美国弗吉尼亚州指南（GESA）	社交沟通 生活自理 情绪行为 认知能力	感觉处理 身体动作 健康管理	学习参与 学科能力 职业技能 游戏能力
大洋洲	新西兰指南（NZAG）			
欧洲	英国苏格兰指南（ADIA） 英国AET框架（AETPF）			
亚洲	中国香港指南 中国台湾指南			

（注：高一致性指至少7份指南关注到该能力领域；中等一致性指4—6份指南关注到该能力领域；低一致性指3份及以下指南关注到该能力领域。）

我国教育实践领域对孤独症学生的期望总体上同样分布在社会融入（社

交沟通、人际关系、游戏技能、社会规则等）、健康生活（情绪行为、生活自理、青春期健康、感觉处理、动作发展等）和学习参与（认知思维、学业表现、学习品质等）这三个领域。不过，从不同的分析视角来看，人们对这三个领域的关注度有所差异。譬如，从孤独症学生 IEP 文本的长期目标来看，教育者在为孤独症学生制定 IEP 目标时，最为重视学生生存能力的培养，对社会能力，尤其是对建立人际关系方面的能力关注较少。然而，从干预文献分析来看，最受关注的还是社会能力的培养，甚至在一定程度上，对"社会沟通缺陷"核心问题的过度关注遮蔽了对孤独症学生生存能力的培养。如，在我国 1999—2020 年公开发表的 253 篇教育干预类文献中，约 30% 的文献指向了社交沟通，20% 的文献指向了认知和学业，仅约 10% 的文献指向了生活领域[1]。从问卷调查看，教师和家长最关心孤独症学生社会能力的发展，对孤独症学生的生存能力培养也是颇为关注。不过总体上，当前人们对孤独症学生的潜能开发和情意方面的能力发展，如自我决定、学习品质的培养等相对关注不足[2]。

回顾这些发现在于说明，由于孤独症的复杂性和异质性特征，人们对孤独症学生应当掌握的关键能力存在多元的看法，因此，构建孤独症学生关键能力框架，并非在于提供唯一的"标准范本"或是封闭、固定的能力系统，而是在于提供一个包含"最大公约数"的能力菜单或"目标银行"，呈现出广泛性和多样性，这种观点在前文已经多次提及。但与此同时，虽然存在多元观点，人们对孤独症学生关键能力的看法也具有共性，对差异性的尊重不能遮蔽这种共识。而平衡好共同价值和差异性观念，将是孤独症学生关键能力框架的一大特征。

经由教师和家长调查得出的八大能力维度（社交、学习、生活、感觉、动作、情绪、认知和游戏）及 74 条能力指标，为孤独症学生关键能力框架

---

① 　杨晓芳：《孤独症学生关键能力指标构成的探索研究》，硕士学位论文，浙江师范大学，2021，第56—59 页。

② 　曹漱芹、杨晓芳、沈晨波：《我国义务教育阶段孤独症学生核心素养模型的构建》，《中国特殊教育》2020 年第 2 期。

的构建提供了重要的实证基础。不过，为构建更为适切和更可操作的能力框架，我们组建专家共同体（包括从事孤独症教育研究和课程教学研究的高校教师、一线资深的特殊教育教师、特殊教育专业研究生等），对调查得到的关键能力指标体系进行重新检视。经过重新检视，发现能力指标体系主要存在两方面不足：一是关键能力指标体系的结构化仍较为不足，不利于教育教学实践的转化应用。比如，指标体系只有"维度—指标"两个内容层级，能力体系相对比较零散；一些维度内部指标仍有可归类的空间，像"社交能力"维度下有近 20 条指标，不做进一步区分就很难在日常的课程教学中转化落实，况且指标之间的能力指向其实也有明显的差异。二是部分指标与普通学校或培智学校课程标准存在交叉重叠，易产生混淆。比如，"学业技能"维度的指标和学科性课程目标就很难区分，也就很难厘清关键能力和课程目标之间的关系，在教育教学实践过程中也容易造成教育工作者的困惑。

由此，考虑到孤独症学生关键能力的定位、孤独症教育教学实践的需要等，并结合关于孤独症学生关键能力的各种观点，我们对已有的关键能力指标体系做出如下调整：第一，删除"学业技能"维度的能力指标，明确关键能力体系之于国家课程标准的补充地位，凸显关键能力的跨学科性。第二，建立关键能力的领域层级结构。具体来说，参照国际上部分指南的惯常做法，按照"领域—板块—要点—指标条目"，构建关键能力体系的框架结构。首先确定领域划分。根据前期研究，同时对照《中国学生发展核心素养》的"自主发展、文化基础、社会参与"领域，划分"健康生活""学习发展""社会融入"三大领域，指向生存能力、学习能力和社会能力的培养。

进一步，在三大领域框架下，合并、拆分或重组已有的能力维度及指标，实现"板块—要点—指标条目"的结构搭建。例如，考虑到游戏的社会性，将"社交""游戏"维度下的能力指标纳入"社会融入"领域，并重新拆分为"游戏""沟通""人际""群处"四大板块，以体现社会或社交能力的不同层次，"游戏"板块下又细分为"模仿能力""独自游戏""社会游戏"三个要点，重组相应的指标。又如，将"认知""学习"归为"学习发展"的范畴，将"认知"板块分为"认知灵活性"和"思维发展"两个要点，以更好凸显孤独症学生的认知特点，并体现出能力的基础与高阶之分。再比如，从"生活健康"的领域视野来审视学生生存相关或身心健康发展相关的能力维度，将"生活""感觉""动作""情绪"等维度的指标都纳入其中，并参考相关研究，在"生活""健康"两大板块下整合相关要点并重组指标，如参考哈罗的动作目标分层理论等①，从粗大动作、手部精细操作、平衡协调和体能韧性等维度，重组"身体动作发展"要点的关键能力指标。

经过多次检视和修正，最佳结果导向的孤独症学生关键能力框架结构正式形成（见图6.1）。概言之，该框架主张通过培养孤独症学生的生存能力、学习能力和社会能力，最大程度地促进孤独症学生实现健康生活、学习发展和社会融入，使孤独症学生不断朝着成为"能独立生存的自立之人、能持续学习的自主之人、能与世界沟通的共生之人"的目标方向发展，达成自身的最佳结果。当然，再次强调，每位孤独症学生的最佳结果都是相对的，不存在统一的绝对结果。

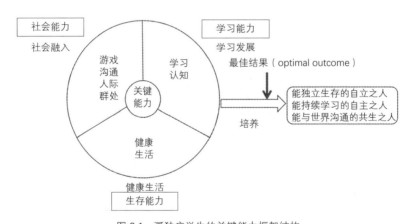

图 6.1　孤独症学生的关键能力框架结构

（注：图中的箭头表明，每位孤独症学生的最佳结果都是相对标准，是一个不断接近"自立、自主和共生"的中间阶段。）

---

① A. J. 哈罗、E. J. 辛普森：《教育目标分类学 第三分册 动作技能领域》，施良方、唐晓杰译，华东师范大学出版社，1989，第3—4页。

二、孤独症学生关键能力框架的具体内容

修正后的孤独症学生关键能力体系框架涵盖 3 大领域、8 大板块、21 个要点和 67 条指标（见表 6.3）。

表 6.3　孤独症关键能力指标体系

领域	板块	要点	指标条目
健康生活	健康	能处理自身与感觉有关的问题	对外界输入的感觉刺激（如触、嗅、视、味、听、身体动觉等）有适当反应； 对感觉刺激（如触、嗅、视、味、听、身体动觉等）有适当的耐受度； 能表达感觉偏好或其他感觉需求（如调整灯光、温度等）； 出现感觉不适问题时，能采用恰当方法进行管理
		能灵活、协调地执行身体动作	能完成基本的粗大动作（如跑、爬、跳等）； 能完成基本手部操作动作（如握、抓、夹等）； 身体能保持平衡协调； 表现出具有一定的体能和韧性（包括力量、耐力、敏捷性、熟练度和灵巧性等）
		能认识和调节情绪	能辨识和理解情绪； 能用语言、表情、身体动作适当表达和回应他人的情绪； 能调节和控制情绪； 能管理自身的挑战性行为
	生活	具有自我照料的能力	能恰当处理饮食问题； 能料理衣物； 能保持仪容卫生； 能进行健康管理
		具有独立生活的能力	能保持居家环境的整洁； 能管理居家物品和财务； 能处理和维持住家安全； 能进行适当的家庭休闲活动，如看电视、听音乐等； 能选择和参与购物、文娱、运动、度假等休闲活动； 会使用社区的公共场所、设施和服务； 具有社区活动的安全知识和意识（如交通、财务和信息安全等）； 具有自我决策能力（如规划个人生活、反思个人优势和困难、进行自我倡导、寻求帮助等）

续表

领域	板块	要点	指标条目
健康生活	生活	能处理青春期的相关问题	能觉知身体性征； 能在青春期保持适当人际距离； 能应对和处理青春期的变化和挑战
学习参与	认知	具有一定的认知灵活性	能灵活进行人、物、情境和活动的注意切换； 能在不同环节之间顺利转移、过渡； 能适应环境中新的变化； 能不局限于重复性兴趣，而参与特殊兴趣无关的活动
		能积极发展思维能力	能积极发展排序、配对、比较、归类、计划、预测、推理等思维能力； 能解决问题（能发现问题并采取行动解决）； 能应用泛化所学知识和技能
	学习	对学习有兴趣并积极参与活动	能激发和维持学习动机； 学习过程中能保持适当的专注； 能在学习活动过程中坚持完成任务（如在规定时间内完成任务）； 能参与协商学习任务（如提出要求增加或减少学习任务）
		能组织自身学习活动	能组织安排自己的学习活动（如整理物品、制定学习计划）； 能反思和评价自己的学习活动（如评价和改进自身学习状况）
社会融入	游戏	具有一定的模仿能力	能进行肢体或语言模仿
		能开展有功能意义的独自游戏	能进行玩具探索； 能进行组合游戏（如搭积木）； 能进行因果游戏（通过触动 A，引起 B 的反应）； 能进行功能游戏（按照玩具的游戏方法进行，如推小汽车，而不是砸小汽车）； 能进行假装／象征游戏（假想出特定角色，如游戏中把椅子假想成汽车）
		能参与社交游戏	能进行平行游戏（与他人用熟悉的材料或玩具各玩各的，但关注到对方）； 能进行联合游戏（能与他人共同玩游戏或玩具，但彼此间不协作完成）； 能进行合作游戏（如与他人搭档共同完成某一游戏）

续表

领域	板块	要点	指标条目
社会融入	沟通	能用非言语方式与他人沟通	能进行社交关注（如回应他人肢体接触、互动邀请等）； 能进行社交控制（如通过眼神、行为和肢体提出要求）； 能通过眼神、行为或玩具等维持与他人的互动； 能与他人分享共同注意，分享关注焦点
		能倾听常用言语信息并有恰当回应	能辨识、关注和倾听环境中的声音； 能回应他人（如唤名、问候、道谢、指令等）； 能获取信息（如时间、地点、原因、动作等信息）。
		能表达需求、想法和评论	能表达需求、态度、事件、想法和评论
		能进行交互式对话	能发起并推进对话； 能在交互式对话中运用辅助技巧（如使用手势、身体姿势辅助表达）
	人际	能理解和推断他人的想法	能理解和推断他人的想法、意图和感受
		能发展并维持恰当的人际关系	能与他人在熟悉或公共环境共处一段时间； 能与他人建立并维持稳定的关系
	群处	能参与集体活动	能参与群体活动，愿意为集体做事； 能理解和遵守群体规则（如排队、集体教学、交通、活动等规则）
		有一定的社会归属感和责任感	热爱自己的社区、家乡、祖国等，有一定的社会归属感； 具有劳动实践能力（如做家务、参加公益活动、生产劳动），养成良好的劳动习惯； 具有一定的职业准备技能（如接受特定职业技能的培养）

（一）健康生活：指向培养促进"自立"的生存能力

"健康生活"领域指向培养促进"自立"的生存能力。生存能力，是指个体为了保存和发展自己，在对自己的生存环境和条件进行适应、利用、斗争、创造时所表现出来的综合能力[①]。一项关于孤独症群体发展结果的元研究表明，只有少数孤独症群体能达到"好"的发展程度，即"能独立生活，拥有亲密友谊和稳定的职业"，基本达到正常或接近正常人的社会生活，而一半的孤独症群体发展结果都是"差"或"极差"，需要终身的、高密度的支持

---

① 柏铁山、邱程：《生存教育：国外理论与实践思考》，《连云港师范高等专科学校学报》2017 年第 1 期。

和服务[1]。与智力、语言功能和孤独症症状严重程度相比，身心健康和生活适应能力反而是预测孤独症成人生活质量的更为重要的变量[2]。基于此，孤独症学生关键能力框架首先需解决个体"成人"的底线条件，即"生存能力"的问题，尤其是对症状严重的孤独症学生群体而言，生存能力更应作为其首要考虑的目标。

孤独症学生的生存能力主要涵盖"健康"和"生活"两个板块。"健康"关涉三个要点：(1)能处理与感觉有关的问题。包括：能对外界输入的感觉刺激有适当的反应和耐受度；能表达感觉偏好或其他感觉需求（如调整灯光、温度等）；能管理感觉过敏、过度寻求特定感觉等异常问题。(2)能灵活、协调地执行身体动作。包括：能完成基本的粗大动作（跑、爬、跳等）；能完成基本手部操作动作（握、抓、夹等）；能展示出适应情境的技巧动作（如拍球、踢球）等。(3)能认识和调节情绪。包括：能辨识和理解情绪；能适当表达和回应他人的情绪；能控制情绪，管理自身的挑战性行为等。

"生活"关涉以下要点：(1)具有自我照料的能力。包括：能恰当处理饮食问题；能料理衣物；能保持仪容卫生；能进行健康管理。(2)具有独立生活的能力。包括：能恰当处理居家生活问题；能进行适当的休闲活动；能参与社区生活；能进行自我决策等。(3)能处理青春期相关问题，包括：能觉知身体性征；能保持适当人际距离；能应对和处理青春期的变化和挑战。

（二）学习参与：指向培养促进"自主"的学习能力

"学习参与"领域指向培养促进"自主"的学习能力。学习能力是指能在复杂多变的环境中自觉运用一系列认知与非认知策略解决复杂问题的能

① Steinhausen H C, Jensen C M, Laurtisenm B. A Systematic Review and Meta-Analysis of the Long-Term Overall Outcome of Autism Spectrum Disorders in Adolescence and Adulthood. *Acta Psychiatrica Scandinavica*, 2016,133(6):445-452.

② Klinger L, Klinger M, Mussey J, et al.. "Correlates of Middle Adult Outcome: A Follow-up Study of Children Diagnosed with ASD from 1970-1999" (paper presented at the annual meeting for the International Society for Autism Research, State of Utah, Salt Lake City, May 15, 2015).

力。近 20 年来，"学习"成了教育领域的新语言①。在信息社会的大背景下，跨学科、跨领域的"学习能力"已成为公认的 21 世纪关键能力之一。譬如，UNESCO "普惠学习领域框架"将"主动学习与认知"作为学习成果领域之一，强调学习者的投入、动机和学习参与②；欧盟的"终身学习关键能力框架"包括了"学会学习能力"③；美国课程再设计中心则提出了"元学习"的关键能力维度，旨在帮助学生在现在和未来掌握各种不同的学习任务④。而在与孤独症有关的国际文件中，"学习"一词也屡屡出现。如，英国 AET 的"进步框架"将"学习与参与"作为框架的重要组成部分，希望孤独症学生能在游戏中学习、具有组织学习和独立学习的能力、能进行自我学习评估和反思等；苏格兰在《政府孤独症策略》(*The Scottish Strategy for Autism*) 中倡导通过"卓越课程"使每个孤独症儿童都能成为成功、自信、负责的学习者，并强调通过跨学科的学习养成学生独立思考、做出正确判断、解决问题等能力。

在充满不确定性和模糊性的时代，学习能力的培养对孤独症学生同样重要。当然，孤独症学生有自身的学习特质，包括认知刻板、机械性记忆力较强但思维能力水平较低、兴趣狭窄、泛化困难、学习动机薄弱等⑤。因此，孤独症学生的学习能力主要包含"认知"和"学习"两个板块。"认知"关涉两个要点：(1) 具有一定的认知灵活性。包括：能灵活进行人、物、情境和活动的注意切换；能从刻板兴趣中拓展出来，发展出多元兴趣；能适应环境的变化或转换等。(2) 能积极发展思维能力。包括：比较、归类、推断、问题解决、计划等能力。

---

① 格特·比斯塔：《超越人本主义教育：与他者共存》，杨超、冯娜译，北京师范大学出版社，2020，第 22-24 页。

② 丁旭、盛群力、陈文吉：《普惠学习，标准为先——联合国教科文组织学习指标体系述要》，《现代远程教育研究》2018 年第 6 期。

③ "Key Competences for Lifelong Learning: European Reference Framework," European Commission, accessed July 19,2021, https://www.britishcouncil.org/sites/default/files/youth-in-action-keycomp-en.pdf.

④ 玛雅·比亚利克、查尔斯·菲德尔：《21 世纪的技能与元学习：学生应该学什么》，《开放教育研究》2019 年第 1 期。

⑤ 邓永兴：《试论孤独症儿童的学习特点与教学原则》，《现代特殊教育》2007 年第 10 期。

"学习"也关涉两个要点:(1)对学习有兴趣并积极参与活动,包括:能激发和维持学习动机;学习过程中能保持适当的专注;能在学习活动过程中坚持完成任务;能参与协商学习任务。(2)能组织自身学习活动,包括:能组织安排自己的学习活动(如整理物品、制定学习计划);能反思和评价自己的学习活动(如评价和改进自身学习状况)。这些要点主要凸显对孤独症学生"学习品质"的培养。"学习品质"对随班就读的高功能孤独症学生群体尤为重要,它和"自我系统"的激活密切相关,从人的学习或行为模式来讲,只有"自我系统"首先介入,即个体有参与学习的动机和意愿,个体的元认知和认知系统才会启动,学习过程才得以开始和持续[1]。

(三)社会融入:指向培养促进"共生"的社会能力

"社会融入"领域指向培养促进"共生""共存"的社会能力。社会能力是个体进行社会交往和应对社会环境的能力,具有情境性、发展性、有效性和关系性等特点。早在20世纪90年代,UNESCO就提出将"学会共存"(learning to live together)作为21世纪学习的四大支柱之一,以应对生活传统范畴的深刻变化。"学会共存"关乎"发现他人"和"共享目标"[2],要求个体具备沟通能力、合作能力、跨文化能力、团队参与能力、公民意识等社会能力[3]。而社会能力的缺陷正是孤独症的核心缺陷,即便达到最佳结果,孤独症个体也仍然会有剩余的沟通、社交和人际方面的缺陷[4]。诺丁斯曾指出,"人际关系领域是幸福的一个主要舞台",首要的幸福就要从和其他人的关系中

---

[1]　盛群力:《旨在培养解决问题的高层次能力——马扎诺认知目标分类学详解》,《开放教育研究》2008年第2期。

[2]　UNESCO, *Learning to Live Together: Education Policies and Realities in the Asia-Pacific*. Paris: UNESCO, 2014: 7.

[3]　" The Futures of Learning2:What Kind of Learning for the 21st Century," UNESCO, accessed April 14, 2022, http://unesdoc.unesco.org/images/0024/002429/242996e.pdf.

[4]　Orinstein A J, Suh J, Porter K, et al.. Social Function and Communication in Optimal Outcome Children and Adolescents with an Autism History on Structured Test Measures. *Journal of Autism and Developmental Disorders*, 2015,45(8): 2443–2463.

去寻找；此外，参与学校生活、社区生活等公共生活也是人获得幸福的重要途径[①]。因此，培养社会能力，不只是补偿缺陷之义，还直接关乎个体的幸福。

当下，对孤独症学生社会能力的培养过分注重单项社会技能的机械训练，忽视非言语沟通的奠基作用，忽视游戏的价值，忽视社会能力培养的生态性和整体性，导致学生所学的社会能力难以泛化和迁移。根据 Rose-Krasnor 的棱柱模型，社会能力的高低主要由三个层面来衡量：底端的社会技能（如沟通技能、观点采择技能等）；中间的社会性发展结果，包括自我领域（包括动机、自信、自我效能感等）和关系领域（包括同伴关系、亲子关系等）的发展，以及最高层的社会行为与情境的吻合度和适应性等[②]。因此，从这种系统的观点出发，孤独症学生的社会能力至少包括"游戏""沟通""人际""群处"四个板块。与该理论模型对应，孤独症学生的"沟通"主要指向于社会技能的发展，"游戏"和"人际"主要指向于中间层的自我效能感和关系领域的发展，而"群处"则指向于最高层的社会行为的情境适应性。上述能力共同构成了孤独症学生社会能力的整体。

具体而言，"游戏"主要涵盖三个要点：（1）具有一定模仿能力，包括肢体模仿和言语模仿的能力；（2）能开展有功能意义的独自游戏，如具有玩具探索能力，能进行组合游戏、因果游戏、功能游戏、象征游戏等；（3）能参与社交游戏，如能进行平行游戏、联合游戏、合作游戏等。"沟通"主要涵盖四个要点：（1）能用非言语方式与他人沟通，如能进行社交关注，能进行社交控制（如通过眼神、行为和肢体提出要求），能通过眼神、行为或玩具等维持与他人的互动等；（2）能倾听常用言语信息并有恰当回应，如能辨识、关注和倾听环境中的声音，能回应他人，能获取信息等；（3）能表达想法、需求和评论；（4）能进行交互式对话，如能发起并推进对话，能在交互式对话中运用辅助技巧（如使用手势、身体姿势辅助表达等）。"人际"主要涵盖

---

① 内尔·诺丁斯：《幸福与教育》，龙宝新译，教育科学出版社，2009，第 25 页。
② 张静、田录梅、张文新：《社会能力：概念分析与模型建构》，《心理科学进展》2012 年第 12 期。

两个要点：（1）能理解和推断他人的想法；（2）能发展并维持恰当的人际关系。"群处"也主要涵盖两个要点：（1）能参与集体活动，包括愿意为集体做事，能理解和遵守群体规则（如排队、集体教学、交通、活动等规则）；（2）具有社会责任感和归属感，如表现出积极的亲社会行为，爱自己的社区、家乡、祖国等，有一定的社会归属感，具有劳动实践能力和一定的职业准备技能等。

第三节　孤独症学生关键能力水平的设计

一、孤独症学生关键能力水平设计的意图

迈克尔·富兰曾指出，广为人知的 21 世纪 "4C" 能力（协作能力、批判性思维、沟通能力和创造力）之所以未能真正在大范围上改变教学与学习，根源在于没有明确如何定义和测量成功的结果[①]。因此，孤独症学生关键能力体系框架的设计需要考虑精准性的问题，当然，"精准"不等于"处方"，精准要求实践者根据具体情境做出自适应性的调整。为保证精准性，能力框架采用"学习成果"（learning outcomes）的形式陈述能力指标。所谓学习成果，是学生完成特定学习经历后应展示的具体知识、技能与能力，一般具有明确性、可观察性和可测量性。"能力"和"学习成果"的综合运用将有利于更清晰地知道学生应该学习什么、理解什么以及应该怎样做、做得如何[②]。

然而，正如前文已指出，尽管有效的教育目标陈述应包含"内容"和"行为"两个要素，"内容"指向学生应当学什么或应在哪些方面发生变化，"行为"则指向学习水平的变化或发生变化的性质，但"行为"要素常常被忽视[③]，

---

① Fullan M, Quinn J, Mceachen J. *Deep Learning: Engage the World Change the World*. CA: Corwin Press, 2018: 18.

② Kennedy D, Hyland A, Ryan N. Learning Outcomes and Competencies. *Using Learning Outcomes: Best of the Bologna Handbook*, 2009, 33(1): 59–76.

③ 施良方：《课程理论——课程的基础、原理与问题》，教育科学出版社，1996，第 25 页。

孤独症学生教育目标领域的研究也是如此。事实上，要实现关键能力体系的精准性，一个重要前提就是需要对学生达成能力的具体水平进行判断，以确定学生学习的起点和可以进步的水平。因此，我们试图借鉴学习成果分类学（亦称教育目标分类学）相关研究成果，对孤独症学生关键能力进行纵向水平的设计，以增强框架的可操作性和可实践性。

学习成果分类学就是一套依据层级体系对行为水平进行分类的办法[①]。普通教育领域已形成了相对成熟和丰富的学习成果分类学，包括：布卢姆教育目标分类学，比格斯建构的SOLO（Structure of the Observed Learning Outcome）分类学，豪恩斯坦提出的教育目标分类整合模式，马扎诺（Marzano）建构的学习行为目标分类框架，等等。在特殊教育领域，重庆江津向阳儿童发展中心的李宝珍依据《培智学校义务教育课程标准（2016年版）》自编了培智课程四好评量表，以培养学生成为好公民为最终目标，将学生的能力划分为"好照顾、好家人、好帮手、好公民"四个水平，以0、1、2、3、4的量化等级进行评量（"0及1分者"—好麻烦，不好照顾；"1"—好照顾，可接受、会关注、会选择（无意识），需全面支持，但照顾者较不费力；"2"—好家人，可生存、能自理，对基本需求有意识，是家中稳定的一分子；"3"—好帮手，属于家庭（原住家庭或福利院、青年之家等生活环境）中的得力助手，达到常人日常生活标准；"4"—好公民，与一般人一样的生活模式，能就业、能创造），从而将课程标准与学生的实际生活功能联系在一起。由此可见，特殊学生学习成果或能力的水平划分也已经引起了研究者和实践者的重视。

二、孤独症学生关键能力水平的划分

（一）孤独症学生关键能力水平划分的理论基础

本关键能力框架的水平设计以布卢姆教育目标分类学和SOLO分类学为主要参照，这两个学习成果分类学可谓是当前教育领域影响较大、应用范围

---

① 马兰、盛群力：《教育目标分类新架构——豪恩斯坦教学系统观与目标分类整合模式述评》，《中国电化教育》2005年第7期。

较广、可操作性较强的水平层级分类体系，以它们为基础设计能力水平，便于教育工作者接受、理解、把握。

1. 布卢姆教育目标分类学

布卢姆教育目标分类学产生于 20 世纪 50 年代。当时，美国心理学会的一些考试专家认为所谓的"领会""掌握"知识的含义是模糊的，利用这些术语进行交流存在一定困难。于是布卢姆与其他专家开始寻求一种有利于检验和交流的目标分类理论框架，以促进教育目标的进一步具体化与系统化，同时促进教育评价运行的科学化。1956 年，布卢姆等人提出"教育目标分类学"，指向预期的学生学习结果。他们认为教育目标应划分为认知领域、情感领域和技能领域，并将认知领域划分为知识、领会、运用、分析、综合、评价六个层次。2001 年，安德森等近十位专家对布卢姆的目标分类学进行了进一步的修订，在新版本中提出从"知识—认知过程"二维定义目标，知识划分为事实性知识、概念性知识、程序性知识和元认知知识，认知过程重新定义为记忆、理解、应用、分析、评价和创造（见表 6.4）。

表 6.4　布卢姆教育目标分类学（修订版）的认知过程水平划分 [①]

水平	描述动词示例
记忆	再认、识别、回忆、辨识、复述、界定、识别、标记、说出、背诵
理解	解释、分类、比较、总结、概括、推断、预测、对比、匹配、联系、说明、描述、举例
应用	执行、改变、选择、计算、戏剧化、实施、采访、准备、制作、角色扮演、精选、展示、转换、使用
分析	分析、选择、整合、争论、解构、演绎、区分、分清、检查、组织、归因
评价	鉴定、论证、评价、选择、批评、决定、评估、监测、理出优先顺序、证明、排列、定等级、精选
创造	计划、产生、创造、设计、开发、生成、假设、发明、制定、完成、规划、制作

具体而言，"记忆"指从长时记忆中提取有关信息，包括识别和回忆；"理解"指从书面、口头及图画呈现的教学信息里构建意义，包括解释、举例、分

---

① Anderson L W, Krathwohl D R, Peter W. *A Taxonomy for Learning, Teaching, and Assessing: A Revision of Bloom s Taxonomy of Educational Objectives.* New York: Longman, 2001.

类、总结、推断、比较、说明；"应用"指在给定情境中使用或执行某种程序，包括执行和实施；"分析"指将材料分解为其组成部分，并确定各部分彼此怎样关联以形成总体结构或达到目的，包括区别、组织和归因；"评价"指依据标准或规格作出判断，包括检查和评论；"创造"指组合各元素形成形式新颖、内在一致的整体或创造出原创性的产品，包括产生、计划和生成。

2. SOLO 分类学

SOLO 分类学起源于皮亚杰的认知发展阶段理论，在吸取了皮亚杰认知发展理论合理因素的基础上，该分类学由对儿童认知发展阶段的关注，转向对儿童在问题反应中表现出的认知发展水平的关注[1]。比格斯认为，一个人的整体认知结构虽然无法被测量，但是学生回答问题时，可以从能力、思维操作、一致性与闭合性、应答结构四方面来判断他的思维处于哪一个结构难度层级。比格斯区分出五个水平的学习质量（learning quality），从低到高依次为前结构（prestructural）水平、单点结构（unistructural）水平、多点结构水平（multistructural）水平、关联（relational）水平和扩展抽象（extended abstract）水平。

前结构水平：一种低于目标方式的反应，学习者被情景中无关的方面迷惑或误导，不能以任务中所涉及的表征（或功能）方式处理任务。

单点结构水平：学生关注主题或问题，但只使用一个相关的线索或资料，找到一个线索就立即跳到结论上去。这一水平有两个特点，一是快速回答问题的愿望，二是对反应内部可能出现的矛盾的忽视。

多点结构水平：学生使用两个或多个线索或资料，却不能觉察到这些线索或资料之间的联系，不能对线索或资料进行整合。主要特点是学生找到了越来越多正确的相关特征，回答问题时能联系多个孤立事件，但仍缺乏有机整合的能力，常常给出一些支离破碎的信息。

关联水平：学生能使用所有可获得的线索或资料，并能将新旧知识结构相联系和相整合。主要特点是学生能够从整体上把握任务要求，并能将各种

---

[1] 刘京莉：《以 SOLO 分类为基础的学生学习质量评价初探》，《教育学报》2005 年第 4 期。

相关信息整合成有机整体；能将多个事件联系起来回答或解决较为复杂的具体问题等。

扩展抽象水平：学生超越资料进入一种新的推理方式，并能概括一些抽象特征。主要特点是学生使用外部系统的资料和更抽象的知识；会归纳问题并概括；结论具有开放性且更抽象；能拓展问题本身的意义等。

这五个认知水平之间是递进关系，存在质的差异，可以用不同的动词加以体现（见表6.5）。其中，扩展抽象水平代表了一种更高水平的学习能力，这一水平的学生有更强的钻研精神和创造意识，也有更好的迁移能力。

表6.5　SOLO 分类学

层级	描述动词示例
前结构水平	
单点结构水平	记住、辨识、认出、计数、界定、标记、相配、命名、引用、回忆、背诵、整理、陈述、撰写、模仿
多点结构水平	归类、描述、列出、报告、讨论、举例说明、精选、叙述、计算、排序、简述、区分
关联水平	应用、整合、分析、解释、预测、总结、评论、论证、转换、规划、比较、对比、组织、争论、建构、解决问题
扩展抽象水平	推理、假设、归纳、反思、生成、创造、编排、发明、发起、创作

上述两个学习成果分类系统具有相似之处，两者均对学习成果提出了不同的层级划分，且不同层级之间的关系是递进的；两者均在每一层级提出了相应的描述动词，以方便操作。对两者的简要比较如下表所示（见表6.6）。

表6.6　布卢姆教育目标分类学与 SOLO 分类学的简要比较

布卢姆教育目标分类学		SOLO 分类学	简要说明
水平		前结构水平	均为低于目标方式的反应
	记忆	单点结构水平	能进行简单的识记，略知一二
	理解	多点结构水平	知识点之间可产生联结，但仍不全面，无法把握整体
	应用	关联水平	能运用所学解决具体问题
	分析	扩展抽象水平	涉及抽象、迁移、泛化与创造的能力
	评价		
	创造		

（二）孤独症学生关键能力水平的具体划分

对很多孤独症学生而言，记忆水平或单点结构水平的能力起点要求仍然是偏高的。一些孤独症学生通常认知水平和动机水平较为低下，在任务中的配合度也较低，因此，孤独症学生的"反应与关注"是教育教学中最重要的起始点。比如"自编四好评量表"中，"四好标准"中的第一级"好照顾"就强调学生的关注与反应，包括能被动参与、被动配合简单拿放等动作、不排斥等，孤独症学生的关键能力水平同样需要考虑这个层级，因而，本研究认为，可以参照 SOLO 的前结构水平建立适合孤独症学生的反应水平，即要求学生首先能够对与任务相关的人、物或者活动有所反应或关注，即使是本能的、无意义的反应。以反应水平为起点，结合两个分类系统的要点，再逐一建立了解、理解、应用与泛化水平，形成五层次的关键能力水平（见表 6.7）。具体水平如下：

反应水平： 这一水平，孤独症学生基本不具备相关能力，无法理解相应的要求与步骤，但是能够对成人相应的行为不排斥、不干扰，表现出初步的接纳与关注，或能够跟随成人的身体引导做出初步的动作，但该动作往往是无意义的或随意的。

了解水平： 这一水平，孤独症学生能参与基本事实和技能的学习，能简单识记或者再现所学会的知识与技能技巧。但是处于这一水平的学生对事物是直接的认识，只是略知一二，知识与知识之间、事物与意义之间并未建立起联系。

理解水平： 这一水平，学生开始能就所学的知识点建立联系，对事物不仅能知其"然"，还能知其"所以然"，也有了解决问题的一些思路，但仍未能把思路有机地整合起来，因此不能将学到的知识与技能应用在具体场景中，欠缺解决问题的能力。

应用水平： 这一水平，学生能形成整体的、清晰的知识网络结构，能将所学知识应用到实际中，解决具体问题，且需要提供的辅助较少，但这一水平的学生在不同的情境下应变较差，不能进行有效迁移。

泛化水平：这一水平，学生能在新的场景中应用所学的知识，以及能够判别条件的不同进行区别性的应用，具有全面解决问题的能力与一定的创造能力。

表 6.7　孤独症学生关键能力水平划分

量级	水平	说明	动词
1.0	反应	基本无相关能力，能做到不排斥、不干扰、有反应	注意；愿意；接受；感知；配合；跟随；有（本能）反应；关注；觉察……
2.0	了解	简单识记或再现，略知一二	知道；记住；复述；辨识；计数；界定；背诵；背出；陈述；撰写；回忆；指认；指出；分辨；模仿……
3.0	理解	开始就所学知识建立联系，但无法把握整体，还不具备问题解决能力	分类；归类；总结；比较；对比；描述；说明；改述；联系；推断；举例；解释；估计；概括……
4.0	应用	能形成整体清晰的知识网络结构，能解决具体问题	表达；判断；解决；实施；使用；改变；选择；制作；处理；证明；展示；操作；完成；执行……
5.0	泛化	具有迁移能力和一定的创造能力	分析；预测；假设；评价；综合；评判；规划；管理；设计；调整；创造；创建；检验；反思；联想……

举例："情绪理解"的五个能力水平

1.0 能注意到自己或他人的情绪。

2.0 能辨识出基本情绪，如高兴、开心、快乐等。

3.0 能解释自己或他人出现情绪背后的原因。

4.0 能在具体情境中根据他人的外在表现判断他人的情绪。

5.0 能预计什么情况会引起自己或他人的负面情绪。

第七章

孤独症学生"健康生活"领域
的关键能力指标

本章主要阐述孤独症学生在"健康生活"领域的关键能力指标，涵盖"健康"和"生活"两个板块。健康，本义指健康之精神寓于健康之身体[1]，这里主要是指维持健康的能力，同时关涉身心层面，包含感觉问题处理、身体动作发展、情绪管理等要点。生活，即生活能力，是指在生活中照顾自己和替自己规划的行为能力，是个体为了促进生理、心理和社会适应等方面放让和谐、稳定和完善而采取各项活动的能力[2]，包含自我照料、独立生活、青春期相关问题处理等要点。维持健康和照料自己，是孤独症学生培养的首要环节，也是学生生存的基本前提。与普通教育更侧重于促进学生认知、学业等的发展相比，孤独症教育的首要任务，将是培养孤独症学生的生存能力，促进学生健康生活、实现自立。

第一节 "健康"板块的关键能力指标

健康，指的是人在身体、心理和社会适应方面的良好状态[3]。良好的身

---

① 约翰·洛克:《教育漫话》，傅任敢译，教育科学出版社，1999，第 1 页。

② 王冬:《大学生健康生活方式评价量表研制及初步应用研究》，博士学位论文，南方医科大学，2009，第 114 页。

③ 教育部:《3—6 岁儿童学习与发展指南》，2012 年 10 月 9 日，http://www.moe.gov.cn/srcsite/A06/s3327/201210/t20121009_143254.html.

体、动作、体质、情绪是儿童身心健康的标志，也是儿童学习和发展的基础。孤独症学生普遍存在异常的感官反应、不协调的身体动作和易焦虑、不稳定的情绪等突出的健康问题。经过综合建构，"健康"板块主要包括"能处理自身与感觉有关的问题""能灵活、协调地执行身体动作"和"能认识和调节情绪"三个要点。

一、能处理自身与感觉有关的问题

孤独症学生大多数存在明显的感觉加工障碍，这是一种无法正常加工外界传入的感觉信息的状态，具体表现为反应过度（over-responsivity）、反应不足（under-responsivity）和感觉寻求（sensory seeking）三类。反应过度，是指对特定的感觉刺激，包括光、声、特定的触觉体验[1]产生负面反应，这会使学生产生逃避洗脸、穿鞋、洗头、刷牙之类的行为。反应不足，指个体对感觉输入信息的无意识或慢速反应[2]，如表现出对冷热不敏感或者痛觉阈限提升等。感觉寻求则是指对某种感觉体验存在强烈的、持续的渴求或兴趣[3]，如长时间注视旋转的物体或特别喜欢某种颜色等。尽管存在以上三种基本形态，但孤独症学生的感觉加工障碍也存在很大差异。有的学生可能存在视觉优势，而在听觉等通道存在障碍；而有的学生可能在两种加工通道上都存在困难；还有的学生存在"单声道"感觉加工模式，也就是一次只能加工一个通道的感觉信息，例如，很难做到一边看黑板板书，一边听老师讲。

感觉加工障碍给孤独症学生的生活和学习带来很大的不利影响。研究证实，孤独症患者的社会性沟通缺陷、重复性的行为模式、情绪和行为问题、

---

[1]　Lucy J M, Marie E A, Shelly J L, et al.. Concept Evolution in Sensory Integration: A proposed Nosology for Diagnosis. *The American Journal of Occupational Therapy*, 2007, 61(2):135-140.

[2]　张永盛、杨广学:《自闭症谱系障碍患者异常感觉反应研究综述》,《中国特殊教育》2014 年第 7 期。

[3]　张永盛、杨广学:《自闭症谱系障碍患者异常感觉反应研究综述》,《中国特殊教育》2014 年第 7 期。

日常生活功能障碍如饮食和睡眠问题等都可能与感觉加工障碍有关[①②③④]。例如，如果一个儿童对光线、声音、触摸和其他感觉都存在过载的现象，那么就会对外界的刺激轰炸感到焦虑，进而会导致其拒绝环境的改变，因为任何的改变都意味着面临意想不到的"刺激轰炸"。又如，嗅觉或味觉过敏可能会引起对特定食物的厌恶，从而导致挑食行为。一些著名的孤独症人士，如天宝·格兰丁（Temple Grandin）、唐娜·威廉姆斯（Donna Williams）等都曾提及感觉加工障碍对他们生活带来的挑战[⑤⑥]。

　　具体来说，这一要点主要涵盖刺激反应、刺激耐受、感觉表达、感觉管理等维度的关键能力指标（见表7.1）。刺激反应，指学生在面对外界的各类刺激输入时能产生平静、警觉或调节性的适当反应。根据类型的不同，刺激可分为自然环境的刺激，自己身体产生的刺激，他人给予的感觉刺激，感觉干预设施、材料和活动的刺激输入等。刺激耐受，指学生能逐步克服感觉过于敏感的问题，在一定程度上耐受常见的感觉刺激以适应环境的要求。感觉表达，指学生能意识到自身的感觉偏好和问题，并采用适当的方式表达出来，如手势、图片、语言等。感觉管理，指学生能有意识地对自己的感觉问题开展有针对性的管理。从依赖他人为自己制定和执行感觉管理方案，到逐渐主动制定适合自己的感觉管理方案，再到能反思自己的行动与行为结果之

---

①　Miriam L, Celine S, Deborah F, et al.. Sensory and Attention Abnormalities in Autistic Spectrum Disorders. *Autism*, 2006, 10(2):155−172.

②　Yu H C, Jacqui R, Helen M.Restricted and Repetitive Behaviours,Sensory Processing and Cognitive Style in Children with Autism Spectrum Disorder. *Journal of Autism and Developmental Disorders*,2009,39(4):635−642.

③　Mei H T, Chung P F, Sharon A C, et al.. Emotional and Behavioral Problems in Preschool Children with Autism: Relationship with Sensory Processing Dysfunction. *Research in Autism Spectrum Disorders*, 2001, 5(2):1441−1450.

④　Paterson H, Peck K. Sensory Processing Ability and Eating Behavior in Children with Autism. *Journal of Human Nutrition and Dietetics*, 2011, 24(2):277−310.

⑤　天宝·格兰丁：《我心看世界——天宝解析孤独症谱系障碍》，燕原译，华夏出版社，2012，第54页。

⑥　Williams D, *Nobody Nowhere, The Remarkable Autobiography of an Autistic Girl*. London: Jessica Kingsley Publishers, 1998:179.

间的关系，寻找其中的规律。对于一些学生来说，感觉的管理能力可能需要终生发展。

表 7.1　关键能力要点 1：能处理自身与感觉有关的问题

关键能力指标内容		表现性水平（示例）
1. 对外界输入的感觉刺激（如触、嗅、视、味、听、身体动觉等）有适当反应	（1）能感受自然环境或自身的感觉刺激输入并产生适当反应	①能注意到来自自然环境或自身的感觉刺激输入。例，能在听到噪声时有反应。 ②能分辨不同类型的感觉刺激。例，能分辨不同颜色、不同强弱的声音。 ③能比较不同程度的感觉刺激。例，能指出让自己很不舒服的感觉刺激，如强光、噪声等。 ④能对特定的感觉刺激做出适当反应。例，能在听到噪声时捂住耳朵，看到强光时捂住眼睛。 ⑤能在不同情境下，对不同的感觉刺激做出适当反应。例，能在课堂上分清红色、绿色、黄色的图卡，能在马路边分清红绿灯。
	（2）对来自他人的感觉刺激产生适当反应	①能注意到来自他人的感觉刺激输入。例，能发现老师或同学正在碰自己的肩膀。 ②能分辨来自他人的不同类型的感觉刺激。例，能分辨来自成人和同伴的不同身体接触，如触摸、轻拍等。 ③能比较来自他人的不同类型的感觉刺激。例，能区分成人表示友好和不友好的身体触碰方式。 ④能对他人不同的特定刺激做出适当反应。例，能在他人说话时转头，能在老师轻碰肩膀时不躲避。 ⑤能在不同情境下，对来自他人的不同感觉刺激做出适当反应。例，在家对妈妈的碰触不躲避，在学校对同学的碰触不躲避。
	（3）对感觉干预的设备、材料和活动等刺激输入产生适当反应	①能注意到来自干预设备、材料和活动的感觉刺激输入。例，能注意到强光或发现压力球带来的感觉刺激。 ②能了解来自不同设备材料的感觉刺激体验。例，知道护耳器可以阻挡噪声、加重背心可以带来重力感。 ③能列举对来自干预设备、材料和活动的感觉刺激做出的适当反应。例，能举例说明自己可以趴在大龙球上。 ④能在感统教室对来自干预设备、材料和活动的感觉刺激做出适当反应。例，能在感统教室的迷你蹦床上弹跳。 ⑤能在不同情境下主动使用感觉刺激材料并做出适当反应。例，能在教室使用小刷子满足自己的感觉刺激需要。

关键能力指标内容		表现性水平（示例）
2.对感觉刺激（如触、嗅、视、味、听、身体动觉等）有适当的耐受度		①能对感觉刺激做出反应。例，能对挤压、触摸等感觉刺激做出本能反应。 ②能分辨感觉刺激的程度。例，能对不同程度的挤压做出不同反应。 ③能简单推断自己能容忍的感觉刺激的最大强度。例，能大致感受出自己能接受的最大分贝的声音。 ④能逐步忍受一般环境中的感觉刺激。例，能在上课时忍受一定程度的噪声，不发脾气。 ⑤能在不同情境下主动想办法让自己耐受特定感觉刺激。例，日常生活中，在听到不适的噪声时深呼吸以让自己保持冷静不发脾气。
3.能表达感觉偏好或其他感觉需求（如调整灯光、温度等）	（1）能表达自己喜欢和不喜欢的感觉	①能意识到自己对某种感官体验或刺激的好恶，并用任意行为表达。例，能对不同喜恶的感觉刺激做出不同反应。 ②能辨识自己对某种感官体验的喜恶。例，能知道自己不喜欢被触摸或不喜欢噪声。 ③能简单描述自己对某种感官体验的喜恶。例，能说出"我不喜欢强光"或"我想玩压力球"。 ④能选择适当方式表达对感官刺激的喜恶。例，上课时在听到噪声时能采用"安静地捂住耳朵"以表示自己不舒服。 ⑤能在不同场合下使用适当的方式表达自己对某种感官体验的喜恶。例，能在商场听到噪声时摇头表示不喜欢。
	（2）能表达自己的感觉需求	①能意识到自己想要获得某种感觉体验，并通过任意方式呈现。例，用任意肢体动作表示"还想要玩一次压力球"。 ②能了解表达感觉需求的不同方式，如符号、眼神、肢体动作、语言等。例，知道能用图卡表达自己想获得特定触觉刺激。 ③能列举表达自己感觉需求的方式。例，能举例说出或展示自己想要用降噪耳机隔绝噪声。 ④能在特定情境下选择具体方式表达感觉请求。例，在教室举手向老师表达自己想要穿上加重背心。 ⑤能在不同情境中应用适当的方式表达感觉需求。例，能在家里用图卡表达自己想要压力球。

续表

关键能力指标内容		表现性水平（示例）
4.出现感觉不适问题时，能采用恰当方法进行管理	（1）能采纳他人为自己制定的感觉支持方案	①能配合他人制定的感觉支持方案进行感觉调整。例，能听从他人提示戴上降噪耳机。 ②能用各种方式复述他人为自己制定的感觉支持策略。例，记住老师为自己制定的感觉管理契约。 ③能举例说明感觉支持方案有哪些。例，能说出听到噪声时可以戴上降噪耳机、可以捂住耳朵等。 ④能在特定情境下遵守他人制定的感觉支持方案。例，能在上课时遵守感觉管理契约。 ⑤能在不同情境下采纳他人的感觉支持方案。例，能在家里听从爸爸妈妈的提示戴上降噪耳机。
	（2）能请求他人帮助管理感觉需求	①能在提示下意识到自己需要他人帮助来管理感觉需求，并用任意的行为请求帮助。例，能在老师提示下走到老师面前表示自己感觉不舒服，需要帮助。 ②能了解请求他人帮助管理感觉需求的不同方式，如行为、手势、面部表情等。例，知道可以用图片、短语等请求老师将灯光调暗。 ③能列举请求他人帮助自己管理感觉需求的方式。例，能说出或指出可以向教师展示图卡以请求帮助。 ④能在特定情境中用适当的方式表达自己感觉方面的请求。例，能在教室里通过举手表达自己希望获得感觉方面的帮助。 ⑤能在不同的情境中应用适当的方式表达自己感觉方面的请求。例，能在家里用手势或短语向爸爸妈妈请求帮助。
	（3）能采取行动主动管理感觉需求	①能在提示下选择辅助设备或采取行动满足自身感觉需求。例，能在教师提示下靠近窗户学习。 ②能分辨缓解感觉不适或满足感觉刺激的行为。例，能辨识自己是由于噪声变大而变得焦虑；知道捂住耳朵可以减少噪声带来的感觉不适。 ③能列举能够满足感觉需求的行为及策略。例，指出能缓解自己因噪声而变得焦虑的设备或行为。 ④在特定情境下，能对感觉"超载"的"预警"迹象提前辨识并适当反应。例，能在上课时主动到靠近窗户的地方学习。 ⑤能在不同情境下主动采取合适的行动管理感觉需求。例，在家听到噪声时能主动戴上降噪耳机。

续表

关键能力指标内容		表现性水平（示例）
4. 出现感觉不适问题时，能采用恰当方法进行管理	（4）能反思自身感觉与行为间的关联	①能意识到感觉刺激与特定行为的因果关系。例，感知到当出现噪声时自己会发脾气。 ②知道在感觉刺激影响下产生的特定行为是否合理。例，知道当噪声出现时大声尖叫是不对的。 ③能简单描述自身感觉与行为之间的因果关系。例，能说出"噪声会让我发脾气""我在听到噪声时会尖叫"。 ④能在感觉刺激输入前，提前准备感觉辅助设备或提前采取行动。例，能在上课前提前坐到窗边。 ⑤能反思感觉刺激产生特定行为的合理性，并自主采取措施逃避或获得特定感觉刺激以改善情绪行为。例，去超市前主动戴上降噪耳机。

二、能灵活、协调地执行身体动作

动作发展是人类最基本也最重要的发展领域。动作发展能力不仅代表着儿童的生长发育水平，亦在儿童日常生活、社会交往、体育活动中发挥着重要作用。因此，动作发展成为观察儿童发展的重要窗口[①]。然而，孤独症儿童中普遍存在动作发展障碍，有的孤独症儿童在生命早期甚至婴儿期就显现出不同程度的动作障碍。具体表现在：（1）粗大动作障碍，即全身大肌肉或者大肌肉群运动障碍，如动作知觉困难、肌张力低下、维持稳定姿势困难、行走困难等；（2）精细动作障碍，即手及手指等部位的小肌肉或小肌肉群运动障碍，如抓握困难、手眼协调性障碍等；（3）动作协调障碍，表现为笨拙的、缺乏敏捷度及奇特的行为[②]，尤其是存在自动化对侧协调困难，如踏步走困难等；（4）动作运用障碍，即无法按照演示或者要求来完成一套顺序正确、协调性良好的动作，反映出动作计划能力受到损害[③]，如动作计划和执行能力差等。

---

① 董奇、陶沙：《动作与心理发展》，北京师范大学出版社，2004，第 15 页。

② 庞艳丽、卜瑾、董良山：《自闭症谱系障碍儿童动作发展障碍研究述评》，《中国特殊教育》2018年第 4 期。

③ 董奇、陶沙：《动作与心理发展》，北京师范大学出版社，2004，第 210 页。

　　动作障碍不仅给孤独症学生的日常生活和学习带来困难，还与他们的认知缺陷和社会交往限制息息相关。有研究发现，粗大运动和身体协调性障碍与孤独症学生社会沟通障碍的严重程度成正比[①]；精细动作的发展也与孤独症学生的言语流畅性存在关联[②]。此外，孤独症学生动作障碍带来的运动能力不足，还可能导致肥胖问题，影响生理健康。动作障碍直接影响孤独症学生体育课、户外活动的参与，精细动作障碍也会影响动手能力和书写能力，不利于融合教育的开展和实施。

　　具体来说，这一要点主要涵盖粗大动作、手部精细操作、平衡协调和体能韧性等维度的关键能力指标（见表7.2）。粗大动作，是指包括行走、奔跑、跳跃等由大肌肉或肌肉群参与完成的动作，精细复杂动作的学习多建立于对粗大动作的掌握。手部精细操作，是指包括抓、握、画画、书写、使用筷子等由手部小肌肉或肌肉群产生的灵巧、协调动作。平衡协调，指的是能在认识和控制身体的基础上，协调两种或两种以上知觉能力或动作，包括身体觉察与方位概念、平衡与协调能力等。体能韧性，指的是器官活力的技能特征与学生所能达到的关节活动的范围，包括完成动作的耐力、力量、韧性和敏捷性等。

[①] Megan S, Johnny L M, Max H. Autism Spectrum Disorders and Motor Skills: The Effect on Socialization as Measured by the Baby and Infant Screen for Children with Autism Traits. *Developmental Neurore habilitation*, 2011, 14(5):290-296.

[②] Morton A G, Eve A S, Heather M G, et al.. Infant and Toddler Oral-and Manual-motor Skills Predict Later Speech Fluency in Autism. *Journal of Child Psychology and Psychiatry*, 2008, 49(1):43-50.

表 7.2　关键能力要点 2：能灵活、协调地执行身体动作

关键能力指标内容		表现性水平（示例）
1. 能完成基本的粗大动作（如跑、爬、跳等）		①能在他人或器具辅助下配合完成坐、站、跪、推、拉、提、走、跑、抛、爬、钻、投、敲、接球、滚动等基本粗大动作。例，能配合扶着墙壁站立的要求。 ②能辨认基本的粗大动作。例，能看图片指出哪个是跑，哪个是走。 ③能举例展示正确的粗大动作。例，能表现正确的跑步姿势。 ④能听教师指令，主动完成坐、站、跪、推、拉、提、走、跑、抛、爬、钻、投、敲、接球、滚动等基本粗大动作。例，能在听到教师指令后，主动跑步30米。 ⑤能根据不同情景选择合适的粗大动作。例，能弯腰钻过山洞，看到绿灯时快步穿过马路。
2. 能完成基本手部操作动作（如握、抓、夹等）		①能在他人或器具辅助下配合完成基本的手部操作动作，如伸够、抓握、捏取等。例，能在辅助器帮助下使用筷子。 ②能辨认基本的手部操作动作。例，能分辨抓和捏。 ③能举例展示有效的手部操作动作。例，能展示用食指和拇指抓取物品。 ④能根据特定要求完成常见的手部操作动作。例，能抓握物品，能拨弄物体，能堆叠积木，能用筷子吃饭等。 ⑤能根据情境主动判断并选择合适的手部操作动作。例，能分辨何时需要抓握，何时需要用前二指钳法拿取物品。
3. 身体能保持平衡协调	（1）能觉察自身身体及其与周围物体的关系，认识和控制身体各部位	①能注意到自己身体及其与周围物体的关系。例，球扔向自己时有反应。 ②能了解并控制身体各部位。例，能认识手、腿等身体部位。 ③能举例展示有效的单侧或双侧动作。例，能展示如何用双手接住球。 ④能听指令进行单侧或双侧动作。例，能听指令单脚站立。 ⑤能在不同情境下灵活控制身体各部位并表现出惯用优势侧。例，习惯用右手拿取物品。
	（2）能在动作过程中保持平衡	①能觉察到身体不平衡的情况并做出任意反应。例，能在即将摔倒时有反应。 ②能分辨身体不平衡的情况。例，知道突然停下会摔倒。 ③能举例展示在非位移或位移动作中保持平衡的合理方式。例，能展示如何按照稳定步距行走。 ④能听从指令在位移或非位移动作中保持平衡。例，坐在椅子上左右旋转时能听从指令使身体轴心保持原状。 ⑤能在不同情境中采取适当策略保持身体平衡。例，能在即将摔倒时恢复平衡。

243

续表

关键能力指标内容		表现性水平（示例）
3.身体能保持平衡协调	（3）表现出一定的协调能力	①能配合他人完成粗大运动或手眼协调训练，并表现出运用意向。例，在教师手把手教学下能配合着串珠子，并保持眼神注视。 ②能分辨需要保持身体平衡协调的特定情境。例，能分辨在走陡坡、上下楼梯等情境下需要保持身体平衡。 ③能举例展示协调运用身体部位的合理方式。例，能展示如何踢移动的足球。 ④能在特定情境下表现协调能力。例，能在串珠子时保持手眼协调，能在跑步时保持上下肢协调。 ⑤能在日常生活中根据情境采取行动表现协调能力。例，能肢体协调地跳舞。
4.表现出具有一定的体能和韧性	（1）能持续进行粗大动作和精细动作一段时间，具有一定的力量和耐力	①能在外部支持下配合保持特定动作一段时间。例如，在老师辅助下握住水杯1分钟。 ②能辨识保持动作达到一定时间时所需要的准备。例，能在跑步前穿好运动鞋、跟着老师做准备活动。 ③能举例展示保持一定的动作一段时间。例，能做到跟在教师身后跑步1分钟。 ④能在特定情境下保持特定动作一段时间。例，能在上课时持续用笔抄写10个汉字。 ⑤能在日常生活的各种情境中表现出力量和耐力。例，能坚持每天晨跑、坚持每天写字20分钟。
	（2）能调整动作方向与起止，具有一定的敏捷性	①能在提示下对方向的改变、动作的起止有反应。例，能在提示下意识到前面需要转弯。 ②能分辨需要调整动作或起止的情况。例，折返跑时能发现障碍物。 ③能举例展示如何调整动作方向与起止。例，能展示如何绕开折返跑中的障碍物。 ④能在特定情境下选择适当方式调整动作方向。例，能在运动保健课上绕杆跑。 ⑤能根据场景或环境的变化主动调整动作方向与起止。例，能主动避让车辆。
	（3）手和手指操作动作熟练、灵巧	①能配合教师进行手和手指操作练习，不排斥。例，能配合进行抓握训练。 ②能分辨需要操作手和手腕的精细动作的情况。例，能尝试使用手和手腕发力拧瓶盖。 ③能举例展示熟练操作手腕、手和手指的精细动作的过程。例，能展示熟练地用拇指和手指拿取物品。 ④能在特定情境下进行操作手腕、手和手指的精细动作。例，能在午餐时用筷子将饭菜送入口中。 ⑤能在日常生活中根据情况熟练乃至自动化地进行操作手腕、手和手指的精细动作。例，能熟练地拼接雪花片。

三、能认识和调节情绪

孤独症儿童最核心的障碍就是社交沟通缺陷，而这一缺陷与其情绪问题息息相关。常见的突出表现是：在面对异常情境、需求时不能控制情绪，经常表现出各类挑战性行为，如大声尖叫，歇斯底里地哭闹、发脾气，用头撞墙等自伤行为，以及击打他人等攻击性行为。研究发现，孤独症儿童在面部表情识别和分类上存在缺陷[①]，对不同基本情绪的识别也存在差异，如对消极情绪的识别优于积极情绪[②]。研究还发现孤独症儿童对情绪线索和情境信息解释能力不足，故而在情绪识别上容易出错，即便能理解他人的积极与消极情绪，也很难理解基于虚假信念的认知性情绪[③]。另外，孤独症儿童无法依据他人情绪状态进行替代性分享及自动模仿而产生共情，也很难通过他人的面部表情来分享对事件或物体的关注，出现"心盲"，即在揣度、理解他人精神状态、想法、情绪和信念方面有困难[④]。

情绪障碍影响了孤独症儿童的社会交往。有研究者指出，孤独症儿童由于同理心的缺陷，难以辨认自己和他人较为复杂的情绪，而非语言概念不成熟又导致其情绪表达出现困难，这使得他们在社交过程中以不适当的方式进行情绪处理，影响情绪能力的发展和社交互动[⑤]。此外，孤独症儿童的情绪障碍也影响了他们的日常学习和生活，如孤独症儿童的睡眠问题就与情绪行为问题息息相关[⑥]。

---

① Marlene B, Galia A, Grace L L,et al.. Configural Processing in Autism and its Relationship to Face Processing. *Neuropsychologia*, 2006, 44(2):110-129.

② James B G, Ami K, Alice S, et al.. Verbal Bais in Recognition of Facial Emotions in Children with Asperger Syndrome. *Journal of Child psychology*, 2011,41(33):369-379.

③ 焦青：《10 例孤独症儿童心理推测能力的测试分析》，《中国心理卫生杂志》2001 年第 11 期。

④ Amy M W, Barry M P. Autism Spectrum Disorders: a Transactional Developmental Perspective. *Baltimore: Paul H. Brookes Publishing*, 2000:9.

⑤ Stephanie M C, Tiffany S W. Inhibitory Control and Emotion Regulation in Preschool Children. *Cognitive Development*, 2007,22(4):489-510.

⑥ 王广海、徐光兴、孙越异等：《自闭症谱系障碍儿童睡眠问题与情绪行为问题的相关研究》，《中国特殊教育》2014 年第 11 期。

　　具体来说，这一要点主要涵盖情绪辨识和理解、情绪表达和回应、情绪调节和控制、管理挑战性行为等维度的关键能力指标（见表 7.3）。情绪辨识和理解，指的是通过对言语或非言语的情绪线索及情境信息进行加工和解释，进而对自己或他人的情绪形成认知和推理的过程。情绪表达和回应，指的是能通过面部表情、音调或语言、非言语线索来表达情绪以及对他人情绪做出合理反应。情绪调节和控制，指的是能通过改变自身情绪体验的强度、持续时间和品质等来改变情绪反应，并采取合适的策略调控情绪。管理挑战性行为，指的是能够分析自身情绪与挑战性行为的关系，并运用各种策略和方法合理应对孤独症个体常见的伤害到其他个体的行为，或是阻碍了个体自身学习和社会交往的行为，如大声尖叫、发脾气、用头撞墙、击打他人等。

表 7.3　关键能力要点 3：能认识和调节情绪

关键能力指标内容		表现性水平（示例）
1. 能辨识和理解情绪	（1）能识别自己的情绪，包括基本情绪、复杂情绪、与情绪相关的身体感觉和情绪强度	①能感知与自我相关的简单情绪。例，意识到自己在生气／开心。②能辨识自己不同的情绪，包括基本情绪、复杂情绪、与情绪相关的身体感觉和情绪强度。例，能根据自己的照片辨识生气及生气的程度。③能描述自己不同程度的情绪感受。例，能说出"我很开心""我有点生气""我又紧张又兴奋"。④能在特定情境下恰当展示自己的情绪。例，能在生气时表达"我有点生气""我很生气"。⑤能通过角色扮演的方式表达多种不同强度的情绪。例，能依据故事情节表演不同的情绪及强度。
	（2）能识别自身情绪产生的原因	①能注意到自身情绪与环境事件的关联。例，注意到自己玩玩具时很高兴，被批评时很难过。②能辨识诱发自身情绪的特定事件或物体。例，能用图片说明被批评使自己悲伤。③能将情绪和诱发事件归类。例，知道玩游戏、食物等能让自己感到开心，被批评等能让自己感到难过。④能判断自己产生特定情绪的原因。例，能表达出"我现在很开心是因为我在玩玩具"。⑤能反思以前的情绪经历，预测给定情况下可能的情绪反应。例，能预测自己参观博物馆时会很开心。

关键能力指标内容		表现性水平（示例）
1. 能辨识和理解情绪	（3）能识别他人情绪，包括在书面上和在情境中识别他人的情绪	①能注意到他人的情绪及变化，包括真实情境和书面上的人物。例，能意识到老师正在生气。 ②能辨识他人不同的情绪，包括真实情境或照片中的基本情绪、复杂情绪、与情绪相关的身体感觉和情绪强度。例，能用视频中的词说出主人公的情绪类型。 ③能按照情绪类型或程度将他人的情绪分类。例，能看图片将不同人物的情绪按照情绪类型分类。 ④能在特定的真实情境中判断他人情绪。例，能在家里判断爸爸妈妈的情绪。 ⑤能在不同情境中判断他人情绪和程度，例，能在学校判断同学和老师的情绪，在玩游戏时判断同伴的情绪。
	（4）能识别他人出现某种情绪的原因	①能注意到他人情绪与环境事件之间的关联。例，注意到他人玩游戏时很开心。 ②能辨识诱发他人特定情绪的特定事件或物体。例，能用图片说明主人公因为被表扬而感到开心。 ③能将他人的情绪和诱发事件归类。例，能知道上课尖叫、打人会让老师同学生气；上课表现好、主动帮助同学会让老师同学开心。 ④能判断他人产生特定情绪的原因。例，能说出"我同学今天哭了，是因为她被批评了"。 ⑤能回顾反思他人以前的情绪经历，预测给定情况下可能的情绪反应。例，能预测出自己在课上大声说话的话，老师可能会生气。
	（5）能对他人的情绪行为做出判断，如辨识他人的戏弄、欺负、侮辱和威胁等	①能对他人友好或不友好的情绪行为做出不同反应。例，不排斥他人友好的拥抱，对他人的戏弄行为表现出不高兴。 ②知道欺凌、欺负、侮辱等是不友好行为的表现。例，能分辨语言侮辱、物理欺凌或网络欺凌。 ③能将他人的情绪行为按照"是否友好"归类。例，能知道谩骂、诋毁、戏弄等是不友好行为，微笑、合理触摸、牵手等是友好行为。 ④能在特定生活场景中判断他人的情绪行为"是否友好"。例，在学校中，能判断说同学坏话、羞辱同学、造谣等行为是不友好行为。 ⑤能根据他人不同的情绪行为选择不同的策略。例，知道如何礼貌地应对友好行为；知道在遇到不友好行为时要及时向家长和老师请求帮助，甚至拨打报警电话。

续表

关键能力指标内容		表现性水平（示例）
1. 能辨识和理解情绪	（6）能意识到自己"解读"他人的情绪有困难	①能注意到自己感知和理解他人情绪有困难。例，注意到自己很难感知他人是否高兴。 ②能辨别自身与他人在情绪理解上的差异，区分自身的困难。例，能发现自己不能分辨他人是否高兴，但是其他人可以。 ③能解释自己不能解读他人情绪的原因。例，能说出自己存在表情识别的困难，导致情绪理解困难。 ④能告知熟人自己在理解对方的情绪或想法上存在困难。例，能向老师、同学或父母说出"我不知道你的心情"。 ⑤在日常生活中，必要时能主动告知他人自己在情绪解读上有困难。例，能在与人沟通或发生矛盾时主动表达自己解读情绪上的困难。
2. 能用语言、表情、身体动作适当表达和回应他人的情绪	（1）能用恰当的语言、面部表情和身体动作表达情绪	①跟随要求或提示表达自己的情绪。例，能跟随老师的提示用图卡表达自己很生气。 ②能辨识表达情绪的不同方式，如语言、面部表情、身体动作等。例，能辨识生气时的面部表情。 ③能列举如何使用恰当的语言、面部表情和身体动作表达情绪。例，能使用微笑的面部表情表达开心。 ④能在具体情境中选择合适的语言、面部表情或身体动作表达情绪。例，能在语文课上用简单句说出"我很开心"。 ⑤能在不同情境或场合下主动选择合适的语言、面部表情或身体动作表达情绪。例，能在家里对妈妈说"我不开心了"。
	（2）能适当地回应他人情绪，如给他人安慰、空间或帮助	①能注意到他人的情绪并有所反应。例，能关注到妈妈正在生气。 ②能辨识回应他人情绪的不同方式，如给他人安慰、空间或帮助。例，知道拥抱、微笑、挥手等都可以用以回应他人情绪。 ③能列举回应他人情绪的适当方式。例，能说出在别人悲伤时可以给予拥抱。 ④能在具体情境中选择适当的方式回应他人情绪。例，看到同伴正在伤心，能恰当地给予他拥抱。 ⑤能在不同情境下，选择适当的方式回应他人情绪。例，在公共场合能恰当地给予正在伤心的同伴拥抱；在家里能给予正在哭泣的弟弟妹妹言语安慰。

关键能力指标内容		表现性水平（示例）
2. 能用语言、表情、身体动作适当表达和回应他人的情绪	（3）在解决冲突或谈判时表现出对他人情绪的理解	①能在解决冲突或谈判时意识到他人情绪的变化。例，能在发生冲突时意识到对方正在生气。 ②发生冲突时能辨认他人的负面情绪。例，在发生冲突时，能正确辨认对方的情绪类型。 ③能简单描述在冲突解决或谈判时他人的情绪状态。例，能说出"他在跟我吵架，他生气了"。 ④能在和熟人产生冲突时，对熟人的情绪表示理解。例，在朋友和自己闹矛盾时，能告知朋友自己理解他为什么会生气。 ⑤能在日常生活中遇到冲突和谈判时，对他人的情绪表示理解。例，看到吵架的视频片段时，能分析主人公出现生气情绪是有原因的。
3. 能调节和控制情绪	（1）能采纳并回应他人的情绪安抚策略，如接受拥抱、采用唱歌等策略	①能注意到他人提供的情绪安抚策略，并有反应。例，能在生气时对老师的安抚有反应。 ②知道他人提供的情绪安抚策略有哪些，如拥抱、唱歌、跑步等。例，能在图片中选出可以让自己的情绪得到安抚的方法。 ③能列举特定的情绪安抚策略。如，能说出或展示唱歌这一缓解自身消极情绪的方式。 ④能在特定情境下采纳或回应他人的情绪安抚策略。例，在课堂上，当自己情绪爆发时，能采纳教师允许自己去走廊冷静的策略。 ⑤能在日常生活中的不同情境下，采纳他人不同的情绪安抚策略。例，能在家中采用唱歌的办法安抚情绪，在公共场合采用深呼吸的方法让自己冷静。
	（2）能使用合适的策略来调节和控制情绪，如借助安慰物品、唱歌、感受到压力时要求休息或去"安静"的地方等	①能对教过的情绪调节和控制策略有反应。例，在感到焦虑时愿意按照"挤压压力球"的指令做。 ②能辨识调节和控制情绪的策略有哪些。例，能选出可以调节自己情绪的策略，如拥抱、借助安慰物品等。 ③能列举调节和控制情绪的合适策略有哪些。例，能说出感到焦虑时可以采取唱歌、寻求安慰等方式。 ④能在特定情境下采取合适的策略调节和控制情绪。例，在教室里感到不安时主动走到教室外。 ⑤能在不同情境下主动选择适当的策略调节和控制自己的情绪。例，在家里当自己生气或情绪不稳定时，主动去房间冷静；在室外感到不安时能通过深呼吸的方式让自己平静下来。

续表

关键能力指标内容		表现性水平（示例）
3. 能调节和控制情绪	（3）能与他人共同制订计划来管理自己的情绪，如调整环境、从事感兴趣的活动等	①能在他人帮助或提示下配合制定情绪管理计划。例，能对老师制定的情绪管理计划有反应，如同意或不同意。 ②能复述他人为自己制定的情绪管理计划。例，能记住情绪管理计划的具体内容有哪些。 ③能描述他人为自己制定的情绪管理计划。例，能向父母说明老师制定的情绪管理计划表。 ④能在特定情境下与他人一同制定情绪管理计划。例，能在学校里和老师一起制定情绪管理计划。 ⑤能在不同情境下与他人一同制定情绪管理计划。例，能在家里和爸爸妈妈一起制订情绪管理计划。
4. 能管理自身的挑战性行为（如大声尖叫、发脾气、用头撞墙、击打他人等）	（1）能分析自身情绪和挑战性行为的关系	①能对不同的情绪体验做出不同的身体反应。例，能在愉快时微笑，在焦虑害怕时大哭。 ②能模仿教师将自身行为与自己的情绪体验结合起来。例，能复述说出"当我感到不开心，我会大叫"。 ③能用自己的话说明挑战性行为的情绪诱因。例，能说出"我害怕，所以我大叫"。 ④能分析自身情绪状态和行为表现会导致的后果。例，能说出"当我不开心，我大叫会影响大家上课，老师会生气"。 ⑤能在不同情绪体验下，预测自己可能会表现的挑战性行为。例，能联想到当自己过于兴奋时会尖叫，当自己紧张害怕时会用头撞墙。
	（2）能与他人共同管理自身挑战性行为	①能接受他人对调节情绪的帮助，以减少挑战性行为。例，能在有较响噪声时，接受教师给自己戴上耳塞，避免听到噪声而大声尖叫。 ②能模仿教师执行他人为自己制定的情绪行为调整策略。例，能模仿教师动作用解压玩具释放压力，避免焦虑情绪，防止产生自伤行为。 ③能列举他人为自己制定的情绪行为调节策略。例，能说出深呼吸、跑步等教师为自己制定的情绪行为调节活动。 ④能与他人共同选定适宜自己使用的情绪行为调节策略。例，能在共同制定情绪行为契约时，选择自己喜欢的应对策略，如选择戴耳机而不是耳塞。 ⑤能在不同情境下，与不同的人共同调节情绪和应对自身挑战性行为。例，在学校里能与教师一起使用解压玩具释放压力，防止产生自伤行为；在家里能与父母一起深呼吸，避免发脾气或者大声尖叫。

关键能力指标内容		表现性水平（示例）
4. 能管理自身的挑战性行为（如大声尖叫、发脾气、用头撞墙、击打他人等）	（3）能自行管理自身挑战性行为	①能遵循与他人的约定，自行按照计划调节情绪，以减少挑战性行为。例，能遵循老师给的视觉化时间表，在活动时间结束时放好玩具，不大吵大闹。 ②能复述调节情绪和管理自身挑战性行为的应对策略。例，能跟随教师复述"深呼吸""捂住耳朵""到安静的地方去"等避免尖叫的方法。 ③能识别自身不良情绪和挑战性行为的表现前兆。例，当察觉到自己心跳加快、说话音量提高、肌肉紧绷时，能意识到自己即将发脾气。 ④能在具体情境中使用合适的自我调节策略调节情绪，应对挑战性行为。例，能在感到紧张，想咬手臂时，选择咬橡胶。 ⑤能在不同情境中调节情绪和管理自身挑战性行为。例，在商场，想要尖叫时，能主动深呼吸调节紧张情绪；在学校，面对学业任务感到焦虑、烦躁不安时，能使用解压玩具释放压力，不击打同学或老师。

第二节　"生活"板块的关键能力指标

杜威认为，生活是有机体与环境相互作用的过程，是一种行动方式[1]；列昂捷夫认为，生活是彼此交织着的活动的总和[2]。笼统而言，生活是个体为了生存和发展而进行的各种活动的总和[3]。人的每一天都离不开生活，能否生活自理、看病就医、保障安全、独立自处、规划和参与各种居家及社区生活等，对学生未来的生活质量有着长远而深刻的影响。研究表明，应对生活中不良状况的能力、个人居住状况、身心疾病是孤独症成人生活质量的重要预测因素[4]。因此，孤独症学生生活能力的发展是其不断提升生活质量的重要基础。经过综合建构，"生活"板块主要包括"具有自我照料的能力""具有独

[1]　约翰·杜威：《民主主义与教育》，王承绪译，人民教育出版社，1990，第17页。

[2]　列昂捷夫：《活动·意识·个性》，李沂、冀刚、徐世京等译，上海译文出版社，1980，第23页。

[3]　向葵花：《中小学学生学习行为研究——旨在改进学生生活与发展状态的学习行为分析》，博士学位论文，华中师范大学，2014，第23页。

[4]　Rahul K, Krutika J P, Donna W S, et al.. Health-Related Quality of Life and its Determinants among Adults with Autism. *Research in Autism Spectrum Disorders*, 2014, 8(3):157-167.

立生活的能力"和"能处理青春期相关问题"三个要点。

一、具有自我照料的能力

自我照料指的是个体能照顾自己的身体，包括自我喂养、洗澡、穿衣、个人卫生和打扮等活动[1]，这是个体独立生活所必须掌握的技能。孤独症儿童存在的核心障碍使得他们无法与环境建立良好的互动，生活适应困难，进而给家长、教学者带来了一些困扰。豪林（Howlin）等人的研究发现，即使是高功能的孤独症儿童，到中年期虽然症状得以缓解，语言能力有所改善，但是大部分仍缺乏独立生存的技能[2]。因此，成为一个独立自主的个体以适应未来生活，已成为家长、社会对孤独症学生教育成效的评价指标之一。

缺乏独立生存能力的基本表现就是自我照料困难。研究发现，几乎50%的孤独症儿童不能独立地自我照料[3]，表现为：饮食困难，如进食时吐食物、拒绝在餐桌进餐、挑食、拒绝尝试新的食物等；仪容卫生方面的困难，像难以独立如厕等；缺乏独立穿衣服、洗衣服、清理桌子、整理床铺、煮饭等生活技能，以及饮食处理方面的困难等。这些困难导致他们难以参与学校生活和社会活动，大大降低了他们的适应水平[4]。

锻炼和提升孤独症学生自我照料的能力，不仅有助于学生独立生活、融入社会、树立生活信心，还有助于发展出未来的职业。当然，孤独症学生需具备一定的生活技能才能实现自我照料，因为只有能掌握独立如厕、洗手、

---

[1]　Case S J, Obrien J C. Occupational Therapy for Children and Adolescents (7th ed.). St. Louis: Elsevier, 2015:303−320.

[2]　Howlin P, Moss P, Savage S, et al.. Social Outcomes in Mid−to Late Adulthood among Individuals Diagnosed with Autism and Average Nonverbal IQ as Children. *Journal of the American Academy of Child and Adolescent Psychiatry*, 2013, 52(6):572−581.

[3]　Emmanuelle J, Mélanie C, Patricia M, et al..Sensori−motor and Daily Living Skills of Preschool Children with Autism Spectrum Disorders. *Journal of Autism and Developmental Disorders*, 2009,39(2):231−241.

[4]　"World Health Organization, Autism spectrum disorders—Fact sheet," New York Times, accessed July 28,2022, https://www.who.int/news−room/fact−sheets/detail/autism−spectrum−disorders..pdf.

洗脸、穿衣服、进餐及清洗个人餐具等技能，才可能更好地适应家庭、学校及社会的生活，也才能为未来独立生活打下良好的基础。

具体来说，这一要点主要涵盖饮食处理、衣物料理、仪容卫生、健康管理等维度的关键能力指标（见表7.4）。饮食处理，指的是能合理且适当地用餐，包括适时适量进食、均衡饮食以及能独立使用烹饪工具等；衣物料理，指的是掌握穿脱衣物的技能，能辨别和表达衣物带来的感官刺激，并能根据外部环境的变化选择合适的衣物；仪容卫生，指的是能掌握简单的生活技能以保持个人卫生和仪容仪表的整洁；健康管理，指的是具备维持身体健康的自我意识并能采取恰当措施维护个人健康，包括定期锻炼、独立就医、安全用药等。

表 7.4　关键能力要点 4：具有自我照料的能力

关键能力指标内容		表现性水平（示例）
1. 能恰当处理饮食问题	（1）能觉察饥饿和饱足的生理反应，适时适量进食	①能感知饥饿感和饱足感并做出本能反应。例，能感知到自己吃饱了并停止进食。 ②看到食物后，能分辨自己想吃或不想吃。例，能摇头表示不想吃。 ③能在饥饿、饱足与食物摄取之间建立联系。例，能说出"我饿了，要吃饭"。 ④能选择干净新鲜的食物，拒绝吃腐坏或不洁的食物。例，能挑选出腐坏的食物。 ⑤能管理进食时间和进食量。例，能在恰当的时间享用一日三餐。
	（2）能使用常用的餐具	①能在他人要求下配合使用常用的餐具。例，能在他人帮助下使用勺子吃饭。 ②能分辨出常用的餐具。例，能在图卡中找到"勺子""筷子""碗"的图片。 ③能举例展示使用餐具的合理方式。例，能展示使用筷子的合理方式。 ④能在特定情景中熟练运用特定餐具。例，能在夹菜时熟练使用筷子。 ⑤能根据不同的情景选择合适的餐具用餐。例，能用筷子夹菜，用勺子喝汤。

续表

关键能力指标内容		表现性水平（示例）
1. 能恰当处理饮食问题	（3）能协助饮食前后的简单处理	①能在他人要求下配合进行简单的清洗工作。例，能在教师要求下配合清洗餐具。 ②能复述食物的处理方式。例，能说出"外包装要撕开"。 ③能列举饮食前后要进行哪些处理。例，能说出饭后要收拾碗筷。 ④能在特定生活场景中进行简单的食物处理或餐具摆放。例，能在食堂吃完饭后清洗勺子。 ⑤能在日常生活中灵活进行简单的食物处理或餐具摆放。例，能撕开或打开不同的包装纸。
	（4）能表现出安全的饮食行为，如吃热食物时先试温、小口吃果冻等	①能在他人要求或协助下，采用合理进食方式。例，能在老师要求下小口吃果冻。 ②能分辨安全和危险的饮食行为。例，能辨识狼吞虎咽是不好的行为。 ③能举例展示安全的饮食行为。例，能展示在吃热食物时先试温度的行为。 ④能在特定生活场景中独立进食并表现出安全的饮食行为。例，能在食堂独自小口用餐。 ⑤能根据不同的情境预判不当饮食可能出现的危险，并做到安全饮食。例，看到热水能预判马上喝会被烫到，需要放凉。
	（5）能表现出适当的就餐礼仪，如拿适量的食物、不含着食物说话等	①能配合他人表现出适当的用餐姿势，不干扰用餐环境。例，能在他人要求下坐在餐桌前。 ②能辨别适当或不适当的用餐礼仪。例，知道口含食物交谈是不礼貌的；用餐时需要保持安静等。 ③能举例说明适当的用餐礼仪有哪些。例，能说出"用餐时保持安静""拿取适量食物"等用餐礼仪。 ④能在特定生活场景中保持适当的用餐礼仪。例，能在学校食堂就餐时保持安静。 ⑤能在日常生活中表现出适当的用餐礼仪。例，能在外出就餐时表现出适当的就餐礼仪。
	（6）能尝试使用烹饪用具	①能在他人要求下配合探索烹饪用具。例，能在教师提示下尝试使用微波炉。 ②能模仿他人使用烹饪工具或制作简易餐食。例，能模仿教师步骤冲泡速食。 ③能简单描述烹饪工具的使用步骤。例，能用自己的话概述微波炉的操作步骤。 ④能用烹饪用具制作特定的简单食物。例，能制作家常菜。 ⑤能根据不同食材或做法选择并使用合适的烹饪工具。例，能用奶锅热牛奶，用平底锅煎牛排。

关键能力指标内容		表现性水平（示例）
1.能恰当处理饮食问题	（7）能遵守适合身体健康的饮食原则，如不挑食、控制过敏食物的摄入	①愿意配合他人遵守适合身体健康的饮食原则。例，能在教师要求下摄取不同类型的食物。 ②能复述身体健康的饮食原则。例，能跟随老师复述"适量饮食""均衡饮食"等健康饮食原则。 ③能解释个人饮食与疾病的关系。例，能举例说出不按时吃饭会导致胃病。 ④能在特定生活场景中表现出利于身体健康的饮食行为。例，能在食堂适度用餐。 ⑤能在日常生活中根据自身情况表现出利于身体健康的饮食行为。例，不吃含过敏原的食物。
2.能料理衣物	（1）能识别和管理衣物引发的感官需求，如表达不舒服的感觉	①能感知衣物引发的不适的感官刺激，并做出本能反应。例，能对鞋袜不舒服的感觉体验做出反应。 ②能分辨由衣物引发的不舒服的感觉体验。例，能分辨出是鞋子太紧了不舒服。 ③能列举引发不适感的衣物特征。例，能指出会让自己不舒服的衣物上的标签。 ④能判断和表达衣物导致自己不适感的原因。例，能说出"衣服湿了，我感觉不舒服"。 ⑤能主动采取行动弥补感觉敏感。例，能主动剪掉衣服上的标签。
	（2）能穿脱衣服、鞋袜	①能在他人帮助时配合穿衣。例，能抬起胳膊、伸出脚等。 ②能复述穿脱衣服、鞋袜的步骤。例，能复述"先穿毛衣再穿外套"。 ③能举例展示穿脱衣物、鞋袜的步骤。例，能展示如何一步一步扣纽扣。 ④能在特定生活场景中独立穿脱衣服、鞋袜。例，能在早上自己穿衣服。 ⑤能根据生活中不同场所穿脱或更换衣物。例，能在商场的试衣间试穿衣物。
	（3）能佩戴各种衣物配件，如腰带、围巾	①能对他人协助佩戴配件的行为不排斥。例，不排斥他人帮自己围围巾。 ②能复述佩戴衣服配件的步骤。例，能复述佩戴皮带的步骤。 ③能列举佩戴衣物配件的步骤。例，能说出或展示围围巾的步骤。 ④能在特定生活场景中主动、独立佩戴衣物的各种配件。例，能在冬天时自主围围巾。 ⑤能根据不同场所和环境变化穿脱各种配件。例，冬天去室外时主动佩戴围巾，到了室内主动拿下来。

续表

关键能力指标内容		表现性水平（示例）
2. 能料理衣物	（4）能维持所穿衣物的整洁	①能注意到衣物不整洁的情况。例，能意识到衣服上沾上了油渍。 ②能辨别衣物是否整洁。例，能分辨衣物是否干净、破损。 ③能列举对脏衣物的处理方法。例，能说出可以用洗衣机洗脏衣服。 ④能在特定生活场景中清洗衣物。例，能在家里清洗自己的衣物。 ⑤能在日常生活中使用不同方式洗涤、晾晒不同的衣物。例，能用洗衣机清洗较多衣物，用手搓洗少量衣物。
	（5）能选择适合不同天气、场合、活动的衣物	①能配合他人根据天气穿脱衣物，不反抗。例，能在雨天配合穿上雨衣。 ②能分辨不同天气、场合、活动需要穿的衣物。例，能分辨夏天要穿短袖，冬天要穿棉袄。 ③能将衣物按照不同的天气、场合或活动归类。例，能按照天气将不同的衣物归类。 ④能在特定生活场景中选择合适的衣物。例，能在上学日主动选择并穿上校服。 ⑤能根据天气的变化、场合或活动的不同选择或穿脱衣物。例，感觉到热后能主动脱衣服。
	（6）能检查衣物穿戴情况并积极改善	①能注意到衣物是否穿戴好。例，能注意到衣服纽扣扣错了。 ②能分辨衣物穿戴好的特征。例，知道拉链拉上、纽扣扣好、衣领翻折好等代表衣物穿戴好了。 ③能列举如何整理并改善衣物穿戴情况。例，能说明或展示"穿衣服要检查并翻折衣领"。 ④能在特定生活场景中主动检查衣物穿戴情况。例，能在每天上学前检查自己是否穿戴整齐。 ⑤能根据不同的场景积极改善不同衣物的穿戴情况。例，能在参加活动前主动检查领带是否戴好，并及时调整。
	（7）能适当保管衣物	①能在他人要求下配合保管衣物。例，能在老师要求下将外套放进柜子里。 ②能复述折叠衣物的步骤。例，能跟随老师复述折叠衬衫的步骤。 ③能按照衣物种类分类整理和保管。例，能分别将上装、裤装折叠分类保管。 ④能在特定生活场景中适当保管衣物。例，能在外出时保管好衣物。 ⑤能在日常生活中根据天气或季节变化定时整理个人衣物。例，能换季收纳。

关键能力指标内容		表现性水平（示例）
3. 能保持仪容卫生	（1）能完成基本的个人卫生和清洁活动，如洗手、刷牙、洗脸、洗澡	①能在他人要求下配合完成基本的个人清洁和卫生活动。例，能在妈妈帮助下刷牙，不反抗。 ②能简单复述基本个人清洁活动的步骤。例，能复述七步洗手操。 ③能举例展示有效的个人卫生和清洁活动。例，能用正确的动作刷牙。 ④能在特定生活场景中独立完成个人卫生和清洁活动。例，能在起床后和睡觉前独立用毛巾洗脸。 ⑤能在日常生活中根据自己的需要选择适合自己的清洁用品。例，能选择适合自己的牙刷。
	（2）能完成如厕	①能感知到自己的如厕需求，并做出反应。例，能在自己想上厕所时有动作或表情反应。 ②能复述如厕的具体步骤。例，能复述使用蹲厕和坐便器的主要步骤。 ③能举例说明完成如厕的步骤。例，能说出或展示出在如厕后及时冲水和洗手。 ④能在特定生活场景中独立如厕。例，能在学校独立上厕所。 ⑤能在日常生活中正确如厕。例，能在陌生环境查找洗手间标识并按指示如厕。
	（3）能适时整理仪表，如擦口水、梳头、剪指甲等	①能注意到自己不当的仪表，并做出反应。例，能意识到自己指甲长了。 ②能分辨仪容仪表是否得当。例，能选出仪表不当的图片。 ③能举例展示整理自己仪容仪表的过程。例，能展示用梳子梳头的步骤。 ④能在特定生活场景中适时整理仪容仪表。例，能在指甲过长时及时修剪。 ⑤能在日常生活反思个人的卫生表现并及时改善。例，能发现指甲清洁不彻底，重新剪指甲。
	（4）能正确使用盥洗用品，如注意安全、不使用他人物品等	①能在他人帮助下配合使用盥洗用品。例，能在老师帮助下用洗手液洗手，不排斥。 ②能辨识使用盥洗用品的基本原则。例，能知道随意使用他人物品是不正确的。 ③能列举正确使用盥洗用品的方式。例，能说出或展示如何正确使用吹风机等。 ④能在特定生活场景中正确使用盥洗用品。例，能在家里洗澡时按压取得适量沐浴露。 ⑤能在日常生活中管理自己的盥洗用品。例，能将自己的毛巾、沐浴露等放置在指定位置。

续表

关键能力指标内容		表现性水平（示例）
4. 能进行健康管理	（1）养成健康的作息习惯，如按时就寝	①能配合遵守他人为自己制定的作息要求。例，能配合遵守学校的就寝时间。 ②能辨识健康的作息习惯。例，能指出或说出按时睡觉、早睡早起等都是健康的作息习惯。 ③能将自己的身体状况与不良的作息联系起来。例，能解释犯困是因为晚上睡太晚了。 ④能在特定生活场景中养成健康的作息习惯。例，能在家做到按时就寝。 ⑤能反思日常生活中自己的作息习惯并及时调整。例，能反省自己平时睡太晚了，并尝试早睡早起。
	（2）能选择适当的方法锻炼身体	①能配合他人进行身体锻炼。例，能在老师要求下跳绳。 ②知道定期锻炼的重要性。例，能复述"跑步可以锻炼身体"。 ③能归类不同的体育锻炼方法。例，能借用图卡整理归类自己喜欢和不喜欢的锻炼方法。 ④能在特定生活场景中做到定期锻炼。例，能做到每天早上跑步。 ⑤能根据时间、天气、自身身体状况等选择合适的体育运动。例，不在饭后进行剧烈运动。
	（3）能辨识和表达自身的身体需求，如说出自己哪里不舒服	①能觉察到身体的需求并做出本能反应。例，能在感觉到身体不适或疼痛时做出反应。 ②能确定或分辨疼痛部位和程度。例，能捂肚子表示肚子不舒服或肚子疼。 ③能简单描述自己的身体需求。例，能说出"我肚子有一点点不舒服"。 ④能在身体不适或疼痛时请求并接受帮助。例，能用图片表示需要找医生。 ⑤能大致分析自己身体不舒服的原因。例，能分析出肚子疼可能是因为吃了太冰的食物。
	（4）知道如何缓解病情，如多喝水、保暖	①能配合他人要求完成任务以缓解病情。例，能在他人要求下多喝水。 ②能复述缓解病情的举措。例，能跟着老师复述"感冒了要多喝水"。 ③能举例说明缓解病情的举措。例，能说出喝淡盐水、口服藿香正气水可以缓解中暑症状。 ④能在特定生活场景中采取适当策略以缓解病情。例，能在发烧时注意保暖。 ⑤能向他人提出缓解病情的建议。例，在别人生病时，建议对方躺下休息一下。

关键能力指标内容		表现性水平（示例）
4.能进行健康管理	（5）能配合医疗检查和服务	①能配合执行医疗服务。例，能按医嘱化验抽血，不哭闹。 ②能复述看病的具体步骤。例，能跟随老师复述看病就医程序和步骤。 ③能简单描述看病的步骤。例，能够简单说明或展示如何挂号。 ④能顺利完成就医的特定步骤。例，能顺利完成挂号、取药或向医生简单描述自己不舒服的感觉体验。 ⑤能规划看病流程。例，能在出发前事先规划大致流程安排。
	（6）能遵守基本的用药和安全用药原则	①能配合他人要求服药。例，能听从医生建议服药、用药。 ②能复述正确服药的重要性。例，能跟随老师复述"错误服药会导致肾脏损害"。 ③能举例说明基本的用药原则。例，能说出要按照医嘱服药、依据说明书服药等。 ④能在特定生活场景中做到安全用药。例，当自己生病时能听从医生建议确定服药剂量和次数。 ⑤能根据药物特点安全保存药物。例，能把药物放在干燥通风处，个别药物低温保存。
	（7）知道如何防止疾病传染，如咳嗽、打喷嚏时捂嘴，之后洗手	①能配合他人要求表现出减少传染病传播的行为。例，能在他人要求下戴上口罩，不排斥。 ②能复述防止疾病传染的具体举措。例，能复述戴口罩的步骤。 ③能举例说明如何防止疾病传播。例，能说出或展示在咳嗽时要捂嘴。 ④能在特定生活场景中表现出防止疾病传染的行为。例，去医院看病时能戴上口罩。 ⑤能在不同的情境下主动采取相关策略防止疾病传染。例，能在进入不同的公共场所（地铁、博物馆、商场等）前主动戴上口罩。
	（8）能辨识抽烟和喝酒的健康风险	①能注意到抽烟喝酒的行为。例，能发现他人抽烟喝酒的行为。 ②能复述抽烟喝酒的危害。例，能说出"抽烟对肺不好"。 ③能简单解释抽烟喝酒为何有健康风险。例，能说明喝酒会影响注意力和判断力。 ④能明确表达对抽烟喝酒行为的态度和观点。例，看到爸爸抽烟时能说出"这种行为不好"等。 ⑤能对他人抽烟喝酒的行为提出建议。例，能建议爸爸不要抽烟。

二、具有独立生活的能力

在能够进行自我照料之后，孤独症学生接下来就需要有更高水平的独立生活能力。发展独立生活能力是发展学生独立性与社会责任感的重要环节。独立生活领域的能力主要包括个人（即美容、进食、个人卫生、饮食）、家庭（即烹饪、清洁）和社区（即时间管理、资金管理、工作技能）三方面[①]。孤独症患者多在独立生活方面存在困难。比尔斯泰特（Billstedt）等人调查发现，仅有小部分患有孤独症的成年人能够独自生活，大多数孤独症患者在成年后依然与父母一同生活，对父母有较强的依赖性，缺乏独立生活的能力[②]。如，不会整理房间、不会打扫卫生、不会自主购物、不会独立乘坐交通工具、不会进行自我决策和自我管理等[③]。生活技能的习得与养成，可以增加孤独症学生的自我效能，树立生活信心[④]，还可以促进个体在周围环境中独立生存和获得更多支持。研究表明，孤独症患者生活技能水平越高，就越能较好地参与日后的学习、生活和就业[⑤]。可见，独立生活技能的发展对孤独症学生有重要的现实意义。

具体来说，这一要点主要涵盖保持居家环境、管理财务和物品、维持住家安全、进行家庭休闲活动、选择和参与休闲活动、使用设施服务、具备安全意识和具备自我决策能力等维度的关键能力指标（见表7.5）。保持居家环境的整洁，指的是掌握一定的技能，或使用一定的工具进行简单的卫生清洁，保持环境整洁。管理物品和财务，是指对物品和个人资产的管理，合理使用物品，科学规划个人财务的能力。维持住家安全，是指掌握消防安全、燃气设施使用安全、用电安全等的知识与能力，并具备一定的自救常识。进

① Sparrow S S, Cicchetti D V. *The Vineland adaptive behavior scales*. Needham Heights: Allyn and Bacon, 1989:199−231.

② Eva B, Carina G, Christopher G. Autism after Adoles−cence: Population−based 13 to 22‑year follow−up Study of 120 Individuals with Autism Diagnosed in Childhood. *Journal of Autism and Developmental Disorders*, 2005, 35(3):351‑360.

③ 王玉、冯维：《特殊青少年自我决策研究现状与展望》，《现代特殊教育》2015年第2期。

④ 郭梦之、曹漱芹、顾未青等：《社会故事提升自闭症幼儿生活技能的个案研究》，《中国特殊教育》2013年第12期。

⑤ Erik W C, Diane A, Audrey A. T. Predictors of Postschool Employment Outcomes for Young Adults with Severe Disabilities. *Journal of Disability Policy Studies*, 2012, 23(1):50−63.

行家庭休闲活动,是指能够和父母在空闲时间或娱乐活动中共度时光,参与到以家庭为单位的休闲活动中,具备一定的共享性和参与性。选择和参与休闲活动,是指孤独症学生主体在特定目标指引下,根据个人需求层次选择特定时间和地点,以特定方式从事休闲活动并寻求满足的能力。其要求孤独症学生具备一定的休闲认知,能够自主选择参与的休闲活动,并获得参与体验。使用设施和服务,指的是能熟练使用社区内各种公共性、服务性设施及各类公共服务产品,以促进孤独症学生积极参与社区生活,享受社区基础服务,满足生活需求。具备安全意识,指的是在实际生活中为避免对自己和他人造成伤害,对外在环境条件的一种戒备和警觉心理状态。这要求孤独症学生能够掌握对外界客观环境的认知和判断能力,并知晓如何进行自我保护。自我决策能力,指的是能根据自身具备的条件或所处的情境,按自己的意愿作出决策和行动,以保持或提高生活质量,如能观察和反思个人的优劣势、表达个人需求与意见等。

表7.5 关键能力要点5:具有独立生活的能力

关键能力指标内容	表现性水平(示例)
1. 能保持居家环境的整洁	①能注意到环境、房间不整洁的情况。例,能发现地板上有垃圾。 ②能复述整理清洁的步骤。例,能说出扫地倒垃圾的步骤。 ③能列举哪些工具可以用来清理环境。例,能说出洗衣机可以洗衣服、抹布可以用来擦桌子。 ④能在特定环境中完成清洁和维护环境的工作。例,能在家打扫房间。 ⑤能与他人合作协商整理环境。例,能和同学一起合作打扫教室卫生。
2. 能管理物品和财务	①能接受管理物品和财务的建议。例,能在妈妈要求下存钱。 ②能辨识管理物品和财务的方法。例,能利用图卡辨别给手机套上手机壳、将钱放进钱包有助于保管财物。 ③能举例说明管理物品和财务的方法。例,能说出节约用钱、不浪费纸张、使用储蓄罐等管理物品和财务的方法。 ④能对特定物品或财务进行适当的管理。例,能主动将压岁钱存起来,能给书包上书皮。 ⑤能对自己的物品和财务进行规划。例,能按月规划财务支出。

续表

关键能力指标内容		表现性水平（示例）
3. 能维持住家安全		①能在他人要求下安全使用物品。例，能在他人辅助下小心使用剪刀。 ②能辨别家中具有潜在危险的物品或环境。例，知道插座使用不当可能会触电。 ③能列举维持住家安全的举措。例，能说出随手关好门窗、地震时不搭乘电梯等举措。 ④能在家庭生活中维持居住安全。例，在家不给陌生人开门。 ⑤能在不同情境中维持居住安全。例，能在外出住宿时注意安全。
4. 能进行家庭休闲活动，如看电视、听音乐等		①能配合家人进行适当的家庭休闲活动。例，能在家人要求下观看电视。 ②能分辨家庭休闲活动有哪些。例，能利用图卡辨别玩游戏、搭积木、看电视等。 ③能列举家庭休闲活动的内容和规则。例，能举例说出看电视不能超过半小时，不能一边吃饭一边看电视等。 ④能顺利完成特定的家庭休闲活动。例，能在家完成搭积木这一休闲活动。 ⑤能依据条件（时间、地点、环境等）选择适合的家庭休闲活动。例，不在深夜弹琴。
5. 能选择和参与购物、文娱、动作发展、度假等休闲活动	（1）会购物	①能对出入购物环境不排斥。例，能在爸爸妈妈陪同下进出超市。 ②能复述周边的购物场所。例，能复述周边有哪些商店。 ③能比较同类型商品的价格并做出选择。例，能比较价格，选择较便宜的商品。 ④能在特定的商店/线上商店购买指定的商品。例，能在社区超市购买铅笔。 ⑤能根据需要选择合适的场所购物，并避免购物陷阱。例，能判断购买家电要去大型商超。
	（2）能选择和参与文娱等其他休闲活动	①能在提醒下遵守休闲活动规则，不干扰他人。例，在爸爸妈妈的提醒下不在餐厅大声喧哗。 ②能复述自己想要进行的休闲活动，例，能利用图片选出自己想玩的玩具。 ③能列举休闲活动的种类。例，能说出打球、旅行等常见的休闲活动。 ④能依据个人条件（时间、空间、金钱等）选择特定的休闲活动。例，能根据消费能力选择就餐地点。 ⑤能依据个人条件（时间、空间、金钱等）规划适合的休闲活动。例，能制订计划表安排一日活动流程。

关键能力指标内容		表现性水平（示例）
6. 会使用社区的公共场所、设施和服务		①能在他人帮助下配合使用常见的公共设施。例，能在他人帮助下使用公共电话。 ②能辨别常见的公共场所。例，能认识超市、银行、电影院等。 ③能列举公共场所或单位的服务内容。例，能举例说出可以在少儿图书馆借书。 ④能积极使用社区中熟悉的公共场所、设施和服务。例，能在小区活动中心玩耍。 ⑤能根据情境要求恰当使用不熟悉的公共场所、设施和服务。例，能在不熟悉的电影院保持安静。
7. 具备社区活动的安全知识和意识（如交通、财务和信息安全等）		①能注意到社区中潜在的安全／不安全的场所。例，能在爸爸妈妈的提醒下在夜晚避开黑暗的场所。 ②能识别潜在的不安全情况。例，能在过马路时发现前方有车辆。 ③能举例说明潜在的不安全情况和应对措施。例，能说出不随便给陌生人开门、不给陌生人转账等。 ④能在社区活动中保持个人财务／个人信息安全。例，在小区活动中心玩时能保管好自己的财物，不随意透露自己或家人的电话号码。 ⑤能在不同情境中保持个人安全。例，能在陌生场所保护个人安全。
8. 具有自我决策能力（如规划个人生活、反思个人优势和困难、进行自我倡导、寻求帮助等）	（1）能选择、规划和调整个人的生活活动	①能配合执行他人为自己制订的生活活动计划。例，能听从老师的安排饭后午休。 ②能复述常见的生活活动。例，能复述在学校的活动有运动、游戏、玩玩具等。 ③能在比较后选出符合自己兴趣的活动。例，能在画画和运动中选择自己喜欢的活动。 ④能在特定情境下选择从事合适的生活活动。例，能在饭后选择看电视。 ⑤能根据先前的经验调整生活活动。例，能吸取经验调整看电视的时间。
	（2）能观察和反思个人的行为表现、优势和困难	①能感知到个人的行为表现是否恰当，感知优劣势。例，能感知到今天在学校表现不好，能发现自己擅长打架子鼓。 ②能说出个人优劣势等。例，能说出"我画画很棒"。 ③能解释个人的行为表现或优劣势。例，能解释说明在学校哭闹是因为刚刚摔跤了。 ④能参照标准判断个人行为表现是否恰当。例，能对照行为检核表检查自己的表现情况。 ⑤能反思并改善个人的不良行为表现或缺点。例，能知道发脾气是不对的，并逐步改善自己急躁、发脾气的行为。

续表

关键能力指标内容		表现性水平（示例）
8.具有自我决策能力（如规划个人生活、反思个人优势和困难、进行自我倡导、寻求帮助等）	（3）遇到问题能自我鼓励，完成任务能自我肯定	①能感知到困难并做出反应。例，能感知到自己在拼雪花片上遇到了困难。 ②能分辨任务是否完成，是否遇到困难。例，知道自己顺利完成了跑步任务。 ③能举例说明遇到困难时自我鼓励和自我肯定的方法。例，能举例说出"我真棒""加油，再坚持一下"等自我鼓励的话语。 ④能在遇到困难时选择适合自己的自我鼓励和自我肯定的方法。例，发现自己碰到难题时能对自己说"加油，再坚持一下"。 ⑤能评价自身的任务完成情况。例，完成任务时告诉自己"我做得很好，要继续保持"。
	（4）能列举与自身相关会议（如个别化会议）的目的，并表达需求	①能配合参与和自身相关的会议。例，能参与制订个别化教育计划的会议。 ②能复述和自身相关会议召开的目的。例，能复述开会制订行为契约是为了"制定规则约束行为"。 ③能在与自己相关的会议上对不理解的问题或事项提问。例，能对行为契约的要求提问。 ④能在与自身相关会议中表达意见和需求。例，能在制订个别化教育计划时表达自己的诉求。 ⑤能在与自己相关的会议上与他人进行协商。例，能和老师讨论商量，共同制订班级班规或行为契约。
	（5）能在个人生活有需求时请求他人协助	①能感知到自己需要他人帮助的情景并做出本能反应。例，能发现自己在写字上需要帮助，并做出反应。 ②能复述如何请求帮助。例，能复述"老师，请帮帮我"。 ③能列举请求他人帮助的方法。例，能举例说出或展示出用举手、主动说话等方法都可请求老师帮助。 ④能在遇到困难时主动向熟悉的人请求帮助。例，能在学校主动请求老师或同学帮助。 ⑤能在不同情境下根据需要主动请求他人帮助。例，在外迷路时主动请求警察帮忙。

三、能处理青春期相关问题

青春期是性器官发育成熟、出现第二性征的年龄阶段[①]。在这一阶段，个体的生理和心理发生了巨大的变化，主要表现为：（1）生理方面，个体的

---

① 骆一、郑涌：《青春期性心理健康的初步研究》，《心理科学》2006 年第 3 期。

身高和体重迅速增长，身体比例和体型改变，性成熟，第二性征开始发育；（2）认知方面，抽象思维能力形成，认知发生结构性变化和功能性变化；（3）社会性方面，同一性形成，社会交往能力发展；（4）性发育方面，出现性意识萌动[①②③]。

与一般发育中的同龄人相似，孤独症学生也会经历与青春期相关的典型身体发育，并经历伴随这种生理变化的情感和激素变化或性冲动。但孤独症学生可能面临更大的挑战，他们在青春期的身体发育可能会延长或延迟，有些人可能会经历青春期提前甚至是极度兴奋的状态[④]。此外，孤独症学生本身具有的诸如社交和沟通障碍、狭隘的兴趣和刻板行为等核心障碍，不仅会影响他们性知识的获得和性行为的发展[⑤]，还可能使他们在青春期出现很多不适当的性行为，如当众暴露隐私部位、不恰当地自慰、不恰当地触摸异性等[⑥]。研究发现，52%的孤独症个体会当众手淫，90%的孤独症个体对陌生人或抚养者等不适当的人表现出性倾向行为[⑦]。这些行为严重影响了青春期孤独症学生的学习和生活，如果缺乏相关的性教育，他们可能成为性虐待的潜在实施者和受害者[⑧]。

具体来说，"能处理和青春期相关的问题"这一要点，主要涵盖觉知身体

① 丁攀攀：《自闭症男孩的青春期问题初探》，《文教资料》2006年第8期。

② 桑标：《儿童发展》，华东师范大学出版社，2014，第5页。

③ 黛安娜·帕帕拉、萨莉·奥尔兹、露丝·费尔德曼：《发展心理学：从生命早期到青春期（第10版）》，李西营等译，人民邮电出版社，2013，第9页。

④ Sullivan A, Caterino L C. Addressing the Sexuality and Sex Education of Individuals with Autism Spectrum Disorders. *Education and Treatment of Children*, 2008,31(3): 381−394.

⑤ 裴春莹、景时：《孤独症儿童青春期性问题行为的原因及教育干预策略》，《绥化学院学报》2017年第1期。

⑥ Christopher G, Helen S. Autism: Specific problems of adolescence. *Diagnosis and treatment of autism*, 1989:375−382.

⑦ Sullivan A, Caterino L C. Addressing the Sexuality and Sex Education of Individuals with Autism Spectrum Disorders. *Education and Treatment of Children*, 2008,31(3): 381−394.

⑧ Hans H, Herbert R, Wouter L T,er al.. Sexual Behavior in Male Adolescents and Young Adults with Autism Spectrum Disorder and Borderline/Mild Mental Retardation. *Sexuality and Disability*, 2010, 28:93−104.

性征、保持人际距离和青春期健康等维度的关键能力指标（见表 7.6）。觉知身体性征，指的是对男女性别特征的自我觉知能力，包括第一性征、第二性征和第三性征的觉知，这一维度主要是要求学生能够辨识自身的身体部位和功能，以及辨识并接受人与人之间的差异。保持人际距离，指的是个体之间在进行交往时通常要保持适当的距离。这种距离受到个体之间情感距离的影响，可以分为亲密距离、个人距离、社会距离和公共距离。主要是要求孤独症学生能识别和掌握与人际距离相对应的适当行为。青春期健康，则是指能恰当维护在青春期阶段的生理和心理健康，这主要是希望学生能了解和接受自身在青春期发生的生理和心理变化，维护青春期卫生并进行恰当保健，同时还能学会如何保护个人隐私和安全等。

表 7.6　关键能力要点 6：能处理和青春期相关的问题

关键能力指标内容		表现性水平（示例）
1.能觉知身体性征	（1）辨识自身的身体部位和功能	①能感知到身体部位及其功能。例，能感知到乳房的发育。 ②能辨识不同性别的身体部位。例，能看图辨识男生和女生的性器官。 ③能举例说明青春期身体部位的变化。例，女生能说出乳房发育、月经来潮；男生能说出喉结突起、长胡子等。 ④能解释身体部位发生变化的原因。例，能说出男生长胡子是因为青春期到了。 ⑤能分析男女生青春期会发生的变化。例，能分析女生青春期生理变化的特点。
	（2）辨识并接受人与人之间的差异	①能注意到不同的人生长发育状况是不同的。例，能看镜子知道自己和他人长得不一样。 ②能分辨男生和女生的身体部位、发育状况、发育速度不同。例，能辨别女生不会长喉结。 ③能列举男女生生长发育的差异。例，能看图举例说明男女生生长发育情况的异同。 ④能判断自身和他人生长发育的异同。例，能判断自己与异性同学的身体性征有哪些不同。 ⑤能分析生长发育不同的原因。例，能分析饮食和运动会影响生长发育。

关键能力指标内容		表现性水平（示例）
2.能在青春期保持适当人际距离	（1）理解不同类型的关系，如家人、男女朋友、熟悉的人和陌生人	①能在他人要求下配合回应不同类型关系的人。例，能在提示下对家人、朋友打招呼。 ②能辨别不同类型的关系及特征。例，能分辨年龄相近、性格相仿、兴趣爱好相似，并经常相处的人是朋友，不认识、不了解的人是陌生人。 ③能列举人与人之间多种类型关系。例，能说出家人、朋友、夫妻等多种关系。 ④能在特定场景中判断不同类型的关系。例，能在活动中判断是否认识对方。 ⑤能评价自己和他人的关系。例，能说出"我和他是很好的朋友"。
	（2）理解行为应符合特定的关系，如合理打招呼和触摸	①能对符合特定关系的行为不排斥。例，对同学表示友好的拥抱不排斥。 ②能辨识在特定环境或关系中可以／不可以采取的行为。例，能知道随意触摸陌生人是不对的。 ③能根据行为是否符合特定的人际关系进行分类。例，能将与同学友好握手归为维持恰当人际关系的行为；而将随意拥抱陌生人归为不恰当的行为。 ④能在日常生活中表现出符合特定关系的行为。例，能在日常生活中不随意触碰陌生人。 ⑤能评价他人或自己的行为是否符合特定关系。例，能评价自己在公共场合拥抱陌生人的行为是否合理，并说明原因。
	（3）理解个人空间，与人保持适当的社交距离	①能在他人要求下与人保持适当的社交距离。例，能听从老师的要求不紧贴同学。 ②能辨别自己与他人的社交距离是否恰当。例，能分辨自己是否太过靠近同学。 ③能解释需要尊重隐私、保持适当社交距离的原因。例，能说出未经允许不擅自去他人房间是对他人的尊重。 ④能在特定情境中与人保持适当的社交距离。例，能在交谈时保持半米的距离。 ⑤能在不同情境下尊重他人隐私，保持适当社交距离。例，在同学家中，未经允许不擅自进房间。

续表

关键能力指标内容		表现性水平（示例）
2. 能在青春期保持适当人际距离	（4）了解认定关系的有关法律条款，如性关系应建立在双方同意的基础之上	①能对认定关系的法律条款做出回应。例，能在他人朗读相关法律条款时倾听或做出反应。 ②能知道一些行为需符合法律条款要求。例，能知道亲吻、拥抱需征得对方同意。 ③能列举认定关系的有关法律条款。例，能说出随便触摸他人隐私部位是违法行为。 ④能根据认定关系的有关法律判断行为是否得当合法。例，能根据法律条文判断随便触摸他人隐私部位是违法行为。 ⑤能在日常生活中遵守有关认定关系的法律条款。例，能做到未经对方同意不触摸他人隐私部位。
3. 能应对和处理青春期的变化和挑战	（1）了解青春期的生理、心理知识，接受青春期的生理和心理变化	①能注意到青春期产生的生理和心理变化。例，女生能注意到乳房发育，男生能注意到喉结出现。 ②知道相应的生理、心理变化是青春期导致的。例，能知道女生迎来月经初潮是因为青春期的到来。 ③能列举青春期的生理和心理变化。例，能举例说出青春期会长高、长青春痘、男生长出胡子、女生乳房发育等。 ④能应对青春期带来的特定变化。例，女生能在经期独立使用卫生巾。 ⑤能及时调整活动或心理状态。例，女生不在经期做剧烈运动。
	（2）会处理青春期个人卫生，如月经、梦遗等，了解青春期保健常识	①能配合处理青春期个人卫生。例，能配合爸爸或妈妈清洁生殖器官，不排斥。 ②能了解青春期的保健知识。例，知道清洁生殖器官的重要性。 ③能列举青春期保持个人卫生的方式。例，女生能举例说出"勤换内衣""勤换卫生巾"等保持个人卫生的方法。 ④能独立处理青春期特定的生理变化。例，能独立处理月经或梦遗。 ⑤能判断自己是否恰当处理了青春期个人卫生。例，能判断自己是否恰当地清洁了生殖器官。

关键能力指标内容		表现性水平（示例）
3.能应对和处理青春期的变化和挑战	（3）能区分公共的和私人的生活空间，知道在公共生活中哪些行为可以做，哪些行为不能做	①能配合他人要求不在公共空间进行私人行为。例，在他人要求下去试衣间换衣服。 ②能分辨"公共"和"私人"的行为或空间。例，知道自己的房间是私人空间，电影院是公共空间。 ③能将行为或空间按照"是否属于私人"进行分类。例，能圈出图片中的私人行为。 ④能在特定空间做适当举动或谈论适当话题。例，不在电影院进行私人行为或谈论私人话题。 ⑤能在不同的空间中做出适当的行为。例，不在任何公共场合进行私人行为。
	（4）遇到性困扰和侵害时能向他人及时求助	①能对性困扰或性侵害做出本能反应。例，能在遭遇性侵害时本能反抗。 ②能辨别性骚扰或性侵害的行为。例，能辨别他人不恰当的触摸或言语暗示。 ③能列举性骚扰或性侵害的行为。例，能举例说出不当的接触、语言的暗示等是性骚扰。 ④能在遭遇性困扰或性侵害时向特定的人寻求帮助。例，遭遇性困扰时可以向老师或家长寻求帮助。 ⑤能在遭受性困扰和侵害时采用不同的求助方案。例，遭遇性侵害时可以通过报警、向家长或老师求助、大声呼救等获得帮助。

第八章

孤独症学生"学习参与"领域的关键能力指标

本章主要阐释孤独症学生在"学习参与"领域的关键能力指标，涵盖"认知"和"学习"两个板块。认知，意指通过思想、经验和感官获得知识和理解的心理行为或过程，鉴于孤独症学生的认知特征，包含认知灵活性、思维能力发展等要点。学习，即由经验引发的行为永久性变化[1]。随着学习逐渐成为教育领域的核心语言，人们对学生学习的关注已不再局限于学科知识和技能的掌握，而更加关注具有跨学科性的学习能力。因此，此处的学习重点关注孤独症学生的学习品质，包含学习动机的激发维持和学习活动的组织安排等要点。认知和学习是紧密联系的两部分，两者互相促进、相辅相成。

第一节 "认知"板块的关键能力指标

维果茨基认为，个体通过重组低级心理机能创造高级心理机能、更新个体的认知能力，实现自我推进式发展[2]。鉴于孤独症学生以形象性学习为主，存在感知异常，具有视觉学习偏好，思维能力弱，兴趣狭窄和重复刻板的行为模式，注意转换困难，整体把握、联系和应用泛化能力弱等特点，"认知"板块

---

① 戈登·克罗斯：《学习心理学》，李维、龚治基译，贵州人民出版社，1984，第1页。

② Schneuwly B, Contradiction and development: Vygotsky and paedology. *European Journal of Psychology of Education*, 1994, 9(4):281–291.

主要包括"具有一定的认知灵活性"和"能积极发展思维能力"两大要点。

一、具有一定的认知灵活性

认知灵活性是一种重要而复杂的高级认知能力，指的是根据情境需求转换想法和行为的能力[①]。神经学相关研究认为，要顺利地转换思维和行为至少需要注意转换（Attention Shifting）和反应转换（Response Shifting）[②]。心理学研究则认为认知灵活性包括灵活选择的意识、灵活适应环境的意愿和认为自己具有适应各种新环境的能力[③]。研究发现，与正常儿童和智力障碍儿童相比，孤独症儿童更容易出现注意转换困难和反应转换困难，他们绝大多数存在认知灵活性障碍[④]。注意转换困难是指难以主动且迅速地将心理活动从一项事物指向另一项新的事物。这使得孤独症学生难以完成自己的学习活动。如放学后做家庭作业，已经坐下却不能将心理活动自主转移到家庭作业上，不断摆弄文具或离座。反应转换困难则是指难以根据任务规则、情境需求的改变转换以选择与其相适应的反应动作。这使得孤独症学生产生突发事件的应对障碍，他们必须遵循严格刻板的程序，如难以接受因堵车而更换上学路线。

总体上，孤独症学生通常难以在学习、生活中的过渡阶段中启动步骤，难以理解在变化过渡时他人对自身的期待，也很难与人交流自己过渡期间遇到的困难，更不会为了他人的表扬或是为了在他人心中建立好印象而遵循提示照做。这种转换困难会对他们的学习、生活等产生不利影响，甚至可能会引发抱怨、攻击他人、自伤等抗拒变化的行为，给周围的人带来安全威胁。例如，如果一个孤独症学生正沉浸于绘画，教师让他放下画笔拿出书本，他

[①] Monsell S, Task switching. *Trends in Cognitive Sciences*, 2003, 7(3):134-140.

[②] Shafritz K M, Kartheiser P, Belger A. Dissociation of neural systems mediating shifts in behavioral response and cognitive set, *Neuroimage*,2005, 25(2):600-606.

[③] Matthew M M, Rebecca B R. A New Measure of Cognitive Flexibility, *Psychological Reports*, 1995, 76(2):623-626.

[④] 梁志高:《自闭症儿童认知灵活性与重复行为及其关系研究》，硕士学位论文，华东师范大学，2014，第6-7页。

可能会无视教师的指令。又如，当孤独症学生进入一个不熟悉或全新的环境时，环境所带来的不可预测性以及自身缺乏对新的外界刺激的应对机制，可能会导致其产生焦虑情绪、哭闹行为等。这些行为很容易导致他们难以适应和融入学校[①]。因此，转换行为也被一些家长视为日常生活中孩子最具挑战性的行为之一[②]。在这种意义上，培养他们的认知灵活性显得非常重要。

具体来说，这一要点主要涵盖注意切换、环节过渡、适应变化、兴趣拓展等维度的关键能力指标（见表 8.1）。注意切换，指的是将心理活动从一项事物指向另一项新事物的能力，进行注意转换的对象可分为人、物、情境和活动；环节过渡，指的是面对学习和生活的不同环节时，具有由一个环节转入下一个环节的调节能力，根据不同的程度，分为能熟悉、能适应和能提前做好准备等能力；适应变化，指的是面对学习生活中的新变化，能接受并采取措施以适应环境的变化要求；兴趣拓展，指的是能意识到并管理自身兴趣，同时克服兴趣狭窄的问题，拓展出有功能意义的兴趣或活动。

表 8.1　关键能力要点 7：具有一定的认知灵活性

关键能力指标内容	表现性水平（示例）
1. 能灵活进行人、物、情境和活动的注意切换	①能及时注意到人、物、情境和活动。例，低头玩玩具时，教师拍手、喊名字时能抬头看向教师。 ②能在从事一项活动时辨识出周围出现的新事物。例，能在玩玩具时指认或看向身边走过的教师。 ③能举例展示人、物、情境或活动的注意切换。例，能展示将注意力从指定玩具转换到指定书本，并维持一段时间。 ④能在特定场景中完成人、物、情境或活动的注意切换。例，能在小组学习时，灵活地将注意力从一个说话人转移到另一个说话人。 ⑤能在日常生活中自主完成注意切换。例，能在上课时主动将注意力从玩具转换到书本上。

---

① Heather E ST, Sara S J. Interventions addressing transition difficulties for individuals with autism. *Psychology in the Schools*, 2007, 44(7):681−690.

② South M, Ozonoff S, McMahon W M. Repetitive behavior profiles in Asperger syndrome and high-functioning autism. *Journal of Autism and Developmental Disorders*, 2005, 5(2):145−158.

续表

关键能力指标内容		表现性水平（示例）
2. 能在不同环节之间顺利转移、过渡	（1）熟悉和适应生活的不同环节，能在不同活动环节之间顺利过渡	①能在他人要求下配合完成环节过渡。例，在教师说"排队洗手，准备吃午餐"时能照做。 ②能分辨活动任务有多个环节或情境。例，能在结构化流程图片的提示下指认课堂活动的不同环节。 ③能举例说出辅助进行环节过渡的方法。例，能说出每结束一项任务打一个钩就表示上一项任务结束，下一项任务开始。 ④能在特定活动中顺利进行环节过渡。例，在教师的视觉提示和结构化流程教学下，能顺利完成课堂环节的过渡。 ⑤能在日常生活中对多项环节进行规划，并顺利完成过渡。例，能规划一天上下学流程，并顺利完成从家到学校的过渡。
	（2）在过渡到下一环节或活动前能主动做好准备	①能在他人提醒需过渡到下一环节时做出反应。例，能在教师说"下课，准备吃饭"时抬头看教师。 ②能复述即将进行的环节名称或任务活动。例，能复述教师的话，说出"排队去操场"。 ③能对环节或活动过渡做出简单推断。例，能说出"预备铃响了，马上要上课了"。 ④能自主地为特定环节或活动过渡做好准备。例，预备铃响后能走回自己的位置并坐好，整理书本和文具，等待上课。 ⑤能在日常生活中主动做好环节或活动过渡的准备。例，能在饭点及时停下当前活动，洗手准备去餐厅吃饭。
3. 能适应环境中新的变化	（1）能接受熟悉情境中发生的新变化，如理解并接受时间表中未预先规定的事件	①对情境中发生的新变化有反应。例，能在听到外面下雨声时望向窗外。 ②能辨识出熟悉情景中发生的新变化。例，能说出今天的体育课在室内上。 ③能列举情境的前后变化。例，能说出原来第一节课是语文课，今天上数学了。 ④能判断熟悉情境中发生新变化的原因。例，能说出今天换了新路线来上学是因为原来的路正在维修。 ⑤能应对日常生活中的新变化或预定计划外的突发事件。例，能在下雨天取消外出游玩的计划，并进行协商调整。
	（2）能采取行动应对环境的新变化	①能对环境中的新变化不排斥。例，能不排斥上下学路线变换。 ②能指出他人对环境发生变化做出的举措。例，能知道下雨天，教师把体育课换到了室内。 ③能列举应对环境变化的行动。例，能说出或展示出下雨后要回教室拿伞。 ④能选择方案应对环境发生新变化或突发状况。例，能在秋游取消后选择老师给定的替代活动，如看电影、搭积木等。 ⑤能主动采取行动应对环境中的新变化。例，当得知秋游取消后，能主动修改调整行程安排。

关键能力指标内容		表现性水平（示例）
4.能不局限于重复性兴趣，而参与与特殊兴趣无关的活动	（1）能探索自身感兴趣或优势的领域	①能对不同兴趣程度的事物做出不同反应。例，能对画画表现出明显的偏好。 ②能分辨事物或活动是否是自己感兴趣或擅长的。例，能在多项活动中选出自己擅长的一项。 ③能将事物或活动按照感兴趣程度或是否擅长进行归类。例，能将画画、搭积木归为感兴趣、擅长的活动，将讲故事、唱歌归为不感兴趣、不擅长的活动。 ④能顺利参与自己感兴趣或是有优势的特定活动。例，能画一幅完整的油画。 ⑤能主动探索自身感兴趣或优势领域的相关活动。例，能主动阅读画册，并对与绘画相关的活动产生兴趣，如参观画展、绘画装饰板报等。
	（2）能参与和特殊兴趣无关的活动	①能对自己不感兴趣的活动做出反应。例，对唱歌不感兴趣，但在教师唱歌时能抬头看教师。 ②能辨识活动或任务是否是自己感兴趣的。例，能发现自己很擅长画画，画画让自己很开心，但不擅长唱歌，唱歌会让自己不开心。 ③能简单解释自己对某项活动不感兴趣的原因。例，能说出"跑步让我觉得很累，所以我不喜欢跑步"。 ④能选择适当的策略让自己尝试参与不感兴趣的活动。例，当自己从事不感兴趣的活动时，能不断进行自我鼓励。 ⑤能在日常生活中主动参与和兴趣无关的必要活动。例，对画画不感兴趣，但能在美术课上安坐，并参与课堂活动。

二、能积极发展思维能力

孤独症学生存在一定的感知优势和弱点。一般来说，他们的视觉识别和记忆能力较强，视觉学习能力优于听觉学习能力，但常常难以充分理解讲授和口语提示的内容，思维能力较薄弱。这使得学生在实际学习活动中常习惯于使用视觉来接受和简单处理外界刺激，而对需要理解、联系、归纳和总结的任务则会产生逃避心理，不能梳理学习中获得的经验，难以找到不同事物的共同性，也不懂得使用已有的经验去解决问题、类化知识技能。

较弱的思维能力会对孤独症学生的学习、生活产生不利影响。相较于轻中度学习障碍的学生，孤独症学生更难获得学业上的成功[1]。面对外界刺激，他们不能在理解的基础上产生有效的归纳、总结、建立联系的想法，如在鉴别了材料内容的不同要素后，却难以对内容中的各要素进行分析和总结[2]。这使得他们在学习中开展关系分析、领会推断时会出现困难。

具体来说，这一要点主要涵盖基本思维能力、问题解决、应用泛化等维度的关键能力指标（见表 8.2）。基本思维能力包括排序、配对、比较、归类、计划、预测、推理等能力。排序，指的是按照一定标准形成事物的有序列表；配对，指的是将具有相似特质的事物进行对应，配合成双；比较，指的是确定和评估多个与事物相关的、可比较的特征；归类，指的是依据多个事物的特征形成特定的组；计划，指的是能根据情境和相关信息对所需物品和所进行的活动进行合理的选择和安排；预测，指的是能根据现有的信息对未来可能发生的情况进行合理的推断或是想象。问题解决，指的是能发现问题并尝试解决，并通过反思评价，为以后解决问题选择更优的策略。应用泛化，是指能跨情境地使用所学的知识技能，或能将一项技能的学习迁移至其他技能的学习，即能通过概括所习得的知识技能，在不同时间、与不同人物、在不同环境中完成任务、执行活动和表现行为。对于孤独症学生来说，具有应用泛化的能力增加了其独立完成学习任务的可能性，使其不必依赖于某一特定的教师或是学习环境。

---

[1]　Eunsook H, Roberta M. Milgram,Creative Thinking Ability: Domain Generality and Specificity, *Creativity Research Journal*, 2010,22(3):272–287.

[2]　B.S. 布卢姆等:《教育目标分类学：第一分册 认知领域》，罗黎辉等译，华东师范大学出版社，1986，第 141–142 页。

表 8.2　关键能力要点 8：能积极发展思维能力

关键能力目标内容		表现水平
1. 能积极发展排序、配对、比较、归类、计划、预测、推理等思维能力	（1）能根据事物的多少、长短、大小、高矮、厚薄、轻重、快慢、先后、宽窄和颜色深浅等进行排序	①能配合他人感知事物的排序规律。例，能在教师帮助下，逐个触摸厚薄程度不同的衣物。②能模仿教师根据事物的特征进行排序。例，能跟着教师一起将水果由小到大依次排列。③能总结事物的排序特点和规律。例，能说出铅笔是按照由长到短排序的。④能通过自己的关注、分辨、比较、排序，解决特定类型的练习题。例，能做出按照数量多少排序的数学题。⑤能对自己完成的排序进行检验和调整。例，能检查自己完成的排序数学题，如果做错了就用橡皮擦掉，再重新做。
	（2）能将相对应的物品、图片与词语等进行配对	①能关注相对应的物品、图片、词语等。例，能看向教师展示的对应的物品、图卡和词卡。②能模仿教师动作进行物品与图片、词语的匹配。例，能模仿教师的动作将印着"苹果"的图卡放到苹果实物旁边。③能在对应的实物、图片和词语之间建立联系。例，能依据西瓜的实物认出代表西瓜的词语和图卡。④能自主完成特定类型物品与图片、词语的配对。例，能自主将词语"饼干"与饼干实物配对。⑤能将配对任务应用到日常生活中。例，能在乘坐地铁时，将地铁卡放在指示刷卡的图片的位置上。
	（3）能根据事物的外部特征（大小、颜色、形状）或功能属性对事物进行比较	①能关注眼前出现的物品。例，能注视教师拿出的不同大小的玩具。②能复述描述事物外部特征的词语或短句。例，能复述"苹果小、西瓜大""哥哥高、弟弟矮"。③能列举事物外部特征或功能属性的区别。例，能举例说出铅笔长短不一样。④能自主比较特定类型事物的外部特征或功能属性。例，能自主比较不同水果的形状、大小和颜色。⑤能在日常生活中自主根据事物特征或功能进行比较。例，能在逛超市时比较同类商品价格。

续表

关键能力目标内容		表现水平
1.能积极发展排序、配对、比较、归类、计划、预测、推理等思维能力	（4）能根据生活情境需要和特定标准进行归类	①能意识到事物是可以分类的。例，能注意到橘子和铅笔从属于不同的类属，是分开摆放的。 ②能模仿教师动作，对物品按照生活中常见的标准进行归类。例，能模仿教师将橘子、香蕉、草莓归为一类，将裙子、裤子、毛衣归为一类。 ③能描述生活情境中常见的归类标准。例，能说出"橘子是水果""铅笔是文具"。 ④能自主判断归类标准并进行归类。例，能主动将铅笔、橡皮、尺子归为一类，并说出"都是文具"。 ⑤能在日常生活中，运用常见的归类标准解决实际问题。例，能在超市"生活用品区"寻找并购买纸巾。
	（5）能根据情境和有关信息进行合理选择	①能配合他人要求，根据情境或信息进行选择。例，冬天能在妈妈要求下配合选择穿上棉袄，不反抗。 ②能复述选择的标准。例，能复述出"冬天选择厚衣服，夏天选择薄衣服"。 ③能解释选择特定事物的原因。例，能简单描述选择雨衣的原因。 ④能根据情境要求选择已准备好的物品完成任务。例，画天空时能在颜料中选择蓝色画笔。 ⑤能在日常生活中，主动根据情境或信息的变化进行合理选择，并及时调整。例，能发现降温了，选择穿上厚外套。
	（6）能根据相关信息制订活动计划	①能配合他人要求和根据相关信息制订活动计划。例，能接受他人为自己或群体制订的春游计划。 ②能复述他人制订的活动计划内容。例，能跟读"上午去科技城""下午去动物园"。 ③能搜集相关信息为制订计划做准备。例，能搜集行程路线、到达地点等基本信息。 ④能根据自己获得的信息，制订活动计划。例，能为自己进行大扫除制订计划：先扫地、后拖地。 ⑤能根据自身和他人的反馈完善活动计划。例，能向教师提出希望在下一次的烘焙活动中加入其他同学和自己都想做的烤饼干。

续表

关键能力目标内容		表现水平
1. 能积极发展排序、配对、比较、归类、计划、预测、推理等思维能力	（7）能根据相关信息预测可能发生的情况	①能对情况的变化做出反应。例，能发现窗外刮大风了。 ②能复述根据信息进行预测的方法。例，能复述"观察环境变化""联系上下文"等预测方法。 ③能将相关信息和当前情境联系起来。例，能将打雷和下雨联系起来。 ④能根据信息对可能发生的情况进行简单推断。例，能根据"乌云来了"的变化预测"可能要下雨了"。 ⑤能在日常生活中自主运用预测方法，判断即将发生的情况。例，能通过收看天气预报预测天气变化。
	（8）能够根据相关信息进行合理推断	①能注意到他人提供的信息并做出反应。例，能注意到教师给的提示板。 ②能复述给定的信息和线索。例，能复述文本中给出的、可用于推断的语句。 ③能将已知信息和推断结果相匹配。例，能将"秋天来了"的信息和"树叶掉在地上"的结果相匹配。 ④能在特定情境下，依据已知信息做简单推断。例，能根据香蕉皮被扔在地上推测出可能有人会摔倒。 ⑤能在日常生活中，主动探寻信息并做合理推断。例，能在水杯不见时，主动回忆推断可能在哪里。
2. 能解决问题	（1）能发现问题并采取行动解决问题	①能感知到自己目前遇到的困难或问题。例，能在任务不会做时皱眉。 ②知道自己遇到的问题是什么。例，能说出"我不会用剪刀"。 ③能举例说明解决问题的策略。例，能说出"举手""问老师""上网查资料"等解决问题的方法。 ④能判断并选择适当的策略解决当前问题。例，能选择用查字典的方法解决不认识某个汉字的问题。 ⑤能在日常生活中主动采取适当策略解决问题，并在需要时及时调整策略。例，能在发现公交卡没钱时，主动去充值或改用支付宝乘坐地铁。

续表

关键能力目标内容		表现水平
2. 能解决问题	（2）能反思以往使用过的问题解决策略并思考其他可以替代的更优策略	①能配合他人使用某项策略解决问题。例，能接受教师将撕破的书本贴合的策略。 ②能辨识解决某个问题的适当策略。例，能分辨更换新的铅笔、使用卷笔刀等都可以解决铅笔断了的问题。 ③能举例说出以往解决问题的策略。例，能说出以往当铅笔断了时，自己是怎么做的。 ④能尝试使用新的策略解决问题。例，当遇到不认识的生字时，能尝试使用查字典的方式解决。 ⑤能分析反思新的解决策略是否更适当。例，能分析笔算和使用计算器哪个更合适。
3. 能应用泛化所学知识和技能	（1）将新习得的知识技能泛化到不同的人物、时间和场景	①能在教师要求下配合完成知识技能泛化的活动。例，在学习折叠短袖后，能在教师帮助下折叠长袖和外套。 ②知道同样的知识可以运用到不同场景、时间中。例，能看着家里的钟表回忆课堂上习得的时钟的认读方式。 ③能将新情景和已习得的知识联系起来。例，能在超市结账时将商品总价的计算与数学课上的加法知识联系起来。 ④能在其他特定场所中应用新习得的知识技能。例，在烹饪课上学习烤蛋糕后，回家能正确使用烤箱。 ⑤能根据人物、时间、场景的变化运用已习得的知识，判断是否需要进行调整。例，在学会使用洗衣机后，能根据衣物数量、材质判断洗衣时间。
	（2）通过学习一个行为引起更多行为的变化	①能在学习一项行为后，配合教师完成新的学习任务。例，学习系鞋带后，能在教师要求下配合完成给垃圾袋打结的任务。 ②能辨识不同行为间的相似性。例，能发现穿珠子和穿鞋带很像。 ③能总结相似行为间类似的方法。例，能总结说出洗盘子和洗衣服都要打开水龙头，倒入清洁剂，搓洗，清洁，再关上水龙头。 ④能将已习得的知识技能应用到其他特定情境中。例，在学会打扫教室后，能将打扫技能迁移到家中。 ⑤能将已学习到的知识技能应用到更多行为上。例，能将洗毛巾的技能应用到洗袜子、洗裤子上。

第二节 "学习"板块的关键能力指标

在过去，孤独症学生的学习能力未得到应有的重视。实际上，学习能力不足始终是阻碍孤独症学生发展的一大关键因素。即使是智力正常的高功能学生，也缺乏自主学习的能力[1]，并且突出地体现在"学习动机弱"和"学习组织安排能力差"两方面。首先，孤独症学生普遍对外界的兴趣水平低，存在自我中心倾向，主动发生和自然发生的学习少，学习动机不强[2]。其次，孤独症学生无法较好地组织、安排自身学习活动[3][4]。基于综合建构，"学习"板块主要包括"对学习有兴趣，积极参与学习活动"和"能组织自身学习活动"两大要点。

一、对学习有兴趣，积极参与学习活动

学习动机，是引发并维持学习活动的倾向，也是直接推动人们学习的动力[5]。学生的学习行为受多方面因素影响，如兴趣、需要、个人的价值观等，但学习动机起着"催化剂"的作用，可以使学生更好地集中注意力、更好地准备和完成学习。

孤独症学生往往存在被动学习、参与度低的问题[6]。他们兴趣狭窄，易固着于自己感兴趣的活动与任务，而对教师或家长指派的其他学习任务产生抗

---

① Dawson M, Mottron L, Gernsbacher M A. Learning in autism. Learning and Memory: *A Comprehensive Reference: Cognitive Psychology of Memory*, London: Elsevier, 2008:759−772.

② Keen D, Engagement of Children With Autism in Learning. *Australasian Journal of Special Educatio*, 2009, 33(2): 130−140.

③ Craig F, Margari F, Legrottaglie A R, et al.. A review of executive function deficits in autism spectrum disorder and attention−deficit/hyperactivity disorder. *Neuropsychiatric Disease and Treatment*, 2016, 12(1): 1191−1202.

④ DeVito T J, Drost D J, Neufeld R WJ, et al.. Evidence for Cortical Dysfunction in Autism: A Proton Magnetic Resonance Spectroscopic Imaging Study. *Biological Psychiatry*, 2006, 61(4):465−473.

⑤ 张宏如、沈烈敏:《学习动机、元认知对学业成就的影响》,《心理科学》2005 年第 1 期。

⑥ Corsello C M, Early intervention in autism. *Infants and Young Children*,2005, 18(2):74−85.

拒心理，甚至出现挑战性或破坏性行为 [1][2]。

除此之外，孤独症学生的学习动机弱还可能源于：（1）失败的学习经验。之前失败的学习经验使得学生再次面对相同任务时动机渐弱。（2）无效的学习方法。缺乏有效学习方法抑制了学习动机。（3）不适当的内外部激励。不适合学生的激励措施无法激起学习动机。（4）较低的学习期望。对学生完成学习任务的低期望会影响他们对自身的判断。（5）对学习任务的理解偏差。学生对学习任务可能会产生焦虑、不愉快等不良感觉体验，进而影响学习动机。学习任务相关的环境因素也会影响学习动机、学习专注度和学习成效。

无论如何，学习动机弱会严重影响孤独症学生的课堂学习参与，导致他们丧失很多学习机会。因此，有效提高学龄段孤独症学生的学习动机十分重要。研究表明，通过增强学习动机，可减少孤独症学生的破坏性行为，提升他们的参与度和响应度 [3]，还能助推他们产生积极的学习体验，激发出未来继续学习的愿望 [4]。

具体来说，这一要点主要涵盖激发维持动机、保持专注、任务坚持、参与协商等维度的关键能力指标（见表8.3）。激发维持动机，指的是能在学习过程中产生参与学习的意愿，并随之引发相应的学习行为，以朝向既定的学习目标而努力，包括能对周围环境变化以及对成人和同伴的互动产生适当反应，有好奇心，能尝试对所好奇的事物进行探索活动并在探索中有所收获等。保持专注，指的是能在一段时间内有意识地将注意力保持在学习活动上，使心理活动集中在学习过程，以进行最清晰、最完善、最准确的反映，

---

① Ochs E, Sadlik T K, Solomon O, et al.. Inclusion as social practice: Views of children with autism. *Social Development*, 2002, 10(3):399-419.

② Gunter P L, Denny R K, Jack S L, et al.. Aversive stimuli in academic interactions between students with serious emotional disturbance and their teachers. *Behavioral Disorders*, 1993, 18(4):265-274.

③ Hinton L M, Kern L. Increasing homework completion by incorporating student interests. *Journal of Positive Behavior Interventions*, 1999, 1(4):231-241.

④ Grossman L S, Eager to learn: Educating our preschoolers. *Journal of Developmental and Behavioral Pediatrics*, 2001, 22(6):441-442.

直至完成活动，达到目的[①]。任务坚持，指的是能按要求参加学习活动并坚持完成学习任务。参与协商，指的是孤独症学生在任务进行过程中能与他人就任务内容、方式、进程等进行商议以取得一致意见，包括在任务中提出自己的合理要求，与参与任务的其他人进行友好协商等。

表8.3　关键能力要点9：对学习有兴趣，积极参与学习活动

关键能力指标内容		表现性水平（示例）
1. 能激发和维持学习动机	（1）对物品、环境的物理特征及变化有适当反应	①能对物品的味道、气味和触摸感觉等做出本能反应。例，吃到酸味的糖果时能做出皱眉等反应。 ②能分辨所处环境中物品、人物等刺激源并做出适当反应。例，当上课走神被教师点名时，能及时将身体和头部转向教师。 ③能列举对物品、环境及其变化的适当反应。例，能说出当上课时想发言和想去厕所都必须举手。 ④能通过运用先前的经验，对相似的物品、环境及其变化做出适当的反应。例，能根据自己的经验，在大商场中找到洗手间。 ⑤能在不同情境中，判断物品、环境的变化并做出适当反应。例，在写字时能判断铅笔笔尖是否适宜书写，并及时削笔；能在体育课上判断鞋带是否散开，并及时调整。
	（2）对成人或同伴的互动或支持有适当反应	①能关注到他人肢体或言语等明确的互动。例，当他人呼叫自己的名字以表示邀请参与游戏活动时，能看向他人以示回应。 ②能分辨他人眼神、动作等示意的含义。例，当他人眼神示意想要讲悄悄话时，能靠近倾听。 ③能对成人或同伴的互动或支持进行分类。例，能知道他人微笑点头、微笑挥手、说"嗨"都是打招呼的方式。 ④能在特定场合对成人或同伴的互动表现出适应反应。例，在学校遇到教师或同学向自己打招呼时，也能向他们打招呼。 ⑤能在不同场合对成人或同伴的互动产生恰当反应。例，不仅在学校，在校外遇到教师也能向教师打招呼。

---

① 郭亚恒：《学习困难儿童注意保持的特点：来自ERP的证据》，硕士学位论文，河南大学，2012，第10页。

续表

关键能力指标内容		表现性水平（示例）
1.能激发和维持学习动机	（3）对即将发生的事情表现出预期	①能关注到即将发生的事情。例，关注到教师拿出生日蛋糕，能有期待的反应。 ②能知道将要进行的活动或将要发生的事情。例，能复述"下一节课是体育课，要去操场跑步"。 ③能对即将发生的事情进行简单推断。例，能说出天可能快要下雨，早操可能会改到风雨操场进行。 ④能为将要进行的活动准备适当的物品。例，在数学课前能准备好书本以及演算纸。 ⑤能对即将发生的事情提出自己的建议。例，看到天可能很快要下雨，不能去操场跑步了，能提出自己想在走廊多走两圈。
	（4）对物品、材料或活动表现出好奇	①能对好奇或感兴趣的物品、材料或活动做出本能反应。例，能在教师拿出有趣或新奇的物品时伸手。 ②能指认自己感兴趣或好奇的物品、材料或活动。例，能用手指点出自己想要把玩的玩具。 ③能举例说出自己感兴趣的物品、材料或活动。例，能说出"我喜欢汽车、逛超市和拍皮球"。 ④能在具体情境中适时选择自己感兴趣或好奇的事物。例，在听到教师指令或得到教师准许后，能把玩自己感兴趣的物品或参与到自己感兴趣的活动中。 ⑤能在日常生活中主动探索感兴趣的物品、材料或活动。例，能主动选择自己喜欢的社团课、玩具等。
	（5）能尝试探索物品或活动	①能配合教师对物品的外观、材质等属性进行探索。例，能在老师要求下摸一摸丝绸滑滑的外表。 ②能模仿教师对物品的外观、材质等属性进行探索。例，能模仿教师拿起积木，抚摸粗糙的表面。 ③能列举探索物品的方法。例，能举例说明或展示"摸一摸""闻一闻"等探索物品的方式。 ④能运用先前的经验探索新的类似物品。例，能用触摸丝绸的方式触摸画布粗糙的表面。 ⑤能与他人沟通协商或等待轮流探索物品。例，与伙伴们轮流玩玩具汽车时，能说"下一个让我玩好不好"。

关键能力指标内容		表现性水平（示例）
1.能激发和维持学习动机	（6）能在探索中发现因果关系，获得新的知识和信息	①能对事物之间或情境之间的关系有所察觉。例，能在提示下关注到屋外风很大，落叶落了满地。 ②能复述完整事件中的因果关系。例，能复述"因为落叶很轻，风很大，所以落叶就被风吹起来了"。 ③能简单描述完整事件中的因果关系。例，听完白雪公主的故事，能用自己的话说出白雪公主因为吃了毒苹果才会昏迷。 ④能运用已知的因果关系判断简单事件的走向。例，能运用"下雨天地上会有水，容易滑倒"，判断出下雨天体育课会改到室内。 ⑤能在日常生活中运用事件之间的因果关系。例，能根据天气预报而选择是否带伞。
2.学习过程中能保持适当的专注		①能按照指示配合执行学习任务。例，能在老师的指示下看课本一段时间。 ②能辨识需要保持专注的活动或环节。例，能知道上课和做作业时要认真集中注意力。 ③能列举帮助自己保持专注的策略方法。例，能说出上课坐端正、用手指着读课文可以帮助自己保持注意力。 ④能在特定情境中使用学过的策略保持适当专注。例，能在语文课上用手指着课文内容进行阅读。 ⑤能在不同情境中对学习活动或任务保持适当专注。例，在教室和家中都能认真阅读课文、写作业。
3.能在学习活动过程中坚持完成任务（如在规定时间内完成任务）	（1）能按要求参与学习活动	①能听从指令参与学习活动。例，能在教师要求下配合加入到学习活动中不反抗。 ②能分辨自己需要参加的学习活动类型。例，能分辨是自己独立完成的活动、集体活动还是他人的个人活动。 ③能列举参加学习活动的要求。例，能举例说出"一起讨论""读一读""写一写"等从事学习活动或任务的方式。 ④能在具体情境下，按照教师要求参与特定的学习活动。例，能在教师点名后，起立朗读课文。 ⑤能在不同情境下，主动判断活动或任务的要求，并采取适当策略参与学习活动。例，能主动审查任务单，明确活动要求，并正确合理参与活动。

续表

关键能力指标内容		表现性水平（示例）
3. 能在学习活动过程中坚持完成任务（如在规定时间内完成任务）	（2）能坚持完成学习活动	①能在成人要求和支持下配合完成单个学习活动。例，能在教师支持下配合完成"写1个字"的活动。 ②能复述或回忆出需要完成的学习活动。例，能说出"现在要写完10个字"。 ③能根据坚持的难度分类学习活动。例，能明确简单、不限时的学习活动最易坚持下来，困难、限时的学习活动最难坚持。 ④能应用奖励机制等强化自己坚持完成特定学习活动。例，能在完成当天所有作业时奖励自己看一集动画片。 ⑤能在不同场合坚持完成学习活动。例，在教室、家中，不论教师或同伴、家长是否在场，都能坚持完成学习活动。
4. 能参与协商学习任务（如提出要求增加或减少学习任务）	（1）能在学习活动中提出要求	①能对自己满意或不满意的学习活动做出反应。例，能对不喜欢的剪纸活动皱眉或摇头。 ②能复述提出要求、进行协商的方法。例，能复述"举手""眼神示意""口头呼叫教师帮助"等提出要求的方法。 ③能列举提出要求、进行协商的原则。例，能举例说出或展示出"上课有问题要提问时，要举手后才能说"等原则。 ④能简单表达自己在学习活动中的要求。例，在手工制作活动中能呼叫教师以表示想要某种材料。 ⑤在不同的学习活动中都能恰当提出要求。例，在课堂上想要如厕时，能举手向教师示意。
	（2）能对学习活动中自己承担的任务进行协商	①能配合进行协商。例，愿意聆听小组成员的协商过程，不干扰。 ②知道学习活动中自己承担的任务是可以协商的。例，能知道小组活动中可以和他人商量各自做擅长的任务。 ③能简单说明自己喜欢或不喜欢某一任务的原因。例，能说出"我喜欢剪纸，因为我比较擅长使用剪刀"。 ④能在特定活动中，根据任务特点和自身情况选择自己能完成的任务，并完成协商。例，在手工活动中，能选择为小兔子涂色的任务，并向同伴表达自己的理由。 ⑤能就任务安排与内容或开展方式提出现实的建议。例，能在小组活动中对成员的任务进行分工和规划。

二、能组织自身学习活动

组织能力受损是孤独症群体的认知内在表型之一[①]。孤独症学生可能经常

---

① Sumiyoshi C, Kawakubo Y, Suga M, et al.. Impaired ability to organize information in individuals with autism spectrum disorders and their siblings. *Neuroscience Research*, 2011, 69(3):252−257.

性地陷入杂乱无章、缺乏条理的状态，难以组织自身学习活动，导致学业失败。目前，学习活动的组织主要被划分为两种形式：物理层面的组织和精神层面的组织。物理层面的组织，主要是指能安排、整顿分散的事物，如管理好自己的学习材料。在这一层面，孤独症学生主要的问题可能在于不能掌握学习物品和材料的基本方法或原则，如会丢失课本、试卷、作业本等。精神层面的组织，主要是指能够组织自身的想法，使其具有一定的系统性，如学会规划自己的学习计划等。在这一方面，孤独症学生主要表现为可能不能整理好自己的信息以保持条理化，如通常需借由时间表、程序表等具体事物来记忆任务。

组织能力问题会对孤独症学生的学习、社会适应与交往造成很大的不利影响。学习过程中，他们很难同时处理多项材料，难以进行复杂的学习活动规划，不能适当地安排自身学习活动和学习时间。有时，他们即使借助了具体的相关安排表，也不能很好地按表执行自己的学习活动，大部分时间只是以机械的方式参与学习，而不能对自己参与的学习活动进行分析和反思。随着年龄的增长，这种不良影响愈加明显。这是因为组织能力不一定会随着年龄的增长而增强，反之随着年龄的增大，成年人的帮助和指导日益减少，学生也会被赋予更多的期望和组织性方面的要求；作业的数量也在不断增加，组织难度不断加大，甚至达到使其出现情绪焦虑的程度，最后在多重影响之下导致了学业失败[1]。

具体来说，这一要点主要涵盖组织安排学习、反思评价学习等维度的关键能力指标（见表8.4）。组织安排学习，指的是能够管理、安排自身与学习活动相关的一系列活动，如整理好自己的学习物品、使用图表工具协助学习、管理学习时间、制订学习计划及学会学业求助等；反思评价学习，则侧重于能认识自己的学习行为，选择适合自己的学习目标，以及对自己的学习行为和目标完成情况进行评价和反思等。

---

[1] 沃特·卡维斯基：《自闭症儿童教育学：普通班级青春期自闭症学生教学策略》，贺荟中译，华东师范大学出版社，2019，第163—164页。

表 8.4　关键能力要点 10：能组织自身学习活动

关键能力指标内容		表现性水平（示例）
1. 能组织安排自己的学习活动（如整理物品、制订学习计划）	（1）能整理学习物品	①能意识到物品凌乱或不在原处。例，能在提示下看向散落在地上的物品。 ②能分辨自己和他人的物品及物品是否在原处。例，能区分自己或他人的文具，能指出散落或不在适当位置的物品。 ③能列举整理物品的方法。例，能举例说出"把书放在书架上""把玩具放到箱子里"等整理归纳物品的具体方法。 ④能将物品进行简单的归类整理。例，能将文具分为书写用具类和纸制品类。 ⑤能在不同场合整理好自己的物品。例，美术课结束时能收拾好颜料，放学时能收拾好自己的书包、外套、雨伞等。
	（2）能使用时间表、计划表或程序表等工具来协助学习	①能按教师要求配合使用计划表。例，能在教师要求或帮助下查看计划表的部分内容。 ②知道计划表中接下来应该做的事。例，能根据课表说出下一节是什么课。 ③能简单描述使用时间表等工具协助学习的方法。例，能用自己的话说出"完成一个作业就打一个钩"。 ④能运用各项工具协助完成特定学习任务。例，能按照家校联络簿中记录的作业内容和要求，认真完成当天作业。 ⑤能根据情境的变化自主调整学习计划或时间表。例，能根据作业完成度，将计划完成作业时间延后一小时。
	（3）能尝试管理时间	①能接受教师做好的时间安排，不排斥。例，能配合教师要求只玩 10 分钟玩具。 ②能记住在指定的时间和地点完成活动。例，能每天早晨 9 点在学校操场晨跑两圈。 ③能对学习活动剩余完成时间有简单的推断，并进行解释说明。例，能说"教师，我还需要一会儿才能写完生字"。 ④能判断并合理安排学习与休闲时间。例，回家能先写作业再看平板电脑。 ⑤能对自己的时间管理情况进行总结反思和调整。例，能总结反思自己做完作业后看了两集动画片推迟了睡觉时间，第二天调整到只能看一集。

关键能力指标内容		表现性水平（示例）
1. 能组织安排自己的学习活动（如整理物品、制订学习计划）	（4）能参与制定学习计划	①能对自己不满意的学习计划做出反应。例，能对自己不满意的学习内容或计划安排摇头表示拒绝。 ②能对学习计划进行标记。例，能将自己喜欢的部分和不喜欢的部分用不同的颜色标记出来。 ③能简单描述自己的学习计划需求。例，能告诉教师希望加入图片进行教学。 ④能判断学习计划的内容是否适合自己。例，能判断计划用30分钟完成作业时间不够。 ⑤能根据所学知识调整、完善自己的学习计划。例，能在制作时间表时，根据自己的需求和变化及时调整修改计划安排。
	（5）能尝试独立开展学习	①能配合成人完成学习任务。例，能在教师或家长的督促下做完作业。 ②能分辨独立学习的行为。例，能辨识自己写作业是独立学习，爸爸妈妈帮忙做作业不是独立学习。 ③能列举独立学习的方法。例，能举例说出"自己思考""自己查资料"是独立学习。 ④能在具体情境下，运用适当方法进行独立学习。例，在遇到不认识的字时，能自己查字典。 ⑤能反思自己独立学习行为的开展情况，进行归因，并及时调整。例，能反思自己总是依赖爸爸妈妈解决难题，并计划今后要尝试自己解决困难。
	（6）能探索特定学习主题，如了解需要哪些信息，在哪里寻找信息等	①能配合成人探索特定学习主题。例，当学习动物主题课程的时候，能配合教师寻找动物图卡。 ②能辨识主题活动中的重要信息。例，学习"乘坐公交"时能看懂站名、能准备公交卡等。 ③能列举探索学习主题的方法。例，能说出上网查资料、询问爸爸妈妈、参考书本等寻找信息的方法。 ④能根据主题任务要求查找信息。例，能根据学习主题上网查找资料收集信息。 ⑤能综合运用探索学习主题的方式。例，线上能通过手机、电脑上的各种搜索引擎收集资料，线下能通过问教师、家长的方式收集资料。

续表

关键能力指标内容		表现性水平（示例）
1. 能组织安排自己的学习活动（如整理物品、制订学习计划）	（7）知道何时以及如何寻求帮助	①能接受他人的帮助。例，当教师问"老师来帮你好不好？"时能说"好"。 ②能分辨自己何时需要帮助。例，能说"我不会／太难了"。 ③能举例展示寻求帮助的适当方式。例，能对成人／同学说："你可以帮助我吗？" ④能在具体情境中运用适当的求助方式向他人求助。例，当不会读生词的时候，能对教师／同学说："你可以帮助我吗？" ⑤能在不同情境下采用合适的方式请求帮助。例，能在上课时举手请求教师帮助，能在家中口头请求爸爸妈妈给予帮助。
2. 能反思和评价自己的学习活动（如评价和改进自身学习状况）	（1）能评价自身的学习状况	①能接受他人对自身学习状况的评价。如，教师夸奖的时候能表现出开心的表情。 ②能分辨学习状况是否良好。例，能分辨上课认真听讲是好的学习表现，上课时哭闹发脾气是不好的学习表现。 ③能简单描述自己某节课的学习状况。例，能用自己的话说出"语文课上我认真写字，教师表扬我"。 ④能判断并解释自己出现某些学习状况或表现的原因。例，能说出"今天上课发脾气，表现得不好，是因为我身体不舒服"。 ⑤能评价自己在不同课上的学习状况并进行反思。例，能说出"数学课上认真听讲了，但是语文课上在发脾气，这是不好的表现"。
	（2）能认识到自身的学习优势和困难	①能接受他人对自身的学习优势和困难的点评。例，教师说"你数学比较好，语文还需要提高"，能点头表示肯定。 ②能辨别自身的学习优势和困难所在。例，能说出自己数学比较好，语文还需要提高。 ③能简单解释自己学习优势和困难的原因。例，能说"我数学比较好，因为我对它感兴趣"。 ④能利用学习上的优势克服困难。例，能在教师教导后，用大声朗读和多次书写的方法加深自己的语文课文记忆。 ⑤能在不同情境中运用自己的学习优势，主动寻找方法克服困难。例，能在购物时运用数学计算优势结账；能主动采取多练习的方式提升书写能力。

290

关键能力指标内容		表现性水平（示例）
2.能反思和评价自己的学习活动（如评价和改进自身学习状况）	（3）能应用各种策略提高学习成效	①能接受他人给予的策略提升学习成效。例，愿意在老师给的图片流程提示下学说话。 ②能模仿教师采用有利于提升学习的各种策略。例，能跟着教师一起写加减法竖式。 ③能列举有利于学习的策略。例，能举例说明大声朗读语文课文的背诵方法同样也可以用于记忆数学公式。 ④能运用先前的学习策略完成相似的学习任务。例，能用课上教的加法竖式完成当日的加法作业。 ⑤能分析不同策略后选择最优策略学习。例，能在凑十法、计算器、竖式、口算四种方法中选择最优算法。
	（4）能为自己设定学习目标	①能接受他人为自己设定的学习目标，愿意配合完成。例，能配合教师设定的学习目标，在一礼拜内学习加减法。 ②知道自己希望实现的目标。例，能说"这次我想考80分"。 ③能将自身希望和现实相关联，举例说出现实的学习目标。例，能说"我不太擅长语文，我擅长数学，语文我想考80分，数学我想考90分"。 ④能为自己设定可能实现的学习目标。例，能制定目标"这次语文能考80分"。 ⑤能对自己学习目标的设定、完成情况进行检验和反思修改。例，能说"数学考90分还是有点太难了，我下次准备先考85分"。
	（5）能理解自己的选择和行动对于学习结果的影响	①能对学习结果产生一定的本能反应。例，获得良好成绩能表现出开心，成绩不好能表现出伤心。 ②能辨识对自身学习有帮助的行为。例，能知道多次练习有助于学画小鸟。 ③能基于对学习结果的影响将自己的行为进行归类。例，能总结学会了某个知识或技能是因为上课认真听讲，主动练习；没学会是因为上课没听，开小差。 ④能为了获得较好的学习结果选择积极的行为。例，能为了下次也能考90分，周末多做几道数学题。 ⑤能反思自身行为对学习结果的影响。例，能回顾反思今天上课认真听讲了，所以作业都做对了，以后也要保持。

续表

关键能力指标内容		表现性水平（示例）
2.能反思和评价自己的学习活动（如评价和改进自身学习状况）	（6）能检验自己是否达到了学习目标	①能在教师要求下，配合检查自己的学习目标。例，能配合接受教师检查自己的作业。 ②能记住各项学习目标。例，能知道今天的学习目标是抄完生字。 ③能列举检查学习目标是否达成的方法。例，能举例说出"查看任务单""检查作业是否正确"等方法可以帮助自己判断是否达到学习目标。 ④能运用已学的方式检验自己是否达到了学习目标。例，做完作业后能主动让教师批阅以检验自己是否学会了。 ⑤能根据情境的变化采取不同的策略检验学习目标的达成情况。例，在语文课上，能通过检查任务清单的方法检验是否达到学习目标；在体育课上，能通过反思自己能否按要求拍皮球检查目标是否达成。

第九章

孤独症学生"社会融入"领域
的关键能力指标

本章主要阐述孤独症学生在"社会融入"领域的关键能力指标，涵盖"游戏""沟通""人际""群处"四个板块。游戏，即儿童通过想象和模仿，有意识、有目的、创造性地反映现实生活的活动[①]，包含模仿能力、独自游戏和社交游戏等要点。沟通，即用个体有效的和在社交上适当的方法进行交流的能力[②]，包含非言语沟通、倾听回应、言语表达、交互式对话等要点。人际，意指个体具有主动与他人交往，并且表现出有效、适宜交往行为的交际意愿，与他人和谐共处并建立良好亲密关系的能力[③]，包含人际理解、人际关系等要点。群处，意指个体在群体环境中与人共处、互动的能力，包括集体参与和责任归属等要点。孤独症学生的社会融入，是一个复杂而多元的过程。这四个领域的协调发展、相互补充，将提升学生的社交技能、动机与效能感，促成学生达到基本适应、归属和融入群体生活。

[①] 简楚瑛：《学前教育课程模式》，华东师范大学出版社，2005，第79页。

[②] 张淑华：《人际沟通能力研究进展》，《心理科学》2002年第4期。

[③] 王英春、邹泓：《青少年人际交往能力的类型及其与友谊质量的关系》，《中国特殊教育》2009年第2期。

第一节 "游戏"板块的关键能力指标

游戏是对言语、社交发展至关重要的高级社交形式。"游戏"板块主要包含"具有一定的模仿能力""能开展有功能意义的独自游戏""能参与社交游戏"三个要点。其中，模仿体现游戏的先备能力，独自游戏体现游戏的认知水平，而社交游戏则体现学生的社会化程度。

一、具有一定的模仿能力

模仿是儿童社会交往和沟通能力发展的重要里程碑[1]，它给儿童带来体验分享的感觉，同时增强了儿童的自我认识。然而，孤独症儿童由于缺乏"自我—他人"投射方面的认知能力，难以形成和协调自我与他人的社会表征，导致模仿能力存在不足或完全缺失，这被视为他们主要的神经心理缺陷之一[2][3]。

动作模仿方面，孤独症儿童很难完成手部、面部以及驭物动作的模仿[4]，更常表现出机械镜像模仿，如当示范者使用右手动作时，他们伸出左手以模仿对方的动作等[5]。语言模仿方面，尽管一些孤独症儿童能运用模仿语言的方式来实现部分社会交往功能，但这些语言通常是冗长的、重复且无意义的。在孤独症儿童生命早期，常见语言的"即时模仿"和"延时模仿"，他们难以产生新的表达性语言，未真正理解语句，只是重复说出对方所说的话。

---

[1] Rogers S J, Cook I, Meryl A. *Imitation and Play in Autism Handbook of Autism and Pervasive Developmental Disorders.* New York: John Wiley & Sons, 2005.

[2] Rogers S J, Pennington B F. A Theoretical Approach to the Deficits in Infantile Autism. *Development and Psychopathology*, 1991, 3(2): 137−162.

[3] 陈光华、方俊明：《自闭症谱系儿童无意义手部姿势模仿能力的实验研究》，《中国特殊教育》2010 年第 1 期。

[4] Rogers S J, Hepburn S L, Stackhouse T, et al.. Imitation Performance in Toddlers with Autism and Those with Other Developmental Disorders. *Journal of Child Psychology and Psychiatry*, 2003, 44(5): 763−781.

[5] 陈光华、方俊明：《自闭症儿童模仿能力的研究进展》，《中国特殊教育》2009 年第 9 期。

　　孤独症儿童的模仿缺陷从婴儿期一直持续到成人期，对他们的社交、游戏和语言能力产生负面影响，如阻碍他们象征性思维、社交关系的正常发展，使其无法通过模仿分享情感和社交体验，难以融入集体。因此，提升孤独症学生的模仿能力对帮助他们理解周围世界和改善不良的社会行为具有重要意义[①]。

　　具体来说，这一要点主要涵盖肢体模仿、语言模仿等维度的关键能力指标（见表9.1）。肢体模仿，指的是具有模仿他人肢体动作的能力，包括粗大动作、精细动作的模仿以及对运用玩具与物品进行模仿[②]。语言模仿指的是重复他人语言（声音和词句）的能力，包括模仿口部动作/发音、进行语言仿说以及对先前活动中的词句语言进行延迟模仿等。

表9.1　关键能力要点11：具有一定的模仿能力

关键能力指标内容		表现性水平（示例）
能进行肢体或语言模仿	（1）能用物品模仿动作	①能注意到他人操作物品的动作。例，能在教师操作物品时给予眼神关注。 ②能了解并模仿简单的动作。例，模仿将球滚出/将积木放进容器里的动作。 ③能掌握并自主使用物品模仿连续动作。例，模仿给洋娃娃倒水、喂水和擦嘴等一系列动作。 ④能在特定生活情境中应用物品自主模仿动作。例，能在家中用玩具模仿妈妈做饭的动作。 ⑤能根据场景的不同用物品模仿他人动作。例，能跟随完成仿搭积木/能完成整体仿搭/能完成记忆仿搭。

①　Escalona A, Field T, Nadel J, et al.. Brief report: Imitation Effects on Children with Autism. *Journal of Autism and Developmental Disorders*, 2002, 32(2): 141–144.

②　凯思琳·安·奎尔：《做·看·听·说——孤独症儿童社会性和沟通能力干预指南》，何正平译，华夏出版社，2015，第70页。

续表

关键能力指标内容		表现性水平（示例）
能进行肢体或语言模仿	（2）能模仿简单的肢体动作，如跑步、拍手	①能注意到他人的肢体动作，有所反应。例，能以眼神跟随教师的肢体动作。 ②能记住并模仿做出简单的肢体动作。例，能模仿挥手/点头动作。 ③能掌握并主动模仿连续的肢体动作。例，能模仿挥手并送飞吻两步动作。 ④能在特定场景中，模仿三步或以上连续的肢体动作解决一个实际问题。例，能在看录像后模仿其中人物收拾笔袋的动作，即"拿起笔，放进笔袋，拉上拉链"。 ⑤能在日常生活中通过模仿肢体动作解决实际问题。例，能模仿教师动作完成逃生演练。
	（3）能模仿复杂的技能/技巧动作	①能跟随模仿复杂技巧动作，不排斥。例，在早操活动中能跟随模仿完成跳操动作。 ②能模仿简单的技巧性操作动作。例，能模仿折纸飞机/书写动作。 ③能区别掌握不同的复杂技巧动作模仿。例，能模仿边唱歌边做舞蹈动作。 ④能在特定场景中，模仿成人做出复杂的技巧动作。例，能在学校中模仿老师完成一系列完整的早操动作。 ⑤能在不同的场景中，模仿成人做出复杂的技巧动作。例，能在家中模仿妈妈动作完成叠衣物的操作，能在烹饪课上模仿教师动作使用烤箱制作蛋糕。
	（4）能重复先前活动中的动作（延迟模仿）	①能对自己已经看过、学习过的动作有反应。例，注意到先前学习过或熟悉的动作，给予眼神关注。 ②能认出之前看过、学习过的一系列行为动作。如，在电视上看到先前跳过的舞蹈动作时能够指认。 ③能掌握并简单做出先前活动中的动作。例，能做出之前学习过的舞蹈中的部分动作。 ④能独立模仿之前书本、录像带或者与同伴游戏中出现过的特定动作。例，他人拿玩具枪对准自己身体发射，能模仿做出先前所看到的倒下动作并发出"啊"的声音。 ⑤能根据不同的要求独立重复先前活动中所进行的动作。例，能根据教师要求或指令独立做出"单脚跳两个来回""挥舞手臂十下"等动作。

关键能力指标内容		表现性水平（示例）
能进行肢体或语言模仿	（5）能模仿口动作／发音	①能注意到他人的口部动作。例，能关注他人做圆唇、展唇、舌头上抬等口部动作。 ②能辨识核心的口部动作／发音。例，能听辨"a、o、e"等音。 ③能掌握模仿简单的口部动作／发音。例，能模仿发"b、p、m、f"等音。 ④能在特定场景中模仿已经掌握的口部动作／发音。例，能在家中复习并模仿发"a、o、e"等音。 ⑤能在不同场景中模仿口部动作／发音。例，能在做咽喉检查时，模仿完成张大嘴巴的动作；能在过安检时，模仿完成立正、张开手臂、转圈等动作。
	（6）能进行简单的语言仿说	①能对他人的语言给予反应或注意。例，能在他人说话时抬头看向说话者。 ②能辨别简单的单字，并做不同的回应。例，能区辨动词"要、跑、爬、打"等。 ③能仿说简单的词语。例，能模仿说名词"葡萄、苹果"、动词"坐下"、形容词"开心、红色"等。 ④能在特定场景中仿说应用简单的词语句子。例，能在购物时仿说"我想买铅笔"。 ⑤能根据不同的场景，仿说简单的句子。例，能在提要求时仿说"我要吃饼干""请安静"，能在拒绝时仿说"不要碰我"。
	（7）在情境中能有适当、复杂的语言仿说能力	①能在要求下配合模仿说词句，不排斥。例，能在常规的社交活动中跟随仿说词句"我能和你一起玩吗？"。 ②能分辨不同情境中自己仿说的对象。例，能指认出自己和动画片中哪个人物说的内容一样。 ③能跟随仿说对象的引导，掌握仿说具体的语言。例，能主动模仿动画人物的经典语言。 ④能在具体情境中主动进行语言的仿说。例，在语文课上，能跟读一句话；在游戏中能模仿小朋友说出"１２３木头人"。 ⑤能根据情景的不同自主模仿语言。例，在唱游课上，能模仿唱出歌曲旋律。

续表

关键能力指标内容		表现性水平（示例）
能进行肢体或语言模仿	（8）能重复歌曲、书本或游戏活动中的词句（延迟模仿）	①能对之前看过并熟悉的书本、歌曲或者录像带中的词句有所反应。例，听到这周课上所听的《身体音阶歌》时有所反应。 ②能模仿重复之前看过并熟悉的书本、歌曲或者录像带中的词句。例，在听完故事《睡美人》后能复述主人公的简单词句。 ③能举例展示重复刚刚看过的书本、歌曲或者录像带中的若干词句。例，在听到音乐后，能分辨出是《身体音阶歌》，并跟着唱几句。 ④能在具体情境中，独立重复歌曲、书本或游戏活动中的相关词句。例，能在乘坐公共交通的模拟或真实情境中，重复课文中有关乘坐交通工具的词句。 ⑤能在生活情境中，运用之前歌曲、书本或游戏活动中的词句以解决实际问题。例，能在过马路时主动说出书本中学习的"红灯停、绿灯行"并照做。

二、能开展有功能意义的独自游戏

作为儿童生命早期的主导活动，游戏既是儿童学习和融入社会的途径，也是儿童应得到保障的权利[1]。它是儿童情感与认知发展的结合体，在促成儿童社会规则意识的同时，培养了他们的意志力和自控力，对道德、智力等方面的发展也具有重要价值。

孤独症儿童从事无意义游戏或无所事事的时间明显多于普通儿童，他们不能表现出连贯的游戏行为，通常是独自以单一的方式操弄某个物体[2]。《精神障碍诊断与统计手册（第五版）》（DSM-Ⅴ）指出，孤独症儿童具有想象游戏方面的障碍[3]，他们缺少自发性或创造性的假装游戏，缺乏对游戏材料象征意义的理解，较少体会到假装游戏的乐趣[4]。培养和提升孤独症学生有意义的独自游戏能力，既丰富了他们的闲暇时光，又有助于促进他们自我意识、社交能力、创造力和独立思考能力等多方面的发展。

---

[1]　毛颖梅：《国外自闭症儿童游戏及游戏干预研究进展》，《中国特殊教育》2011 年第 8 期。

[2]　Keay-Bright W, ReActivities©: Autism and Play. *Digital creativity*, 2006, 17(3): 149–156.

[3]　APA, *Diagnostic and Statistical Manual of Mental Disorders, 5th Edition*. Washington: American Psychiatric Publishing, 2013: 50–59.

[4]　Hobson R P, Lee A, Hobson J A. Qualities of Symbolic Play among Children with Autism: A Social developmental Perspective. *Journal of Autism and Developmental Disorders*, 2009, 39(1): 12–22.

具体来说，这一要点主要涵盖玩具探索、组合游戏、因果游戏、功能游戏和假装（象征）游戏等维度的关键能力指标（见表9.2）。玩具探索，指的是能利用肢体或者语言对玩具的功能及玩法进行试探性摸索的过程。组合游戏，指的是能运用组合的方式对玩具进行操作与玩耍的过程；因果游戏，指的是能利用玩具本身的因果关系而展开游戏的过程。功能游戏，指的是能通过使用某物体以展示其功能的过程①。假装（象征）游戏，指的是能把物品假装成另外的物品进行游戏的过程。

表 9.2　关键能力要点 12：能开展有功能意义的独自游戏

关键能力指标内容		表现性水平（示例）
1.能进行玩具探索	（1）能通过触摸、嗅、重击、投掷、往下扔等方式操弄和探索玩具或材料	①能注意到他人操弄或探索玩具的方式，有所反应。例，能在教师摆弄玩具时给予眼神关注。 ②能了解操弄或探索玩具／材料的方式。例，能复述或模仿"推一推""拍一拍"等探索玩具的方式。 ③能举例展示探索或操弄玩具／材料的方式。例，能模仿教师推玩具车的动作来玩玩具车。 ④能应用掌握的方法（如触摸、嗅、重击、投掷、往下扔等方式）对玩具／材料进行探索和操弄。例，能用手触摸毛绒玩具或光滑的积木。 ⑤能运用适当的方法探索或操弄不同的玩具／材料。例，能用鼻子闻带香味的玩具、能用手拍打皮球等。
	（2）当玩具或材料不在眼前时，会去寻找	①能注意到想要的玩具／材料不在眼前。例，能发现喜欢的汽车模型不在桌上。 ②能观察和辨别不在眼前的玩具／材料的具体方位。例，能知道玩具车在教室后面；知道铅笔盒在柜子里。 ③当玩具／材料不在眼前时，能推断玩具或材料的位置并尝试寻找。例，能推断玩具车在教室后面并去拿取。 ④能根据玩具／材料的特定位置运用合适的方式寻找玩具／材料。例，能伸手够离自己不远的玩具，主动走到柜子前拿取在柜子里的玩具。 ⑤能在不同的场景中寻找玩具／材料自主玩耍。例，在课间休息时，能找到想要的玩具自己玩耍。

---

① 宁宁:《自闭症谱系障碍儿童游戏干预的个案研究》，硕士学位论文，华东师范大学，2016，第12页。

续表

关键能力指标内容		表现性水平（示例）
2. 能进行组合游戏（如搭积木）		①能在要求或引导下，配合将玩具/材料进行排列或堆叠。例，能在成人动作指引下将积木从小到大排成一列。 ②能模仿他人将零散的玩具/材料堆叠。例，能模仿他人将散落的乐高堆高。 ③能列举将玩具/材料进行排列或堆叠的方式。例，能说出或展示出"把积木排三排""把积木叠高高"等。 ④能独立堆叠或排列特定的玩具/材料。例，能将积木按颜色排成一排，将雪花片叠高。 ⑤能自主对不同的玩具/材料进行堆叠或排列。例，能将木块排成自己喜欢的三角形。
3. 能进行因果游戏（通过触动A，引起B的反应）		①能在成人引导下观察玩具玩法与结果之间的因果关系。例，能在教师要求下，观察他人玩玩具的过程。 ②能知道玩具玩法与结果之间存在一定关系。例，能发现按一下玩具小熊的肚子它就能唱歌。 ③能列举玩具玩法与结果之间的因果关系。例，能用自己的话说出玩具汽车里有马达，所以装了电池小车就可以前进。 ④能应用正确的玩法玩特定种类的玩具，以达到预期的结果。例，能按照正确的方式给玩具水枪注水。 ⑤能根据玩具类型的不同选择适当的玩法，以表现出预期的结果。例，能在进行赛车游戏时选择遥控小汽车，并使用遥控器操作汽车前进。
4. 能进行功能游戏（按照玩具游戏方法进行，如推小汽车，而不是砸小汽车）	（1）能依照应有的玩法来玩玩具或材料，如把玩具小车向前推而不是单纯排成一列	①能在要求下，配合成人玩游戏或材料，不排斥。例，能在老师要求下随意地反复来回推玩具车。 ②能模仿他人采用简单的玩具玩法。例，能模仿教师推一下汽车，使汽车前进。 ③能描述或列举玩具的简单玩法。例，能用自己的话描述或展示如何用积木搭一个简单的房子。 ④能应用正确玩法来玩特定的玩具。例，能拼接火车轨道。 ⑤能在不同场景下，按照游戏常规的玩法无固定步骤地开放式玩玩具。例，能在圣诞节主动用乐高搭圣诞树。

关键能力指标内容		表现性水平（示例）
4.能进行功能游戏（按照玩具游戏方法进行，如推小汽车，而不是砸小汽车）	（2）能按玩法系统地组装玩具或材料，如搭积木、玩拼图等	①能跟随成人的引导组装玩具或材料，不破坏。例，能配合和跟随教师执行组装玩具的某个步骤。②能了解基本的组装方式，分辨玩具/材料的不同部分。例，能分辨组装玩具车的不同部件，说出组装方法。③能掌握具体的组装流程并在引导下进行尝试。例，能在教师指导下按要求尝试组装玩具。④能根据说明书组装特定的玩具/材料。例，能对照说明书按步骤组装和搭建乐高。⑤能根据不同的说明书组装不同的玩具/材料。例，按照乐高的指导书进行积木的拼拆。
5.能进行假装/象征游戏（假想出特定角色，如在游戏中把椅子假想成汽车）	（1）能进行指向自己的初期假装游戏，如拿起空杯子假装喝水	①能跟随成人的引导进行假装游戏，不排斥。例，能配合参与指向自己的假装游戏。②能知道假装游戏的具体要求。例，能复述"用积木假装汽车""用玩具厨房假装做饭"。③能描述自己在假装游戏中应该做什么，并进行动作的尝试。例，能说出正在进行的假装游戏内容，并尝试用笔假装吸管喝水。④能根据指令进行指向自己的初期假装游戏。例，拿起空杯子假装喝水。⑤能在不同场景中进行指向自己的初期假装游戏。例，能根据假装的情境主动选择类似物完成假装游戏，如在模拟乘坐公共汽车时主动选择雪花片假装零钱投币。
	（2）能进行指向他人或其他玩具的物体假装游戏，如用玩具梳子梳妈妈的头发	①能跟随成人进行指向他人的假装游戏，不排斥。例，能配合参与指向全班的假装游戏，如假装全班同学正在春游。②能知道指向他人的假装游戏的具体要求。例，能复述"用笔假装吸管"。③能描述自己在指向他人的假装游戏中应该做什么，并进行动作的初步尝试。例，能说出"我应该给玩具穿衣服"，并尝试假装给玩具穿衣服。④能根据指令进行指向他人的初期假装游戏。例，用玩具梳子梳妈妈的头发。⑤能在不同场景中进行指向他人或其他玩具的假装游戏。例，能在家和爸爸妈妈进行假装看病的游戏，请妈妈扮演病人，自己扮演医生。

续表

关键能力指标内容		表现性水平（示例）
5. 能进行假装/象征游戏（假想出特定角色，如在游戏中把椅子假想成汽车）	（3）能通过物品的替代模拟进行假装游戏，如用玩具车进行赛车比赛、用玩具餐具进餐等	①能跟随成人的引导观察通过替代模拟进行的假装游戏。例，能注意到教师用空杯子模仿喝水。 ②能认识和分辨物品的替代物。例，能指出雪花片可以替代硬币。 ③能解释选择物品替代物的原因。例，能说出教师用铅笔替代筷子是因为外形类似。 ④能选择外形或功能类似的物品替代物进行假装游戏。例，能选择用铅笔假装打针。 ⑤能根据不同的物品选择合适的替代物进行假装游戏。例，能自主选择用玩具车进行赛车比赛、用玩具餐具进餐等。
	（4）能将几个假装角色联系在一起，并通过玩具复制或展现一个展开的故事情节，如把几个玩偶放在车里并开车去商店	①能配合参与运用假装角色复制故事情节的活动。例，愿意倾听教师运用假装角色讲故事，不排斥。 ②能辨认故事中的假装角色，并匹配相关玩具。例，能指出故事中的假装角色有哪些，如假装有一个山羊教师、小猪妹妹，并选出相应的毛绒玩具。 ③能举例展示如何联系多个假装角色模拟一个故事情节。例，能在成人引导下，用自己的话运用假装创设的山羊教师、绵羊妹妹等讲故事。 ④能根据特定故事剧本，联系多个假装角色并选择相关玩具展开简单情节。例，把几个玩偶放在车里并开车去商店。 ⑤能灵活地联系多个假装角色，并选择玩具复制或展现复杂的故事情节。例，能用小猪、小羊、小狗等毛绒玩具讲动物园开运动会的故事。
	（5）能在情景游戏中扮演一个想象的角色，如爸爸、妈妈、英雄、医生等	①能跟随成人的引导在情景游戏里扮演一个想象的角色。例，能在教师要求下配合戴上小猪佩奇的角色头饰，不排斥。 ②能认出自己的角色和其他角色。例，能根据动画视频指认自己扮演的是小猪佩奇，教师扮演的是猪妈妈。 ③能描述自己扮演的角色，并尝试完成与角色相关的简单情节。例，能说出自己扮演的是小猪佩奇，并根据视频动画模仿小猪佩奇的一句话或一个动作。 ④能根据自己扮演的角色展示出符合该角色特点的行为和语言。例，扮演妈妈时，能模仿妈妈日常说话的口气。 ⑤能在不同场景之中扮演想象中的角色，并做出相应的表演。例，在模拟看病就医的游戏中，模仿病人并做出难受的动作。

关键能力指标内容		表现性水平（示例）
5. 能进行假装／象征游戏（假想出特定角色，如在游戏中把椅子假想成汽车）	（6）能够扮演想象的角色并讲述角色所展开的故事	①能跟随他人讲述的故事，扮演一个指定的角色。例，能在教师要求下配合扮演故事中爸爸的角色。 ②能辨识自己扮演的角色所发生的故事。例，能辨识出自己扮演的是爸爸，要照顾孩子，而不是扮演小孩。 ③能举例讲述自己扮演的角色所发生的故事。例，能说出自己扮演的超人要把大石头挪开。 ④能根据特定的故事情境讲述自己扮演的角色所发生的故事。例，能说出灾难发生了，自己扮演的超人来拯救其他小朋友。 ⑤能根据不同的故事情境扮演不同的角色，并讲述角色所展开的故事。例，能依据教师指定的医院场景，扮演病人的角色，并讲述病人看医生的故事；能在《小蝌蚪找妈妈》的故事中扮演小蝌蚪的角色，并讲述小蝌蚪找妈妈的故事。

三、能参与社交游戏

就游戏阶段而言，儿童总是从独自玩耍发展到社交游戏。社交游戏比较复杂，不仅要求儿童掌握玩具的用法，观察和模仿他人并和同伴进行言语及非言语的沟通，还要懂得互惠，具备创造性和观点采择能力[①]。这对孤独症学生而言是极大的挑战。眼神接触异常、注意转换困难、模仿能力低下和刻板使用物品等，都会导致他们难以进行基本的同伴互动，甚至回避同伴互动[②]，进而导致孤独症学生在游戏时，强烈地抵触他人试图介入或打断他们刻板玩耍的行为。因此，虽然有些孤独症儿童能被动地和同伴一起玩，却不能主动发起互动。他们更偏向独自玩耍，无法通过社交游戏的形式融入同龄人的集体或是与他人建立联系。

然而，社交游戏能力对孤独症学生仍具有重要价值。他们的人际互动能力、生活质量、社交、智力和情感等领域的发展都可依靠社交游戏来推进、

---

① 凯思琳·安·奎尔：《做·看·听·说——孤独症儿童社会性和沟通能力干预指南》，何正平译，华夏出版社，2015，第14页。

② 凯思琳·安·奎尔：《做·看·听·说——孤独症儿童社会性和沟通能力干预指南》，何正平译，华夏出版社，2015，第13页。

实现[1][2]。如互动的棋盘游戏就涉及许多不同的技能，包括轮流、倾听和观察其他人的提示等，每一项技能都在基本社交互动中发挥作用。

根据儿童在游戏中社会参与行为的表现[3]，这一要点主要涵盖平行游戏、联合游戏、合作游戏等维度的关键能力指标（见表9.3）。平行游戏，是两个及以上的学生一起进行游戏活动。学生进行平行游戏时，操作的玩具、材料和活动领域是相似或相同的，但相互之间没有联系，没有影响、支配他人的游戏活动行为，也没有合作、共同玩耍的行为倾向。联合游戏，是指多个学生一起进行相同或相似的活动。在联合游戏中，学生会出现简单的交互行为，但并没有进行明确的游戏任务分工或是围绕游戏目标进行组织，仅局限于模仿、交换玩具等行为，整体游戏行为较为松散，学生行为的驱动主要依靠自身兴趣和愿望。合作游戏，是指一种有组织的游戏，如篮球、棒球等。合作游戏通常具有一定的目的、规则和主题。学生与同伴进行合作游戏时，彼此有明确的目标和分工合作。

表 9.3　关键能力要点 13：能参与社交游戏

关键能力指标内容		表现性水平（示例）
1.能进行平行游戏（与他人用熟悉的材料或玩具各玩各的，但关注到对方）	（1）能使用熟悉的玩具／材料与他人平行玩	①独自玩耍时，能接受他人在一定距离内与其共享游戏空间。例，能和其他孩子在同一张桌子上各自玩橡皮泥。 ②能了解平行玩的玩法。例，能指出平行玩所需的材料。 ③能在一定提示下使用熟悉的玩具／材料与他人平行玩。例，能在教师动作示范下使用熟悉的玩具／材料和教师平行玩。 ④能在具体的情境中自主使用熟悉的玩具／材料与他人平行玩。例，能自主选择熟悉的材料或玩具与同伴一起玩。 ⑤能在不同情境中自主使用熟悉的玩具／材料与其他人平行玩。例，能在操场选择皮球与同伴一起玩；在教室选择雪花片和同学一起玩。

① Wainer J, Robins B, Amirabdollahian F, et al.. Using the humanoid robot KASPAR to autonomously play triadic games and facilitate collaborative play among children with autism. *IEEE Transactions on Autonomous Mental Development*, 2014, 6(3): 183–199.

② Katō K, Employing Tabletop Role-Playing Games (TRPGs) in Social Communication Support Measures Forchildren and Youth with Autism Spectrum Disorder (ASD) in Japan: A Hands-on Report on the Use of Leisure Activities. *RPG 学研究 :Japanese Journal of Analog Role-Playing Game Studies*,2019: 23–28.

③ Parten M B, The Journal of Abnormal and Social Psychology. *Journal of Abnormal and Social Psychology*, 1932, 27(3): 248–252.

关键能力指标内容		表现性水平（示例）
1.能进行平行游戏（与他人用熟悉的材料或玩具各玩各的，但关注到对方）	（2）能使用组织化的材料与他人平行玩	①能接受组织化的玩具，不破坏。例，能在教师要求下配合尝试拼拼图。 ②能模仿他人玩组织化的材料。例，能模仿教师的动作拼七巧板。 ③能在一定提示下使用组织化的材料与他人平行玩。例，能在教师使用招手等手势提示下，在教师身边拼另一套拼图。 ④能在具体情境中自主使用组织化的材料与他人平行玩。例，能主动在玩拼图的孩子附近坐下，拼另一套拼图。 ⑤能在不同的情境中使用组织化的材料与他人平行玩。例，能在家中和爸爸妈妈一起玩拼图；在学校和同伴一起拼七巧板。
2.能进行联合游戏（能与他人共同玩游戏或玩具，但彼此间不协作完成）	（1）在与他人玩的游戏中产生预期行为	①能注意到游戏中他人的行为。例，能对玩游戏的同伴给予眼神关注。 ②能了解游戏的流程。例，能复述出躲猫猫游戏的步骤和玩法。 ③能根据游戏流程的具体提示做出预期行为。例，能在"1 2 3 木头人"游戏中听到"3"的指令后静止不动。 ④能在具体的游戏活动中做出预期行为。例，能在老鹰抓小鸡游戏中扮演母鸡的角色，张开双臂保护同学。 ⑤能在不同的游戏情境中做出预期行为。例，能在体育课的游戏中按照教师指令做出动作，能在家中和爸爸妈妈按照规则下飞行棋。
	（2）在游戏时能给他人传递和展示物品	①能对游戏中别人给自己传递和展示物品的行为有反应。例，愿意接受他人在游戏时传递给自己的物品。 ②游戏中能模仿他人将自己所玩的物品传递给成人／同伴。例，能模仿教师将毛绒玩具传递给同伴。 ③能举例展示如何在游戏中将自己所玩的物品传递给成人／同伴。例，能用自己的话简单描述物品的玩法或展示如何将物品交给同伴。 ④能在具体的活动中按照提示将物品传递给成人／同伴。例，能在传球游戏中按照教师的指示将球顺利传给下一个人。 ⑤能在不同的游戏活动中自主向他人传递或展示物品。例，能在不同游戏中按照游戏规则或轮流规则向他人传递物品。
	（3）能与一个搭档进行可预期的轮流游戏	①对需要与搭档轮流进行的游戏不排斥。例，能在教师要求下配合参与轮流游戏，不反抗。 ②能了解如何与搭档进行轮流游戏。例，能复述轮流游戏的规则。 ③能举例展示如何与一个熟悉的搭档进行可预期的轮流游戏。例，能在教师动作提示下，将玩具车推给教师，再等待教师推回。 ④能在具体的游戏活动中，主动地和一个熟悉的搭档进行可预期的轮流游戏。例，能在体育课上和同学进行轮流投球的活动。 ⑤能在不同的游戏活动中接受和陌生的搭档进行可预期的游戏。例，能在春游时，和其他学校的同学一起玩轮流游戏。

续表

关键能力指标内容		表现性水平（示例）
2. 能进行联合游戏（能与他人共同玩游戏或玩具，但彼此间不协作完成）	（4）能在集体游戏中进行可预期的轮流游戏	①能接受集体中的轮流游戏，不干扰。例，能按照教师要求配合完成轮流传球的游戏。 ②能了解轮流游戏的规则，在没有轮到自己时能够耐心等待。例，能复述击鼓传花游戏的规则，并在没有轮到自己时能够耐心等待。 ③能描述轮流游戏的流程或要求。例，能用自己的话简单描述轮流游戏规则，如能说出要按照队伍顺序一个一个排队投篮，完成投篮动作后要排到队尾。 ④能在具体的游戏活动中按照顺序进行轮流游戏。例，能在击鼓传花游戏中按照鼓声将物品传递给旁边的同学。 ⑤能在不同的游戏活动中按照顺序进行轮流游戏。例，能根据不同游戏的轮流规则进行游戏或物品传递。
	（5）能与他人共享游戏物品/材料	①能接受与他人共享游戏材料，不排斥。例，愿意和同桌共享一份水彩笔，不发脾气。 ②能模仿他人完成共享游戏物品/材料的行为。例，能模仿教师与其他孩子交换娃娃。 ③能在一定的指令下做到与他人共享游戏物品/材料。例，在教师的提醒下能与其他孩子交换娃娃的衣服。 ④能在具体的游戏中，与他人分工合玩同一物品。例，能与同伴一起捏橡皮泥，拼搭物品。 ⑤能在不同的游戏中，主动邀请他人共享游戏材料/物品。例，能主动邀请同伴一起玩娃娃。
3. 能进行合作游戏（如与他人搭档共同完成某一游戏）	（1）能和一个同伴进行合作性游戏	①能接受观看同伴玩游戏。例，能在同伴玩游戏时给予眼神关注。 ②能知道合作性游戏的流程和要求。例，能复述合作游戏的规则、玩法或自己的分工。 ③能听从游戏分工与同伴进行特定的游戏活动。例，根据他人安排与同桌一起拼积木。 ④能在具体游戏活动中主动与同伴分工合作。例，能在填色游戏中主动和同伴商量，说出自己想涂黄色的地方。 ⑤能在不同的游戏活动中主动与同伴分工合作。例，能在合作搭积木游戏中主动提出分工建议。

关键能力指标内容		表现性水平（示例）
3. 能进行合作游戏（如与他人搭档共同完成某一游戏）	（2）能在结构化的小组里进行合作游戏	①能接受结构化的小组游戏，不排斥。例，能在教师要求下配合参与小组游戏。 ②能知道结构化的合作游戏流程和要求。例，能复述合作游戏的规则、玩法或自己的分工。 ③能描述自己在合作游戏中的预期角色。例，能用自己的话简单描述自己在小组游戏中需要完成的任务。 ④能在具体的结构化小组中与同龄人完成合作游戏任务。例，能运用流程图一步步完成小组游戏中自己的任务。 ⑤能在不同的结构化小组中与同龄人完成合作游戏任务。例，能根据小组人员的不同对游戏内容进行协商，并在完成过程中及时调整。
	（3）能在非结构化的小组里进行合作游戏	①能对参与非结构化小组游戏不排斥。例，能在教师要求下配合参与非结构化的小组游戏。 ②能知道非结构化小组游戏的流程和要求。例，能复述自己在小组游戏中负责的任务或需要完成的动作。 ③能描述非结构化小组游戏的流程和游戏内自己的分工。例，能用自己的话说出游戏步骤，并对分工进行解释。 ④能在具体的非结构化小组游戏中自主选择自己要玩的玩具或担任的"角色"，并完成游戏环节。例，能在扮演游戏中自主选择自己想要扮演的角色，并完成扮演。 ⑤能在不同的非结构化小组游戏中与同伴共同商议，并完成游戏环节。例，能主动和同伴协商游戏环节，并及时修改调整游戏策略。

第二节 "沟通"板块的关键能力指标

沟通是双向互动的动态过程，是促进儿童社会知识、自我意识增长和社会关系发展的重要因素。沟通障碍是孤独症学生的核心缺陷之一，不仅影响其社会互动，还可能导致问题行为、自伤行为等，严重影响着他们的生活和学习。经过综合建构，"沟通"板块主要包括"能用非言语方式与他人沟通""能倾听常用言语信息并有恰当回应""能表达需求、想法和评论""能进行交互式对话"等要点，这些也是孤独症学生日常沟通的必备能力。

一、能用非言语方式与他人沟通

非言语沟通是社会交往和言语沟通能力发展的基础，是社交过程中交换有效信息的必备能力。有时手势或面部表情，可能比说出的话更能清楚地表达一个人的想法。非言语沟通能力与后续语用能力的发展也有密切关系，是影响儿童心理正常发展的重要因素之一[①]。

非言语沟通缺陷，被《精神障碍诊断与统计手册（第五版）》（DSM-V）列为孤独症的诊断指标之一。据纵向研究所示：孤独症儿童普遍在模仿、姿势、手势、面部表情和眼神交流等非语言沟通方面存在困难[②]，主要表现为：（1）社会关注与社交控制相对较少，欠缺随时关注他人以及寻求他人关注的能力。（2）非言语的共同注意明显不足。他们难以发起共同注意，难以分享对某一事物的共同兴趣，难以与他人之间建立情感联系[③]，这导致双向沟通的障碍[④]，且影响了其假装游戏的发展[⑤]。（3）社会轮换存在困难。孤独症儿童融入非言语沟通轮换的时间较短，也更少对他人发起的社会互动产生反应[⑥]。

上述缺陷通常造成孤独症学生无法准确地用非言语沟通行为来表达社会性意愿。他们往往回避目光接触、缺乏眼神交流，从而显得粗鲁、无趣或不专心。很多孤独症学生在试图表达自己的感觉、想法和需求时会遭遇挫折，不被别人理解。久而久之，孤独症学生的人际关系建立及与他人（尤其是同龄人）的互动都大受影响。因此，开展有针对性的干预和教学十分必要。研

---

① 陈伟伟：《自闭症儿童的非言语沟通能力缺陷》，《中国特殊教育》2007 年第 11 期。

② Vitaskova K, Rihova A. Analysis of Impaired Nonverbal Communication in People with Autism Spectrum Disorder. *Social Welfare Interdisciplinary Approach*, 2013, 3(2): 87−97.

③ Moore C, Dunham P J, Dunham P. *Joint Attention: Its Origins and Role in Development*. New York: Psychology Press, 1995: 103−130.

④ McEvoy R E, Rogers S J, Pennington B F. Executive Function and Social Communication Deficits in Young Autistic Children. *Journal of Child Psychology and Psychiatry*, 1993, 34(4): 563−578.

⑤ Charman T, Swettenham J, Baron−Cohen S, et al.. Infants with Autism: An Investigation of Empathy, Pretend Play, Joint Attention, and Imitation. *Developmental Psychology*, 1997, 33(5): 781−789.

⑥ 凯思琳·安·奎尔：《做·看·听·说——孤独症儿童社会性和沟通能力干预指南》，何正平译，华夏出版社，2015，第 9 页。

究表明，接受非语言沟通训练的孤独症儿童能使用不止一种方式来表达自己的情绪和感受，比如通过身体手势或肢体动作[1]。

具体而言，这一要点主要涵盖社交关注、社交控制、非言语互动维持、共同注意等维度的关键能力指标（见表9.4）。社交关注，指的是能将注意力集中于相关场景和社交信息，对他人做出回应[2]，包括积极回应他人的互动邀请以及主动关注他人。社交控制，指的是为了影响他人而做出"社交—沟通"行为，包括通过手势、眼神，或者两者结合的方式向对方提出要求。非言语互动维持，指的是维持双向的"社交—沟通"行为，这是具有轮流性质的互动过程，包括通过眼神、动作以及物品维持个体间的轮换互动。共同注意，指的是能够在自己、他人和物品之间协调运用注意力，包括跟随他人的注意视线、协调与他人之间的眼神互动、运用眼神和肢体语言把他人的注意力引导到特定的物品或事件上等。

表9.4 关键能力要点14：能用非言语方式与他人互动

关键能力指标内容		表现性水平（示例）
1.能进行社交关注（如回应他人肢体接触、互动邀请等）	（1）能积极回应他人的肢体接触或互动邀请	①他人发出互动邀请时，能停止活动或者看向对方。例，当同学拍拍自己的肩膀时，能停下脚步望向该同学。 ②能辨别他人的肢体接触或邀请动作。例，能知道招手表示邀请或打招呼。 ③能举例展示如何回应他人的肢体接触或互动邀请。例，当同伴伸出手以邀请自己时，能握住同伴的手。 ④能在特定情境中用适当的方式回应他人的肢体接触或互动邀请。例，能在球类游戏中用挥手回应他人的邀请或打招呼。 ⑤能在不同情境下用适当的方式主动回应对方的肢体接触或互动邀请。例，在公共场合，能举手挥舞以回应他人唤名；在教室里，能点头回应他人的唤名。

[1] Alshurman W, Alsreaa I. The Efficiency of Peer Teaching of Developing Non-Verbal Communication to Children with Autism Spectrum Disorder (ASD). *Journal of Education and Practice*, 2015, 6(29): 33-38.
[2] 凯思琳·安·奎尔:《做·看·听·说——孤独症儿童社会性和沟通能力干预指南》，何正平译，华夏出版社，2015，第71页。

续表

关键能力指标内容		表现性水平（示例）
1.能进行社交关注（如回应他人肢体接触、互动邀请等）	（2）能主动关注他人	①能注意到场景中他人的存在，有所反应。例，能在他人出现时给予眼神关注。 ②能识别场景中熟悉的人与陌生人。例，教师进入教室时能注意到并主动望向教师。 ③能关注熟悉的对象一段时间。例，上课时能关注教师10分钟。 ④能在具体活动中选择关注对象并关注一段时间。例，能在看电视时，根据视频中的故事情境关注故事主角。 ⑤能在不同场景中主动选择关注对象并关注较长时间。例，在游乐园游玩时，能紧密关注和跟随爸爸妈妈。
2.能进行社交控制（如通过眼神、行为和肢体提出要求）	（1）能通过推、拉、操控他人等动作提出要求	①能在要求或辅助下配合采用肢体动作向他人提出要求。例，想要上洗手间时，能在他人帮助下配合使用举手的方式示意教师自己想去洗手间。 ②知道肢体接触是一种引起他人注意以提出要求的方式。例，能回忆出轻拍、挥手等引起他人注意的方式。 ③能举例演示怎么通过接触引起他人的注意。例，能举例并做出吸引他人注意的方式，如挥手、打响指等。 ④能通过主动的推、拉等肢体动作向家人、教师等提出要求。例，当东西在橱柜上方而够不到时，能通过拉妈妈的手臂到橱柜旁以提出要求。 ⑤能根据与对方的熟悉程度选择适当的身体接触方式以提出要求。例，当向不熟的同学寻求帮助时，能轻轻地拍对方的肩膀以示意而不是直接生硬地拉拽他人的胳膊。
	（2）能通过给出或者操控物品提出要求	①能在帮助下配合操作物品以提出要求。例，能配合教师要求以按铃的方式表示任务完成。 ②能模仿他人通过给出或操控物品以提出要求。例，在玩坐火车的游戏时，能模仿教师做出双手递交车票的动作，以要求"坐火车"。 ③能举例展示如何通过给出或操控物品以提出要求。例，能举例并做出操控或给出物品的方式，如按铃、递交卡片等。 ④能在特定场景中，主动给出或操纵某一物品向他人提出要求。例，能在模拟超市售货员活动中，主动给出物品以要求对方"付钱"。 ⑤能在不同场景中，依据需要给出或操控相应的物品以提出要求。例，坐飞机时，能通过按铃呼叫乘务员。

关键能力指标内容		表现性水平（示例）
2. 能进行社交控制（如通过眼神、行为和肢体提出要求）	（3）能指向物品提出要求	①能对感兴趣的物品产生反应。例，能将身体朝向自己喜欢的玩具，示意教师自己想玩玩具。 ②能模仿他人指向物品提出要求的动作。例，能模仿教师用手指点玩具的动作表示自己想玩玩具。 ③能举例展示如何指向物品提出要求。例，能做出指一指、点一点等可以用来提出要求的动作。 ④能根据特定物品的方位，准确指向物品以向他人表达自己的需求。例，在游戏时，能够指向右手桌子上的小熊，表示自己想要玩。 ⑤能在不同情境中指向物品以表达自己的要求。例，在吃饭时，能指出自己想吃的食物。
	（4）能结合眼神和手势提出要求	①能在他人支持下配合使用手势表达要求。例，能在他人帮助下配合以举手表达发言需求。 ②能记住手势和眼神的含义。例，知道向妈妈"伸手"是"要"的意思。 ③能举例展示如何运用眼神或简单手势表达自己的要求。例，能通过鼓掌表示自己赞成或同意他人要求。 ④能在特定场景中配合使用眼神与手势向他人提出要求。例，能在上课时注视对方并摆手示意对方保持安静。 ⑤能在不同场景中配合使用手势与眼神向他人提出要求。例，能在公共场合中配合使用眼神和手指放嘴前的动作示意他人不要吵闹。
3. 能通过眼神、行为或玩具等维持与他人的互动	（1）能用眼神来维持互动	①注意到他人的目光并回以注视。例，上课时，能注意到教师正在看着自己，并做出反应。 ②能分辨来自他人的眼神注视，并用眼神予以回应。例，上课时，能意识到教师看自己，并给予教师眼神回应。 ③能推断他人眼神的含义，并做出相应活动。例，在做家务时，当妈妈看向自己的时候，能推断妈妈可能要自己帮忙从而主动上前帮忙。 ④能应用眼神与同伴、教师、父母等熟人进行互动。例，当玩捉迷藏游戏时，能用眼神找寻同伴并互动。 ⑤能在不同的场景中运用眼神与他人进行互动。例，在看电影时，能以眼神示意他人保持安静。

续表

关键能力指标内容		表现性水平（示例）
3. 能通过眼神、行为或玩具等维持与他人的互动	（2）能通过重复自己的行为维持互动	①能在要求和辅助下重复自己的行为，不排斥。例，愿意在教师的帮助下完成重复转圈的动作。②能模仿他人完成重复动作以维持互动。例，能模仿教师的重复挥手动作以维持打招呼的互动。③能列举重复哪些行为可以吸引他人的注意以维持双方互动。例，能举例说出挥手、握手等行为的重复可以维持互动。④能在特定活动中，自主重复动作以维持互动活动或游戏。例，在"拍苍蝇"游戏中，能重复手部拍打的动作。⑤能在日常生活中主动重复动作以维持互动。例，在游乐园里，能主动用挥手来回应向自己打招呼的同学。
	（3）能通过用玩具重复游戏动作来维持互动	①能在要求和辅助下重复玩玩具的游戏动作，不排斥。例，能在教师帮助下配合做重复搭积木的游戏动作。②能模仿他人完成重复玩玩具的游戏动作，以维持互动。例，能模仿教师往积木塔上重复叠摆积木以维持互动。③能列举用玩具重复哪些游戏动作可以维持互动，并进行尝试。例，能举例说出并尝试传球、踢毽子等可以维持互动的游戏动作。④能在特定游戏中自主重复玩玩具的游戏动作以维持互动。例，在踢球活动中能与伙伴相互踢球。⑤能在日常生活中通过重复游戏动作来维持互动。例，在家中，能和爸爸妈妈进行互相传球的游戏互动。
4. 能与他人分享共同注意，分享关注焦点	（1）能在玩具、物品和他人之间转换眼神	①能跟随引导转换眼神。例，在教师提醒下，能将注意力从物品转换到教师身上。②能分辨互动时眼神转换的含义。例，在游戏时，能知道眼神转换代表即轮到自己。③能理解自己互动时需要在不同对象间切换眼神。例，在和他人交谈时，能判断需要看向哪个说话对象。④能在特定场景中通过眼神转换向他人表达需求。例，在交谈时，能将注意力从别的事物转到谈话对象上，并进行交谈。⑤能在不同场景中利用眼神转换表达互动的需求。例，在上课时，能看向教师并表达需求；在家中，能看向爸爸妈妈进行交谈。

关键能力指标内容		表现性水平（示例）
4.能与他人分享共同注意，分享关注焦点	（2）能通过眼神、动作或其他非言语方式分享兴趣和关注焦点	①能跟随引导通过任意方式分享兴趣和关注焦点。例，能将有趣的事物指给同伴看。 ②能模仿他人用眼神或动作来分享兴趣和关注焦点。例，能模仿教师用拍手的动作引起他人关注。 ③能举例展示如何通过眼神、动作等与他人分享兴趣和关注焦点。例，能做出拍拍对方胳膊以引起他人关注的动作。 ④能在特定场景中应用适当的眼神、动作等邀请他人共同分享。例，在看书时，与他人轮流指向自己感兴趣的图片。 ⑤能在日常生活中应用适当的眼神、动作等分享自己的兴趣和关注焦点。例，在家中，能用手指的方式和爸爸妈妈分享自己的兴趣。

二、能倾听常用言语信息并有恰当回应

倾听是接受口头及非言语信息，确定其含义并做出反应的过程[①]，包括听到、注意、辨别、理解及记忆等心理过程。一般幼儿4—5岁时倾听能力就基本达到成人的水平。言语理解，是在倾听基础上对词语、句子乃至句群之间进行联系与概括，并领悟语意的能力。只有具备适宜的倾听与理解能力，儿童才能对环境中的事物、自身的活动以及他人的活动赋予语言含义，随之做出适当回应，并进一步推动自身的社会化进程[②]。

孤独症学生的语音感知能力普遍存在不足，很少主动倾听，言语信息理解方面也存在明显困难。倾听方面的障碍，主要表现为对声音反应迟钝或超敏反应，难以在噪声背景下获取有用信息。言语理解方面的障碍，主要表现为听觉处理困难，难以把听到的话语和看见的事物相联系；对单个单词和简单句子的理解存在缺陷；难以理解他人的言语信息，包括指令、抽象的语言概念（如时间、方向、情感等）及信息背后隐藏的类比、幽默和讽刺等[③]。

倾听和理解能力的缺损对孤独症学生的社交和沟通造成了很大的影响。

---

① 史金榜：《教学倾听艺术》，硕士学位论文，曲阜师范大学，2008，第9页。

② 凯思琳·安·奎尔：《做·看·听·说——孤独症儿童社会性和沟通能力干预指南》，何正平译，华夏出版社，2015，第19页。

③ 凯思琳·安·奎尔：《做·看·听·说——孤独症儿童社会性和沟通能力干预指南》，何正平译，华夏出版社，2015，第19页。

在社交和沟通过程中，沟通双方的角色是交互的，说话者和倾听者的身份需要来回转换，但孤独症学生很难理解这种转换[1]。在日常沟通时，他们往往作为说话者而非倾听者，很少主动去倾听别人的谈话。缺乏理解能力还影响了他们的表达性语言，使他们难以通过言语和非语言形式表达自己的想法或意见[2]。此外，也不利于学生的阅读理解及问题解决[3]。研究表明，有较强语言理解能力的孤独症儿童往往具有更好的游戏技能和社交理解能力。

具体来说，这一要点主要涵盖倾听声音、回应他人、获取信息三个维度的关键能力指标（见表9.5）。倾听声音，指的是运用听觉感官有目的地听取和接收他人的言语，并通过自身的认知加工做出反应的过程，包括辨识和回应环境中人的声音和其他声音等。回应他人，指的是能对他人的言语或者非言语信息进行回应并做出反应，包括对他人的唤名、问候、邀请、指令、问题、述评以及常见的幽默和俗语等进行回应。获取信息，指的是能通过提供的文字、图像、数据等各种资料，利用自身储备的基础知识和相关技能，获取解决问题的条件、思考问题的线索、解答问题的提示，并对这些信息进行分析、整合，从而形成准确而综合的信息系统的过程，包括从倾听中获取"是什么""是谁""在干什么""在哪里""为什么"等相关信息。

表9.5 关键能力要点15：能倾听常用言语信息并有恰当回应

关键能力指标内容		表现性水平（示例）
1.能辨识、关注和倾听环境中的声音	（1）能辨识和回应环境中的声音	①能注意到环境中的声音。例，听到雷声能朝窗外看。 ②能识别特定的环境声音。例，能辨识如风、雨、雷电的声音。 ③能解释不同类型声音的含义。例，能举例说出或演示出"电话铃声响了要接电话"。 ④能应用自己对环境声音的理解提前做出反应。例，当听到窗外刮起大风预感暴风雨要来了，提前把阳台的衣服收走。 ⑤能在不同情景中识别不同类型的声音并做出应变反应。例，在室内注意警报声，在室外注意雷雨等声音，并做出避险反应。

[1]　Tager-Flusberg H, Brief Report: Current Theory and Research on Language and Communication in Autism. *Journal of Autism and Developmental Disorders*, 1996, 26(2): 169–172.

[2]　胡晓毅：《学龄孤独症儿童教育评估指南》，北京师范大学出版社，2017年。

[3]　Greer R D, Ross D E. *Verbal Behavior Analysis: inducing and Expanding New Verbal Capabilities in Children with Language Delays.* Boston: Allyn & Bacon, 2008.

关键能力指标内容		表现性水平（示例）
1.能辨识、关注和倾听环境中的声音	（2）能关注环境中发出声音的人	①能注意到环境中发出声音的人。例，当有人对自己讲话时能转身朝向对方。②能识别环境中与自己有关的人物的声音。例，听到妈妈的声音，知道妈妈回家了。③能判断发出声音的人并做出回应。例，听到教师唤名时能走到教师的身边。④能应用自己对环境中人声的理解提前做出反应。例，上课前听到教室外任课教师讲话声能立即坐到位置上准备上课。⑤能在不同的情境中关注发出声音的人并做出适当回应。例，在路上听到有同学摔倒发出呼救声，能够转头寻找他们在哪里。
2.能回应他人（如唤名、问候、道谢、指令等）	（1）能回应他人的唤名	①能注意到他人唤名的声音并有所反应。例，能在他人唤名时抬头。②能辨别环境中叫自己名字的声音。例，能分辨唤名的声音在哪个方位。③能理解他人的唤名，对自己的名字有反应。例，当父亲呼喊自己的名字时，能够抬头。④能判断他人唤名的意图并按要求行事。例，当教师在课上喊自己名字时，能立刻站起来并回答教师的问题。⑤能在不同环境中听懂他人叫自己的名字并适当回应。例，在超市里，当听到妈妈唤名时回答"哎"；或能以起立来回应教师的唤名。
	（2）能回应他人的问候、道别	①能注意到他人对自己问候或道别。例，他人说"再见"时，能将头转向对方。②能识别简单的问候语与道别语。例，能识别"你好""嗨"等问候语，"拜拜""再见""下次见"等道别语。③能区分不同境况下应该用"问候语"还是"道别语"回应他人。例，能正确说出"上学时说问候语，放学时说道别语"。④能应用适当的问候语与道别语向特定的人表示问候、道别。例，路上遇到教师时，能与教师相互点头问候。⑤能在不同场景中恰当地运用问候语或道别语。例，参加活动时对初次见面的伙伴说"你好"；离开爷爷奶奶家时说"爷爷奶奶下次见"。

续表

关键能力指标内容		表现性水平（示例）
2. 能回应他人（如唤名、问候、道谢、指令等）	（3）能回应他人的邀请	①能注意到他人对自己的邀请。例，能在他人对自己发出邀请时给予眼神关注。 ②能识别简单的邀请方式与邀请语。例，当熟悉的同学邀请自己一起参加跳绳游戏时，能够点头表示同意，并跟随其到游戏地点。 ③能推断他人邀请的意图。例，能用自己的话说出"别人邀请我一起玩游戏，我应该回答'好的'或者'不必了，谢谢'"。 ④能应用适当的方式接受或拒绝熟悉的人的邀请。例，当同伴发出邀请时能够主动说出"好的，谢谢"等语句。 ⑤能在不同的场景中应用适当的方式接受或拒绝他人的邀请。例，当自己不想参与对方提出的活动时，说出"对不起，我不想去"以拒绝他人。
	（4）能回应他人的指令	①能注意到他人的指令并有所反应。例，能用眼神看向指令发出者。 ②能分辨他人对自己或者对集体的指令。例，上课时，能分辨教师是让自己朗读课文还是大家齐读课文。 ③能理解简单的指令，并做出适当回应。例，在上课时遵从教师"坐下"的指令。 ④能应用并执行一系列指令。例，能遵从"起立，走到讲台前面"的指令。 ⑤能在不同情境中执行他人对自己的指令。例，能在舞蹈考试中听从指令完成一套舞蹈动作。
	（5）能回应有关个人的问题（如你叫什么名字）	①能对包含自己名字的语言有所反应。例，能在听到自己名字时抬头。 ②能辨别与个人有关的问题。例，能说出"姓名""性别""年纪"等问题是有关个人信息的。 ③能简单回答有关个人基本信息的问题。例，能在教师问"你叫什么名字时"回答自己的姓名。 ④能有选择地回应相应的个人信息问题，对不想回答的问题进行适当回避。例，当自己不知道或者不想回答时能礼貌地拒绝。 ⑤能在不同的情境中，适当回答他人对自己相关问题的询问。例，能分辨能否回答与个人信息相关问题的情境，如陌生人询问时不回答，教师提问时回答。

关键能力指标内容		表现性水平（示例）
2. 能回应他人（如唤名、问候、道谢、指令等）	（6）能回应他人的评述	①能注意并认真倾听他人的评述，不干扰。例，课堂上有人发言时，不插嘴不打岔。 ②能辨识说话者所陈述的重点。例，能听出教师强调往返跑活动的重点是"跑到对面一定要触碰地板才能折返回来"。 ③能通过联系话语中的多个关键词，描述一段话的意思。例，通过联系话语中人物、地点、事件等关键信息，描述周末春游的具体事项。 ④能判断话语的含义并进行适当的回应。例，能判断教师对自己作业的评价是字迹潦草，并在下次完成作业时认真写字。 ⑤能结合情境分析他人评述的含义并作出自己的评价。例，能分析他人所说的"公平"的含义并能在此基础上发表自己的看法。
	（7）能回应常见的幽默和俗语	①能注意到他人的幽默言语并给予反应。例，能在听到他人讲笑话时抬头看向对方。 ②能识别与其年龄相适应的幽默或俗语。例，听到常见笑话后，能跟着发笑。 ③能列举口头笑话或双关语的含义。例，能举例说出常见歇后语"铁打的公鸡"是形容人小气（一毛不拔）。 ④能在具体谈话中以正确的方式回应幽默或者俗语。例，听到笑话后能发出适当音量的笑声。 ⑤能在不同的情境中运用适当的方式回应他人的幽默或俗语。例，在欢快的活动中能哈哈大笑以回应他人的幽默，在严肃的活动中能微微一笑回应他人的幽默。
3. 能获取信息（如时间、地点、原因、动作等信息。）	（1）能获取关于事物的信息（是什么？）	①能关注有关事物信息的话语，并有所反应。例，能在语文教师要求下配合关注书本。 ②能辨别哪些话语能传达"是什么"的信息。例，知道教师所说"它是红的""它咬上去甜甜的"是关于某件事物的信息。 ③能列举话语中关于"是什么"信息的关键点。例，能举例说出"它是红的""它咬上去甜甜的"等关于苹果的描述。 ④能在特定话语中选择关于事物信息的关键点。例，能根据对话提取"家门口新建的博物馆有三层"等信息。 ⑤能在不同场景中提取事物的基本信息。例，能在日常生活对话中提取不同事物的信息。

续表

关键能力指标内容		表现性水平（示例）
3.能获取信息（如时间、地点、原因、动作等信息）	（2）能获取关于人的信息（谁？）	①能关注有关人物信息的话语，并有所反应。例，当教师讲述关于奥特曼的故事时，能够抬头注视教师，并认真听关于奥特曼的信息。 ②能辨别哪些话语是关于"谁"的信息。例，他人说到"人名"的时候，能对"谁"有反应。 ③能列举话语中关于人的信息的关键点（如某个人的姓名、样貌、社会关系等）。例，能说出对方姓徐。 ④能在特定话语中选择关于人的信息的关键点。例，能通过教师对《白雪公主》的讲述判断皇后是一个坏人，她想要毒害白雪公主。 ⑤能在不同场景中提取人的基本信息。例，能在日常生活对话中，根据"名字""姓名""叫什么""谁"等关键词获取有关人名称的信息。
	（3）能获取关于动作的信息（在干什么？）	①能关注有关动作信息的话语，并有所反应。例，当教师讲到动作信息（如跳起来、跑走了等）时，能抬头注视教师。 ②能辨别哪些话语与"在干什么"有关。例，当教师要求学生找出《白雪公主》故事中关于小矮人动作的描述时，能够回答正确。 ③能列举话语中关于"在干什么"的信息的关键点（如发出动作的人，行为可能产生的结果等）。例，能根据与同学的对话说出有个好心的同学在扶老奶奶过马路。 ④能在特定话语中选择关于动作信息的关键点。例，在体育课上，能根据教师提供的动作信息提炼出体操的流程。 ⑤能在不同场景中提取动作的信息。例，能在日常生活中，根据"走""跑""买"等动词获取有关"做什么"的信息。
	（4）能获取关于"是/否"的信息。	①能关注有关"是/否"信息的话语，并有所反应。例，能对教师上课时有关"是/否"的话语进行关注。 ②能辨别哪些话语在传达关于"是/否"的信息。例，能分辨出教师传达的有关"是/否"的信息。 ③能列举话语中关于"是/否"的信息的关键点。例，能根据父母的话说出"狂犬疫苗""有用"两个关键点。 ④能在特定话语中选择关于"是/否"信息的关键点。例，根据教师提供的有关信息，判断"西瓜是甜的，是圆形的"。 ⑤能在不同场景中提取关于"是/否"的信息。例，能在日常生活对话中，根据"是""不是"等关键词获取有关"是/否"的信息。

关键能力指标内容		表现性水平（示例）
3. 能获取信息（如时间、地点、原因、动作等信息）	（5）能获取关于地点的信息（在哪里？）	①能关注有关地点信息的语句，并有所反应。例，当教师讲到地点信息（如天安门等）时，能抬头注视教师。 ②能辨别哪些话语传达的是关于"在哪里"的信息。例，能够选出表示地点的图片。 ③能列举话语中关于"在哪里"信息的关键点。例，能根据教师的话说出明天活动的地点在"音乐教室""三楼"。 ④能联系话语中关于"在哪里"信息的关键点，总结其基本情况。例，在活动前询问组织的同学从而得知明天早上的春游活动在西湖边进行。 ⑤能在不同场景中提取关于"在哪里"的信息。例，能在日常生活对话中，根据"在……""右""左""上""下"等词句获取有关地点的信息。
	（6）能获取关于时间的信息（什么时候？）	①能关注有关时间信息的语句，并有所反应。例，当教师讲到时间信息（如傍晚等）时，能抬头注视教师。 ②能辨别哪些话语传达的是关于"什么时候"的信息。例，能用课文中的话回答关于时间的问题。 ③能描述话语中关于"什么时候"信息的关键点。例，能根据同伴的话，说出春游时间为"早上""八点"。 ④能在特定场景中判断关于"什么时候"信息的关键点。例，根据"春游活动在下午放学十分钟之后"的信息，判断出明天的春游活动在下午三点半进行。 ⑤能在不同场景中提取关于时间的信息。例，能在日常生活对话中，根据"三点""下午""下课后"等词句获取有关时间的信息。
	（7）能获取关于原因的信息（为什么？）	①能关注有关"为什么"的话语，并有所反应。例，当教师讲到有关"为什么"的信息时，能抬头注视教师。 ②能辨别哪些话语传达的是关于"为什么"的信息。例，能用课文中的话回答关于"为什么"的问题。 ③能描述话语中关于"为什么"信息的关键点。例，能从师生对话中说出"同桌哭泣"与"教师批评"两个关键点。 ④能联系话语中关于"为什么"信息的关键点，总结其基本情况。例，下课后，能通过询问同学从而得知同桌哭泣是因为被教师批评了。 ⑤能在不同场景中提取关于"为什么"的信息。例，能在日常生活对话中，根据"是为了""因为""由于"等词句获取有关原因的信息。

三、能表达需求、想法和评论

主动表达能力对个体发展而言至关重要，它能使个体探索周边的环境，从而更多地了解周围的世界，它还能促使个体自发地与伙伴交流，走上"真正的自我决定"的道路。

然而，大多数孤独症儿童存在表达性沟通障碍[1]。通常情况下，他们使用语言仅是为了满足有限的交际功能，如获得想要的物体或行为，却很少用语言来进行社交活动，包括引发注意、评论、提问或告知他人等。相比于普通及语言障碍儿童，孤独症儿童主动沟通行为出现的频率较低，即使会说话，他们也不愿意说，或者只是在被迫的情况下才会说。此外，孤独症儿童语言表达还存在限制性、程序化与仪式化等问题。缺乏有效的表达能力，会对儿童的沟通、社交、行为和学业学习产生负面影响[2]。不会主动表达的孤独症儿童往往会用问题行为来代替语言进行交流，如用自残、发脾气和攻击来表达自我需求（获取物品、逃避任务等）。研究表明，较差的语言表达能力和社会互动能力与孤独症儿童的挑战性行为发展显著相关[3]。

具体来说，这一要点关涉的关键能力指标内容为能表达需求、态度、事件、想法和评论，包括表达需求、表达拒绝、表达友好、叙述信息、表达观点等能力（见表9.6）。表达需求，是一种由某种操作性动机引发，并以自然结果为强化物的语言行为[4]，从而增加学生从环境中获得物品、信息等的可

[1] Mitchell S, Brian J, Zwaigenbaum L, et al.. Early Language and Communication Development of Infants Later Diagnosed with Autism Spectrum Disorder. *Journal of Developmental and Behavioral Pediatrics*, 2006, 27(2): 69–78.

[2] Branson D, Demchak M. The Use of Augmentative and Alternative Communication Methods with Infants and Toddlers with Disabilities: A Research Review. *Augmentative and Alternative Communication*, 2009, 25(4): 274–286.

[3] Murphy G H, Beadle-Brown J, Wing L, et al.. Chronicity of Challenging Behaviours in People with Severe Intellectual Disabilities and/or Autism: A Total Population Sample. *Journal of Autism and Developmental Disorders*, 2005, 35(4): 405–418.

[4] Adair J G, Spinner B. Subjects' Access to Cognitive Processes: Demand Characteristics and Verbal Report. *Journal for the Theory of Social Behaviour*, 1981, 11(1): 31–52.

能性，使其可以直接从语言结果中受益。表达拒绝，指的是能运用语言或非语言方式明确地向他人表示自己"不愿意做"或"不愿意"的语言行为。表达友好，指的是能明确地向他人表达自己亲近、友善、乐意接受他人的语言行为。叙述信息，指的是能运用语言或非语言方式把事情的前后经过记录下来或说出来的语言行为。表达观点，指的是能从自己的立场出发，表达自身对事物或问题的看法的语言行为。

表 9.6　关键能力要点 16：能表达需求、想法和评论

关键能力指标内容		表现性水平（示例）
能表达需求、态度、事件、想法和评论	（1）能请求获得物品	①能在要求下用任意的行为做出请求。例，能在教师要求下用举手、拍手等方式表达请求。 ②能模仿不同的方式表达自己的需求。例，模仿他人用手指向物品提出请求。 ③能举例展示如何表达需求，如用手势、符号或眼神等。例，能通过触摸物品、注视物品或者站到想要的物品的旁边来表达想获得物品的请求。 ④能根据特定的请求对象选择具体的方式传达自己的需求。例，面对教师时，能选择用举手、拍手等方式表达请求。 ⑤能在不同的情境中应用适当的方式表达自己的请求。例，在课堂上能举手向教师表达想上厕所的需求。
	（2）能请求休息	①能在提示下意识到自己想要休息并用任意行为请求休息。例，能在提示下用趴在桌子上的方式表达自己想要休息。 ②能模仿不同的方式表达自己的需求。例，仿说短语"躺下"请求休息。 ③能列举请求休息的不同方式，如手势、面部表情或发声等。例，能说出将双手合并贴在头侧是表示想要休息。 ④能根据特定的请求对象选择具体的方式传达自己想要休息的需求。例，在个训课时，能用沟通板向教师表达休息请求。 ⑤能在不同的情境中应用适当的方式请求休息。例，在日常生活中，能随时使用图片交换沟通系统表达自己想要休息。

续表

关键能力指标内容		表现性水平（示例）
能表达需求、态度、事件、想法和评论	（3）能请求继续或停止互动	①能在提示下意识到自己想要继续或停止互动并用任意行为表达。例，能够在提示下停止与同学之间的互动，并将双手放在背后或者腿上。 ②能模仿不同的方式请求互动的继续或停止。例，能模仿教师用摆手或摇头表示停止。 ③能列举请求继续或停止互动的不同方式，如行为、手势、面部表情或发声等。例，能说出或做出停止的手势。 ④能根据特定的请求对象选择具体的方式传达自己想要继续或停止的需求。例，能用摇头向爸爸妈妈表示请求停止互动。 ⑤能在不同的情境中应用适当的方式请求继续或停止。例，在上课时，能使用图片交换沟通系统表达自己想停止互动。
	（4）能请求他人帮助	①能在提示下意识到自己需要他人的帮助，并用任意行为请求帮助。例，能发现自己在某项任务上需要帮助。 ②能模仿使用不同的方式请求他人的帮助。例，能模仿教师使用沟通板请求帮助。 ③能举例展示请求帮助的不同方式，如行为、手势、面部表情或发声等。例，能看着物品，回头向成人求助或用手指指向项目以寻求帮助。 ④能根据特定的请求对象选择具体的方式传达自己需要帮助的请求。例，能用向爸爸妈妈伸手的方式表示需要帮助。 ⑤能在不同的情境中应用适当的方式请求他人帮助。例，在家里，能用短语"你可以帮一下我吗"向爸爸妈妈请求帮助。
	（5）能请求获取信息或提出疑问	①能意识到自己有疑问。例，个训课上，能感知到自己在某项信息上存在疑惑。 ②能了解询问的不同方式。例，能复述用于询问的常用语句，如复述"我想问一下"。 ③能举例展示如何询问和获取信息。例，能展示用笔写下问题或向同伴说"我想问一下"。 ④能根据询问推断信息。例，能通过询问喜好了解到同伴喜欢运动。 ⑤能在不同情景中适时提问以获取自己想要的信息。例，在家里，能主动询问妈妈为什么最近没有看到阿姨。

关键能力指标内容		表现性水平（示例）
能表达需求、态度、事件、想法和评论	（6）能表达反对或拒绝	①能对自己不想做的事情有所反应，用自己的方式表示拒绝，不破坏。例，在做甜点活动中，当老师给自己不想吃的糕点时，能轻轻推开。 ②能模仿他人应用适当的方式进行拒绝。例，能模仿教师用摆手或摇头来表示拒绝。 ③能列举表达反对或拒绝的不同方式，如行为、手势、面部表情、发声等。例，能说出摆手表示拒绝或做出摆手动作。 ④能在具体的情境中礼貌拒绝别人。例，能在受到他人邀请时使用"不好意思"等礼貌用语。 ⑤能在不同情境中用适当的方式表示拒绝。例，当不想做某件事情时说出"我不想做"来表示拒绝。
	（7）能表达友好（如"我爱你"）	①能在要求下，被动地表达自己的感情。例，能在教师要求下说"谢谢"。 ②能辨识在不同情境中应表达的感情。例，能指出在他人的婚礼上应表达开心与祝福，而不是伤心难过。 ③能举例展示如何表达自己的情感。例，能用剪刀手的手势表示自己高兴。 ④能在具体情境中用常用的礼貌方式向他人表达自己的感情。例，能在班级活动中用手指比心形向好朋友表达喜爱。 ⑤能依照情境及场合，使用简单的动作或语言表达自己的情感。例，能用"妈妈真好，我很爱你"来向母亲表达爱意。
	（8）他人受伤、悲伤时能表达安慰	①能注意到他人的难过和悲伤，并有所反应。例，能发现同桌难过的情绪，并给予眼神关照。 ②能辨识表达安慰的恰当方式。例，能在图片中选出拥抱、轻拍肩膀等安慰朋友的方式。 ③能列举表达安慰的恰当方式，如话语平缓、表情平静等。例，能用自己的话简单描述表达安慰的注意事项，如需要轻声细语、语气温和。 ④能在具体的情境中用适当的方式向他人表达安慰。例，能在他人悲伤难过时给予拥抱。 ⑤能依照情境及场合，使用简单的动作或语言对他人进行安慰。例，当朋友比赛输了时，安慰对方说"没关系，下一次你一定可以的"。

续表

关键能力指标内容		表现性水平（示例）
能表达需求、态度、事件、想法和评论	（9）能描述简单事物（如人、物、地点和动作等）	①能对别人询问简单信息给予关注。例，当老师问如何拍球时，能看向老师。 ②能复述或回忆熟悉的动作、地点、人或物的相关信息。例，能回忆拍球的过程，能复述或回忆家、学校等具体地点。 ③能简单描述熟悉的动作、地点、人或物。例，能向妈妈描述楼下奶奶的特点，如总是面带微笑、喜欢聊天、经常喝茶等。 ④能在具体情境中简单描述不熟悉的事物。例，在个训课上，在看完绘本后能简单描述书中某个地点的位置。 ⑤能在不同的情境中用自己的话描述任意的事、物或人。例，能用"戴着帽子"等某些明显外貌特征描述陌生人；在游乐场里，能向朋友描述自己家的位置。
	（10）能描述过去的事件	①能简单回应他人对刚发生事件的询问。例，当他人问"你吃饭了吗"时能点头回应。 ②能回忆或复述过去发生的事情。例，能回忆出自己在上学路上看见了一只黑色的小猫咪。 ③能用词语简单表述过去发生的事情。例，能用"吃饭""包子"等词语描述中午吃饭的事情。 ④能使用简单句或连续的语句正确描述已经过去的事情的片段。例，能用"我站在门口""没看到"等简单句描述事情。 ⑤能用自己的话完整、恰当地表述过去发生的任意事件。例，在家里，能用自己的话完整地向妈妈描述自己上课被老师表扬的事。
	（11）能描述将来的事件	①能简单回应他人对将要发生事件的询问。例，当老师询问课后是否要休息下时，能点头或摇头。 ②能复述将来可能发生的事情。例，能向妈妈复述学校春游的安排。 ③能用词语简单描述将来可能发生的事。例，能用"看电视""蛋糕"等词语描述周末即将做的事情。 ④能使用简单句或连续的语句描述自己将来的想法。例，能用"要当一名医生"等描述自己的理想。 ⑤能用自己的话完整描述将来的具体计划和设想。例，能用"我可能会去做……"描述自己将来可能去做的事情。

关键能力指标内容		表现性水平（示例）
能表达需求、态度、事件、想法和评论	（12）能表达自己或转述他人的观点、想法或感受	①能在别人讲述时，不干扰、不排斥、专注倾听。例，当同学在回答问题时能做到认真倾听。 ②倾听他人说话时，能辨别关键的字词或与语句。例，能复述他人说的时间、地点等相关语词。 ③能复述所听内容中提到的关键信息。例，课堂上能用自己的话复述春游的相关要求。 ④能判断他人话语的含义，并用自己的话转述听到的内容。例，能根据教师的话判断出"春游要穿合适的鞋""要遵守纪律"等关键含义，并向同学转述这些信息。 ⑤能根据不同的话题内容转述他人的话后再表达自己的感受。例，在吃饭时，能告诉妈妈小亮说蔬菜不好吃，但自己认为蔬菜好吃。
	（13）能对他人说的话、事件等展开评价	①能对他人的话与评价有所反应。例，当老师表扬自己拾金不昧时，能向老师微笑表示开心。 ②能复述他人说的话和事件等。例，能复述老师说的"春游将于周三在城市公园进行"。 ③能总结他人说的话和事件的主要含义与重点。例，能根据老师的话归纳出"要爱惜食物""要合理搭配食物"等观点。 ④能根据他人说的话、事件，表达自己的喜好与感想。例，能以"关于这件事，我的想法是……"为开头表达自己的意见。 ⑤能在不同的对话场景中礼貌地对他人说的话、事件等展开评价。例，在公交车上，看到有同龄人向老年人让座时能对妈妈说，"他做得真棒，以后我要向他学习，遇到爷爷奶奶的时候要让座"。

四、能进行交互式对话

交互式对话即会话，包括话轮转换、会话发起、维持与修补等，是儿童与他人沟通交流的基本能力之一。交互式对话能力不仅能促进儿童语言发展，还能提高儿童在工作、学校和社区环境中的活动效率，减少孤独、抑郁和焦虑的感觉，进而提高儿童的整体生活质量[1][2]。

孤独症学生的交互式对话行为较少，他们难以与他人恰当地互动，尤

---

① Laugeson E A, Ellingsen R. *Social Skills Training for Adolescents and Adults with Autism Spectrum Disorder-Adolescents and Adults with Autism Spectrum Disorders*. New York: Springer, 2014: 61−85.

② Tobin M C, Drager K D, Richardson L F. A Systematic Review of Social Participation for Adults with Autism Spectrum Disorders: Support, Social Functioning, and Quality of Life. *Research in Autism Spectrum Disorders*, 2014,8(3): 214−229.

其是发起和保持对话[①]，其交谈方式大部分是僵化刻板且公式化的。实际情境中，交互式对话过程通常是复杂的，要综合运用认知、语言、社交、情感及沟通能力的各项元素，并要求沟通的双方均能在谈话中持续做出调整和改变。这些对于孤独症学生而言都是巨大的挑战。他们仅使用与特定场景有关的语言，重复而固执地提问，沉迷于狭窄的话题或公式化的脚本式语言。这种模式化的对话方式通常会持续到学生成年，甚至在没有伴随认知障碍的个体中亦是如此[②]。

由于缺乏交互式对话能力，孤独症学生与人沟通的次数和时间通常较少，这常会打击他们的自信心、自尊心和降低对社交的满意度，也会减少他们的友谊和浪漫关系，待成人后在获得和维持就业、建立亲密人际关系以及进入高等教育方面都可能存在较多困难[③④⑤]。但仍可以通过有意识的、集中的干预来改变这一状况[⑥]。

具体来说，这一要点主要涵盖对话推进、对话辅助两个维度的关键能力指标（见表9.7）。对话推进，指的是能在谈话过程中利用重复、修正、反馈

[①] Painter K K. *Social Skills Groups for Children and Adolescents with Asperger's Syndrome: A Step-By-Step Program*. London: Jessica Kingsley Publishers, 2006.

[②] Magiati I, Tay X W, Howlin P. Cognitive, Language, Social and Behavioural Outcomes in Adults with Autism Spectrum Disorders: A Systematic Review of Longitudinal Follow-up Studies in Adulthood. *Clinical Psychology Review*, 2014,34(1): 73-86.

[③] Barneveld P S, Swaab H, Fagel S, et al.. Quality of Life: A Case-Controlled Long-Term Follow-up Study, Comparing Young High-Functioning Adults with Autism Spectrum Disorders with Adults with Other Psychiatric Disorders Diagnosed in Childhood. *Comprehensive Psychiatry*, 2014, 55(2): 302-310.

[④] "The Post-High School Outcomes of Young Adults with Disabilities up to 8 Years after High School: A Report from the National Longitudinal Transition Study-2 (NLTS2)," U.S. Department of Education, accessed August 19, 2022, https://files.eric.ed.gov/fulltext/ED523539.pdf.

[⑤] Roux A M, Shattuck P T, Cooper B P, et al.. Post Secondary Employment Experiences among Young Adults with an Autism Spectrum Disorder. *Journal of the American Academy of Child & Adolescent Psychiatry*, 2013, 52(9): 931-939.

[⑥] Park C J, Yelland G W, Taffe J R, et al.. Brief Report: The Relationship between Language Skills, Adaptive Behavior, and Emotional and Behavior Problems in Pre-Schoolers with Autism. *Journal of Autism Development Disorder*, 2012, 42(12): 2761-2766.

等交谈技能，推动谈话并使之持续进行，包括发起对话、修正和维持对话、回应他人、切换主题及结束对话等。对话辅助，指的是在交谈过程中能根据观察体会到的相关社交线索来改善或推进沟通，包括在对话中关注对方、认真聆听、保持恰当接触与距离，以及根据对方需求调整自我音量和音调等。

表 9.7 关键能力要点 17：能进行交互式对话

关键能力指标内容		表现性水平（示例）
1. 能发起并推进对话	（1）在对话之前能用呼名、问候等方式获得对方关注	①在对话之前能试图主动关注对方，引起对方注意。例，在对话前，能给予对方眼神注视。 ②能模仿他人在对话前获得他人注意。例，能模仿老师在对话前拍拍对方的肩膀。 ③能举例演示引起他人注意的方式。例，能运用呼唤对方的名字、主动问候对方的方式获取关注。 ④能根据特定的对象选择合适的方式引起对方注意。例，当面对陌生人时，能在对话前先说"您好"来引起对方的注意。 ⑤能配合场景和对象，应用不同的方式引起对方的关注。例，在图书馆不能大声喧哗的场景中，能通过碰碰对方胳膊肘来获得同行同伴的注意。
	（2）能使用适当的"开场白"发起对话	①能在他人的支持下配合（如运用肢体动作等）发起对话。例，能在他人帮助下运用肢体动作发起对话。 ②能模仿他人用简单的"开场白"发起对话。例，在上学路上遇到同学时，能模仿妈妈说"早上好"来开启对话。 ③能列举多种"开场白"方式（如肢体动作、描述、自我介绍等）。例，能举例说出"早上好"等开场白。 ④能根据特定的对象应用适宜的"开场白"发起与同伴或成人的对话。例，与同学讨论自己喜欢的事物时，能先陈述自己最喜欢的事物是芭比娃娃（"芭比娃娃很时髦很漂亮，可以换很多好看的衣服"），再询问对方的喜好以继续对话。 ⑤能配合情景，运用恰当的"开场白"发起活动或者大范围的讨论。例，在元旦联欢会上，作为主持人能以"亲爱的老师同学们，大家好……"等适当的话语开启活动。

续表

关键能力指标内容		表现性水平（示例）
1. 能发起并推进对话	（3）对话时能适当重复和提问，以澄清、保持或修正谈话	①对话过程中他人提问和重复时能有所反应。例，他人重复对话时，能以点头说"嗯"表示回应。 ②能知道简单的保持对话的方式方法。例，能复述重复、提问等保持对话的方式。 ③能列举多种澄清、保持或修正谈话的方式。例，能举例说出点头、说"嗯""是这样的"等保持谈话的方式。 ④能根据具体情景，判断对话中何时需要澄清、保持或修正，并运用适当的方式延续对话。例，当他人陈述事实有误时，能在适当的时机说出"其实是这样的……"。 ⑤能配合情景，运用恰当的方式维持对话的进行。例，当对话中对方提及事件关键信息"明天要交作业"时，能重复以示强调。
	（4）能积极地给谈话对象反馈，如积极倾听、等待轮流、回答问题、礼貌打断等	①能认真倾听，不干扰。例，能在他人谈话时保持安静，不干扰。 ②能了解积极倾听的方式，显示出自己正在积极倾听。例，能及时回答对方提出的问题。 ③能理解谈话内容，并根据谈话的进展表现出不同的反应。例，当对方讲到疑惑的地方时，能表现出疑惑的表情。 ④能在具体情景中，运用多种方式进行主动反馈。例，遇到不能理解的问题，能通过举手以及疑惑的眼神告诉对方自己没有听懂。 ⑤能配合不同的情景，运用恰当的方式进行反馈。例，在群体活动中，能跟随大家一起鼓掌表示对观点的赞同。
	（5）对话时能围绕主题保持交流，恰当切换主题	①能配合参加自己感兴趣或喜欢的主题谈话，不排斥。例，当老师让自己加入关于玩具的小组讨论时，能配合加入，并在其他人交谈时保持倾听。 ②能简单表达与谈话主题相关的想法与感受，保持话题的适当性与相关性。例，当谈论喜欢的玩具时，能围绕该主题进行谈话。 ③能举例演示如何在谈话过程中适当切换主题。例，能按照话题的进展，通过询问对方还有没有其他的爱好，从而将话题从汽车玩具切换到木制玩具。 ④能应用不同的技巧策略转换或者保持谈话的主题。例，能判断转换话题的时机，寻找他人感兴趣的话题进行转换。 ⑤能根据场景与他人的感受，适时保持或者转换话题。例，当发现话题不适当时，能及时礼貌地转换。

关键能力指标内容		表现性水平（示例）
1. 能发起并推进对话	（6）能根据沟通内容恰当结束话题	①能配合对方顺利结束话题。例，能感知到他人结束话题的意愿，不干扰。 ②能模仿简单的结束对话的方式（如提问、总结或致谢的方式）。例，能重复"谢谢大家""没有了"等结束语。 ③能列举多种结束话题的方式。例，能举例说出"谢谢大家""就这样吧""您还有什么要说的吗？"等结束话题的语句。 ④能在具体的情境中，应用适当的方式结束话题。例，沟通快结束时，能用"谢谢大家，今天到此结束"来结束对话。 ⑤能在不同的情景中，采取恰当的方式结束话题。例，在发言时能用"谢谢大家"结束话题；在打电话时能用"就这样，再见"结束话题。
2. 能在交互式对话中运用辅助技巧（如使用手势、身体姿势辅助表达）	（1）对话时能关注或转向说话者。	①在对话过程中，能注意到说话者。例，能对说话者给予眼神关注。 ②能分辨说话者，并保持对说话者的眼神关注。例，能辨认出说话者是谁，并给予友好的眼神关照。 ③能观察说话者的动态，并保持对说话者的眼神关注。例，在与同伴对话的过程中，能保持与同伴的眼神关注。 ④能在具体情境中跟随说话者进行转向。例，能在上课时保持眼神跟随教师。 ⑤能在不同情境中，保持对说话者的持续关注。例，能在他人发言时眼神关注说话者；当他人发言结束时能收回眼神重新关注教师。
	（2）能与说话者保持自然的亲近距离	①能接受谈话双方的自然亲近距离，不排斥。例，能接受说话者适当的靠近，不反抗。 ②能辨识谈话过程中双方距离是否合适。例，能辨识太远或太近都是不恰当的社交谈话距离。 ③能比较并总结和不同对象之间的对话距离。例如，能对比自己与家长和与邻居的对话距离，总结出自己与爸爸妈妈的对话距离更近。 ④能在谈话情境中，与熟悉的人保持恰当的距离。例，与亲友交谈时能保持半臂的社交距离。 ⑤能在不同的场景中，与他人保持适宜的社交距离。例，与问路的陌生人之间能保持一臂的社交距离。

续表

关键能力指标内容		表现性水平（示例）
2. 能在交互式对话中运用辅助技巧（如使用手势、身体姿势辅助表达）	（3）交谈中能区分恰当和不恰当的肢体接触	①能接受谈话过程中双方的适当接触，不排斥。例，能接受说话者适当的肢体接触，不反抗。 ②能辨识交谈中恰当的身体接触。例，能知道对话中轻拍肩膀是恰当的身体接触。 ③能对交谈中恰当和不恰当的身体接触进行分类。例，能将倚靠、触摸对方脸颊等过于亲昵的行为归为不恰当的接触。 ④能在谈话情境中，与熟悉的人保持适宜的身体接触。例，能在和朋友说话时适当轻拍对方肩膀表示友好。 ⑤能在不同的场景中，根据关系的亲疏保持适宜的社交触碰。例，能在和新朋友谈话时保持半米的社交距离；能在和妈妈说话时保持亲密的距离。
	（4）能观察和等待听者的确认信息（社交手势、姿势、动作与面部表情）	①能关注对方的表情与动作，并有所反应。例，能注意到说话者的表情或神态变化。 ②了解交谈中不同的动作、表情代表的含义。例，能知道点头代表对方认同自己的意思。 ③能观察并推断交谈中听者的不同确认信息。例，在交谈中能通过观察对方的面部表情来推断自己的表达是否清晰。 ④能在具体的情境中主动观察听者的确认信息，并据此进行下一步的行动。例，能判断听者是否对话题感兴趣。 ⑤能在不同的场景中，主动关注到他人的回馈反应并作出自己的判断。例，能根据对方面部表情不开心来判断听者对当前话题不感兴趣，并及时调整转换话题。
	（5）能根据场景和对象调整对话的音量、音调和语速	①能在提醒下观察他人对于自己说话音量、音调与语速的反馈。例，能在教师提示下观察他人的表情。 ②能辨识对话过程中正常的音量、音调和语速，并进行模仿。例，能听录音辨别出最适当的谈话音量。 ③能列举在面对不同的人、在不同的场景中如何调整自己说话的音量、音调和语速。例，能举例说出需要提高音量的场合，如在吵闹的场合寻找他人等。 ④能主动询问对方的感受，并听从对方的建议调整对话的音量、音调和语速。例，跟老年人谈话时，能适当放慢语速。 ⑤能在不同情境中根据谈话的场景调整对话的音量、音调和语速。例，在图书馆中谈话时，能注意压低音量。

第三节 "人际"板块的关键能力指标

人际能力，即人际交往能力，是影响人际交往活动效率和保证人际交往顺利进行的个性心理特征[①]，是社交能力中侧重于个体发展亲密关系的部分[②]。拥有较强人际能力的个体一般在面对生活压力时更容易建立和运用各种人际关系网络。就孤独症学生而言，由于社会理解力有限以及存在面向自我的、不能顾及他人观点的行为模式，他们常不能理解他人在交往中传递出的信息，也不能很好地表达自我的感受与想法，最终阻碍了人际关系的发展。基于此，"人际"板块主要包括"能理解和推断他人的想法、意图和感受""能发展并维持恰当的人际关系"两大要点，首先要确保自己与他人之间建立良好、通畅的信息传递通道，再在与他人互动的基础上进一步建立积极的关系。

一、能理解和推断他人的想法、意图和感受

能理解和推断他人的意图和想法，是认知发展、社会学习和日常互动所需的关键能力之一。这一能力的发展与心理理论（theory of mind，TOM）的形成密切相关。心理理论是指个体能认识和理解自己或他人的心理状态（意图、信念等）。心理理论是成功进行社会互动、沟通和调整的一个重要方面[③][④]。一般而言，典型发展儿童在 4 岁时就获得了心理理论能力[⑤]。研究者认

---

① 王晓红:《论大学生人际交往能力及其培养》,《南京工程学院学报（社会科学版）》2003 年第 3 期。

② 王英春、邹泓、屈智勇:《人际关系能力问卷 (ICQ) 在初中生中的初步修订》,《中国心理卫生杂志》2006 年第 5 期。

③ Frith U, Frith C D. Development and Neurophysiology of Mentalizing. Philosophical Transactions of the Royal Society of London. *Series B: Biological Sciences*, 2003,358(1431): 459–473.

④ Chevallier C, Huguet P, Happé F, et al.. Salient Social Cues are Prioritized in Autism Spectrum Disorders Despite Overall Decrease in Social Attention. *Journal of Autism and Developmental Disorders*, 2013,43(7): 1642–1651.

⑤ 陈英和、姚端维、郭向和:《儿童心理理论的发展及其影响因素的研究进展》,《心理发展与教育》2001 年第 3 期。

为，理解他人的意图与想法是理解更高级心理状态的先决条件[①]。

孤独症儿童心理理论的发展远落后于同龄普通儿童。由于心理理论的缺失，孤独症群体在觉察自己和他人的心理状态及心理状态与行为间的联系等方面存在缺损[②]，使得他们不能理解别人的错误信念以及与此相关联的情绪，也不能正确地预测建立在错误信念基础上的行为[③]。这些缺陷严重影响了他们社会互动和交流沟通的顺利进行，如他们可能在谈话中无休止地谈论自己感兴趣的话题，认为这个话题也会让谈话对象感兴趣，不明白自己所热衷的东西可能会使听者感到厌烦甚至恼怒，最终使交流变得片面和受限等。这也进一步使得孤独症学生在社会交往中表现得模式化、序列化和程序化，为他们人际关系的建立平添了很多障碍与困难，甚至可能会招致欺凌。研究表明，采用基于心理理论的教育训练对提高孤独症儿童的理解能力、谈话技能以及交往技能方面均有一定效果[④]。

具体来说，"能理解和推断他人的想法、意图和感受"，包含观点采择和信念判断等能力（见表9.8）。观点采择，指的是能推断他人心理活动，即能设身处地理解他人的思想、愿望和情感等。观点采择是心理理论的重要发展阶段，也是合作、论证、解决问题和创造力等重要技能的关键组成部分[⑤]，包括理解他人"所见即所知"，知道从不同角度观察同一事物会产生不同结果，理解不同的人看法不同以及能用"我想""我觉得"等心理状态动词表达自我。信念判断，指的是能认识到他人拥有的信念，并根据这种认识来预测和解释他人的行为，包括能通过他人的表情判断他人的想法并对他人的下一步

---

① Brune C W, Woodward A L. Social Cognition and Social Responsiveness in 10-Month-Old Infants. *Journal of Cognition and Development*, 2007,8(2): 133-158.

② Frith U, Autism and Theory of Mind in Everyday Life. *Social Development*, 1994,3(2): 108-124.

③ 焦青、曾笋：《自闭症儿童心理理论能力中的情绪理解》，《中国特殊教育》2005年第3期。

④ 陈魏、郭本禹：《自闭症儿童缺乏"心理理论"吗？——基于神经现象学的解读》，《中国特殊教育》2011年第3期。

⑤ 陈巍、丁峻、陈箐灵：《社会脑研究二十年：回顾与展望》，《西北师大学报（社会科学版）》2008年第6期。

行为进行预判，能换位思考，能理解他人的想法可能会与实际不符，以及对具体故事情节进行推理判断等。

表9.8　关键能力要点18：能理解和推断他人的想法、意图和感受

关键能力指标内容		表现性水平（示例）
能理解和推断他人的想法、意图和感受	（1）理解他人是通过看到才知道的	①能关注到视觉信息，有反应。例，能在看到视觉提示卡时抬头注视。 ②知道通过视觉获取信息的方法。例，能回忆看电视、看课本、观察事物等用视觉获取信息的方法。 ③能举例说明他人如何通过视觉获取信息。例，能举例说出妈妈是通过看电视知道天气的。 ④能应用自己看到的信息解决特定问题。例，吃饭前看到自己手脏了会去洗手。 ⑤能应用自己看到的不同信息解决生活问题。例，过马路时能在看到红绿灯显示红灯时停下脚步，显示绿灯时继续过马路。
	（2）知道从不同角度观察到的同一事物会是不同的	①能配合从不同角度观察同一事物。例，能在教师要求下从正面和上面观察圆柱体。 ②能辨识同一事物的观察角度。例，能从2张不同拍摄角度的图片中选出从背面观察洋娃娃的图片。 ③能举例展示如何从多个角度看待同一个事物。例，能展示从花瓣、花蕊、花茎等多个角度观察一朵花。 ④能在特定场景中，应用多角度思考的方式解决具体问题。例，自己想发脾气时，能想到"发脾气既对自己的身体不好，也会让爸妈和老师因我烦恼"。 ⑤在不同的场景中，能根据事物、事件的具体情况作出判断与采取行动。例，在家里跟爸爸妈妈吵架时，能站在对方的角度思考问题。
	（3）知道不同的人对同一事物的看法会是不同的	①当听到别人与自己意见不同时，不干扰。例，在课堂上，当教师问大家对食物的喜好时，听到其他同学说不喜欢吃香菜时，不会因为自己喜欢而对同学发脾气。 ②能辨识不同的人对同一事物的看法。例，能分辨小红和小明喜欢还是不喜欢下雨天。 ③能推断不同的人对同一事物的看法是否一致。例，当同伴与自己交流对同一动画人物的看法时，能知道对方是不是和自己一样喜欢这个人物。 ④能在具体活动中，与其他参与者共同商议。例，在课堂上，能和同学一起讨论对故事中人物的看法。 ⑤能在不同集体活动中，询问、参考其他参与者的想法与感受以决定活动进行的方向。例，在课上，能和同伴共同商议将要搭建的积木模型。

续表

关键能力指标内容		表现性水平（示例）
能理解和推断他人的想法、意图和感受	（4）能使用"我想""我觉得""我认为"等心理状态的动词进行表达	①能配合他人的引导用肢体动作表达自己的想法。例，当教师问"你想要做什么"，能用手指向卫生间的方式表达自己想要如厕。 ②能辨识"我""你""他"等人称动词。例，能用手指正确指出"我""你""他"。 ③能以"我"为开头简单描述自己的想法。例，能说出"我想要去卫生间"。 ④能在具体的情境中，应用"我想""我觉得"或"我认为"等向他人表达自己的意愿。例，在课间选择游戏时，能向教师说出"我想玩搭积木"再进行选择。 ⑤能在不同的活动中，从自己的角度发表看法与意见。例，在课上，当《白雪公主》的故事情节中出现猎人时，教师问大家"如果你是猎人你会怎么办？"能说出"如果我是猎人，我不会伤害白雪公主"。
	（5）能通过他人的面部表情及举动辨别他人的想法和情感	①能对他人不同的表情与举动做出不同反应。例，当注意到他人有攻击行为时，能躲避。 ②能分辨他人友好或不友好的面部表情与举动。例，看到教师微笑点头时，能感受到教师对自己的肯定。 ③能说明他人有友好或不友好的面部表情与举动时该做出怎样的回应。例，能说出或展示出看到陌生人有举起手臂打人等威胁性或攻击性行为时应及时回避。 ④能在具体情境中对他人友好的面部表情与举动做出积极的回应，对他人不友好的面部表情与举动适当躲避。例，看到同伴微笑着伸出手，能回以微笑并与之握手。 ⑤能在不同的场景或活动中，辨认他人的表情与举动，并做出适当回应。例，日常生活中，在路上看到同学向自己微笑时，能主动向同学打招呼。
	（6）能站在他人的立场，理解他人的想法与感受	①能关注他人的想法与感受，有反应。例，当妈妈身体不适时，能主动帮妈妈分担家务。 ②能知道他人和自己存在不同的意见。例，能回忆出自己喜欢而别人不喜欢的东西。 ③能描述他人对某一事件或事物的看法，并对不同意见表示理解。例，能简单描述朋友关于某个电影片段的言论，并且不马上反驳他的不同看法。 ④能站在少数熟悉的人（如父母、老师、好朋友）的立场上考虑问题，产生同理心。例，能理解妈妈工作一天很辛苦，不强迫妈妈下班后带自己出去玩。 ⑤能在不同情境中主动考虑他人的想法与感受并照顾他人的感受。例，当去电影院等公共场所时，能不大喊大叫。

关键能力指标内容		表现性水平（示例）
能理解和推断他人的想法、意图和感受	（7）能判断他人的想法可能会与实际不符合	①能注意到他人的想法，并有所反应。例，当看到同桌弯着腰、捂着肚子，脸上的表情有些痛苦的时候，能帮忙向教师示意。 ②能辨识他人的想法与实际是否符合。例，当发现他人的回答不正确时，能说出"他说得不对"。 ③能根据实际的线索推测他人可能会有什么想法。例，看到一个小朋友直勾勾地看着刚做好的饭的图片，能推测他已经饿了。 ④在具体情境中，能结合他人的外部行为与实际言语来判断他人的真实想法。例，运动会时，当看到朋友拼尽全力获得第一而忍不住流泪大哭时，能判断他是喜极而泣。 ⑤能在不同的场景中分析他人可能的想法。例，在课堂上，看到同桌举手，能判断他可能是想要回答问题；而在活动时，看到同桌向自己举手，能判断他可能是在招呼自己过去一起玩耍。
	（8）能就故事的主要事件和人物的内心世界进行推理判断，预测故事情节	①能集中注意听故事情节的发展，不干扰。例，上课时，能专心听教师讲《白雪公主》的故事，不打岔。 ②能复述故事的主要事件或人物的内心世界。例，能复述《卖火柴的小女孩》故事的背景是小女孩出生于一个贫苦的家庭，无依无靠，只能靠自己卖火柴为生。 ③能根据故事的走向和情节推断主要人物的内心世界。例，在《白雪公主》故事中，能推断王后因为魔镜的夸赞对白雪公主心生嫉妒。 ④能依据故事走向和人物特点判断故事的下一个情节。例，在《白雪公主》故事中，能依据王后对白雪公主的嫉妒心，判断王后可能会做一些不利于白雪公主的事情。 ⑤能对不同类型的故事展开自己的想象与预测。例，在《白雪公主》故事中，能预测白雪公主和王后各自的结局，并说明理由。
	（9）能依据他人的言语和想法，预测他人下一步可能的行动	①能关注他人的言语和想法，并做出反应。例，在排队如厕时，当看到后面的同学急得直跺脚，能主动让后面的同学先如厕。 ②能回忆他人最近的言语和想法。例，能说出最近同桌告诉自己他的小猫丢了所以他很难过。 ③能根据以前的经验推断他人的言语和想法。例，在个训课上看到老师皱眉，能推断老师可能生气了，可能会批评自己。 ④能在具体情境中预测熟人下一步可能做出的积极或消极的行为，并应对。例，看见朋友唉声叹气、眼眶微红，能明白他可能内心悲伤想哭，知道这时候应该去安慰他。 ⑤能在不同的情境中对他人的行为做出自己的判断和分析。例，在教师问"如果在公园走丢后有陌生人想要带你走，你怎么办"时，能表示不会相信陌生人，而是寻求工作人员的帮助来找到妈妈，或者借用手机给妈妈打电话。

二、能发展并维持恰当的人际关系

人们在人际交往的过程中形成了各种人际关系。建立人际关系的能力，是指个体具有交往意愿，能积极主动地与他人交往，并且表现出有效和适宜的交往行为，从而使自身与他人处于和谐状态并建立良好的亲密关系[1]。

一般情况下，孤独症学生较难形成正常的人际关系。社会情境一般比较复杂且难以协调，在实际生活中，孤独症学生常无法选择合适的交往对象、交往互动的方式和策略，不能体验交往对象的感受[2]，也就难以建立适当的人际关系。尽管随着年龄的增长，少数高功能孤独症学生可以交到一两个朋友，与成人之间的关系质量也有所提升，但大部分学生与同龄人的关系仍将存在问题。他们在群体环境中很少与同龄人互动，且互动经常是尴尬而不成功的。缺乏恰当的人际关系，将导致孤独症学生在人际交往中处于被动地位，甚至可能被欺凌。此外，还可能导致更严重的后果，如学生时常感到孤独[3]、抑郁[4]，甚至产生自杀的想法[5]。恰当的人际关系能力作为人的一种基本需要，对于孤独症学生的生存和发展具有重要的意义[6]。当学生拥有积极的人际关系时，他们在学校里会表现得更好。

具体来说，这一要点主要涵盖空间共处、关系建立等维度的关键能力指标（见表9.9）。空间共处，指的是能接受他人的存在并与他人在同一空间友好共处、分享互助、互惠互利；关系建立，指的是能与他人形成一种友好的、

---

[1] 王英春、邹泓：《青少年人际交往能力的类型及其与友谊质量的关系》，《中国特殊教育》2009 年第 2 期。

[2] 刘金凤：《改善自闭症儿童人际交往能力的个案研究》，《科学咨询（教育科研）》2020 年第 28 期。

[3] Bauminger N, Shulman C. The Development and Maintenance of Friendship in High Functioning Children with Autism, Maternal Perceptions. *Autism*, 2003,7(1): 81−97.

[4] Hurley A D. Depression in Adults with Intellectual Disability: Symptoms and Challenging Behavior. *Journal of Intellectual Disabilities Research*, 2008,52(11): 905−916.

[5] Mayes S D, Gorman A A, Garcia J H, et al.. Suicide Ideation and Attempts in Children with Autism. *Research in Autism Spectrum Disorders*, 2013,7(1): 109−119.

[6] 吕梦、杨广学：《如何发展自闭症谱系障碍儿童的社会交往能力》，北京大学出版社，2014，第1 页。

接纳的关系，包括与成人、同伴建立关系。与成人建立友好关系主要表现为能与主要成人照顾者友好相处、能接受来自成人的帮助以及能主动向成年人寻求支持和建议等；与同伴建立友好关系，则指的是能与那些与自己具有同等社会权利的伙伴形成一种平等、互惠的关系，并享有与他人进行经验交流和技能学习的机会[1]，包括能主动发起同伴交往、在同伴交往过程中考虑他人的感受、与他人形成良好友谊、能维持积极同伴关系并能分辨同伴关系中的欺凌行为等。

表9.9 关键能力要点19：能发展并维持恰当的人际关系

关键能力指标内容		表现性水平（示例）
1. 能与他人在熟悉或公共环境中共处一段时间	（1）能与他人在熟悉环境中共处，并共享资源	①能注意到熟悉环境中的陌生人。例，当有陌生客人登门拜访时，能看向陌生客人。 ②能识别并接受环境中有他人的存在。例，能在小区广场玩游戏时，指出周围的陌生人并且不吵闹。 ③能理解他人的共享行为，并做出适当回应。例，当同学邀请自己一起吃零食时，能欣然接受并说"谢谢"。 ④能在具体的场景中主动与他人共享资源。例，在社区广场活动时，能与陌生人共用同一健身器材。 ⑤能在各种熟悉的场景中接受他人的存在，并与他人共享资源。例，在班级里，能主动将自己的零食分享给他人。
	（2）能与他人在公共空间中共处，并共享资源	①能注意到公共环境中的其他人，不排斥。例，当有陌生人进入教室时，能看向陌生人。 ②能识别并接受公共环境中有他人的存在。例，能与同学或陌生人同在图书馆中学习。 ③能举例展示如何在公共环境中与他人共处。例，能说出或展示出，当由于人多、声音嘈杂而在地铁站里出现感觉问题时，可以戴上耳机听音乐来缓解不适。 ④能在特定的场景中接受与他人共用区域内资源。例，在餐厅吃饭时，能接受与陌生人同在一张大桌子上吃饭。 ⑤能在各种场景中表现出乐意与他人共处。例，在小区广场活动时，能接受他人的游戏邀请或主动邀请他人一起游戏。

---

[1] 金文珊：《视频示范法促进自闭症谱系障碍儿童同伴交往能力的个案研究》，硕士学位论文，西北师范大学，2019，第7页。

续表

关键能力指标内容		表现性水平（示例）
2.能与他人建立并维持稳定的关系	（1）能与主要照护者积极交往	①能注意到自己的主要照护者，并给予适当反应。例，能对妈妈的呼叫以抬头／应答来给予回应。 ②能认出自己的主要照护者，回应主要照护者的谈话与活动邀请。例，当照护者邀请一起读书时，能表示同意。 ③能描述自己与主要照护者之间的关系，主动向其发出邀请。例，能主动说出"妈妈，和我一起玩"来发起与妈妈一起玩游戏的邀请。 ④能在日常生活中就某一主题与主要照护者进行言语或肢体互动。例，能向照护者介绍自己所喜欢的各种恐龙的名称并就此进行探讨。 ⑤能在不同的场景中与主要照护者进行积极互动。例，在放学回家的路上，能主动与爸爸妈妈分享今天学校发生的事情。
	（2）能接受来自成人的帮助和支持	①能在成人提供帮助与支持时给予回应，不排斥。例，能主动接受教师给予的帮助，并微笑回应。 ②能识别成人对自己提供的帮助和支持。例，能回忆出在家里学习时妈妈辅导自己的功课。 ③能列举自己从成人那么获得的不同帮助或支持。例，能举例说出"妈妈给我做好吃的菜""老师帮我理书包"等帮助。 ④在具体活动中能采纳成年人的建议来帮助处理自己的任务。例，能在教师的语言指引下完成整理书包的任务。 ⑤能在多种活动中接受成年人的支持和帮助。例，在个训课上，能接受教师用卡片流程图指导绘画任务，以完成绘画。
	（3）能向成人寻求支持和建议	①能在提示下向成人寻求帮助。例，在班级活动中，能依据图片提示举手向教师寻求帮助。 ②能模仿他人在困难时向成人寻求支持和建议的合适方式。例，能模仿教师通过"举手""拍肩膀"等向成人寻求帮助。 ③能举例展示如何使用适当的方式向成人寻求支持和建议。例，能拍拍教师的肩膀吸引教师的注意，以示自己有问题。 ④能向信任的成年人分享自己的担忧，并寻求相关建议。例，能向教师倾诉自己在人多的场合会感觉不适，并寻求相关改善建议。 ⑤能在不同的情景中用适宜的方法向附近的成人寻求帮助。例，在社区活动时，能拍拍别人以示自己需要帮助。

关键能力指标内容		表现性水平（示例）
2. 能与他人建立并维持稳定的关系	（4）能发起与同伴的交往	①能配合加入已经开始的同伴活动或游戏，不排斥。例，在团体游戏时，能在教师的指引下加入同伴游戏，不排斥。 ②能了解如何发起与同伴的交往。例，能知道通过与同伴分享事物进行互动。 ③能举例说明发起同伴互动的方式。例，能说出可以通过呼叫对方的名字、打招呼、拍拍他人肩膀、分享物品的方式发起交往。 ④能主动邀请熟悉的同伴参加已经开始的活动。例，活动过程中，看到同班同学表现出参加欲望时，能呼唤其名字并邀请对方加入。 ⑤能根据不同的情境或亲疏关系发起与同伴的交往。例，能对陌生的同龄人致以微笑，对熟悉的同龄人用拍拍肩膀的方式打招呼。
	（5）交往中能考虑同伴的兴趣、需求与感受	①能在交往中注意到同伴的感受。例，能关注到同伴脸上不开心的表情。 ②能知道同伴的想法与感受。例，上课时，能复述与同伴相同或不同的观点。 ③能说明同伴的想法与感受和自己是否相同。例，能说出同伴和自己都喜欢的游戏、玩具等。 ④能在具体活动中判断同伴的想法。例，在阅读活动中，能根据和同伴的对话选择阅读的书目。 ⑤能在不同情境中分析同伴的想法并调整自己的行为。例，集体游戏活动中，能询问同伴是否喜欢现在的游戏内容，再据此考虑是否更改游戏内容。
	（6）能与同伴形成友谊	①能配合参与同伴的玩耍，不排斥。例，能接受与同伴一起玩积木，不排斥和不躲避。 ②能知道与同龄人建立积极关系的方法。例，能复述"考虑他人感受""与他人分享事物"等建立积极关系的方法。 ③能指出如何与同龄人建立积极关系。例，能举例说出或演示出"朋友难过时能一直陪伴在他身边安慰他"。 ④能在日常生活中与熟悉的同伴互帮互助。例，当朋友向自己借文具时，能无回报地借给对方。 ⑤能运用适当的方式尝试主动与不同的同龄人建立积极关系。例，在公园里，能主动询问同龄人"你叫什么？你在干什么啊？"以建立良好关系。

续表

关键能力指标内容		表现性水平（示例）
2. 能与他人建立并维持稳定的关系	（7）能采取行动以保持与同伴的积极关系	①能配合同伴的互动，不排斥。例，能配合同伴的邀请加入活动中，不排斥。 ②能知道如何采取行动保持"朋友"的关系。例，在上课时，能回忆或复述保持"朋友"关系的方法，如多多包容、给予帮助等。 ③能列举保持"朋友"关系的方法，如主动分享物品、赞美同伴。例，能举例说出把好吃的饼干分发给周围同伴。 ④能根据与同伴的熟悉程度选择自己的行为。例，能与第一次见面的同伴以握手表示友好而非拥抱。 ⑤能正确处理不同同伴关系和友谊中的分歧。例，当意识到自己的某一句无心之言伤害了对方，能主动反省并向主动道歉。
	（8）能意识和应对同伴的欺凌行为	①能对他人不友好的行为有反应。例，当他人打自己时，能发出叫声、哭声或快速跑开。 ②能识别欺凌／欺负行为。例，能识别故意的经常推搡与殴打行为是欺凌行为。 ③能指出如何正确应对同伴的欺凌／欺负行为。例，能说出或表现出"大声呼喊""找老师""报警"等方式。 ④当自己处于被欺凌的境况时，能应用学过的方式立即求助。例，在学校里，当别人殴打、欺凌自己时，能大声呼喊立即求助。 ⑤当在学校或其他情境中遇到其他同龄人被欺凌时，能在保护自己的前提下及时向他人求助。例，在学校周边，当遇到同龄人受到其他年级的学生欺负时，能在保护自己的前提下报警并向附近的教师寻求帮助。

第四节　"群处"板块的关键能力指标

群处，是指在群体环境中与人共处、互动的能力。一般来说，孤独症学生在社会集群中往往处于边缘地带，他们与其他成员之间的互惠友谊较少。然而，在我国集体主义文化的大环境中，人们更倾向于在群体相处中培养稳定的群体关系，包括集体活动参与、社会责任感和社会归属感的培养等。经过综合建构，"群处"板块主要包括"能参与集体活动"和"具有一定的社会归属感和责任感"两大要点。

一、能参与集体活动

参与集体活动是儿童建立友谊、发展相应技能、表达创造力、实现身心健康以及确定生活意义和目的的前提[1]。它在儿童的社会发展中发挥着重要作用，并影响儿童身心健康[2]，正如《国际功能、残疾和健康分类》（*International Classification of Functioning, Disability and Health*，ICF）[3] 中所强调的，活动的参与本身就是生活质量和社会幸福的一个重要指标。

社交互动中的核心缺陷严重影响着孤独症学生参与日常的集体学习与生活。一般来说，他们在社会集群中往往处于边缘地带：可能感受到过多压力，进而较少主动参与集体活动，甚至拒绝参与集体活动。与普通儿童和其他类型的障碍儿童相比，孤独症学生参与集体活动的频率低、种类少[4]。他们在集体活动规则的学习与应用上也存在较大困难，如规则的学习与灵活应用能力较差[5]，一旦习得规则后再次更改较为困难[6]，这进一步使其集体生活参与受挫。研究表明，集体活动参与程度的提高与孤独症学生的健康、幸福和生活质量的提高呈正相关[7]。无法参与足够的集体活动，可能会妨碍孤独症学生的多方发展，包括社会、智力、情感、交流和身体等的发展，而这又反过来影

① Law M, King G. Participation! Every Child's Goal. *Today's Kids in Motion*, 2000,1: 10−12.

② Law M, Finkelman S, Hurley P, et al.. Participation of Children with Physical Disabilities: Relationships with Diagnosis, Physical Function, and Demographic Variables. *Scandinavian Journal of Occupational Therapy*, 2009,11(4): 156−162.

③ "International Classification of Functioning, Disability and Health: ICF," World Health Organization, accessed May 22, 2001, http://apps.who.int/iris/bitstream/handle/10665/42407/9241545429.pdf.

④ LaVesser P, Berg C. Participation Pattern in Preschool Children with Autism Spectrum Disorder. *Occupational Therapy Journal of Research*, 2011,31(1): 33−39.

⑤ Jones E J H, Webb S J, Estes A, et al.. Rule Learning in Autism: The Role of Reward Type and Social Context. *Developmental Neuropsychology*, 2013,38(1): 58−77.

⑥ Reed P, Watts H, Truzoli R. Flexibility in Young People with Autism Spectrum Disorders on a Card Sort Task. *Autism*, 2013,17(2): 162−171.

⑦ Simeonsson R J, Carlson D, Huntington G S, et al.. Students with Disabilities: A National Survey of Participation in School Activities. *Disability Rehabilitation*, 2001,23(2): 49−63.

响学生的活动参与频率与水平[①]。

　　具体来说，这一要点主要涵盖集体意识、群体规则两个维度的关键能力指标（见表 9.10）。集体意识，指的是作为活动中的一员而积极主动地融入到活动中，能动地为活动的开展而进行资源的投入，以及产生相应的行为、思维、情感，包括能在活动中注意到集体焦点、执行集体任务、参与集体讨论等。群体规则，指的是能理解特定场合的制度与章程，并依章活动，包括在不同场景中遵守等待、轮流的规则，在活动中遵守指令与沟通的规则以及在未知规则的情况下能主动询问他人等。

表 9.10　关键能力目标要点 20：能参与集体活动

关键能力指标内容		表现性水平（示例）
1. 能参与群体活动，愿意为集体做事	（1）能关注集体活动中的焦点，如关注成人的演讲或白板演示	①能表现出对集体活动的兴趣。例，能坐在外围观看小组活动。 ②能辨识集体活动中的焦点。例，在听讲座时，能指认演讲者。 ③能举例展示关注集体活动中的焦点。例，在上课时能盯着教师演示的白板看。 ④能选择集体活动的焦点并关注一段时间。例，能静坐在自己的位置观看同伴的表演直到结束。 ⑤注意力能跟随集体活动焦点而转移。例，在击鼓传花时，能跟随花的走向转移关注焦点。
	（2）能参与集体活动，如执行相应的指令	①愿意参与短时间的结构化集体活动。例，上课小组讨论时，能参与其间，不干扰。 ②能知道集体活动的主要任务。例，能复述语文课上小组讨论的主题。 ③能根据集体活动中简单的即时指令演示相应的动作。例，在游戏中，能听从组长的指令做出"坐下"或者"站起来"的动作。 ④能依照提示参与并完成特定的集体活动。例，在课间玩玩具时，能按规则轮流进行，接过上一位同学传来的玩具进行玩耍，玩好后传递给下一位同学。 ⑤能充分参与不同的集体活动，并顺利完成。例，在体育课时，能在成人的支持下，参与接力跑并顺利完成。

---

①　King G, Lawm M, King S, et al.. A Conceptual Model of the Factors Affecting the Recreation and Leisure Participation of Children with Disabilities. *Physical & Occupational Therapy in Pediatrics*, 2003,23(1): 63−90.

关键能力指标内容		表现性水平（示例）
1. 能参与群体活动，愿意为集体做事	（3）能意识到自己是集体的一员，如说出自己属于哪个团队	①愿意加入到集体之中，不排斥。例，在学校，当同学询问是否一起玩时，能点头表示愿意。 ②能辨识自己属于哪个团队，并能认出团队内的其他成员。例，能说出自己所在的班级或团队内其他成员的姓名。 ③能列举自己所在团队要完成的任务。例，能举例说出下达给"红队"的任务是自己团队的任务。 ④能在特定团队活动中完成自己被赋予的任务。例，在小组值日时能完成自己擦黑板的任务。 ⑤能在不同的团队中意识到自己是其中的一员，并完成自己的任务。例，在小组游戏活动中，能知道自己的任务是听到"红色"就举手。
	（4）能参与集体的讨论，如与他人交流、辩论，表达和分享自己的观点等	①能参与并不干扰集体讨论。例，上课时，能参与小组讨论并不干扰小组讨论。 ②能知道参与集体讨论的方法。例，能辨识出表示"同意"的肢体动作、表情、话语等。 ③能描述集体讨论的内容。例，能举例说出"我爱我的家"这一主题是要讨论家庭成员、表达自己对家的感受。 ④能积极参与围绕特定主题的集体讨论。在以"我最喜欢的水果"为主题进行讨论时，能表达自己很喜欢吃芒果，因为芒果又甜又富有营养。 ⑤能在不同情境下积极参与集体讨论，并进行有效发言。例，能和同伴、教师共同讨论确定班会活动的主题，有礼貌地表达自己的看法，并对其他人的意见进行评价。
	（5）愿意为集体做事，为集体获得优异的成绩感到高兴	①愿意配合同伴完成任务。例，能在提示下配合同伴分工完成任务。 ②能知道团队合作的重要性。例，能复述或说出团队合作能够提高办事的速度。 ③能列举自己参加的团体活动并描述自己的感受。例，能举例说出自己参加的拔河比赛活动，并表示为自己所在的队伍赢了而高兴。 ④能在特定团队活动中配合团队队员发挥自己的作用。例，能在传球游戏中完成"把球传给下一个同学"的任务。 ⑤能分析并接受团队最后取得的不同成绩。例，在知道团队落选后，能与同伴互相鼓励；知道努力后团队获得胜利，能与同伴共同庆祝。

续表

关键能力指标内容		表现性水平（示例）
2.能理解和遵守群体规则（如排队、集体教学、交通、活动等规则）	（1）能遵守等待规则，如在集体活动中能保持安静地坐着、排队	①能配合队伍等待，不干扰。例，能在公园门口排队取票。 ②能分辨队尾的位置。例，在排队时，能明确教师说的"队尾"的位置。 ③能在熟悉的场景中演示如何遵守等待规则。例，在食堂吃饭的模拟情境中能排队就餐。 ④能在具体的陌生场景中自觉遵守等待的规则，按照顺序变动位置。例，在超市结账时能排队等待，不吵闹。 ⑤能在不同的场景中自觉遵守规则，安静等待。例，在乘公交车时，能等人下完车后再排队上车。
	（2）能遵守轮流规则，如跟随步骤进行轮流	①能配合轮流，不干扰。例，上课需要文具时，能耐心等候同学用完彩笔。 ②能了解团体活动的轮流规则或步骤。例，能复述"每人玩5分钟"的规则，或根据图片辨识出轮流的顺序。 ③能描述团体活动的轮流规则或步骤。例，能用自己的话说出玩玩具是每人玩5分钟。 ④能在特定的场景中遵守轮流规则，等待轮流。例，在课堂上自由玩耍时，能等待其他的小朋友玩完小汽车自己再玩，不争抢。 ⑤能在不同的场景中根据约定俗成的规则自主进行轮流。例，在下棋时，能等待对方下完之后，再下棋。
	（3）能遵守集体指令，如注意说话者、保持安静、全班集合等	①能关注到集体指令的下达。例，在教师布置任务时能保持安静，认真倾听。 ②能意识到自己作为集体的一员应当遵循集体指令。例，在班级中能听从教师的指令集合。 ③能根据具体指令做出相应的动作。例，在教师说"举手"时，能听从教师的指令举起手来。 ④能在具体场景中遵循集体指令。例，体育课时，能听从体育教师的指令进行向左、向右转。 ⑤能在不同的场合下遵循集体指令，保持与集体的一致性。例，在教室中，能听从教师对集体的安排，在操场做早操时保持在班级队伍中不掉队。

续表

关键能力指标内容		表现性水平（示例）
2. 能理解和遵守群体规则（如排队、集体教学、交通、活动等规则）	（4）能遵守沟通规则，如以适当的方式引起他人的注意、能在不同情景下回应和问候他人	①能配合沟通规则，不随意干扰。例，在上课时，能在要求下配合遵守沟通规则，不违反。 ②能辨识不同场合下的沟通规则。例，能辨识出在图书馆中不能发出较大声响。 ③能列举不同场合下的沟通规则。例，能说出或演示出"与他人沟通时要认真听，不打岔"。 ④在特定情境中遵守特定的沟通规则。例，在电影院观影时，能遵循电影院的规则与同伴小声说话。 ⑤能在不同的场合下运用适当的沟通规则。例，在和同伴交谈时，能以正常音量沟通，但一进入到图书馆后就能轻声细语。
	（5）在不理解规则或具体情形中不知道该怎么做时，知道询问他人	①在不理解规则或不知道该怎么做时，能等待教师或成人的帮助。例，当教师说出上课时将玩具收起来的规则时，能不发脾气接受教师的安排。 ②能知道不理解时要向他人求助，有求助意识。例，在不会写字的情境下，能指出或说出可以向教师求助。 ③能列举不知道怎么做时求助的不同方法。例，能举例说出或演示出"在图书馆内，可以按照馆内张贴的借阅指南进行书本的借阅"。 ④能在特定情境中，通过寻找规则示意、网络查询、询问他人的方式自主寻找规则要求。例，在借用室外的排球场时，能通过网络查询知道场地需要扫二维码付费租用。 ⑤能在不同的场景中运用适宜的方式获知相应的规则，并良好约束自我。例，在学校，能主动询问教师获知相应的规则；在公共交通工具上，能够通过询问乘务员来获知相应的规则。

二、具有一定的社会归属感和责任感

归属感，是个体参与特定系统或环境时感知到自己是该系统或环境不可分割的一部分的一种感觉经验[1]。马斯洛需求层次理论指出，能否获得自尊或自我实现取决于人类对爱和归属感的需求是否得到满足。因此，归属感与人的心理健康和总体幸福感具有积极联系。归属感在学龄阶段尤为重要，因为这个时期的个体开始探索自己是谁，并向家庭以外的同龄人和成年人寻求

---

[1]　Hagerty B M, Lynch-Sauer J, Patusky K L, et al.. Sense of Belonging: A Vital Mental Health Concept. *Archives of Psychiatric Nursing*, 1992,6(3): 172−177.

指导，这个阶段归属感的获得比其他一切都要优先。责任感是个体在群体中遵守行为规范、主动参与组织活动、自觉完成群体任务的态度与行为倾向[1]，是个体成为现代社会合格公民所需具备的关键能力之一。

　　大部分孤独症人群处于社会的边缘化状态，他们的社会归属感和责任感比较低[2]。孤独症学生时常感受到孤独，这种感受甚至会伴其一生。虽然部分孤独症患者报告说他们渴望参与社会交往和发展友谊，但这一点经常受到阻碍[3]。孤独症学生要跟上同龄人的步伐、融入他们并被他们接受可能尤其困难[4]。一些孤独症成年人和青少年的报告揭示，孤独症群体的社会经历更加沉重，如失业、监禁[5]、无家可归[6]、身体疾病[7]和较低的自尊水平[8]，这些经历均严重影响了他们社会归属感或家庭归属感的获得。由于缺乏归属感和与家人、朋友、社会的互惠关系，孤独症群体难以与周围环境建立关系，也就缺乏应有的社会责任感。归属感和责任感的缺乏会对孤独症学生的幸福感和社会化带来重大影响。缺乏归属感的儿童经常出现适应不良、感到压力、心理疾病等问题。还有报告指出，缺乏归属感与孤独症患者的自杀倾向相关，且

---

① 刘全心：《教师在学校德育中的理性自觉》，《当代教育科学》2003 年第 4 期。

② Cage E, Monaco J D, Newell V. Experiences of Autism Acceptance and Mental Health in Autistic Adults. *Journal of Autism and Developmental Disorders*, 2018,48(2): 473−484.

③ Frith U. Emanuel Miller Lecture: Confusions and Controversies about Asperger Syndrome. *Journal of Child Psychology and Psychiatry and Allied Disciplines*, 2004,45(4): 672−686.

④ Deckers A, Muris P, Roelofs J. Being on Your Own or Feeling Lonely? Loneliness and Other Social Variables in Youths with Autism Spectrum Disorders. *Child Psychiatry & Human Development*, 2017,48(5): 828−839.

⑤ Fazio R L, Pietz C, Denney R L. An Estimate of the Prevalence of Autism Spectrum Disorders in an Incarcerated Population. *Open Access Journal of Forensic Psychology*, 2012,4: 69−80.

⑥ Stone B. 'The Domino Effect': Pathways in and out of Homelessness for Autistic Adults. *Disability & Society*, 2019,34: 169−147.

⑦ Cashin A, Buckley T, Trollor J N, et al.. A Scoping Review of What is Known of the Physical Health of Adults with Autism Spectrum Disorder. *Journal of Intellectual Disabilities*, 2016,22(1): 96−108.

⑧ Williamson S, Craig J, Slinger R. Exploring the Relationship Between Measures of Self−esteem and Psychological Adjustment Among Adolescents with Asperger Syndrome. *Autism: The International Journal of Research and Practice*, 2008,12(4): 391−402.

这种关联并未因儿童功能水平的增高而减弱[①]。另一方面，责任感意识淡薄与缺失会影响孤独症儿童人格的形成，不利于其社会化的发展。

具体来说，这一要点主要涵盖社会归属、劳动实践、职业准备等维度的关键能力指标（见表 9.11）。社会归属，指的是能认同群体、融入群体、依靠群体并在群体中发挥作用，把群体利益作为自己行动的出发点和归结点，从而产生属于群体的内在情感体验[②]，此处主要包括知道自己的家庭、学校、家乡、民族和国家并为之感到自豪，能敬党爱党，有包容平等之心等。劳动实践，指的是能养成良好的劳动习惯，具有一定劳动实践能力，如能积极承担家务、参与环保等公益活动、力所能及地承担生产劳动的任务等，从而展现出一定的亲社会行为。职业准备，指的是能对毕业后的学业或职业进行规划，包含认知、心理、行为等各个层面的准备。后两个维度的指标实质上指向了"社会责任感"的具备，即学生能在特定条件下承担社会职责、任务及使命，形成履行各种义务的自律意识和人格素质[③]。

表 9.11　关键能力要点 21：具有一定的社会归属感和责任感

关键能力指标内容		表现性水平（示例）
1.热爱自己的社区、家乡、祖国等，有一定的社会归属感	（1）知道自己所属的家庭、学校、社区，并乐于处于其中	①当听到自己所处社区、学校的名字时能有所反应。例，在上课时，当教师说到小区名字，能抬头或举手。 ②能辨识出自己所属的社区及学校。例，能指认自己学校或社区的图片并说出全称、地址。 ③能描述自己所属的家庭、学校及社区，及自己在其中的角色。例，能举例说出自己是哪所学校的学生，并且应当按时上课。 ④能表达对家庭、学校及社区的喜爱之情。例，能在教师帮助下，通过扮演"小导游"向其他人介绍自己的学校。 ⑤能积极参加学校及社区活动，并帮助学校及社区做力所能及的工作。例，在社区招募志愿者时能主动报名。

① Pelton M K, Cassidy S A. Are Autistic Traits Associated with Suicidality? A Test of the Interpersonal-Psychological Theory of Suicide in a Non-Clinical Young Adult Sample. *Autism Research*, 2017,10(11): 1891-1904.

② 刘云光：《和谐社会视阈下的社会归属感》，《中共天津市委党校学报》2008 年第 5 期。

③ 曹文泽：《全球化背景下大学生社会责任教育的路径探析》，《中国高等教育》2012 年第 8 期。

续表

关键能力指标内容		表现性水平（示例）
1.热爱自己的社区、家乡、祖国等，有一定的社会归属感	（2）感受到家乡的变化和发展，并为此感到高兴	①能在提示下对自己家乡的变化有所反应。例，能在妈妈指向家附近建成的新公园时，向新公园看去。 ②能了解家乡附近自然环境或者人文景物的改变。例，能指出自己家附近建成的新公园。 ③能向他人描述或列举家乡的变化。例，能向他人介绍小区附近修了地铁，并做出简单描述。 ④能应用适当的调节方法，适应家乡环境的改变。例，能询问父母小区附近公交线路的更改状况，并调整自己的出行。 ⑤能对家乡环境的改变做出自己的分析或评价。例，在与他人交谈时，能对在小区附近修地铁站表示赞同，并说明理由。
	（3）知道自己的民族，知道中国是一个多民族的大家庭、各民族之间要互相尊重，团结友爱	①能配合参与自己民族、其他民族的活动，不排斥。例，能配合装扮成其他民族，穿少数民族的服饰。 ②能辨认自己的民族。例，能指出自己民族服饰的图片。 ③能列举我国的不同民族。例，能说出苗族、傣族等少数民族。 ④能向他人展示不同民族的特色风尚、节日、习俗等。例，能向外国友人介绍傣族有泼水节。 ⑤能在日常生活中友好对待其他少数民族的同胞，尊重不同民族的风俗习惯。例，在就餐时，能主动尊重少数民族的饮食习惯。
	（4）知道自己的国家及一些重大成就，爱祖国，为祖国取得的荣誉感到自豪	①能配合参与班级、学校的爱国活动，不排斥。例，在周一升国旗时，能配合教师要求目视国旗。 ②能知道自己国家的一些基本信息。例，能指认中国的国旗，或在地图中指认中国版图。 ③能列举或描述我国历史上和当下的一些重要成就。例，能举例说出"两弹一星"的重要成就。 ④能向他人展示我国的一些重要成就，表达自豪感。例，能向外国友人简单介绍我国改革开放的相关成就。 ⑤能在日常生活中表现出尊重祖国、尊重国旗、关心国家大事。例，能通过新闻了解中国航天技术最新成就。

关键能力指标内容		表现性水平（示例）
1.热爱自己的社区、家乡、祖国等，有一定的社会归属感	（5）了解中国共产党的历史和光荣传统，具有热爱党、拥护党的意识和行动	①能配合参与班级、学校的党团活动，不排斥。例，能配合参观红色革命场馆，不干扰。②能知道中国共产党的党徽与党旗。例，能指认中国共产党党旗的图片。③能说出中国共产党的一些重要信息。例，能举例说出中国共产党重要领导人的姓名。④能学习英雄模范、优秀共产党员等人物的事迹，并通过言行表达对这些人物的敬佩、感激之情。例，能通过纪录片、电影学习雷锋精神，并在日常生活中乐于助人。⑤能在日常生活中展现出爱党护党，以自己是一名少先队员为荣。例，能自主佩戴红领巾、向国旗行少先队礼，能积极参与党的活动。
	（6）知道世界是由不同的国家共同组成的，尊重、友好对待与自己不同国家的人	①能配合学习"世界不同国家"知识的相关活动，不排斥。例，在上课时，能配合教师看世界地图。②能了解并辨认不同国家的人。例，能辨认美国人、印度人等。③能比较不同文化的生活习俗、传统节日。例，能比较欧美国家的人吃的西餐与我们所吃的中餐的不同。④能与日常生活中遇到的外国人友好相处。例，在日常生活中遇到外国人时能表现友好与礼貌。⑤能对不同国家的文化保持尊重。例，看到外国人用贴面礼互相打招呼时，不大声议论。
2.具有劳动实践能力（如做家务、参加公益活动、生产劳动），养成良好的劳动习惯		①能在要求下进行简单劳动，不排斥。例，在放学后，能在教师要求下留下来扫地。②能知道基本的劳动知识与技能。例，能认识扫地的工具，如扫把和簸箕，并知道怎么用其扫地。③能按照指示或值日表参与家庭或学校劳动活动。例，能根据值日表的安排在下课后摆放班级的桌椅。④能主动参与家庭劳动。例，在家看到父母做家务时，能主动上前帮助父母。⑤能积极参加社区中的公益活动或者社会上简单的生产劳动。例，能主动参与社区组织的帮助清扫敬老院的活动。

续表

关键能力指标内容	表现性水平（示例）
3.具有一定的职业准备技能（如接受特定职业技能的培养）	①能在要求下配合参与职业体验活动。例，能在教师带领下配合参加去公司、酒店、餐厅等就业单位的体验活动，不排斥。 ②能了解自我介绍这一基本的求职技能。例，能向老师和同学做简单的自我介绍，说出自己的姓名、来自哪里、有什么爱好等。 ③能列举和描述不同职业角色的要求或工作内容。例，能举例说出蛋糕店员工的主要工作是帮顾客装好蛋糕并收付钱等。 ④能尝试体验并完成特定职业角色的工作任务。例，能通过角色扮演，展示蛋糕店员工的日常工作。 ⑤能和成人共同协商设计自己的求职书或职业生涯规划。例，能和父母、老师一起制作书店店员的求职书或生涯规划书，并分析自己成为书店店员有哪些优势，还需要哪些额外的努力。

第十章

孤独症学生关键能力框架
的应用

本章将从应用理念、应用领域和应用案例三个方面系统阐释孤独症学生关键能力框架的应用转化问题。首先将论述关键能力框架的应用理念，包括采取"全校参与"的取向、遵循"学生本位"的原则、坚持"灵活适宜"的策略。接着将阐明孤独症学生关键能力框架的应用领域，聚焦 IEP 长期目标设计和课程教学调整两个核心领域，探讨如何基于关键能力制定与实施孤独症学生的 IEP 长期目标，如何围绕"教什么""如何教""在哪教"三个要素重构纳入孤独症学生的课堂教学。之后，将介绍应用孤独症学生关键能力框架的案例，以展现关键能力框架转化实施的多元途径。基于上述讨论，指明孤独症学生关键能力框架应用亟须解决的挑战，包括实现与教师日常教学的深度融合、丰富配套课程教学资源、促进家长与社会参与，以及在不同背景学校中因地制宜地转化等。

第一节　孤独症学生关键能力框架的应用理念

一、采取"全校参与"的应用取向

作为一项变革，孤独症学生关键能力框架的应用不只是在学校增添某种新的"结构"或"工具"，其关乎学校的系统变革与整体改进，框架的应用也不是少数教师个体的事宜，而应采取"全校参与"的方式，从而为框架的持续应用提供必要的环境与条件。按照托尼·布思（Tony Booth）等人的观点，"全校参与"取向即要求学校的政策、文化和实践均发生变化①，换言之，即以生态系统的观点看待学校，强调学校共同体成员应承担起对孤独症学生学习与发展的共同责任。由此，框架的应用需发挥领导力作用及培育合作文化。

（一）发挥领导力作用

"领导力"能够激发追随者跟随领导者实现集体目标，其目的是提供方向和引发变革。"领导力"和"管理"的概念具有一定差异，如果说管理是组织、计划和分配可用资源的过程，其关心的是组织如何达到既定方向，领导力则关心组织应向怎样的方向发展，并致力于创造新范式。不过，也有研究者认为，"领导力"的概念同时蕴含"领导"和"管理"两个维度："如果把领导力置于一个脱离管理的基础上，那么我们就将一个社会性的过程转变成了个人的过程。"②在这种意义上，领导力和管理是互补的概念，只是面对复杂变革，领导力的概念更应得到强调，这也意味着关键能力框架的应用对领导者提出了更高的要求。

学校领导者需通过聚焦方向、创造氛围和促进行动等推进关键能力框架的应用。一是聚焦方向。学校通常面临着各种各样的改革议程，因而领导者需要聚焦方向，培育学校共同体成员对培养孤独症学生关键能力的共同承诺，形成共同愿景，在这一过程中，教师需要参与丰富、真实的对话，建立起孤独症关键能力框架与自身教学工作的意义，并对自身的角色有清晰的认识。二是创造氛围。应认识到，孤独症关键能力框架的应用对教师而言很可能是创新，而创新往往意味着挑战，如果领导者一味致力于从上至下传递明确的"指令"，而不注意变革氛围的营造，很容易导致教师的阻抗。在没有组织氛围支持的情况下，教师不会愿意创新或冒险，甚至指令越是明确、越是

---

① "Index for Inclusion: Developing Play, Learning and Participation in Early Years and Childcare," CSIE, accessed June 25,2021,https://www.eenet.org.uk/resources/docs/Index%20EY%20English.pdf.

② OECD, *Leadership for 21st Century Learning*, Paris: OECD Publishing, 2013:159.

直接，教师越有可能产生阻抗 [①]。因此，领导者需要采取非评判性的立场，鼓励教师冒险，共同讨论和解决问题。三是促进行动。孤独症关键能力框架的应用最终要靠行动体现其意义，而不能只作为一种概念框架。因此，领导者需要将关键能力框架与学校发展行动结合起来，组织团队共同制定学校的发展方案。当然，任何行动方案都只是暂时的，需要不断地在有目的的行动中调整方案。

（二）培育合作文化

孤独症学生关键能力框架的应用，不应成为孤独症教师个体需要担负的全部责任，而应当被视作一种集体责任，以及合作探究的过程。哈蒂（John Hattie）强调了集体责任的重要性："预设某个老师知道一切是不合理的，是集体的、全校的责任确保了所有学生每年能获得进步。" [②] 提升所有教师的教学效能对学生学习至关重要——这种成功不仅指向学业成就的改善，还指向使学习成为有价值的结果。合作文化有助于教师建立起社会资本，使教师能以更加积极的状态投身于变革，增强教学创新的自信，并提高教学效率 [③]。事实上，有研究表明，合作文化能对教师实施融合教学、分层教学等产生积极的影响 [④]。在合作探究过程中，教师能与同伴开展教学理念和教学实践上的交流，通过解释、评论、建议和协商等过程，共享教学模式，进而改变彼此的教学理念与行为。因此，作为一种变革，孤独症学生关键能力框架的应用必定离不开合作文化的培育和教师集体能力的建设。

当然，家长也是孤独症教育开展的重要主体之一，好的孤独症教育实践意味着学校及教师应当与家长建立积极沟通的机制，实现信息、观念和策略

---

① Fullan M, Quinn J.*Coherence: The Right drivers in Action for Schools, Districts, and Systems*. Thousand Oaks, CA: Corwin Press, 2016: 25.

② John H, *Visible Learning for Teachers: Maximizing Impact on Learning* . London: Routledge, 2012: 63.

③　金琦钦、丁旭、盛群力：《教师如何变革教学——OECD 创新教学法"5C"框架探析》，《开放教育研究》2018 年第 4 期。

④ Sannen J, Maeyer S D, Struyf E, et al..Connecting Teacher Collaboration to Inclusive Practices Using a Social Network Approach.*Teaching and teacher education* ,2021,97:1−14.

的共享。教师应当理解孤独症家长的压力和焦虑，了解家长关于孤独症儿童的优先事项和期望，为家长参与孤独症教育提供必要的信息和支持；学校应依托家长委员会、家长学校等平台，开设家庭教育相关课程，与家长分享孤独症相关知识，促进孤独症学生家长及普通学生家长对孤独症的理解，在全校营造融合氛围，并以家庭为纽带联结社区，使学校、家庭、社区共同成为孤独症学生关键能力发展的阵地，促进孤独症学生的"家校社"共育。事实上，2015 年教育部发布的《关于加强家庭教育工作的指导意见》已经提出了相应的要求。

二、遵循"学生本位"的应用原则

孤独症学生关键能力框架的应用需遵循"学生本位"的应用原则，即以学生的需要和兴趣等为起点，以学生的学习和发展为最终旨归。一方面，要全面地理解和认识孤独症学生，这是应用关键能力框架的重要前提；另一方面，要运用孤独症教育的逆向设计思维，从确定目标出发，系统设计孤独症教育活动，更好满足学生需要，促进学生学习发展。

（一）理解和认识孤独症学生

孤独症学生是课堂参与程度最低、最易受到排斥的特殊学生群体之一。有研究发现，孤独症青少年学生认为融合学校教育对他们的影响大多是负面的，即使身处融合教育场景，他们在社交、情感和身体上也都感到被孤立，这很大程度上是因为他们未能得到教师的支持和理解[1]。无论在普通学校课堂场景还是在特殊教育学校课堂场景，孤独症学生的课堂参与水平总体都较低。有研究发现，在普通学校课堂场景中，较之其他特殊学生群体，孤独症学生的课堂参与水平是最低的[2]。总体上，孤独症学生的融合教育效果并

---

[1] Goodall C, 'I felt closed in and like I couldn't breathe': A qualitative study exploring the mainstream educational experiences of autistic young people. *Autism and Developmental Language Impairments*, 2018, 3:1–16.

[2] 关文军：《融合教育学校残疾学生课堂参与研究》，科学出版社，2018，第 103 页。

不理想，关于孤独症学生在融合环境中遭到学校拒绝或同学家长排挤的社会新闻屡见不鲜，甚至还发生过一系列重大社会焦点事件：2014 年，珠海多名家长拉横幅抵制孤独症学生进校；2018 年，广州一怀孕母亲在家长群被排斥后携带孤独症孩子自杀……这折射出利益相关群体，如孤独症教师、专家学者、家长对"孤独症""融合"等的理解程度和接受程度有待提高[①]。因此，像英国的《孤独症国家政策（2021—2026）》(*The national strategy for autistic children, young people and adults: 2021 to 2026*)，就将"提升社会对孤独症的理解和接受度"作为一大目标。

毋庸置疑，理解和认识孤独症学生，乃是应用关键能力框架的重要前提条件，尤其是教师需了解孤独症学生的优势、兴趣与挑战。孤独症学生虽然有共同的表现特征，但异质性十分显著，每位孤独症学生在学业、社交和情绪等不同领域的功能水平并不相同。因此，教师需要了解孤独症是如何影响学生的学习、参与、独立性和情绪状态的。学校需要综合评估和鉴别每个孤独症学生的特点，明确个性化的需求，不仅要关注"短板"，更要找到孤独症学生的长处和兴趣点，以激发他们的参与意愿和动机。关于孤独症学生的关键信息则要定期更新和共享，促进同伴、家长的理解和包容，使孤独症学生感到安全和舒适。

（二）采用孤独症教育的逆向设计思维

"逆向设计"是格兰特·威金斯（Grant Wiggins）和杰伊·麦克泰（Jay McTighe）提出的教育设计理论，意指应当从教育目标出发，设置合理的学习评估方式，再安排相关的教育教学规划，确保整个教育教学环节始终围绕重点展开，从而提高课程教学设计的一致性和有效性[②]。换言之，"逆向设计"要求教育者跳脱出"以教材内容为起点"或"活动主义倾向"的教学误区，将

---

① 孙瑜、徐胜：《自闭症谱系障碍儿童随班就读现状研究述评》，《绥化学院学报》2022 年第 1 期。

② 吴新静、盛群力：《理解为先促进设计模式——一种理解性教学设计的框架》，《当代教师教育》2017 年第 2 期。

设置教育目标置于规划学习活动之前，即首先明确学生的教育目标或预期的学习结果，或者说明确学生到底要"学会什么"。从这种意义上，关键能力框架正是为学校、教师和家长确定孤独症学生的预期学习结果提供了共同的参照，不同的利益相关者可以根据学生的已有水平、经验与特点，从关键能力框架中选取相应的指标作为制定教育教学目标的依据，并以此为基础，进行课程教学的调整，为学生建立起合适的学习计划。

需要再次强调，关键能力框架类似于一个"目标银行"，关键能力指标的选取需要兼顾共性与个性，要基于对学生前期的评估结果，以及对学生个体和特定阶段需求的理解，灵活选择、组合并细化关键能力框架所列举的不同目标，形成个性化的教育支持方案、课程教学调整方案、行为管理方案等，以支持学生在现有水平基础上循序渐进地向更高水平发展。当然，要看到不论学生的障碍程度有多严重，每个学生的发展都是一个整体，要注重各领域指标之间的相互渗透和整合，不宜将特定领域完全割裂地用于教育教学活动。此外，关键能力框架并非对已有的国家课程标准的替代，而更多是对国家课程标准的补充。

三、坚持"灵活适宜"的应用策略

孤独症学生关键能力框架的应用不是静态的，而是一个动态调整的过程，需根据学生的情况，不断重新选择、组合相应的目标指标。因而，在应用过程中，需坚持"灵活适宜"的应用策略，兼顾评估与支持，运用过程导向的形成性评价，不断明确新的起点，进而为学生提供全面适宜的个性化支持。

（一）运用过程导向的形成性评价

关键能力框架的应用离不开形成性评价的运用。形成性评价是有计划的、处在进行中的过程，是为了改进课程、教学和学生学习过程等而进行的系统性评价[①]。概言之，形成性评价是一种强调过程的评价。教育者惯常使用评价的诊断或甄别功能，重视结果导向的评价，容易忽略评价的改进功能，而这恰恰是合理应用关键能力框架需要的。教师可以采用多种方法，如测验、课堂作业和学生作业、档案袋、表现性任务、模拟和基于游戏的评估等手段，持续地收集孤独症学生学习进展的相关信息，既确定学生现有水平与预期目标之间的距离，又检视已有的关键能力指标及其水平是否需要调整，从而为学生确定更合理、更适宜的学习目标，使制定的学习目标既有一定的挑战性，又具有相当的可达性。

需注意，鉴于关键能力是知识、技能和态度的综合，对孤独症学生的评价也必须包含全方位的价值纳入和数据收集，而不仅仅是进行狭隘的认知评价或技能评价，教育者尤其要关注到学生情意方面的表现水平，事实上，把握情意因素也就是承认了学生发展的主体性。与普通学生一样，孤独症学生同样有内在的发展需要，如"兴趣""自我决策""自我管理""动机"等，这些方面对他们的成长、进步与独立同样重要，是他们与周围环境产生积极互动的重要条件。孤独症学生同样需要综合发展，这亦是关键能力框架的一大价值取向。

当然，正如上文所述，关键能力框架的应用关乎学校的整体变革，因此，形成性评价不仅针对学生个体，也针对组织本身。学校应当运用评估性思维，审视自身是否为关键能力框架的实施提供了合适的环境与条件，以及如何改进才能更好地促进关键能力的培养，使自身演化成为形成性组织。所谓评估性思维，可以定义为一种思考和审视世界的方式，包含持续的提问、反思、学习和修正的过程，是学校组织及其成员进行的"为了变革的学习"[②]。学校层面应记录和监控关键能力框架应用过程中的进展与障碍，从而为利益相关者提供证据，使利益相关者能有机会发现问题、寻找解决方案，并建构

---

① 冯翠典、高凌飚：《从"形成性评价"到"为了学习的考评"》，《教育学报》2010 年第 4 期。
② Bennett G, Jessani N.*The Knowledge Translation Toolkit, Bridging the Know-Do Gap: A Resource for Researchers*. Canada: International Development Research Centre, 2011.

起共同的意义，明确之后的决策方向。

（二）提供全面适宜的个性化支持

运用关键能力框架确定孤独症学生的教育教学目标，既是为了在教育上发现和评估出学生的主要教育需求，也是为了给学生提供有效的支持和服务。关键能力指标的选择和确定为明确课程教学的重点和相应的支持策略指明了方向。因此，在关键能力指标确定之后，要考虑如何为学生最大限度地创设支持性的学习环境，并灵活应用各种教育干预策略，以满足学生的个性化需要。我国 2022 年年初发布的《"十四五"特殊教育发展提升行动计划》，明确提出了"尊重残疾儿童青少年身心发展特点和个体差异，做到因材施教，实现适宜发展"的要求，也印证了提供个性化支持的重要性。

例如，如果孤独症学生的学习动机不足，对社会交往缺乏兴趣，确定的关键能力是"学习动机"，那么就要注意与学生建立积极的关系，建立一致、合理的规则、限制和期望，还要尽量营造乐于接纳的融合性环境，促进学习伙伴对学生的协助和支持。如果学生的时间管理能力弱，对未来缺乏预期，确定的关键能力为"过渡转换"能力，那就要注意提供明晰的结构、顺序和系统，增强学生对活动的预期，帮助学生稳定情绪、提高专注力。如果学生的言语倾听和理解能力差，确定的关键能力为"对指令的回应"，那么就要注意对学生运用简单、清晰和直接的指示，并给学生足够的回应时间，还要注意将学习目标细分至数个步骤，并配以视觉图示、电脑科技的支持等。总之，要在评估和支持之间形成积极的动态促进机制，使学生在已有能力基础上螺旋上升，不断接近更高的目标。

此外，关键能力框架不仅面向孤独症学生的核心和相关障碍，也关照对学生潜能和优势的挖掘。因此，为学生提供的个性化支持不但要"灵活"，而且要"全面"。既针对孤独症学生在社交沟通、感官适应、独立生活、认知灵活、行为管理、社群参与等多个领域的缺陷和不足，选择相应的关键能力指标，展开补偿性支持，努力增加学生的适当行为，减少不当行为；同时，在把握学生的不能、不会时，注重学生在相应指标上的所会、所能，特别是，要充分利用好学生的自发语言、现存的社交和游戏能力开展教育支持，通过发掘、认同和培养孤独症学生的兴趣、优势和特殊天赋，使他们能够发展潜能、发挥长处，为社会做贡献。

第二节 孤独症学生关键能力框架的应用领域

一、关键能力框架应用于 IEP 长期目标设计

IEP 是特殊教育的基石，长期目标则是 IEP 的重中之重。然而，迄今为止，我国尚缺乏统一而具体的 IEP 制定指导指南和标准。孤独症学生 IEP 中最为重要的长期目标的制定大多依赖于教师个人的主观经验、培智学校的课程标准，或特定的孤独症评估量表，结果往往过于聚焦于学业知识领域，致使 IEP 存在针对性弱、功能性差、难以测量等问题，也影响了孤独症教育的质量。

（一）关键能力与 IEP 长期目标

制定 IEP 长期目标的意图，是用来确定特殊学生在哪些方面需要特殊教育服务或特别设计的教学，既满足学生参与课程学习和取得学业进步的需要，同时满足学生因残疾而产生的其他教育需求。IEP 长期目标一般指向特定内容或能力领域中最为关键的学生需求，包含了学业目标和支持性目标。学业目标，即是直接与学生注册年级水平的内容标准（课程标准）相联系的目标；支持性目标，主要指为了帮助学生更好地参与课程学习和达成学业成就的能力目标，一般来说具有非学科性，当然，在具体落实过程中，支持性目标有可能重点依托某一门或少数特定学科课程来实现。如果说国家课程标准是 IEP 长期目标中学业目标的主要来源，关键能力框架则可作为 IEP 长期目标中支持性目标的来源。

好的 IEP 长期目标需遵循 "SMART" 标准 [①]。（1）具体（specific）。即目标应基于学生的现有水平，并清晰地陈述将教授何种能力及如何测量进步，使任何拿到 IEP 的人都知道要做什么和如何评估。（2）可测（measurable）。即目标是可观察或可计量的，同时包括了用于判断学生是否进步的工具或方式。（3）可达（attainable）。即目标应当是现实的、可达到的，在学校资源的支持下是可行的，是行动导向并能在一年的时间跨度内达到的。（4）相关（relevant）。即目标应与支持学生成功的必要能力相关，能满足学生的个人需要。（5）时间明确（time-based）。即目标应明确起始时间和结束时间，反复考虑日期、截止日期和时间表，以定期监测进展情况。概括来说，好的 IEP 长期目标应当能通过三大检验：第一，"亡者" 检验（Dead Person Test），即如果连亡者都能做到这个目标，这样的目标就不适合学生，这意味着长期目标尽量不出现 "不会……" 或 "避免……" 这样的表述；第二，"那又如何" 检验，即思考如果学生实现了这个目标，会有什么影响，这一标准强调长期目标和学生个人需求的相关度；第三，"陌生人" 检验，即如果一个陌生人都能观察和衡量目标，那么目标的制定就成功了，这意味着长期目标应是具体和可观察的。

（二）基于关键能力的 IEP 长期目标制定

关键能力视域下，孤独症学生 IEP 长期目标的制定包括 "评估学生学习需要""聚焦少量关键能力目标""制定与撰写长期目标" 等过程。

1. 评估学生学习需要

"需要" 是指实际状态与理想（目标）状态之间的差距。理想（目标）状态包括学生所在年级的课程标准及关键能力框架指标提出的期望或要求，实际状态则需通过全面细致的调查确定，重点指向学生现有表现水平，包括学业成就水平和功能性表现水平，从而为确定优先学习需求和现实可行的目标

---

① "IEP Best Practices Guide," NSSEO, accessed April 14, 2022, https://www.nsseo.org/wp-content/uploads/IEP-BP-Guide-Updated-2018-2019.pdf.

提供基础，同时允许学生学习进度的跟踪和确认。孤独症学生现有表现水平的评估可从多个来源获取信息，如父母、班级教师、前任班级教师、校长、课堂观察记录、医学记录、学生等等。信息搜集过程中，可以通过一系列问题清单检视和判断所搜集的信息的质量，例如：是否已从与该学生有关的关键人员处收集到相关信息？收集到的信息是否完整？有证据表明孩子目前的表现水平吗？是否有关于孩子在整个课程中表现的信息？家长是否完全参与了整个过程？从学生那里收集到信息了吗？等等。基于此陈述学生的现有水平，陈述要具体、清晰，如形容学生"能在校园里轮流参加团队游戏"比"有良好的社交技能"更有用。在多元评估和综合评判之后，初步筛选出学科课程目标和关键能力体系中的相关指标，作为 IEP 长期目标制定的来源。

2. 聚焦少量关键能力目标

这一环节即确定孤独症学生的优先学习需要。优先学习需求的数量应与特定儿童、儿童需求的程度及其严重性有关，需考虑孩子目前的表现水平、特长、需要、动机、兴趣和进步速度等，把注意力集中在孩子最重要而少量的实际需求上。就关键能力而言，即要实现"领域—板块—要点—指标条目"的逐级定位，例如：

· 领域：社会能力

· · 板块：沟通

· · · 要点：能倾听常用言语信息并有恰当回应

· · · · 指标条目：能回应他人的指令

为学生设立的关键能力目标数量要根据可控程度适当确定，聚焦目标的可用程序如下：

· 组建小规模核心团队；

· 在便利贴上写下认为对个体学生而言所有重要的目标，一张便利贴上写一个，展示所有便利贴；

· 鉴别和移除重复项和干扰项（如当某个特定行为是影响很多学生的广泛问题，可能需鉴别这一问题是否由课堂环境引起）；

· 开展广泛的沟通与对话，确定核心目标领域，也许可以使用五点量表法；

· 判断一些目标是否能放到核心目标领域之下，挑选出相关的目标进行归类；

· 将其他便利贴放到一旁，再次明确它们对核心目标的达成是否重要，是应当停止，还是维持。

3. 制定与撰写长期目标

长期目标的制定与撰写一般包含四个要素：时间范围、条件、行为和标准。

（1）时间范围：确定目标完成的时间量，可以指定为周数或完成的特定日期，一般不超过一学年。

（2）条件：明确朝向目标的方式。条件描述了为达到目标而必须提供给学生的特定资源，并应该概述或解释哪些资源有利于学生的学习。目标的条件应该与被测量的行为相联系。例如，与阅读理解相关的目标可能需要使用图形组织者，那么图形组织者便是条件。

（3）行为：清楚地界定需要被追踪和评估的表现，代表了可以直接观察和测量的行动。行为的主体是学生，其关注学生做了什么，而不是教师做了什么。

（4）标准：说明为了证明目标的实现，行为必须发生的次数、频率或达到的水平，它界定了目标时间范围内预期的增值量。

表 10.1 展现了孤独症学生 IEP 长期目标的支持性目标撰写示例。

表 10.1　基于关键能力的长期目标撰写（支持性目标示例）

时间范围	条件	行为	标准
到 2022—2023 学年结束	给定可视化时间表和"过渡时间到了"的口头提示	小红（六年级学生），能在 10 分钟内到达正确的位置	通过 5 次掌握测验，达到 100% 的成功率
关键能力指标："沟通"，能回应他人的指令			

（三）基于关键能力的 IEP 长期目标的实施

关键能力视域下，孤独症学生 IEP 长期目标的实施包括"选择与安排学习课程""灵活分解长期目标""设计学习评估""实施个别化教学"等过程。

1. 选择与安排学习课程

在现实中，IEP 之所以功效差，一大原因是 IEP 与学生的课程建设之间缺乏联系，因而 IEP 在教学实践中很可能难以找到实施途径[①]。为此，实施 IEP 长期目标的必要前提，是明确孤独症学生学习课程的选择与安排。具体来说，要明确 IEP 长期目标实施需依托的课程、这些课程与学生所在班级其他学生所学课程的关系、课程的课时等问题。总体上，孤独症学生的课程包括三类：一是适应的课程，即不改变学习的目标或内容，只在教学形式上做出改变；二是调整的课程，即调整学习内容和期望目标水平的课程；三是特别设置的课程，如学校自己开发的校本课程。一般而言，如果孤独症学生在普通班级就读并参与适应的课程，就不需要专门制定 IEP；如果参与后两类课程，则都需要制定 IEP。

此处，教师团队需判断 IEP 中的支持性目标是否主要通过学科课程学习来落实，抑或是通过特别设置的课程或其他教育服务，如个训指导、行为治疗、艺术治疗、社团活动等落实。若主要通过其特别设置的课程，重要的是设计、开发这些课程内容；若主要通过学科课程来落实，则需要考虑以哪一门课程为主要依托，其他学科进行支持和配合，结合课程领域形成课程地图（见表10.2），此时，这门主要课程的目标或内容可能需要做出相当幅度的修正，其他学科课程可选择形式调整或内容微调。

---

① 于素红：《特殊教育教学设计》，华东师范大学出版社，2016，第62页。

表10.2　支持性目标的课堂教学实施

个别化长期目标	课程领域				
	学科1	学科2	学科3	学科4	学科5
能力目标1	L(低支撑)		中支撑（M）		高支撑（H）
能力目标2		中支撑（M）		高支撑（H）	
能力目标3	L(低支撑)		高支撑（H）	L(低支撑)	

2. 灵活分解长期目标

一般而言，长期目标需要分解为"短期目标—单元目标—课时目标"的目标链。分解的方法有多种：一是通过任务分析，按照"由易到难"的逻辑顺序，纵向"阶梯式"地分解为不同的短期目标，随着时间的推移，短期目标的难度不断上升；二是从类化的水平，进行横向"划块式"的分解，尽可能纳入不同的情境或成分，最终实现迁移程度较高的目标；三是考虑达成标准水平或支持水平，即根据学生掌握目标的水平，或学生完成任务所需要的支持水平分成不同的短期目标。长期目标的分解可以结合一种或多种方法，如表10.3展示了如何按照学生类化水平和支持水平的不同，将长期目标分解为短期目标。

短期目标的进一步分解可同时考虑目标的"成分"和"水平"，横纵结合，从而确定单元目标和课时目标。例如，表10.3中的短期目标1"给定可视化时间表和从'大巴'转换到'教室'的两个口头提示""迅速下车，通过指定的门进入学校，并在10分钟内到达教室"，水平上处于"应用水平"，成分上包含"可视化时间表""口头提示""大巴""教室""指定的门""指定时间"等，那么，单元目标可以设置为"应用水平"，但成分上可以更加简单，如"给定可视化时间表和从'大巴'转换到'学校'的两个口头提示，能下车并走到指定的学校门口"。课时目标之一则可以设置在较低层级的"了解水平"，从成分上进一步做分解，如包含"能认读时间表""能辨识入校大门"两个目标。当然，鉴于单元的不同，有时短期目标本身就可成为单元目标。

表10.3 长期目标分解为短期目标（示例）

目标	时间范围	条件	行为	标准
支持性目标	到2022—2023学年结束	给定可视化时间表和"过渡时间到了"的口头提示	小红（六年级学生），能在10分钟内到达正确的位置	通过5次日常掌握测验，达到100%的成功率
关键能力："沟通"，能回应他人的指令				
短期目标1	在学年第1个学期期中	给定可视化时间表和从"大巴"转换到"教室"的两个口头提示	小红将迅速下车，通过指定的门进入学校，并在10分钟内到达教室	通过5次日常掌握测验
短期目标2	在学年第1个学期结束	给定可视化时间表和从"教室"转换到"大巴"的两个口头提示	小红将在10分钟内迅速离开教室，走到大巴上，坐在指定的座位上	通过5次日常掌握测验
短期目标3	在学年第2个学期期中	给定可视化时间表和从"教室"转换到学校其他位置（如体育馆、操场、音乐教室）的1个口头提示	小红将安全步行往返于体育馆和教室之间，并在10分钟内到达指定地点	通过5次日常掌握测验

3. 设计学习评估

确定目标之后，下一步可以考虑设计学习评估。我们选择的评估内容将最终成为教学的重点，我们选择的评估方法也将影响着教学的方式与策略。每种类型的评估方法都各有利弊。在设计和使用不同的评估时，需谨慎利用彼此的优势。设计学习评估不仅仅限于具体的手段或方法，如何设计学习发生的条件、如何记录学习结果、如何解读收集的证据、如何验证我们关于学生的论断，以及如何利用这些论断作出决策等，都在评估设计的考虑范围之内。

从教育评估领域的进展来说，除了一些传统的评估方式，如纸笔测验、课堂作业等，目前教育领域比较提倡的评估方式有档案袋评估、表现性评估等。档案袋评估可进一步细分为展示型档案袋评估、过程型档案袋评估、评价型档案袋评估等。展示型档案袋评估在于突出显示特定时间段的最好成果；过程型档案袋评估更专注于学习过程；评价型档案袋评估在于展示一段时间内的一系列评估，以及学生针对先前确定的标准或目标进行的学习过程或者获得的学习成果，展现学生碰到的困难、没有成功的尝试以及比较好的成果。表现性评估则是要设计系列表现性任务，即提供一种结构化的情境，要求学生根据提供的刺激材料、信息或行动的要求做出回应，然后使用明确的标准评估完成质量。表现性任务形式不一，如可以根据提示进行书面演示、现场技能或项目成果演示、档案袋中的学生作品评价等。

4.实施个别化教学

基于教学目标和评估设计实施个别化教学。将 IEP 长期目标融入孤独症学生的一日学习生活，如集体教学、社团活动、个训指导、游戏活动等，最大限度地支持学生达成学习目标。在教学活动实施之后，要注意记录和回顾学生在特定学习目标上的进步状况。

（1）对学习目标进行达成情况的界定，如分成"未达到""基本达到""达到""熟练"四个等级，如：

·未达到——目标行为还未出现或刚刚开始出现，需要高水平的支持或促进；

·基本达到——目标行为有时自发出现，需要低水平的支持或促进；

·达到——目标行为常常自发出现和保持，仅需要偶尔的提醒；

·熟练——目标行为在各种情境和各种对象上都一致地自发出现，不需要提醒。

（2）列举学生达到特定指标等级的各种证据（如"达到目光接触"的证据包括学生能在上课时抬头看老师 5 分钟、学生能在游戏中看同伴 10 秒钟）。

（3）观察学生在特定任务和情境下的行动表现，收集学生达到指标等级的各种证据（如课堂照片、现场案例、对话录音、互动录像、作业等），以推测学生对教育目标的掌握程度。要注意持续地收集学生的各种进步证据，以发现并鼓励学生在教育目标上的细小进步，还要注意对各种证据进行归类和总结，避免过度简单堆砌材料，以便对学生的进步状况及时作出评判。在此基础上，进一步改进 IEP 的制定与实施，尤其注意判断 IEP 的长期目标是否制定合理，是否需要调整。

二、关键能力框架应用于课程教学调整

除 IEP 外，集体性课程教学是孤独症学生能力发展的重要途径。孤独症关键能力框架可应用于集体性课程教学的系统调整，围绕"教什么""如何教"和"在哪教"三个要素进行重构，从而打造面向孤独症学生的全支持课堂（见图 10.1）。

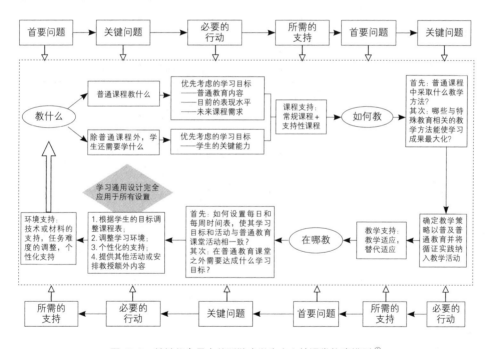

图 10.1　关键能力导向的孤独症学生全支持课堂构建模型 [①]

① 改编自汤普森等人的智障学生课堂支持模型，详见：Thompson J R, Walker V L, Shogren K A, et al..Expanding Inclusive Educational Opportunities for Students with the Most Significant Cognitive Disabilities Through Personalized Supports. *Intellectual and Developmental Disability* , 2018,56(6):396−411.

（一）"教什么"要素：调整课程目标与结构

目前，我国孤独症学生群体主要分为两种安置形式：绝大部分安置在培智学校，以《培智学校义务教育课程标准（2016 年版）》作为孤独症学生课程教学的主要依据；另一些则采取随班就读的形式，以普通教育的课程标准为课程教学的依据。然而，孤独症学生毕竟具有自己的特质，正如上文所提，孤独症学生的教学不仅要关注基于课程标准的学业目标，也要关注非学科性的支持性目标，形成"学业目标 + 支持性目标"的双重课程教学目标。例如，普通小学语文课标（低段）有"倾听"的相关要求，但"倾听"同样是关键能力中涉及的，不过关键能力中涉及的相关指标更加细化，是从对人说话声的识别开始，逐步过渡到简单指令的听从和日常用语的理解。因此，可根据关键能力调整语文课程目标，作为孤独症学生的课程教学目标（见表 10.4）。

表 10.4　普通小学语文课标中"倾听"目标的调整

小学语文课程目标 （低段）	语文课程目标调整 （依据孤独症学生关键能力要点）
能认真听别人讲话，努力了解讲话的主要内容	**学业目标：**能认真听别人讲话，努力了解讲话的主要内容。 **支持性目标：**能倾听常用言语信息并有恰当回应。 1. 能辨识、关注和倾听环境中的声音。 2. 能回应他人（如唤名、问候、道谢、指令等）。 3. 能获取信息（如时间、地点、原因、动作等信息）。

为同时达成两类目标，学校在课程体系架构的设置上也需重新思考。因此，孤独症学生关键能力框架可与现有的课程标准协同发挥功能，调整课程结构，建构形成"国家课程 + 支持性课程"的课程结构，实现国家课程的有效实施（见图 10.2）：一方面，通过变通、增扩、简化、替代等方式，提升国家课程的适切性；另一方面，开发感觉类、沟通类、社交类、情绪管理类等支持性课程，进一步促进核心缺陷的补偿和潜能开发。不过，为满足不同功能水平的孤独症学生的需要，需开发不同类型、不同内容的支持性课程，比如面向培智学校的学生，可增设"社交沟通""行为常规"小组式支持课（2—

3 人 / 组)，面向随班就读的学生开设"学习规划""潜能拓展"等校本特色课程。

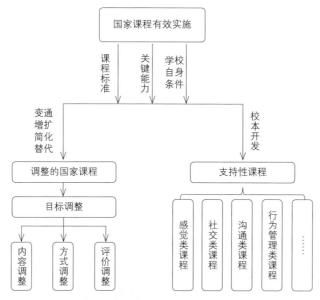

图 10.2　面向孤独症学生的"国家课程 + 支持性课程"结构

（二）"如何教"要素：调整教学实施

　　关键能力视域下的课程需依托有效的教学策略实现。当前，循证实践被视为孤独症学生有效教学的"黄金标准"。根据美国 2020 年的《孤独症儿童和青少年循证实践报告》，适用于孤独症学生教学的循证策略成分主要包括示范强化、感官 / 环境调整、任务分解、延迟、提示、视觉支持、动机激发、脚本撰写、泛化等（见表 10.5）。然而，循证实践类型繁多、操作程序复杂，很难与集体课堂的情境性、动态性相适应，因而难以真正改善课堂教学。

表 10.5 《孤独症儿童和青少年循证实践报告》强调的主要策略成分

核心成分	提及该成分的循证实践
示范强化	关键性技能训练、练习、提示、强化、延迟、功能性行为分析、任务分析、认知行为干预、离散单元训练、基于前因的干预、自然情景干预、社会故事、图片沟通交换系统、视频示范、视觉辅助
提示	提示、延迟、强化、离散单元训练、基于前因的干预、图片沟通交换系统、视频示范、视觉辅助
感官/环境调整	基于前因的干预、自然情景干预、图片沟通交换系统、视觉辅助
动机激发	关键性技能训练、认知行为干预、离散单元训练、自然情景干预、图片沟通交换系统
视觉支持	练习、提示、基于前因的干预、图片沟通交换系统、社会故事、视频示范、视觉辅助、脚本
延迟	延迟、任务分析、离散单元训练
任务分解	任务分析、离散单元训练、自然情景干预、图片沟通交换系统
泛化	自然情景的干预、自然离散训练、图片沟通交换系统、强化、社交技能训练、延迟、视觉支持
脚本	脚本、社会故事、视觉辅助、视频示范

　　为此，借鉴鲁思·阿斯比（Ruth Aspy）研发的"金字塔模型"，重组孤独症循证实践策略的成分，建构形成孤独症学生"金字塔教学策略选择模型"（见图 10.3）。金字塔模型分为"感知觉调整""强化""结构化和视觉支持""任务调整""技能教学"五个层级。只有低层级的策略得到使用之后，才能进入高层次策略。且策略的组合形态，将依据学生特定时间的需求而进行动态设计，从而显示出"液态流动"的特质。这种综合策略选择系统在促进孤独症学生技能学习、构建融洽的人际关系等方面已显示出相当的优势[①]。若能考虑我国的教育生态和文化背景，将循证策略的成分有组织地嵌入自然课堂，将很有可能对孤独症学生的课堂学习带来积极影响。

---

① Zager D,Blazing the Trail to Independence for Students with Autism: Shrub Oak International School. *Childhood Education*. 2019,95(1):53−56.

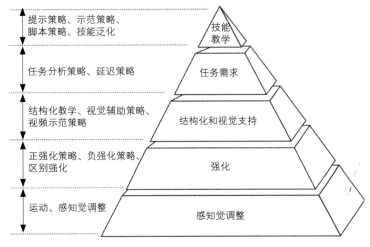

图 10.3 孤独症学生"金字塔教学策略选择模型"

（三）"在哪教"要素：调整学习环境

学习环境是落实课程教学的基础。培养孤独症学生的关键能力需要为其创设适宜友好的学习环境，以帮助他们更好地达成学习目标。

第一，要重新设计教室环境。孤独症学生的教室环境需具备三大特点：（1）感觉兼容（舒适性）。大部分孤独症学生都存在感觉异常的问题，教室首先要安静、低刺激、不拥挤，必要时还要安排特定的"感觉休息"区域。还有一些学生有特殊的感觉需要，如偏好深度压觉[①]，因而可考虑在教室内外的特定区域放置"拥抱机"[②]等特殊器械设备，让学生能够在适当的时机获得想要的刺激，以平复情绪。（2）组织明确（可预测性）。孤独症学生行为方式刻板、认知不灵活，如果环境低结构、缺乏可预期性，他们易于焦躁不安，因此环境必须清晰、有序和可预测。（3）视觉提示（可理解性）。充分利用孤独症学生的视觉优势，综合使用各种视觉工具，如流程图、视觉提示卡、行为支持等，帮助学生紧跟日常活动，理解时间顺序，了解环境特点。

---

① 压觉：多种形式的较重的施力，如握力、安抚或是用襁褓包裹的力。

② 拥抱机（hug machine），也称挤压机（squeeze machine），是一种装置，两边有衬垫，可以对身体施加压力，允许自我管理深层压力，释放焦虑和兴奋。

  第二，要创设行为支持中心。比如，在培智学校创设"感官支持中心"、在随班就读学校建立"学习支持中心"等，为孤独症学生提供三级行为支持（见图10.4）。初级系统是"班级"所提供的行为管理体系，主要实施常规性的行为教育，如行为评估、代币兑换系统和行为训练课程等。之后，通过观察、记录行为数据等手段筛选出5%～10%有明显问题行为的学生进入"小组"水平的二级系统，并组建干预小组为这些学生进行行为功能评估，再联合教师采取行为契约、自我监控训练、个人工作系统、日常社会技能训练等干预方案。之后，再从中筛选1%～5%有严重问题行为的学生进入"个体"水平的三级系统，为其做完整而深入的行为功能评估，探明行为的前因后果，制定完整的个性化干预方案。

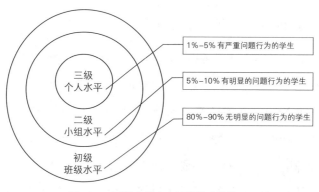

图10.4 孤独症学生三级行为支持体系

  第三，要打破学校边界。社区是学生关键能力培养的重要场所，要推动创建孤独症儿童友好社区环境，拓展学生泛化场景。如为孤独症学生提供超市、农贸市场、快餐店、休闲场所、体育活动场所、社区医院、交通道路等实践场所，让学生走出校园、融入社区、积极实践。

  当然，将关键能力框架应用于课程教学调整，离不开教师的专业学习，教师也应成为学习者。因此，需厘清孤独症学生教师需具备的核心专业能力，设计有针对性的孤独症学生教师培训体系，构建起长效的跨学科合作机制，等等。

第三节　孤独症学生关键能力框架的应用案例

课堂教学是育人的主阵地。随着孤独症学生入学比例不断上升，最大程度促进孤独症学生的集体课堂参与，成为一线学校的重大挑战和急切需要。因此，2017 年开始，课题组和多所一线学校构建了协同行动研究网络，聚焦孤独症学生"全支持课堂"打造的核心改革愿景，共同探索孤独症学生关键能力框架的实践转化路径。我们率先在杭州市湖墅学校（培智学校）和杭州市卖鱼桥小学（普通教育学校）开展了深度的试点改革实践，围绕目标、策略和环境等课堂教学要素，初步探索出了关键能力框架在集体课堂落地应用的可行途径，为关键能力框架的进一步推广提供了可参照的样例。

一、设计目标：形成双维的教学目标

打造孤独症学生"全支持课堂"，基点在于制定适切的教学目标。尽管当前越来越强调尊重学生的能力差异，但目前教师的教学依然主要采取课程本位的取向，教学目标的制定主要参照国家的课程标准，侧重学生学业能力的发展。然而，对孤独症学生而言，课堂的设计还应考虑关照到其功能性发展。因此，需引入孤独症学生关键能力框架，作为支持其功能性能力发展的补充目标，依托对学生的综合评估，形成"学业目标 + 支持性目标"的双维目标结构，增强教学目标的针对性，进而使课堂教学更适宜于孤独症学生的特征和个性化需要。

（一）开展综合评估，确定起点水平

孤独症学生的课堂学习需求，既包括课程标准中提出的学业目标需求，如语文课程中的倾听与说话、识字与写字目标，也包括因障碍而产生的其他教育需求。特别是，孤独症学生在感官知觉、认知发展、社交沟通等方面的障碍，会影响其学业目标的达成。鉴于此，首先组建包含学科教师、班主任、高校研究者和家长等的支持团队，召开程序性研判会，一方面依托课程

标准开展课程本位评估，另一方面参照《孤独症学生关键能力指标体系》开展功能性评估，依托综合评估结果，明确学生现有能力水平，为设计双维的教学目标提供起点。

案例 1　湖墅学校二年级孤独症学生的综合评估

　　湖墅学校二年级共有 10 名学生，其中孤独症学生 7 名。经由学校领导、二年级教师和高校研究者共同商定，考虑到教师意愿和能力，首先选择生活语文课，开展孤独症学生"全支持课堂"的改革试验。

　　一方面，依托《培智学校义务教育生活语文课程标准（2016 年版）》，开展孤独症学生的学业能力评估。以"家庭生活"主题单元为例，该单元包含《我的一家》《我家真干净》《语文小天地（三）》等内容。根据课标，该单元的教学目标主要包括：①能清晰认读"电""水果"等家庭生活中常用的字词；②能书写简单汉字；③能理解"柜子""扫地""电冰箱""水果"等家庭生活中常见概念；④能用"__是__"等简单句型描述图片；⑤能从日常生活中提取关键信息。基于此，制定"孤独症学生主题单元学业能力分析表"，明确学生现有学业能力水平。

孤独症学生"家庭生活"主题单元学业能力分析表（示例）

本单元的学业能力要求	孤独症学生在此项学业能力上的现有水平			
	小莫	小郭	小管	小戚
①能清晰认读"电""水果"等家庭生活中常用的字词	+	+ - 能指认字词	-	+ - 能指认字词
②能书写简单汉字	+	+ - 能根据字帖描红	-	+ - 能根据字帖描红
③能理解"柜子""扫地""电冰箱""水果"等家庭生活中常见概念	+	+ - 能辨认常用电器	-	+ - 能辨认常用电器
④能用"__是__"等简单句型描述图片	+ - 能在句式提醒下描述图片	+ - 能根据句型填空	-	-
⑤能从日常生活中提取关键信息	+ - 能在线索提示下找到关键信息	+ - 能在口头提示下找到关键信息	-	+ - 能在口头提示下找到关键信息

　　注："+"表示该生能完全独立表现出该项能力；"+ -"表示该生能偶尔独立表现出该项能力或能表现出其中一部分；"-"表示该生无法独立表现出该项能力。

另一方面，参照《孤独症学生关键能力指标体系》，对孤独症学生展开功能性评估。以小郭为例，依据关键能力指标体系，小郭课堂参与较差的主要原因在于对集体指令的执行度差，并且有严重的情绪行为问题，常表现为对教师指令无反应或对指令产生习惯性拒绝，在"能参与集体活动"与"能恰当表达情绪"等能力上表现尤为不佳，这为后续增设支持性目标提供了重要的依据。

（二）调整学业目标，增设支持性目标

基于班级整体所需达成的学业目标的表现性水平，依托孤独症学生综合评估的结果，对学业目标做出调整，并增设支持性目标。考虑到集体课堂教学的现实条件，即 1 名教师要面向 10 余名乃至 30 余名学生进行授课，一般可由支持团队进行集体研判，选择课堂参与程度较差的 1—2 名孤独症学生作为专门的支持对象，为其设定支持性目标，由此平衡集体教学与个别化教学的关系。

案例 2　关键能力视域下孤独症学生的教学目标设计

以湖墅学校二年级孤独症学生小郭的教学目标设计为例，经由支持团队综合评估与研判，确定小郭成功参与课堂优先需要达成的支持性目标为：①能参与集体活动；②能用恰当的语言、面部表情和身体动作表达情绪。因此，除调整学业目标外，为其增设额外的支持性目标。首先，将长期的支持性目标细化为单元支持性目标。在生活语文的"家庭生活"单元，小郭需达成的单元支持性目标为：①在语文课上，能听从教师的指令指读，执行集体指令超过 3 次（3 理解水平）；② 在语文课上，能使用情绪沟通板来表达情绪，使用次数超过 2 次（2 了解水平）。之后，将单元支持性目标进一步分解，形成更为具体的课时目标，并基于目标设计评估任务，从而真正将关键能力嵌入到日常的学科教学中去。下表展示了"家庭生活"单元下《电冰箱》一课的集体教学目标，及小郭的个别化教学目标设计。

二年级生活语文《电冰箱》的教学目标设计

班级教学目标	
目标内容	指向评估的任务
1. 能辨识"电""电冰箱"字词（2 了解水平）	任务1：朗读字词"电"和"电冰箱" 任务2：在乱序词卡中找到"电冰箱""电"的词卡
2. 能描述"电冰箱"的特征（3 理解水平）	任务3：将"电冰箱"实物图片和词卡配对 任务4：根据视频动画和课文／角色扮演，说明电冰箱的特征
3. 能发现生活中的常用电器（5 泛化水平）	任务5：根据任务单，找到教室里的电器 任务6：看图找出生活中的常用电器。

个别化学业目标	小戚	小郭*	小王	小莫	小陈	小张	小黎	小管	小韦	小艾
能辨识"电""电冰箱"字词（2 了解水平）	/	/	/	/	/	－	/	－	/	/
能描述"电冰箱"的特征（3 理解水平）	/	/	＋	＋	＋	－ －	－	－ －	＋	/
能发现生活中的常用电器（5 泛化水平）	－ －	－ －	－	－	－					

支持性目标	
目标内容	指向评估的任务
小郭：在课堂中，能听从教师的指令指读（执行集体指令超过3次）。	任务1：指读词语 任务2：关注视觉提示卡 任务3：参与互动游戏

注：「／」表示该生需要达到的目标即为当前目标层级；「＋」表示该生所需达到的目标比当前目标高1个层级；「＋＋」表示该生所需达到的目标比当前目标高2个层级；「－」表示该生所需达到的目标比当前目标低1个层级；「－－」表示该生所需达到的目标比当前目标低2个层级，以此类推。

（三）安排学习活动，设计分层任务

制定双维目标后，教师需根据学生的认知水平和兴趣，设计内容不同、难度不同的学习任务，使因材施教、差异教学的理念在课堂教学中落地生根。

一是要注重创设生活化情境与任务，调动兴趣、促进应用与迁移。生活情境易激发学生的参与热情，让学生积极主动地参与到学习过程中，唤醒已有的直接经验来学习新知识。培智学校中孤独症学生的情境理解能力较低，迁移能力较差，更需要对教学内容进行生活化设计，积极引入生活化教学资源，增强迁移情境与教学情境的相关性，为孤独症学生提供真实性学习的机会，帮助孤独症学生更好实现知识技能的应用和迁移。教师需依据学生已有的生活经验，因地制宜地发掘和利用学生学习与生活环境中的各种资源，为课程的有效实施提供必要的支持。

案例3 一年级生活语文《耳朵》的教学活动设计

在教授《耳朵》时，教师提前在杭州动物园取景，拍摄本班学生在动物园观察动物的视频。视频的内容是：一年级学生在老师带领下前往杭州动物园秋游，并借此认识多种动物。通过与学生实际生活直接相关的视频的导入，激发学生学习兴趣，帮助学生更快进入学习主题。与此同时，设计"感官体验，初识耳朵""词句学习，认识耳朵""游戏活动，使用耳朵"三大教学板块，将情境化教学的理念贯彻其中，加深学生对不同类型耳朵的认识，促进知识泛化。

感官体验，初识耳朵

在感官体验板块，教师请学生采用"摸一摸"的形式，找一找自己和同桌的耳朵。针对自我感知有困难的孤独症学生，让其使用镜子，在助教老师帮助下找到自己的耳朵。引导学生发现并认识自己的耳朵，引出课题。

镜子辅助识耳朵

词句学习，认识耳朵

在词句学习板块，设置了"学词语""认生字""说句子"三个教学环节，并根据孤独症学生身心发展水平和教育需求，在教学难度上做个性化设计。

在学习词语"耳朵"时，针对认知水平较高，但语音语调不准确的 A 组孤独症学生，仅提供词卡开展字词教学，要求学生正确朗读，教师开展个别化教导，纠正发音；而对于认知水平较差的 B 组和 C 组孤独症学生，利用视觉优势，提供图文卡，在图片提示下帮助学生认识字词，要求学生正确跟读或指点词语。

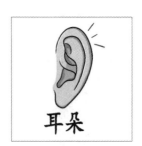

不同形式的词卡

在学习句子时，采用图文结合的形式，安排"找耳朵、说句子"的教学活动，引导学生提取关键信息，并用简单句式叙述信息。定制个别化任务卡，放置每个学生的生活照以及他们喜欢的动物图片，激发学生兴趣。要求 A 组、B 组的孤独症学生能在图片提示下，用固定句式描述图片，并尝试联系生活经验自己造句；C 组孤独症学生能在提示下，将词卡贴到句子的对应位置。通过调整任务难度，实现教学内容既贴合学生生活，又符合认知水平。

不同难度的任务卡

游戏活动，使用耳朵

在游戏活动板块，设置"音乐列车"游戏，使学生在音乐中感知耳朵"听声音"的作用，并引导学生在生活中做到爱护耳朵。针对听觉过敏的孤独症学生，嵌入个性化教学，教导学生在适当情境下正确使用降噪耳塞。

二是要精心设计个别化的支持性课程，贯通个训课与集体课的学习。一般而言，孤独症学生支持性目标的落实，很难仅仅依靠集体课堂教学实现。我们还需要精心设计个别化的支持性课程，为学生提供定制化的个训服务，如"感觉管理"课、"社交沟通"课和"行为支持"课等。当然，需明确的是，关注孤独症学生的支持性目标，除了提升孤独症学生的功能性水平，起到康复或补偿的作用，更重要的是在于帮助学生能更有效地参与集体课堂，而后者正是纳入关键能力体系的核心意图。因此，孤独症学生的个训课学习不应该是割裂的、孤立的，而应和集体课的学习互相贯通、互相联系，真正发挥个训课支持"参与""融合"的功能和作用。

案例4　林林（化名）的个别化行为支持课程

评估学生学习需要

林林是卖鱼桥小学的一位三年级学生，经三甲医院诊断为孤独症谱系障碍。在支持团队的系统性评估和课堂观察中发现，林林的学习优势包括：（1）视觉信息处理优势，对视觉材料有较大兴趣，关注度高；（2）跟同组和身边同学能建立较为和谐、积极的同伴关系；（3）机械记忆能力较强，识字能力较好，具有一定的阅读理解能力。

但与此同时，经过观察、访谈和《行为动机评量表》评估，还发现林林的课堂参与度较低，其课堂学习存在如下问题：（1）上课无法集中注意力，或东张西望，或喃喃自语，或出现咬手指、咬铅笔等行为。（2）不听从老师的指令，尤其对集体指令没有反应。（3）当妈妈离开时，他会焦虑不安，有时发出尖叫声、拍打自己的头。没有妈妈近距离陪同时（妈妈坐在后面），课堂上的干扰行为（自言自语、尖叫）明显增多，注意维持能力和参与度降低，同伴和教师的帮助会增多。经教师、高校研究者、家长等的共同研判，林林当前面临的主要挑战是合理回应教师的集体指令。

聚焦少量关键能力目标

根据林林的能力水平、学习表现和需求，基于《孤独症学生关键能力指标体系》，选择少量关键目标，即"沟通"板块下的要点目标"能回应他人的指令"以及"群处"板块下的要点目标"能理解和遵守群体规则（指令）"。具体细化为三条支持性学习目标：（1）能理解指令，并做出适当回应，如能跟着读、能回应。（2）能配合他人依据结构化任务单逐步完成各项任务。（3）在图片提示下，能在具体场景中遵循集体指令，如保持安静、认真倾听等。

安排学习课程与设计评估

学校为林林安排每周 1 节的"行为管理"课，并采用社交故事、视觉支持、强化、结构化等循证策略进行个别化行为训练。定制个别化训练课程的目的，在于帮助学生更好地参与集体课堂的学习。因此，个别化行为训练的成效评估，主要依据学生在集体课堂如语文课堂中的行为表现。基于这样的观念，以语文课堂学习为评估场景，主要采用表现性评估的方式，设计学生的评估工具，以明确个别化训练课程的学习重点。

我能做到		奖励 做到一次获得一个★
1. 语文课上，听老师讲课	看老师	1. 看老师★
2. 能回答老师提出的问题，回应老师的指令	能回答　　能回应	2. 能回答★
3. 语文课上，完成老师布置的课堂作业	动手写	3. 动手写★
4. 跟着老师、同学读	跟着读	4. 跟着读★
约定：__个★兑换贴纸一张		数一数有几个__★

实施个性化行为训练

（1）开展沙盘游戏

鉴于林林很喜欢沙盘游戏，从"水果"的沙盘游戏切入，缓和其情绪，建立起信任关系。之后，以沙盘游戏模拟社交故事，在社交故事中融入倾听指令的学习。

　　将沙盘游戏结构化，将事先设计好的脚本提供给家长，鼓励家长积极参与和辅助孩子的学习。例如，一次沙盘课的环节包括：①和老师问好，说"老师好"；②老师在说话时，眼睛看老师、耳朵听老师；③在沙盘里自己玩沙子和玩具10分钟；④和老师一起玩"上语文课"的游戏。

　　（2）以行为强化法反复训练

　　从林林喜欢的实物或活动中挑选出强化物，为：汽车贴纸、沙盘活动、口头表扬"你真棒"以及竖大拇指的手势。课前和林林约定这节课的目标行为，以及他将获得的强化物。在林林表现出目标行为后，给予强化物，同时说明他的什么行为被奖励了。

　　（3）模拟语文课

　　创设"上语文课"的情境，展开练习。上课前，让林林朗读上语文课的脚本。例如：①其他小朋友都会参与语文课；②语文课的每个环节会贴在我的桌子上；③我看着贴纸就能知道我的任务是什么；④每完成一个任务我会获得一个汽车贴纸。为激发林林的学习兴趣，提高他对集体课学习任务的理解能力，在模拟语文课堂时设计结构化的学习任务单，并指导家长协助教师适时呈现学习任务单。

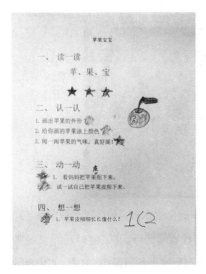
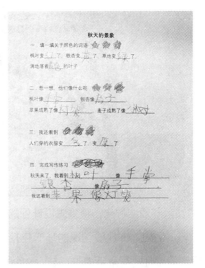

经过一段时间，林林在课堂上能偶尔主动地看着老师，愿意尝试回答老师的问题。在情绪良好时，能认真地写作业，也愿意挑战和探索难一点的学习任务。

二、选用策略：使用有效的循证策略

（一）形成策略组合，灵活策略选择

在开展孤独症教育教学时，教师一般需要采取组合策略而非单一策略，除运用直接教学、支架式教学、情境教学、游戏教学等常见的通用型教学策略外，还需综合考虑孤独症学生的发展水平、策略使用的程序、教学内容等因素，灵活地选择和使用适配的循证策略。比如，孤独症学生通常在视觉记忆与加工方面具有优势，因此视觉提示是孤独症教育教学中最常用的策略之一，即通过图片、视频等视觉信息，为孤独症学生提供有关活动、常规或期望等的具体提示，帮助学生理解和记忆。感知觉异常问题在孤独症群体中较为常见，对学生感知觉障碍和需求进行差异分析，综合运用多种感官，唤醒感官刺激、满足感官需求，是常用的教学手段之一。

案例 5　一年级生活语文《耳朵》教学的循证策略使用

在《耳朵》教学过程中，教师从课前控制—课中教学—课后反馈的策略支持路径出发，综合采用"感觉调整""辅助""游戏教学"等多种教学策略。

感觉调整

对孤独症学生 Y 尖叫、哭闹等问题行为展开功能性行为分析后，发现 Y 课堂问题行为频发的主要原因在于其感觉需求没有得到满足。课前，教师采用前事控制策略，根据学生的感觉偏好，运用旋转玩具开展身体锻炼和感觉调整，满足其感觉需求，达到舒缓情绪的目的。课中，当学生由于感觉需求问题出现尖叫等课堂问题行为时，在助教老师帮助下，为其提供触觉垫，应对感觉需求无法得到满足带来的情绪行为问题。

旋转玩具提供前庭觉刺激　　　　　　　　触觉垫满足触觉需求

多元辅助

在本节课中，教师运用了多种辅助。在操作任务时，老师提供了"平板电脑辅助"和"助教辅助"。在对 Y 进行强化物调查时发现，该学生对平板电脑有较大兴趣，喜欢在平板电脑上玩小游戏。因此在教学时，教师改变教学任务难度和呈现形式，将"辨认字词""选词填空"等操作活动在平板电脑上以游戏形式呈现，在助教老师帮助下，引导学生完成相应活动，进一步提升学生 Y 对课堂活动的兴趣和参与度。在语言表达教学时，教师提供了"言语辅助"和"视觉辅助"，设计相应的提示卡片。辅助策略通常与延迟、强化等策略综合使用。

平板电脑辅助教学　　　　　　　　视觉提示卡

游戏教学

孤独症学生直接兴趣较易被激发，但往往注意保持能力差，注意形式多以无意注意为主，且存在耐心不足、情绪不稳定、易冲动等问题。结合教学内容嵌入互动性较强的音乐游戏，让学生离开座位在音乐带领下活动，给予休息放松的机会，能够防止学生 Y 出于安坐时间较长、耐心不够等原因产生的情绪行为问题，进一步提高学生上课兴趣、提升参与度。

音乐互动游戏

（二）研发辅助系统，实现技术赋能

为了给教师减负增能，浙江师范大学团队联合一线学校，自主研发了"孤独症学生课堂支持电子辅助系统"（见图10.5），帮助教师明确"教什么""如何教""在哪教"的问题，为教师实践"问题导向、行动跟进、系统支持"的课堂教学模式提供工具。辅助系统涵盖"目标选择""策略支持"和

"环境调整"三大功能模块。在"目标选择"模块,教师可以在关键能力指标中进行选择,从"学习内容"和"学习水平"双重维度,形成"学业目标 + 支持性目标"的个别化教育目标和课堂教学目标结构;在"策略支持"模块,教师可以从"金字塔循证策略模型"中选择可嵌入课堂的策略;在"环境调整"模块,教师可以生成学生所需的物理环境、心理环境及资源载体。这样"一站式、层次化、递进式"的教学辅助过程,有助于实现教师课堂教学的更有效设计和实施,实现了技术赋能。

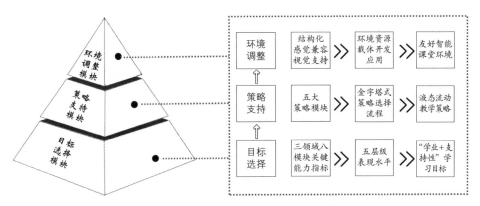

图 10.5 "孤独症学生课堂支持电子辅助系统"结构图

三、重构环境:适配友好的学习环境

孤独症学生对环境有着独特的需求,因此,学校和教师重构了课堂学习的环境,增强了学习环境的适配性和友好性。

第一,设计结构化的教室环境。孤独症学生组织能力较弱,常常缺乏对环境的理解,因此,教室需要有清楚的界限,以强化环境对学生学习行为的引导意义。教师将教室环境划分为集中学习区、个人工作区、实践操作区等,各个区块功能明确,各功能区相互联系,且便于学生在各区块之间走动(见图 10.6)。例如,在教授《耳朵》时,孤独症学生 Y 被安排在图 10.6 中五角星所在位置,学生在集中学习后,可以到"个人工作区"完成操作任务,找出其他动物的耳朵;在教室的"音乐角"开展音乐互动游戏;当学生出现严重的情绪行为问题且一时间无法冷静下来时，可以前往教室的"休息放松区"独自安静，进行情绪调整。

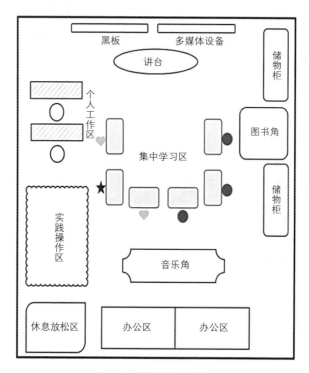

图 10.6　结构化教室环境

第二，增强感官环境的舒适性。感官刺激异常是很多孤独症学生的核心障碍之一，因此在教室的布置和座位安排上，需考虑孤独症学生在感官刺激方面的需求，包括通风、教室光线、声音、视觉刺激等。例如，孤独症学生对声音较为敏感，如有突然的声响或者特别巨大的声响，容易引发情绪问题行为，因此在座位安排上，将孤独症学生安排在离黑板、讲台相对较远的位置，避免过大声音的干扰。此外，在以往的集体课堂中，教学进入到中间时段时，Y 常常出现离开座位、跳跃等行为，经过评估后发现了该行为与其前庭觉的刺激需求有关。因此在课堂中会提供弹簧椅：当课堂进行到 15 分钟左右，或者当 Y 表现出离座行为的征兆时，教师帮助 Y 表达"我想要弹簧椅"，以满足其本体感与前庭觉的需求。

　　第三，营造包容的人文环境。在融合教育课堂中，教师需努力为孤独症学生创设包容的人文环境，加强学习的自主性与责任感，支持学生有目的地展开合作，促进学习社区的共同建设。例如，在卖鱼桥三年级的语文课《胡萝卜先生的长胡子》上，教师分别面向全班和个体进行了学习环境的调整。面向全班，教师确立了明确的课堂常规，面向一部分学生确立针对性的行为期望，鼓励学生相互关怀、帮助及欣赏；面向孤独症学生个体，教师做了如下设计：(1)座位调整，安排学生坐在受干扰较少的位置。(2)提供不受干扰的学习环境，上课时只给学生呈现所需的教学用具，避免过多物品的干扰。(3)提供各种类型的视觉提示，包括结构化的教学环节、以图片形式呈现课堂行为期望，增强学生学习的自主性。(4)设置同伴辅助，鼓励同伴支持与合作。

　　第四，拓宽课堂学习的边界。学校需联动社会力量参与，打破学校与社会、学校与生活的壁垒，让包括孤独症学生在内的特需学生能在更广泛的环境中学习，在现实生活中应用自己的所学，促进泛化，实现更好的社会融合。例如，湖墅学校在拱墅区残联、妇联、教育局等多个政府部门和有担当企业的关怀和支持下，积极创建"特需儿童友好社区"，建设"塑梦坊"职业教育实训基地。作为"友好社区"合作联盟的一员，杭州大悦城与湖墅学校开展双向紧密合作，带头积极创建无障碍支持环境，为学校社会实践教学提供相关的场地、人员、物资、活动、技术等支持。湖墅学校从中段开始，每周都会组织学生利用半天时间走出校园、熟悉社会场所、学习社会规则，培养学生的独立生活技能、职业能力等。

四、"全支持课堂"的保障机制

（一）促进跨界学习，提升教师素养

　　为打造孤独症学生"全支持课堂"，促进关键能力体系落地课堂，我们将加强教师的能力建设放在重要的位置，把教师视作主动的学习者和变革者，以跨界学习和合作探究，提升教师集体的专业素养。2017年以来，浙江师范

大学团队联合湖墅学校、卖鱼桥小学等，构建了聚焦孤独症学生关键能力的"高校—中小学"跨界专业学习共同体，开展了数十次教师培训（见表10.1）。培训涵盖"孤独症学生关键能力指标系列解读""孤独症学生教学策略模型与案例""孤独症支持策略模拟实践""孤独症融合教育新范式实践与督导"等内容，通过主题讲座、案例学习、项目研修、工作坊、课堂问题解决等途径，将教育科研成果与一线教学相结合，为教师改变课堂提供系列的工具和资源，减少教师面对新变革、新挑战的压力和阻抗，提升教师的变革动力和能力。通过专业学习与实践，教师在"建立关系、开展评估、开发课程、进行评价"等孤独症教学核心能力上显著提升。

表10.1 "关键能力导向的孤独症学生融合教育新范式"培训课程体系

培训模块	培训课程	培训形式
理论学习	孤独症学生关键能力指标系列1——生存能力	专题讲座
	孤独症学生关键能力指标系列2——学习能力	专题讲座
	孤独症学生关键能力指标系列3——社会能力	专题讲座
	孤独症学生循证教学策略框架内涵	专题讲座
	感觉调整策略使用及案例分析	专题研讨
	动机提升策略使用及案例分析	专题研讨
	结构化与视觉支持策略使用及案例分析	专题研讨
	行为管理策略使用及案例分析	专题研讨
	技能教学支持策略使用及案例分析	专题研讨
模拟实践	孤独症学生课堂支持策略模拟实践1	工作坊
	孤独症学生课堂支持策略模拟实践2	工作坊
教学实践与评价	孤独症学生融合教育新范式评价与反馈	实践与督导

（二）研发配套资源，丰富教学载体

为帮助教师将"全支持课堂"落到实处，浙江师范大学团队联合一线学校，共同研发了配套的课程教学资源包，为孤独症学生融合教育的实施提供了丰富的载体，资源包包括：环境支持类型及强度表、支持性目标选择清单、教学策略支持类型及强度表、课堂支持教师运用手册、将课堂支持包含在内的教案模板、学生课堂行为观察记录表等。

资源包示例 1:"全支持课堂"教案模板

学校	杭州市湖墅学校	班级	一年级	教师	主教:王老师　助教:朱老师、钟阿姨
学科	生活语文	课题	《耳朵》		
课时	第二课时	地点	一年级教室		

单元分析

本单元来自《培智学校义务教育实验教科书生活语文》一年级下册第二单元"个人生活"。在分析教材内容基础上,整合《眼耳口鼻》《我会吃饭》《我会穿衣服》等课文内容,形成"认识自我"主题。根据培智生活语文课程标准,本单元共有以下三项目标。

认知目标:

(1)能认读"眼睛""耳朵""口""衣"等字词,并书写简单汉字。

(2)能掌握"眼睛""耳朵""口""筷子""吃饭"等概念。

(3)能用"我有两只_____""我在_____"等句型简单描述图片。

(上述目标分别关注课标"识字与写字"中的"区别一般图形与汉字""描写或抄写常用汉字"的要求,"倾听与说话"中的"听懂常用词语并做出回应""模仿运用生活中常用语言"的要求。)

技能目标:

能从日常生活图片中提取关键信息,培养查找获取信息的能力。

(上述目标响应生活语文课程标准阅读领域的低年级学段目标"能从图片中找出熟悉的人、物和生活情景"。)

情感目标:

(1)能初步养成良好的饮食习惯,合理饮食,不挑食。

(2)能初步了解和感知自我,增强自我保护和管理意识。

(合理适当用餐,均衡饮食是促进学生健康成长,养成自我照料能力的重要基础,是生活语文学科注重生活实际、功能性导向的体现。)

教材分析

本节课选自人教版《生活语文》一年级下册第二单元"个人生活"第 4 课《眼耳口鼻》。本课以图文结合的方式呈现了脸部的主要器官,了解身体的主要感官器官,共计 4 课时。

第 1 课时要求学生:(1)认读词语"眼睛"。(2)理解"眼睛"词义。(3)学习句子"我有两只眼睛"。

第 2 课时要求学生:(1)认读词语"耳朵"。(2)理解词语"耳朵"词义。(3)学习句子"我有两只耳朵"。

第 3 课时要求学生:(1)认读词语"鼻子"。(2)理解词语"鼻子"词义。(3)根据图片描述五官的特征。

第 4 课时要求学生:(1)认读生字"口"。(2)理解"口"的含义。(3)书写生字"口"。

本课为该课文的第 2 课时教学。主要帮助学生学习词语"耳朵",掌握"耳朵"的概念,学习"我有两只耳朵"的简单句型,培养"倾听与说话"的能力。

续表

班级整体分析	本班为一年级1班，共9名学生（8男1女），学生均属于中重度智力障碍学生。其中孤独症学生8名，智力障碍1名。需要提供额外课堂支持学生2名，分别为：范**和张**。				

学生先备能力分析（示例）

姓名	障碍类型	智力水平	年龄	性别
邹**	孤独症	45	8	男

学科能力	【倾听与说话】能倾听指令、简单句，情节简单的故事。能回答简单问题。发音清晰，日常沟通较好，主动话言少。 【识字与写字】识字量较大，能在规定区域内涂色，握笔姿势正确，能描红简单的汉字。 【阅读】有阅读习惯，喜欢读绘本。 【综合性学习】能用自己的方式说出观察所得，参与课堂活动的行为习惯仍需加强，如听从指令、不大声喧哗等。
功能水平	粗大和精细动作发展较好，但情绪控制能力较差，哭闹持续时间久。

姓名	障碍类型	智力水平	年龄	性别
范**	孤独症	45	8	男

学科能力	【倾听与说话】能倾听指令、简单句，情节简单的故事。无语言，能进行简单发音，如"爸爸""妈妈""奶奶"等，气息较短，声调较低。 【识字与写字】能在规定区域内涂色，握笔姿势正确，能描红和书写简单汉字。 【阅读】能认识卡通图，无阅读习惯。 【综合性学习】能观察日常生活，在指令提示下认字、读字，但语言发展较差。
功能水平	课堂常规需要提醒，情绪波动较大时会产生严重的问题行为，拍打、尖叫，大笑到无法停下。

姓名	障碍类型	智力水平	年龄	性别
张**	孤独症	40	9	女

学科能力	【倾听与说话】倾听困难，对指令的回应较少。无口语，能发出一些无意义的音节，如"a"等，但无完整音节。 【识字与写字】未掌握识字与握笔写字能力。 【阅读】未掌握阅读的相关技能，无阅读习惯。 【综合性学习】能在老师或同教辅助下尝试探索生活物品，体验部分教学活动。
功能水平	课堂常规需要提醒，偶尔会突然尖叫和大哭，吵闹时用安静箱里的物品进行情绪安抚。

（学情分析）

续表

学业学习目标		指向评估的任务	范**	张**	汪**	刘**	唐**	邹**	梁**	诸葛**	顾**
目标内容											
学业学习目标	1. 能跟读"耳朵"字词（2 了解水平）	任务 1：跟读词语"耳朵" 任务 2：词语填句									
	2. 能跟读句子"我有两只耳朵。"（2 了解水平）	任务 3：跟读句子"我有两只耳朵。" 任务 4：操作板补充句子									
	3. 能简单描述器官"耳朵"（2 了解水平）	任务 5：摸一摸耳朵 任务 6：词语填句时，认识不同动物的耳朵 任务 7：音乐列车									
整合学业学习目标	1. 能跟读"耳朵"字词（2 了解水平）		−	/	/	/	/	/	/	/	/
	2. 能跟读句子"我有两只耳朵。"（2 了解水平）		−	−	−	/	/	/	/	/	/
	3. 能认识器官"耳朵"（2 了解水平）		−	−	−	/	/	+	/	/	/

注：「/」表示该生需要达到的目标即为当前目标层级；「+」表示该生所需达到的目标比当前目标高 1 个层级；「++」表示该生所需达到的目标比当前目标高 2 个层级；「−」表示该生所需达到的目标比当前目标低 1 个层级；「−−」表示该生所需达到的目标比当前目标低 2 个层级，以此类推。

支持性学习目标

范**：能遵守集体指令（关键能力指标）：在教室里，能在沟通板的提示下做好保持安静，小手放好，以吵闹行为频率的减少及持续时间的缩短来量化（行为达成率超过 80%）（3 理解水平）

张**：能采纳他人为自己制定的感觉支持方案（关键能力指标）：在教室里，能在感觉支持方案调整下舒缓情绪，以哭闹出现的频率及持续时间来量化（行为达成率超过 80%）（1 反应水平）

教学重难点分析

教学重难点：
教学重点：能认读"耳朵"的词语和图片。
教学难点：在情境中说词语"耳朵"，仿说句子"我有两只耳朵。"
在情境中说词语"耳朵"，仿说句子"我有两只耳朵。"

391

续表

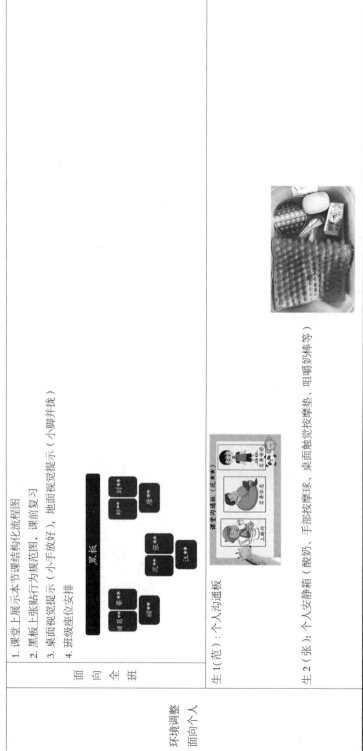

环境调整	面向全班	1. 课堂上展示本节课结构化流程图 2. 黑板上张贴行为规范图，课前复习 3. 桌面视觉提示（小手放好），地面视觉提示（小脚并拢） 4. 班级座位安排
	面向个人	生1（范）：个人沟通板 生2（张）：个人安静箱（酸奶、手部按摩球、桌面触觉按摩垫、咀嚼奶棒等）

学习目标		活动设计		策略运用及环境调整
学业学习目标	支持性学习目标	教师活动	学生活动	
	能遵守集体指令： 在教室里，范**能在沟通板的提示下做好保持安静，小手放好，以吵闹行为持续时间的缩短来量化（行为达成率超过80%） 能采纳他人为自己制定的感觉支持方案：在教室里，张**能在感觉情绪调整，以灵调整下舒缓情绪，出现的频率及持续时间来量化（行为达成率超过80%）	课前活动 一、小手拍拍 手指操《小手拍拍》 二、课堂常规点评 回顾常规并进行现场点评，给手放好、并扰，嘴巴安静的同学竖大拇指。 三、师生问好	学生跟着做 在语言提示及正向行为点评中明确课堂常规 全体立正，说"老师好"，或鞠躬示意。	帮助学生尽快找回课堂状态。 【环境支持】 回顾黑板上张贴行为提示图，提醒学生时刻做好自我管理。 安排学生坐在受干扰较少的作为 【策略支持】 提示集体规则。

学习目标		活动设计		策略运用及环境调整
学业学习目标	支持性学习目标	教师活动	学生活动	
3. 能认识器官"耳朵"字词（2了解水平）		一、音乐律动，感知五官 身体律动课《五官歌》 二、结构化课堂板块介绍 五大板块分别是： 热身：摸一摸 新授：学一学 休闲：动一动 巩固：贴一贴 小结：玩一玩 三、感官体验，认识耳朵（活动一：摸一摸） 出示图片，请同学们摸一摸自己的耳朵并说一说，有困难的同学借镜子进行观察 说一说，有困难的同学尝试指一指别人的耳朵 完成任务1的同学尝试指一指别人的耳朵 说一说 揭示课题 出示课题"耳朵"	跟着老师一起做，在音乐活动中感知五官 学生通过结构化流程图了解了这节课的活动组成。 A组：找一找其他同学的耳朵，拓展说"×××的耳朵"； B组：摸耳朵，说一说"耳朵"； C组：各种感官体验，感知自己的"耳朵"； 范：在助教帮助下，借助镜子辅助，找到耳朵。 张：在助教的辅助下听口令做动作，摸一摸自己的耳朵 跟说课题	【策略：自然情境教学】 先略整体感知五官，再走近耳朵的学习。 【策略支持：结构化教学】 让孤独症学生通过结构化流程图产生秩序感和掌控感。 【策略支持】 提示行为技能。
1. 能跟读"耳朵"字词（2了解水平） 3. 能认识器官"耳朵"（2了解水平） 2. 能跟读句子"我有两只耳朵。"（2了解水平）		四、词句学习，认识耳朵（活动二：学一学） （一）词语学习"耳朵" 1. 词语初识 请同学找一找兰兰的耳朵，并出示图文卡"耳朵"； 教师示范朗读词语"耳朵"，请同学跟读，教师纠正读音。 （提示"耳"是独体字，提示"朵"字在词语中读轻声）	1. 学词语 圈出兰兰的耳朵并跟读词语"耳朵" 数一数，词语是由生字组成的，学习词语的正确发音，感受词语，注意看老师示范读音。老师的嘴型。	【策略支持：视觉支持】 从实物过渡到图片和词语的认识。（动画、图片）

续表

学习目标		活动设计		策略运用及环境调整
学业学习目标	支持性学习目标	教师活动	学生活动	
1. 能跟读"耳朵"字词（2 了解水平） 3. 能认识器官"耳朵"（2 了解水平） 2. 能跟读句子"我有两只耳朵。"（2 了解水平）	能采纳他人为自己制定的感觉支持方案： 在教室里，张**能在感觉支持方案调整下舒缓情绪，以哭闹情绪出现的频率及持续时间来量化（行为达成率超过80%）	2. 词语多读 （1）齐读 （2）开火车读 （3）小组＋个别读 （4）齐读 3. 词语填句 猜一猜 观察动物的耳朵，在短句中说一说"耳朵" 根据视频提示回答问题："这是大象的什么？" 仔细观察，按照上面的句式说一说："这是小猫的什么？" （二）句子学习"我有两只耳朵。" 出示图片，请大家找一找同学的耳朵，并仔细观察，数一数有几只耳朵。 引出句子学习："我有两只耳朵。" 请同学按照句式读读句子。	2. 读词语 A组：认读词语"耳朵"。 B组：跟读词语"耳朵"。 C组：感官体验，图片和实物配对。 范：在助教的辅助下指一指图片"耳朵"。 张：在助教帮助下摸一摸不同动物的耳朵模型。 3. 填词说句 A组：回答问题："这是大象的什么？"看图说句子"大象的耳朵"。 B组：回答问题："这是大象的什么？"独立说出句子中的词语"耳朵"。 C组：借助图片提示，在图卡中找到耳朵，并完成拼贴句子的任务。 范：借助图卡找到自己和大象耳朵，完成句子。 张：在助教帮助下用耳朵听不同声音。	【策略支持：基于活动的指导】 用词语将句子补充完整，在句子中学习词语，看图说话及后续句子学习做铺垫。
		调整环节：律动休闲——合拢张开 律动完，教师提问："刚刚学到的词语是什么？考考大家。"	听音乐、律动放松。 范：在音乐下律动，配合触觉满足感觉需求。 张：助教协助，在音乐律动下调整上肢粗大动作。 回答问题	【策略支持】 感官放松，合理满足。 由于孤独症学生年龄较小，课堂专注时间较短，中途律动休息帮助学生调整课堂状态。 （音频支持）

学习目标		活动设计			策略运用及环境调整
学业学习目标	支持性学习目标	教师活动		学生活动	
2. 能跟读句子"我有两只耳朵。"（2 了解水平）		五、操作练习，巩固新知（活动三——贴一贴） 1. 操作练习巩固活动：用词语将句子补充完整。 2. 进行操作板评价，巩固句式学习"我有两只耳朵。"		A 组：在四个字中找到耳和朵两个字，将句子补充完整。 B 组：在两个词语中进行区辨，按照句子当中的字形提示找到词语耳朵，将句子补充完整。 C 组、范：在图片提示下找到词语耳朵，并将句子补充完整。 张：在助听教的辅助下把自己的"耳朵"贴到相应的位置。	【策略支持：提供适合学生的材料】 通过操作练习巩固词语和句子，初步建构用词语把句子补充完整，为句子学习的概念，为句子学习做铺垫。 （操作板＋多媒体支持）
3. 能认识器官"耳朵"（2 了解水平）	能遵守集体指令： 在教室里，范★★能在沟通面板的提示下做好，以吵闹行为持续时间的减少及持续时间的缩短来量化（行为达成率超过 80%）	六、游戏活动，使用耳朵（活动四——玩一玩） 游戏活动：音乐列车 请同学们用耳朵仔细听，大家一起排队开火车，音乐停，火车停，音乐起，车开。 游戏小结：耳朵的作用——听声音，引导大家爱护耳朵。		在指导下完成游戏活动，认真听音乐并回答问题。	在游戏活动中感受耳朵是用来听所有声音的。
		七、课堂小结 播放微课，进行课堂小结		学生观看微课，回忆本节课的知识。	学生对视频更感兴趣，因此借助微课的形式帮助大家巩固所学知识。
板书		课题：耳朵 板书＋图片：耳朵 句子：我有两只耳朵。			

教学目标达成度评价（示例）

学生	支持性学习目标	达成情况 完全	部分	尚未	是否需要修改调整	学业学习目标	达成情况 完全	部分	尚未
范**	能遵守集体指令：在教室里，能在沟通板的提示下做好保持安静、小手放好，以吵闹或行为频率的减少及持续时间的缩短来量化（行为达成率超过80%）					1. 能跟读"耳朵"字词（2了解水平）—反应水平：在他人帮助下指点"耳朵"词语卡片 2. 能跟读句子"我有两只耳朵。"（2了解水平）—反应水平：配合数一数耳朵数量 3. 能认识耳朵，知道耳朵的作用（2了解水平）—反应水平：在他人帮助下摸一摸耳朵			
张**	能采纳他人为自己制定的感觉支持方案：在教室里，能在感觉支持方案调整下舒缓情绪，以哭闹出现的频率及持续时间来量化（行为达成率超过80%）					1. 反应水平：在他人帮助下指点"耳朵"词语卡片 2. 能跟读句子"我有两只耳朵。"（2了解水平）—反应水平：配合数一数耳朵数量 3. 能认识耳朵，知道耳朵的作用（2了解水平）—反应水平：在他人帮助下摸一摸耳朵			
邹**						1. 能跟读"耳朵"字词（2了解水平）/ 2. 能跟读句子"我有两只耳朵。"（2了解水平）/ 能认识耳朵，知道耳朵的作用（2了解水平）+理解水平：能用自己的话描述耳朵（形状、作用……）			

397

资源包示例 2：环境支持类型及强度表（部分）

（教师按学生个性化需要选择性勾选）	支持及强度							
	支持类型		支持范围		支持频率				
	0 不需要	1 需要	0 全班	1 个人	0 可忽略	1 不经常	2 经常	3 非常频繁	4 始终
提供稳定而不受干扰的学习环境									
（1）系统整齐摆放同类物品									
（2）在物件上贴上标签									
（3）调节教室灯光，避免或减少视觉不适									
（4）容许对声音过度敏感的学生在必要时戴上耳塞									
（5）注意扬声器播放音量									
（6）对强光或闪烁的灯光提前做预告。例如舞台灯光等									
（7）教室布置以柔和色系为主调。例如，浅蓝、浅绿及奶黄色等，避免使用过于鲜艳的颜色									
（8）当学生感官受到过度刺激时，容许学生前往特定的地方休息									
（9）上课时教师只展示要用的教具，避免多种物品带来的干扰									
（10）安排学生坐在受干扰较少的座位									

资源包示例 3：教学策略支持类型及强度表（部分）

（教师按学生个性化需要选择性勾选）	支持及强度								
	支持类型		支持范围		支持频率				
	0 不需要	1 需要	0 全班	1 个人	0 可忽略	1 不经常	2 经常	3 非常频繁	4 始终
正强化 举例：感觉型强化物（满足感觉刺激）、活动型强化物（给予活动或游戏机会）、社会型强化物（表扬或关注）、间接强化（代币）等									
结构化教学 举例：视觉结构化（视觉提示）、环境结构化（用不同颜色划分教室区域）、常规的建立（做事先后顺序）、程序时间表（一日活动表）、个人工作系统（学生完成某个具体活动的教学提示系统，包含任务的内容、要求、材料及先后顺序等）									

（三）创新平台建设，强化协同机制

为保障孤独症学生"全支持课堂"改革的持续推进，我们致力于创新平台建设，强化协同机制。

一是通过院地共建，由高校与地方政府、区域学校联合共建"新融合教育研究中心"，孵化孤独症教育项目，实现研究与实践双向反哺。依托新平台，各利益相关主体实现了各司其职：由政府投入政策与经费支持，大学投入人力与理论，组织开发支持性课程资源，地方学校投入空间与实践场域，社区提供技能演练与泛化场景，形成多方助力和资源共享。

二是学校内部加强融合教育平台与制度的建设。例如，杭州市卖鱼桥小学开启了"同心圆计划"，以全纳理念为中心，致力于构建"家校社医"四位一体的全方位育人模式，加强与家庭和社区之间的联系与合作，努力为孤独症学生提供"全生涯、全过程、全要素"的支持。学校尤其重视与家庭之间的合作，为家长参与特需儿童的教育提供专业指导，实现"家校融合，赋能成长"。学校开设了系统的家长课程，包括普适性课程和个性化课程，线上线下同步推进，满足不同家长的需求。通过讲座聆听、沙龙互动、角色体验等方式，转变家长的育儿观念，推动家长学习科学的家庭教育方法（见图10.7）。此外，学校引入社会力量，做到前置筛查、及时介入、个案追踪，形成"筛—讲—管"一体化机制；引入医疗康复力量，医、校、家定期沟通，做到"医、校、家"三方全程深度联动，共同商定全方位的支持方案（含咨询方案、教师应对方案，家庭教养方案）。

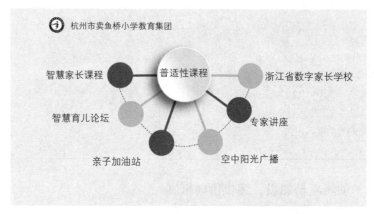

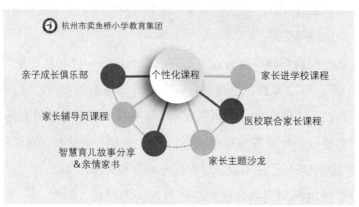

图 10.7　学校家长课程概览

后 记

时序如流，岁月不居，从着手探索孤独症儿童的第一个关键能力指标，到最后提出一个相对完整系统、科学实用的框架，我们已经走过了十个年头。"十年磨一剑"，回首这段岁月，如烟似幻，却也清晰鲜活。我想，正是因为始终抱着"解决真问题、真解决问题"的决心，正是因为有众多专家同仁的一贯鞭策鼓励，也正是因为团队的那一份坚持，才最终有了这本书的诞生。

本书致力于解决孤独症儿童"应该教什么"的核心问题。在多年的实践过程中，我们常常被这个问题困扰。孤独症儿童的个体差异极大，在社交沟通、情绪行为、感官体验上等维度上呈现出不同的组合样态，这使得传统的课堂教学常常陷于"无法应对"的状态。尽管我们也看到各类个案干预手段层出不穷，甚至"独霸天下"，但这些策略的出现似乎并未从根本上改善孤独症孩子的课堂参与状态，一个很重要的原因，便在于教育教学目标不够适切。缺少对这一根本性问题的探讨，孤独症儿童的课程教学就好比无源之水、无本之木，始终没有明确的方向。在这种背景下，孤独症儿童关键能力的研究和确定就显得尤为重要。毫无疑问，目标的确定是一切教育的起点。关键能力，正是站在一个广阔的视野来综合研判孤独症儿童最需要什么，应达到哪些重要目标及如何衡量他们的进步。我们希望，这一指标体系的构建能够为广大老师明确课堂教学目标、选择课堂教学材料及形成有价值的课堂评价提供一个新的工具，进而促使传统课堂坚定地迈向更融合、更多元、更有张力的现代化融合性课堂。

本书是国家社科基金项目"孤独症学生关键能力的构成及义务教育阶段培养目标研究"的最终成果。在构建能力框架的过程中，我们深度参阅了来自世界各国和地区的孤独症儿童相关的官方指南、文件和资料等等。这些浩如烟海的文本资料，让我们看到国际社会对孤独症儿童的关注和支持，让我们感受到这个细微领域日复一日的变化和进步。我们同时也在全国各地开展了大量的实地调研。尽管过程艰辛，但这些广泛的访谈、调查，让我们看到了本土化研究的意义，也让我们深切感受到，要建构起一个适用于不同能力水平儿童、适用于不同经济水平地域的能力框架是何其不易！我们认为，只有站在一种综合性的研究视域下，并采用多元、严谨而能相互佐证的研究方法，才足以支撑起这样一个科学、系统而灵活的能力框架的建构。事实上，我们的初衷就是尽可能地实证和规范。毕竟，"离开了实证，理论就容易成为断了线的风筝"。

全书一共十章，各章节既各自独立，又相互衔接，彼此呼应，共同构成当前时代背景中的"中国式教育标准"的文本。编排顺序主要顺应能力框架的产生逻辑，从价值建构，到维度凝练，再到条目编写，最后到实践应用。希望这样的结构方式，既能澄清理论，又能带来实效，真正达到"顶天立地"的效果。

本书的出版得到了浙江师范大学出版基金（Publishing Foundation of Zhejiang Normal University）的资助，在此表示感谢！

当然，既然号称"能力框架"，书中的能力指标就可能还不那么精细，教育应用的路径也可能还不那么清晰。特别是，孤独症研究领域如此活跃，每天都在涌现新的思想、新的方法和新的研究范式，限于我们的认识水平，这个"框架"仍是粗浅、有待斟酌、需要进一步检验的。若读者发现其中存在一些疏漏、晦涩甚至错误，敬请谅解，并欢迎提出宝贵意见。

孤独症研究的蓬勃发展是时代进步的一个缩影。放眼明天，我们可能不会再局限于对特定理论或模式的单纯膜拜或模仿，我们将带着教育教学中的"真问题"，务实而谦虚地借鉴吸收经验，转化和输出成果，努力为世界孤独症教育贡献"中国样本"。我们希冀并且坚信，这本关于孤独症儿童的关键能力框架的著作，作为一项本土的、原创性的成果，将在很大程度上促进中国特色的孤独症教育理论构建，助推一线教育教学实践的改革，同时也有望在世界孤独症教育研究的舞台上不断输出中国的声音！

金琦钦

2023 年 6 月 10 日